FACHWERK BIOLOGIE

Nordrhein-Westfalen **2A**

Autorinnen und Autoren:
Anke Form, Dr. Udo Hampl, Kathrin Janik, Andreas Marquarth,
Katrin Oberschelp, Dr. Peter Pondorf, Matthias Ritter, Alexandra Schulte,
Ingmar Stelzig, Ulrike Tegtmeyer, Steffen Wachs, Josef Johannes Zitzmann

Redaktion: Christina Pietsch

Bildrecherche: Zeynep Arghan, Kathrin Kretschmer

Illustration und Grafik:
www.biologiegrafik.de; Jörg Mair, Karin Mall, Tom Menzel, Heike Möller

Typografisches Konzept, Layout und technische Umsetzung:
Farnschläder & Mahlstedt, Hamburg

Umschlaggestaltung: Zweimanns Grafik

www.cornelsen.de

Die Links zu externen Webseiten Dritter, die in diesem Lehrwerk angegeben sind, wurden vor Drucklegung sorgfältig auf ihre Aktualität geprüft.
Der Verlag übernimmt keine Gewähr für die Aktualität und den Inhalt dieser Seiten oder solcher, die mit ihnen verlinkt sind.

Dieses Werk berücksichtigt die Regeln der reformierten Rechtschreibung und Zeichensetzung. Ausnahmen bilden Originaltexte, bei denen lizenzrechtliche Gründe einer Änderung entgegenstehen.

1. Auflage, 1. Druck 2012

Alle Drucke dieser Auflage sind inhaltlich unverändert und können im Unterricht nebeneinander verwendet werden.

© 2012 Cornelsen Schulverlage GmbH, Berlin

Das Werk und seine Teile sind urheberrechtlich geschützt. Jede Nutzung in anderen als den gesetzlich zugelassenen Fällen bedarf der vorherigen schriftlichen Einwilligung des Verlages.
Hinweis zu den §§ 46, 52a UrhG: Weder das Werk noch seine Teile dürfen ohne eine solche Einwilligung eingescannt und in ein Netzwerk eingestellt oder sonst öffentlich zugänglich gemacht werden. Dies gilt auch für Intranets von Schulen und sonstigen Bildungseinrichtungen.

Druck: Stürtz GmbH, Würzburg

ISBN 978-3-06-014861-5

 Inhalt gedruckt auf säurefreiem Papier aus nachhaltiger Forstwirtschaft.

Inhalt

Ökosysteme und ihre Veränderungen

Ökosystem Wald 6

Wald ist nicht gleich Wald 8
Der Wald – ein Ökosystem 10
Praktikum: Beobachtungen im Wald 12
Stoffaufnahme und Stoffleitung 14
Exkurs: Diffusion 15
Exkurs: Osmose 15
Aufbau energiereicher Stoffe 16
Auch Pflanzen atmen 18
Exkurs: Die Entdeckung der Fotosynthese 20
Praktikum: Fotosynthese und Zellatmung 21
Aufgaben: Fotosynthese und Zellatmung 22
Stockwerke des Waldes 24
Der Wald im Jahresverlauf 26
Basiskonzept: Entwicklung 27
Praktikum: Waldboden 28
Die Rotbuche 30
Die Fichte 32
Wie Bäume wachsen 34
Moose und Farne 36
Pilze des Waldes 38

Exkurs: Ein Pilz von großem Ausmaß 39
Aufgaben: Wald 40
Methode: Biologische Zeichnungen anfertigen 42
Der Buntspecht 44
Ökologische Nische 45
Der Fuchs 46
Exkurs: Variabilität und Angepasstheit 47
Die rote Waldameise 48
Praktikum: Tiere am Waldboden und in der Laubstreu 50
Nahrungsbeziehungen im Wald 52
Methode: Eine Concept Map erstellen 54
Stoffkreisläufe und Energiefluss 56
Aufgaben: Der Wald – ein Ökosystem 58
Tropischer Regenwald 60
Bedeutung der Wälder 62
Exkurs: Vom Urwald zum Forst 64
Wald in Gefahr 66
Treibhauseffekt 68
Exkurs: Aussagekraft von Klimamodellen 70
Anzeichen des Klimawandels 72
Zur Diskussion: Klimawandel – Trägt der Mensch die Schuld? 73
Nachhaltigkeit und Klimaschutz 74
Aufgaben: Nachhaltigkeit und Klimaschutz 75
Regenerative Energiequellen 76

Teste dein Grundwissen 78

Leben in Gewässern 80

Gewässervielfalt 82
Der See – ein Ökosystem 84
Methode: Untersuchung eines Ökosystems 86
Praktikum: Lebensbedingungen in einem See 88
Aufgaben: Alle Lebewesen haben eine Umwelt 90
Pflanzen an und in einem See 92
Die weiße Seerose 94
Rohrkolben und Schilfrohr 96
Praktikum: Angepasstheit von Wasserpflanzen 98
Schweben im Wasser 100
Basiskonzept: Struktur und Funktion 101

Methode: Zeichnen von mikroskopischen Bildern 102
Praktikum: Mikroskopieren von Wasserproben 104
Tiere an und im See 106
Die Stechmücke 108
Der Gelbrandkäfer 110
Nahrungsbeziehungen im See 112
Ein See im Jahresverlauf 114
Ein See verlandet 116
Aufgaben: Ökologische Zusammenhänge in einem See 118
Das Fließgewässer – ein Ökosystem 120
Von der Quelle zur Mündung 122
Die Zeigerorganismen 124
Praktikum: Bestimmung der Gewässergüte 126
Gewässer in Gefahr 128
Exkurs: Schilfrohr-Kläranlage 129
Artensterben 130
Neubürger an und in Gewässern 132
Methode: Eine Mindmap erstellen 134
Renaturierung 136

Teste dein Grundwissen 138

Biologische Forschung und Medizin

Gesundheit und Krankheit 140

Gesund sein – gesund bleiben 142
Praktikum: Rund um die Gesundheit 144
Infektionskrankheiten 146
Bakterien als Krankheitserreger 148
Viren als Krankheitserreger 150
Exkurs: Die spanische Grippe 151
Praktikum: Wir experimentieren mit Bakterien 152
Aufgaben: Infektionskrankheiten 153
Exkurs: Louis Pasteur 154

Exkurs: Sir Alexander Fleming 155
Antibiotika gegen Bakterien 156
Die körpereigene Abwehr 158
Die Immunreaktion 160
Impfen kann Leben retten 162
Aufgaben: Immunsystem und Impfung 164
Exkurs: Robert Koch 166
Methode: Wie Forscher vorgehen 167
Exkurs: Edward Jenner 168
Zur Diskussion: Impfung 169
Allergien 170
HIV und Aids 172
Schutz vor Aids 174
Parasiten schädigen Menschen 176
Pilze als Krankheiterreger 178
Andere Länder – andere Krankheiten 180
Exkurs: Infektionskrankheiten – gestern – heute – morgen 182

Hormonelle Steuerung 184
Die Zuckerkrankheit – Diabetis mellitus 186
Aufgaben: Hormone und Stoffwechselkrankheiten 188
Bau und Funktion der Nieren 190
Methode: Arbeiten mit Modellen 192
Nierenversagen und Dialyse 194
Organspende und Transplantation 196
Methode: Einen eigenen Standpunkt finden 198
Zur Diskussion: Verantwortungsvoller Umgang mit Medikamenten 200
Exkurs: Heilmittel und Heilmethoden 201
Psychische Belastungen können krank machen 202

Teste dein Grundwissen 204

Sexualität und Entwicklung beim Menschen

Partnerschaft und Verantwortung 206

Liebe und Partnerschaft 208
Menschliche Sexualität 210
Partner gesucht 212

Der weibliche Zyklus 214
Basiskonzept: System 215
Möglichkeiten der Empfängnisverhütung 216
Methode: Präsentieren 218
Sexuell übertragbare Krankheiten 220
Zur Diskussion: Pille oder Kondom? 221
Ungewollt schwanger 222
Von der befruchteten Eizelle bis zur Geburt 224
Einflüsse auf das Kind im Mutterleib 226
Die Geburt 228
Exkurs: Kaiserschnitt 229

Teste dein Grundwissen 230

Übersicht Basiskonzepte 232
Register 234
Bildquellen 240

Ökosystem Wald

Wald ist nicht gleich Wald

Im Sommer, wenn die Sonnenstrahlen durch das Blätterdach scheinen, erstrahlen Buchenwälder in einem satten, kräftigen Grün. Buchenwälder sind sehr häufig in Deutschland. Je nach Standortbedingungen gibt es bei uns aber auch noch andere Waldtypen.

Sommergrüne Laubwälder

Ein gemäßigtes Klima mit ausreichenden Niederschlägen und keinen allzu großen Temperaturunterschieden zwischen Sommer und Winter sind die idealen Bedingungen für Buchenwälder, Buchenmischwälder und Eichenwälder. Das dichte Kronendach der Rotbuche lässt im Sommer nur sehr wenig Sonnenlicht zum Boden durch. Daher wachsen dort Pflanzen, die mit wenig Licht auskommen, wie das Perlgras. Oder es handelt sich um Pflanzen, die blühen, noch bevor die Blätter der Bäume austreiben, wie Buschwindröschen oder Waldmeister. Die Eiche wächst sowohl an feuchteren als auch trockeneren Standorten. Daher kommen im Norddeutschen Tiefland und in wärmeren Gegenden Deutschlands verbreitet Eichenwälder vor.

1 Der Buchenwald – ein sommergrüner Laubwald

Diese sind viel lichter als Buchenwälder und zeichnen sich durch eine große Zahl an Kräutern und Sträuchern aus. Charakteristisch für den Laubwald ist die Insektenvielfalt. So entwickeln sich an Eichen rund 300 verschiedene Schmetterlingsarten. Auch Gallwespen und zahlreiche Käferarten leben hier, darunter der stark gefährdete Hirschkäfer. Daneben kommen auch Schwarzspecht, Waldkauz sowie einige Fledermausarten vor.

Artenreiche Mischwälder

In den höheren und kühleren Lagen des Berglandes bildet die Rotbuche zusammen mit Tanne, Fichte, Vogelbeere und Bergahorn *Mischwälder*. Diese bestehen aus Nadel- und Laubbäumen verschiedenen Alters. Ein typischer Mischwald ist sehr vielfältig und deshalb artenreich. Hier gibt es Pilze und Moose ebenso wie Gräser, Blumen und Sträucher. Viele Kleinlebensräume bieten den unterschiedlichsten Tieren Versteckmöglichkeiten und Nahrung. Hier findet man Ameisen und Schnecken, Käfer, Spinnen und Tausendfüßler. Im dichten Unterholz leben unter anderem Wildschweine, Rehe und Hirsche. In den Stämmen haben Kleiber und Spechte ihr Zuhause und in den Büschen und Baumkronen bauen Vögel wie Singdrossel, Buchfink oder Rotkehlchen ihr Nest.

2 Artenreicher Mischwald

3 natürlicher Fichtenwald

Immergrüne Nadelwälder

Unter besonderen Bedingungen kommen reine Nadelwälder auch von Natur aus vor: Auf moorigen, aber auch auf sehr sandigen Böden findet man zum Beispiel artenarme Kiefernwälder. In den Mittelgebirgen oberhalb von etwa 700 Metern herrscht Fichtenwald vor. Bei der Zersetzung von abgefallenen Nadeln entstehen Stoffe, die zur Versauerung des Bodens führen. Nur wenige Pflanzen wie Sauerklee, Heidel- und Preiselbeere können hier wachsen. In den Baumkronen leben Eichhörnchen und Vögel wie die Tannenmeise. In Deutschland gibt es nur noch wenige natürliche Nadelwälder. Im Bayerischen Wald und in unzugänglichen Gebieten der Alpen kann man noch Reste solcher Urwälder vorfinden.

Sonderform Auwald

Auwälder sind kennzeichnend für die Talauen der großen Flüsse. Auf den zeitweise überfluteten, mineralstoffreichen Böden siedeln sich unmittelbar am Fluss Weiden an. Etwas höher in der Aue wachsen Pappeln, Eschen, Ulmen und Eichen. Auwälder sind die artenreichsten Wälder in Deutschland. Hier gibt es Lianen wie Hopfen und Waldrebe und feuchtigkeitsliebende Kräuter wie Bärlauch, Springkraut und Aronstab. Manchmal bauen in Auwäldern sogar Biber ihre Dämme.

In Kürze

Je nach Standortbedingungen gibt es verschiedene Waldtypen. Die Faktoren Licht, Temperatur und Wasser sind in Laub- und Nadelwald unterschiedlich. Während reine Nadelwälder nur von wenigen Pflanzen- und Tierarten besiedelt sind, herrscht in Laub- und Mischwäldern eine größere Vielfalt.

Aufgaben

1 Vergleiche den Wald in Bild 2 mit einem Wald in deiner Umgebung. Nenne Gemeinsamkeiten und Unterschiede!

2 Vergleiche Lichteinfall und Wasserangebot im Laub- und Nadelwald. Beschreibe mit Hilfe der Grafiken unten.

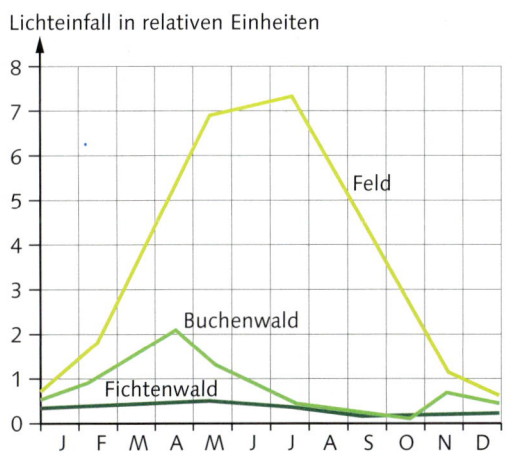
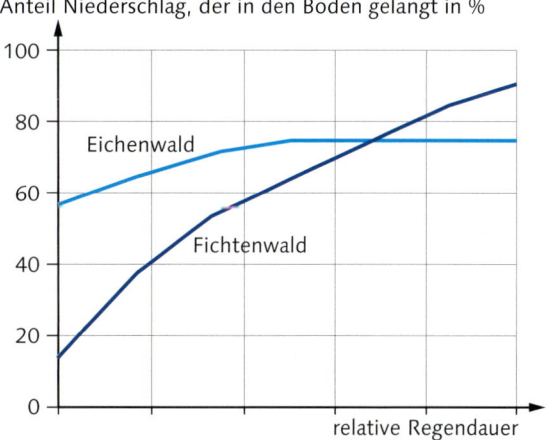

4 Lichteinfall und Niederschläge im Laub- und Nadelwald

Der Wald – ein Ökosystem

An einem sonnigen Herbsttag gehst du über eine Wiese in einen dunklen und feuchten Wald. Hier ist es merklich kühler, es herrschen andere Lebensbedingungen als beispielsweise auf der Wiese.

Lebensbedingungen im Wald

In der Natur leben alle Pflanzen und Tiere in einem für sie typischen *Lebensraum*. Dieser wird auch als *Biotop* bezeichnet. Biotope sind zum Beispiel ein Sandhügel oder eine mit Wasser gefüllte Kiesgrube. Jeder Lebensraum ist geprägt durch charakteristische *Umweltfaktoren*. Dazu zählen unter anderem die Bodenbeschaffenheit, die Lichtverhältnisse, die Luftfeuchtigkeit und die Temperatur. Alle diese Merkmale der unbelebten Natur bezeichnet man als *abiotische Faktoren*.

Die Lebensgemeinschaft Wald

In jedem Biotop gibt es eine Vielzahl charakteristischer Pflanzen und Tiere. Zwischen all diesen unterschiedlichen Lebewesen bestehen vielfältige *Wechselbeziehungen*. So sind viele

1 Waldrand

Pflanzen des Waldes auf die Bestäubung und Verbreitung ihrer Früchte durch Tiere angewiesen. Insekten ernähren sich teilweise von den Pflanzen, etwa von deren Nektar. Die Insekten wiederum dienen vielen anderen Tieren als Nahrung. So bilden alle Lebewesen in einem Lebensraum eine *Lebensgemeinschaft*, die *Biozönose*. Die Mitglieder einer Lebensgemeinschaft stellen füreinander ebenfalls Umweltfaktoren dar. Da es sich hierbei um die belebte Natur handelt, spricht man von *biotischen Faktoren*.

2 Biotische und abiotische Faktoren wirken auf das Leberblümchen.

3 Lebensraum, Lebensgemeinschaft, Ökosystem

Der Wald als Ökosystem

Die Pflanzen und Tiere einer Lebensgemeinschaft stehen nicht nur in Wechselbeziehung untereinander: Sie sind auch von abiotischen Faktoren abhängig. So brauchen beispielsweise Pflanzen für ihr Gedeihen genügend Wasser und ausreichend Licht. Sie kommen deshalb nur dort vor, wo diese Bedingungen gegeben sind. Genauso ist es bei den Tieren. Nur so können sie überleben. Lebensraum und Lebensgemeinschaft wirken also zusammen: Sie bilden ein Ökosystem. Wälder, Wiesen oder Seen sind solche Ökosysteme.

Vielfalt von Pflanzen und Tieren

Etwa 20 Prozent aller in Deutschland vorkommenden Tierarten sind auf den Wald als Lebensraum angewiesen. So leben hier etwa 5200 Insekten- und 100 Wirbeltierarten, davon 70 Vogelarten. Darunter sind auch vom Aussterben bedrohte Tiere. Für manche Waldbewohner wie Feldhase, Reh und Dachs dient der Wald vor allem als Rückzugsgebiet. Diese Tiere finden heute in der Kulturlandschaft immer weniger ungestörte Lebensmöglichkeiten.

In Kürze

Abiotische Faktoren bestimmen ein Biotop. Pflanzen und Tiere eines Biotops stellen eine Lebensgemeinschaft oder Biozönose dar. Sie bezeichnet man als biotische Faktoren. Biotische und abiotische Faktoren wirken zusammen im Ökosystem.

Aufgaben

1 Zwischen den abiotischen Faktoren und dem Pflanzenwuchs im Wald bestehen Zusammenhänge. Erläutere.
2 Zeige am Beispiel des Waldes Wechselbeziehungen zwischen Pflanzen und Tieren auf.
3 Beschreibe am Beispiel des Waldes den Zusammenhang zwischen Lebensraum, Lebensgemeinschaft und Ökosystem.

Ökosystem Wald

Praktikum
Beobachtungen im Wald

A Früchte und Samen sammeln und bestimmen

Material Bestimmungsbücher, Klemmbrett, Papier, Stifte, Butterbrottüten, evtl. Fotoapparat

Durchführung Ab dem Spätsommer könnt ihr an und unter Bäumen und Sträuchern Früchte und Samen zum Kennenlernen sammeln und fotografieren. Sammelt diese gemeinsam mit 1–2 Blättern der jeweiligen Pflanze in eine Butterbrottüte, auf der ihr den Fundort und das Datum notiert. Die gesammelten Blätter helfen euch bei der anschließenden Bestimmung. Bestimmt die Früchte und Samen mit Hilfe der Bestimmungsbücher. Haselnuss, Bucheckern und Holunder stellen eine wichtige Nahrung für Waldtiere dar. Sammelt daher von ihnen nur kleine Mengen.

Auswertung Fertigt Plakate an oder gestaltet mit den gesammelten Materialien eine Ausstellung in eurer Schule.

> **Vorsicht vor giftigen Pflanzen!**
> Blätter, Samen und Früchte einiger Pflanzen sind giftig. Daher darf man keinesfalls Pflanzenteile essen oder in den Mund nehmen. Nach dem Waldgang gründlich die Hände waschen.

B Geräuschlandkarte

Material Papier, Stifte, Schreibunterlage, Sitzunterlage

Durchführung Setzt euch mit etwas Abstand zueinander auf den Waldboden und schließt die Augen. Benennt die Geräusche, die ihr hört. Beginnt nach und nach alle Geräusche auf dem Papier einzuzeichnen. Überlegt euch dazu Symbole.

Auswertung Vergleicht eure Geräuschlandkarten. Beschreibt, was euch auffällt.

C Borkenbilder

Material Papier, Zeichenkohle oder Wachsmalstifte, Kreppband

Durchführung Befestigt ein Blatt Papier mit Kreppband möglichst eng am Stamm eines Baumes. Reibt mit einer flach liegenden Zeichenkohle vorsichtig die Borkenstruktur durch. Fertigt einige unterschiedliche Borkenbilder an.

Auswertung Vergleicht die Abdrücke unterschiedlicher Baumarten miteinander.

1 Samen und Früchte

2 Borken von Buche, Eiche, Vogelkirsche und Kiefer

Ökosystem Wald

D Abiotische Faktoren messen

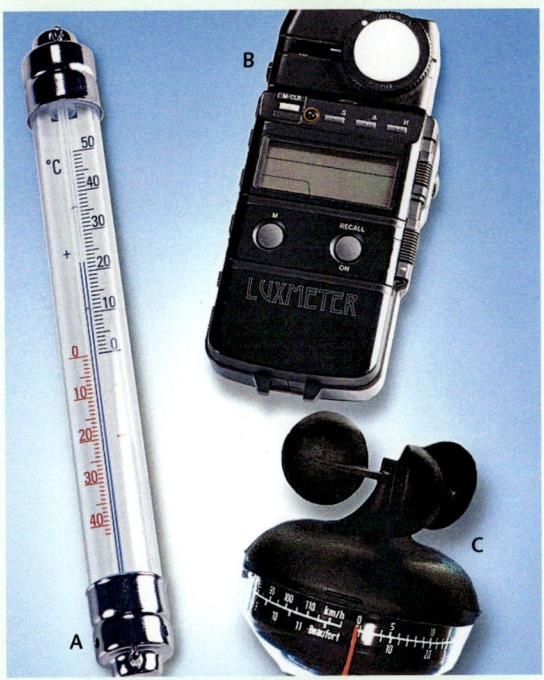

3 A Thermometer; B Luxmeter; C Anemometer

Um herauszufinden, wie sich die abiotischen Faktoren und damit die Lebensbedingungen an der Grenze zwischen Feld, Waldrand und Waldinnerem ändern, könnt ihr verschiedene Messungen an den drei Standorten machen und diese miteinander vergleichen.

Material Thermometer, Schalenanemometer, Luxmeter, Klemmbrett, Stifte

Durchführung Legt für jeden Standort einen Messpunkt fest, an dem ihr die Temperatur, die Windgeschwindigkeit und die Lichtverhältnisse messt. Mit einem Thermometer messt ihr die Temperatur. Ein Schalenanemometer misst die Windgeschwindigkeit in Metern pro Sekunde. Mit einem Luxmeter könnt ihr die Beleuchtungsstärke bestimmen. Protokolliert die Werte. Die Messungen könnt ihr an Tagen mit unterschiedlichem Wetter wiederholen.

Auswertung Stellt eure Ergebnisse in einer Tabelle dar. Vergleicht die drei Standorte.

E Leben am Baumstumpf

4 Baumstumpf voller Leben

Material Klemmbrett, Stift, Bestimmungsbuch, Pinsel, mehrere verschließbare Gläser

Durchführung Untersucht in Gruppen je einen Baumstumpf. Vielleicht findet ihr mehrere Baumstümpfe in unterschiedlichen Zersetzungsstadien oder von verschiedenen Baumarten. Versucht die Pflanzen auf dem Baumstumpf zu bestimmen. Sucht ihn sorgfältig von außen nach innen auf Tiere ab. Ihr könnt auch vorsichtig ein Stück morsches Holz herausbrechen. Sammelt Kleintiere mit einem Pinsel in ein verschließbares Glas. Versucht sie zu bestimmen und lasst sie dann wieder frei.

Auswertung
1 Tragt die Ergebnisse aus den einzelnen Gruppen zusammen.
2 Gebt an, wie viele verschiedene Tier- und Pflanzenarten ihr auf den Baumstümpfen festgestellt habt. Überlegt, wie sich eure Beobachtungen am sinnvollsten auswerten lassen.

Stoffaufnahme und Stoffleitung

Alle Pflanzen, die in deiner Wohnung stehen, müssen regelmäßig gegossen werden, damit sie nicht vertrocknen. In der Natur übernimmt das der Regen. Aber wie gelangt das Wasser aus dem Boden in die Pflanze?

Aufbau der Wurzel
Pflanzen nehmen Wasser und die darin gelösten Mineralstoffe über die *Wurzelhaare* ihres verzweigten Wurzelsystems auf. Die feinen Wurzelspitzen werden von einer *Wurzelhaube* beim Wachsen durch die Erde vor Verletzungen geschützt. Der Rest der Wurzel ist von einer *Oberhaut* umgeben. Die Wurzel wächst an der Wurzelspitze durch Zellteilungen des *Bildungsgewebes*. Die neu gebildeten Zellen strecken sich und wachsen so in die Länge. Sie bilden die *Wurzelrinde* um den *Zentralzylinder*, der sich im Innern jeder Wurzel befindet.

1 Pflanzen vertrocknen ohne Wasser.

In seinen Röhren werden das Wasser und die gelösten Mineralstoffe gesammelt und in die oberen Teile der Pflanze geleitet.

Stoffaufnahme durch Wurzelhaare
Die Wurzelhaare ragen als Ausstülpungen aus der Oberhaut. Sie nehmen aus dem Boden Wasser auf und leiten es durch die nach innen anschließenden Zellen zum Zentralzylinder weiter. Das Wasser gelangt durch die Zellwand der Wurzelhaare in das Zellplasma. Dies kann nur geschehen, weil die Konzentration von gelösten Salzen im Zellinnern größer ist als im Boden. Dieser *Konzentrationsunterschied* wird ausgeglichen, indem die Zelle Wasser aufnimmt. Da nun die Salzkonzentration in der Nachbarzelle größer ist, wird das Wasser auch an die benachbarten Zellen bis zum Zentralzylinder weitergegeben.

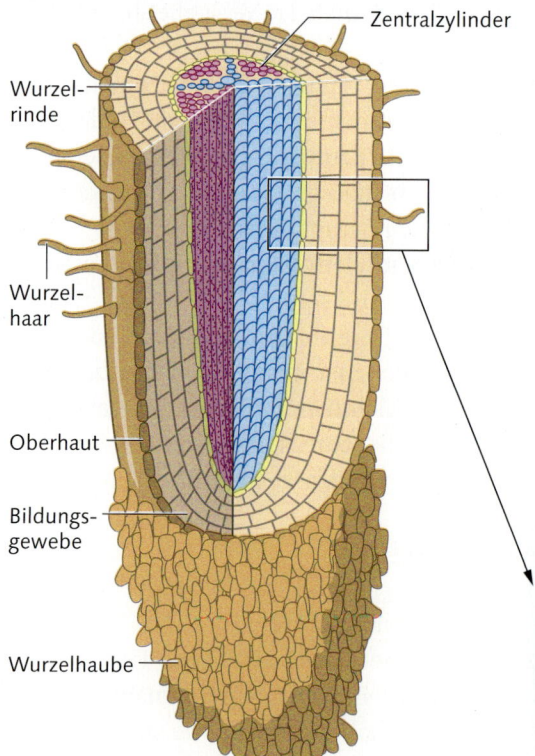

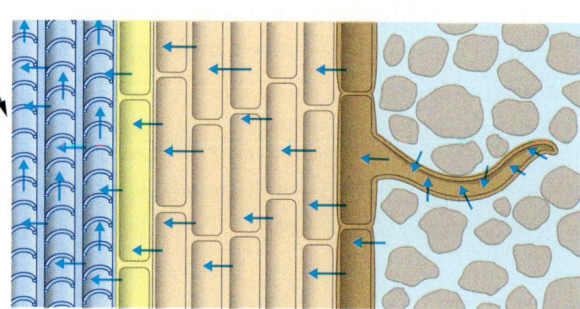

2 Bau der Wurzel und Wasseraufnahme über die Wurzelhaare

Ökosystem Wald

Exkurs Diffusion

Alle Teilchen bewegen sich ständig. Wenn man einen Zuckerwürfel in Wasser gibt, verteilt sich der Zucker auch ohne Umrühren nach einiger Zeit gleichmäßig im Wasser. Diesen Vorgang der eigenständigen und gleichmäßigen Verteilung im Raum nennt man *Diffusion*.

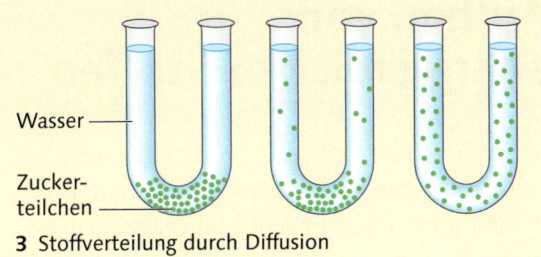

3 Stoffverteilung durch Diffusion

Exkurs Osmose

Trennt man eine Zuckerlösung von reinem Wasser mit einer halbdurchlässigen Membran, findet ein Konzentrationsausgleich statt. Die Wasserteilchen wandern durch die winzigen Poren der Membran in die Zuckerlösung und verdünnen diese. Die Zuckerteilchen passen nicht durch die Poren der Membran. Dadurch steigt das Volumen der Zuckerlösung. Diesen Vorgang des Konzentrationsausgleichs durch eine halbdurchlässige Membran nennt man *Osmose*.

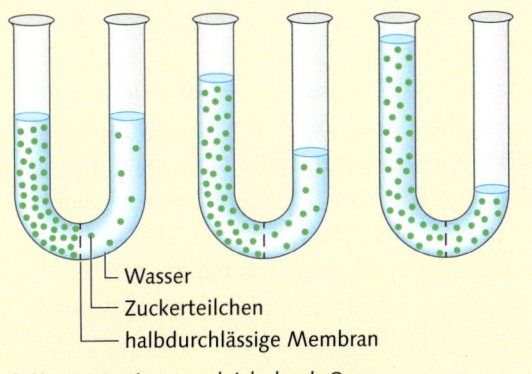

4 Konzentrationsausgleich durch Osmose

Stoffverteilung durch Leitbündel

Im Zentralzylinder befinden sich *Leitbündel*, die in alle Pflanzenorgane führen. Ihre *Gefäße* transportieren das Wasser aus der Wurzel in die ganze Pflanze. Über die Blätter verdunstet Wasser, sodass durch die Gefäße frisches Wasser angesaugt wird. Es entsteht ein *Transpirationssog*. Durch die Siebröhren werden die Nährstoffe aus den Blättern in alle Organe der Pflanze verteilt.

In Kürze

Über die Wurzelhaare nehmen Pflanzen Wasser auf, das durch Gefäße in den Leitbündeln des Zentralzylinders in der Pflanze verteilt wird. Durch Siebzellen werden die Nährstoffe aus den Blättern zu allen Organen transportiert.

Aufgabe

1 Erkläre mit Hilfe des Exkurses zur Osmose, weshalb Kirschen nach starkem Regen aufplatzen.

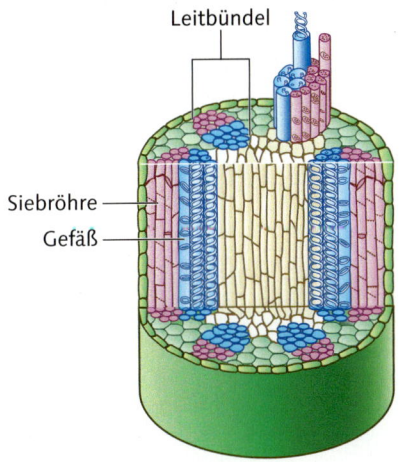

5 Schemazeichnung einer Sprossachse

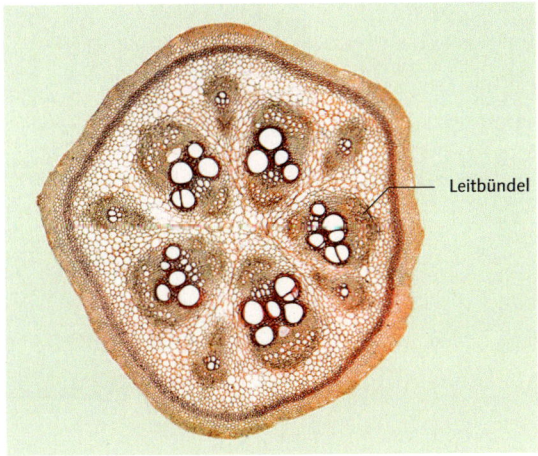

6 Mikroskopischer Querschnitt einer Sprossachse

Aufbau von energiereichen Stoffen

Im Frühsommer hängen die Kirschbäume voller roter, knackiger Kirschen. An vielen Obstbäumen wachsen jedes Jahr süße Früchte, die Menschen und vielen Tieren als Nahrung dienen. Woher aber kommt der Zucker in den Früchten, der diese so lecker macht?

Pflanzen bauen energiereichen Zucker auf

Durch die Fotosynthese wird in allen grünen Pflanzenteilen energiereicher Zucker aufgebaut. Das Sonnenlicht liefert die dazu benötigte Energie. Die Pflanzen stellen aus Wasser und Kohlenstoffdioxid Traubenzucker, die Glucose, her. Der Prozess findet in den Blättern statt. Dabei wird Sauerstoff freigesetzt.

Chloroplasten sind Orte der Fotosynthese

Die Oberseite des Blattes bildet das Palisadengewebe. Hier befinden sich eng aneinanderliegende Zellen, die sehr viele Chloroplasten

1 Kirschen schmecken süß

enthalten. Diese beinhalten den grünen Blattfarbstoff *Chlorophyll*, der die Sonnenenergie nutzen kann, um aus Wasser und Kohlenstoffdioxid energiereiche Glucose herzustellen. Die Lichtenergie wird dabei in chemische Energie umgewandelt und in der Glucose gespeichert.

Das benötigte Wasser gelangt von der Wurzel durch die Gefäße der Leitbündel in das Blatt.

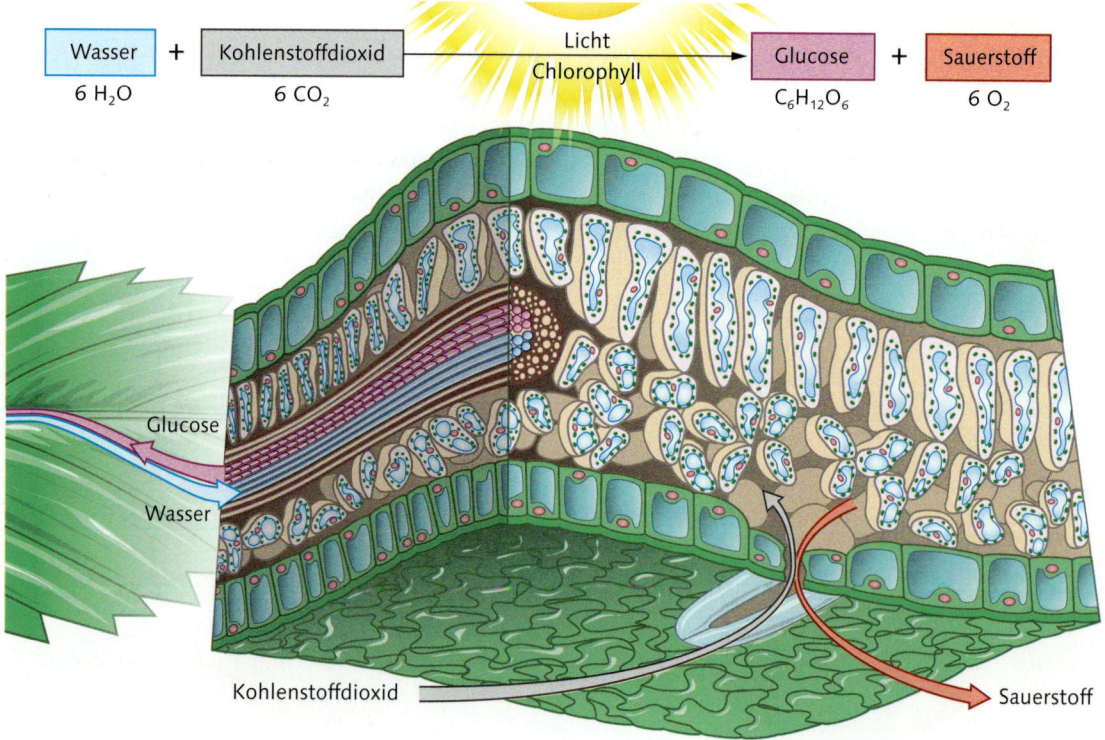

2 Laubblatt als Ort der Fotosynthese

Ökosystem Wald

Gasaustausch durch Spaltöffnungen

Das zur Fotosynthese benötigte Kohlenstoffdioxid stammt aus der Luft. Durch die Spaltöffnungen gelangt es in das Schwammgewebe der Blätter. Hier kann es sich zwischen den locker angeordneten Zellen verteilen.

Der bei der Fotosynthese freigesetzte Sauerstoff wird durch die Spaltöffnungen nach außen an die Luft abgegeben.

Die Spaltöffnungen bestehen aus zwei bohnenförmigen Schließzellen. Bei Feuchtigkeit sind sie prall mit Wasser gefüllt und lassen in ihrer Mitte einen Spalt frei. Bei Trockenheit verlieren sie Wasser. Dadurch schließt sich der Spalt zwischen ihnen. So kann aus dem Blatt weniger Wasser verdunsten und die Pflanze ist vor Austrocknung geschützt. Auf der Blattoberseite verhindert eine dünne Wachsschicht, die Cuticula, die Wasserverdunstung.

Weiterverarbeitung der Glucose

Die entstandene Glucose wird direkt in Stärke umgewandelt oder durch die Siebröhren der Leitbündel in der Pflanze verteilt. Stärke besteht aus langen Ketten, die aus Glucosebausteinen zusammengesetzt sind. Einen großen Teil der Glucose wandelt die Pflanze in Speicherstoffe, Baustoffe und Farbstoffe um. Dazu werden zusätzliche Mineralstoffe benötigt. Die Nährstoffe werden zum Teil in Samen gespeichert und für deren Keimung benötigt. In Früchten dienen sie als Lockmittel für Tiere.

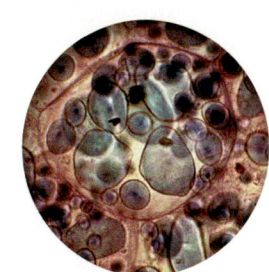

In Kürze

Pflanzen bauen in den Chloroplasten aus Wasser und Kohlenstoffdioxid mit Hilfe von Sonnenlicht energiereiche Glucose auf. Die Stoffverteilung findet über die Leitbündel in der Pflanze statt. Der Gasaustausch erfolgt über die Spaltöffnungen an der Blattunterseite. Die Glucose wird zu vielen weiteren Stoffen verarbeitet.

Aufgaben

1 Ordne den Bestandteilen des Blattes aus Bild 2 ihre jeweiligen Funktionen zu.
2 Erkläre die Tatsache, dass in stark belichteten Blättern Stärke nachgewiesen werden kann.

3 Pflanzen speichern Glucose in Samen und Früchten

Auch Pflanzen atmen

Hummeln siehst du bereits im zeitigen Frühjahr an den Blüten einiger Frühblüher. Sie sammeln bevorzugt warmen Nektar. Woher bekommen manche Pflanzen die Energie, um ihren Nektar aufzuwärmen?

Zellatmung setzt Energie frei

Pflanzen benötigen für ihr Wachstum und für ihre Stoffwechselvorgänge Energie. Hierzu nutzen sie Glucose, die sie während der Fotosynthese hergestellt und als Stärke gespeichert haben. Die gespeicherte Stärke wird zunächst in Glucose zerlegt. Mit Hilfe von Sauerstoff wird die Glucose in den Zellen umgesetzt. Bei diesem Vorgang entstehen Kohlenstoffdioxid und Wasser. Man nennt ihn *Zellatmung*. Er findet in den *Mitochondrien* statt. Das sind die Kraftwerke der Zellen. Zwischen Zellatmung und Fotosynthese besteht ein enger Zusammenhang. Die Ausgangsstoffe des einen sind die Endprodukte des anderen und umgekehrt. Die bei der Zellatmung freigesetzte Energie nutzen die Lebewesen für ihre Lebensprozesse.

1 Hummeln mögen warmen Nektar.

Nachts überwiegt die Atmung

Tagsüber, wenn die Sonne ausreichend scheint, stellen die Pflanzen mehr Stärke und Sauerstoff her, als sie bei der Zellatmung verbrauchen. In der Nacht können Pflanzen keine Fotosynthese betreiben. Deshalb nehmen sie nachts Sauerstoff durch ihre Spaltöffnungen auf und nutzen ihn für die Zellatmung. Man kann nachweisen, dass grüne Blätter abends mehr Stärke enthalten als morgens. Nachts geben sie mehr Kohlenstoffdioxid ab.

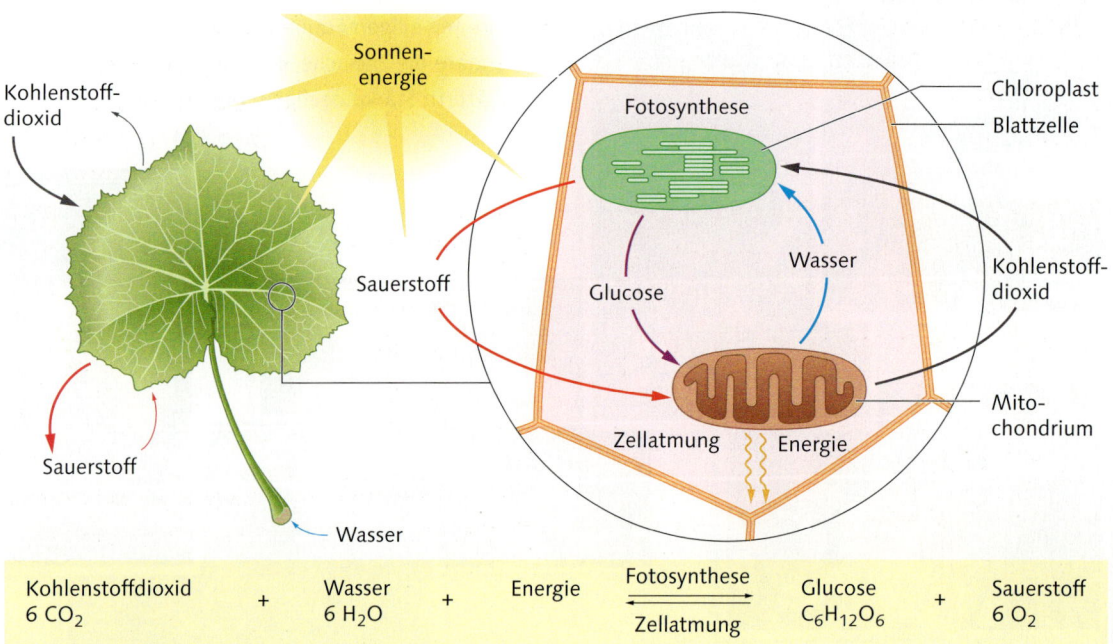

2 Fotosynthese und Zellatmung

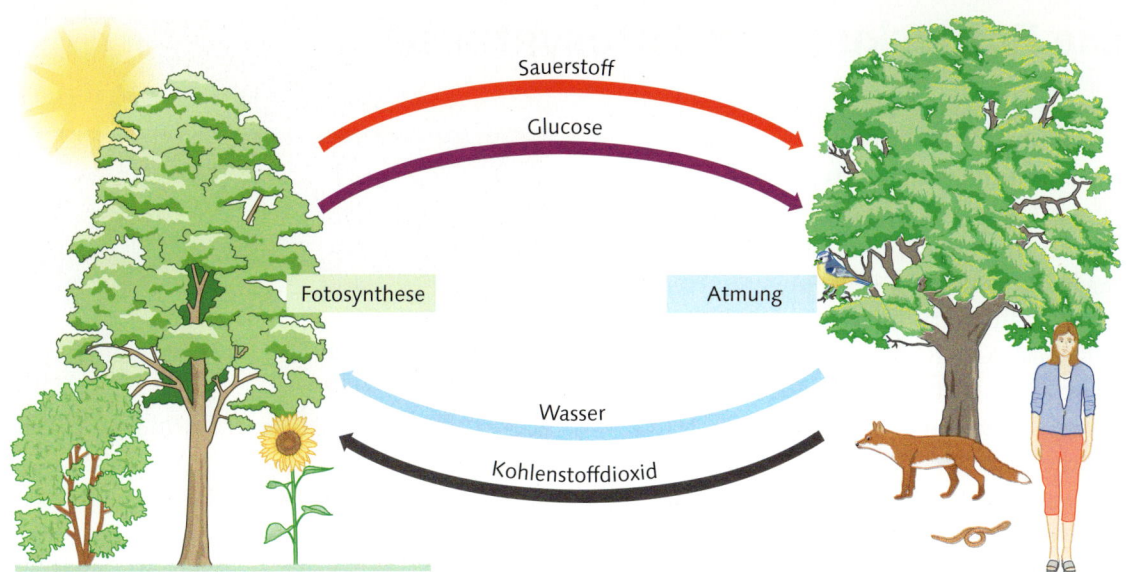

3 Stoffkreislauf

Auch Wurzeln atmen

Die Wurzeln der meisten Pflanzen befinden sich unter der Erde und können somit keine Fotosynthese betreiben. Aber auch die Wurzelzellen setzen Energie bei der Zellatmung frei. Die Glucose wurde zuvor in den oberirdischen Pflanzenteilen gebildet und zur Wurzel transportiert. Den benötigten Sauerstoff nehmen die Wurzelzellen aus dem Boden auf. Deshalb wachsen Pflanzen am besten in lockerem, gut durchlüftetem Boden. Steht nicht genügend Sauerstoff zur Verfügung, wie bei einer Sumpfpflanze, bilden diese spezielle *Atmungswurzeln* aus.

Zellatmung bei Menschen und Tieren

Auch die Tiere und der Mensch erhalten die Energie für lebensnotwendige Stoffwechselvorgänge durch Zellatmung. Diese benötigen sie zum Beispiel für die Muskeltätigkeit, das Denken oder zur Aufrechterhaltung der Körpertemperatur. Durch die Nahrung nehmen sie energiereiche Stoffe wie Kohlenhydrate und Fette auf. Diese werden bei der Verdauung in Glucose umgewandelt. Mit Hilfe von Sauerstoff, der über die Atemwege aufgenommen wird und mit dem Blut zu den Zellen gelangt, wird in den Mitochondrien Energie gewonnen. Dabei entstehen Kohlenstoffdioxid und Wasser. Hier schließt sich der Kreis. Pflanzen nutzen diese Stoffe wiederum, um Fotosynthese zu betreiben.

> **In Kürze**
> Lebewesen gewinnen bei der Zellatmung Energie. Dazu wird Glucose mit Sauerstoff zu Kohlenstoffdioxid und Wasser umgesetzt.

Aufgaben

1 Stelle die Vorgänge der Zellatmung in einem Flussdiagramm dar.
2 Beschreibe den in Bild 3 dargestellten Zusammenhang zwischen Zellatmung und Fotosynthese.

4 Mangroven mit Atmungswurzeln

Ökosystem Wald

Exkurs

Die Entdeckung der Fotosynthese

Leben und Werk

Joseph Priestley wurde 1733 in Yorkshire, England geboren. Als Junge war er kränklich und litt an einem Sprachfehler. Aber er zeichnete sich durch Begabung und Fleiß aus. Priestley studierte Sprachen und Philosophie und wurde Geistlicher. Mit den Naturwissenschaften befasste er sich im Studium nie.

1776 lernte er den amerikanischen Naturforscher und Diplomaten Benjamin Franklin kennen. Priestley befasste sich daraufhin mit der Elektrizität und Optik.

Neben seiner Pfarrei in Leeds war eine Brauerei. Priestley interessierte sich für das Gas, das bei der alkoholischen Gärung entsteht. Er untersuchte die Eigenschaften des Kohlenstoffdioxids, leitete es in Trinkwasser ein und erfand so sprudelndes Mineralwasser. Außerdem entdeckte er ein Gas, das von dem Franzosen A. de Lavoisier später als Sauerstoff

1 Joseph Priestley (1733–1804)

benannt wurde. Er fand auch heraus, dass Mäuse Luft »verbrauchen«. Pflanzen dagegen geben der Luft ihre Frische zurück. Er untersuchte daraufhin, wie man der »verbrauchten« Luft ihre »Frische« zurückgeben kann.

Untersuchungen zur Verbesserung der Luft

In einem Brief an Benjamin Franklin vom 1. Juli 1772 beschreibt Priestley seine Versuche:

»Ich habe mich gänzlich davon überzeugt, dass Luft, die durch Atmung in höchstem Grad schädlich geworden ist, durch Minzezweige, die darin wachsen, wiederhergestellt wird. Sie erinnern sich vielleicht noch an den Zustand, in welchem Sie eine meiner Pflanzen sahen. Am Samstag, nachdem Sie gegangen waren, brachte ich eine Maus in den Luftraum, in dem die Pflanze wuchs. Das war sieben Tage, nachdem die Pflanze hineingebracht worden war. Die Maus hielt es hier ohne das geringste Anzeichen von Unbehagen fünf Minuten aus und war ausgesprochen stark und lebhaft, als sie herausgeholt wurde. Dagegen starb eine Maus, die nicht einmal zwei Sekunden in einem anderen Teil der ursprünglichen Luftmenge verbracht hatte, welche an derselben Stelle gestanden hatte, aber ohne Pflanze darin. Auch die Maus, der es in der wiederhergestellten Luft wohlergangen war, konnte nur mit knapper Not wiederbelebt werden, nachdem sie für weniger als eine Sekunde in der anderen Luft gewesen war ...«

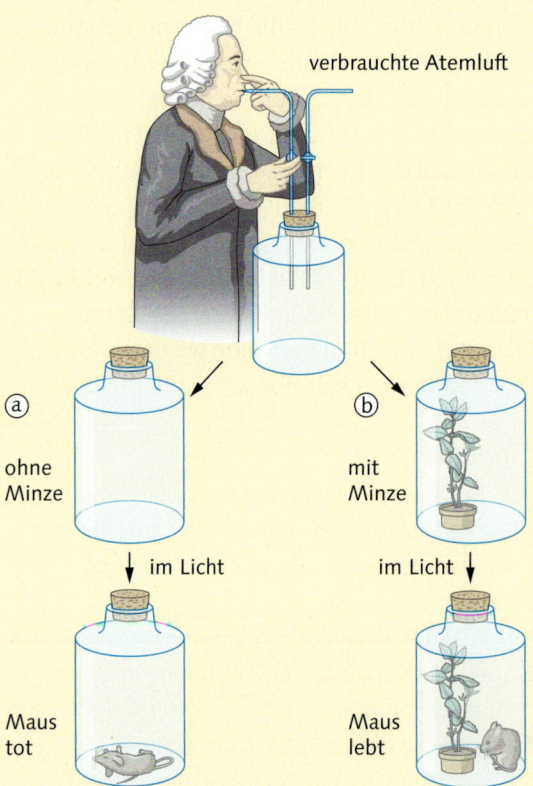

2 Priestleys Versuche mit verbrauchter Luft

Praktikum

Fotosynthese und Zellatmung

A Nachweis von Glucose

Material Blütenpflanze, Obst, Gemüse, grüne Blätter, Glucoseteststreifen

Durchführung Schneide das Gemüse und das Obst quer durch. Halte einen Teststreifen an die Schnittfläche, sodass er vom Saft benetzt wird.
Warte etwa 2 Minuten, bis der Streifen sich verfärbt hat. Vergleiche seine Farbe mit der Farbskala auf der Verpackung.
Führe den Versuch auch mit den Bestandteilen der Blütenpflanzen und mit den grünen Blättern durch. Zerreibe sie, sodass Flüssigkeit austritt.
Protokolliere deine Beobachtungen.

Auswertung
1 Beschreibe die Entstehung der Glucose.
2 Erläutere, wie die Glucose in diese Pflanzenteile gelangt.

B Einfluss von Licht und Kohlenstoffdioxid

Material Wasserpest, Reagenzglas, Glasstab, Bindfaden, Messer, starke Lichtquelle, destilliertes Wasser, Mineralwasser

Durchführung Fülle das Reagenzglas mit destilliertem Wasser. Schneide einen Spross der Wasserpest frisch an, binde ihn an den Glasstab und stelle diesen in das Reagenzglas. Beleuchte die Pflanze.
- Zähle die Gasbläschen, die aus dem Spross aufsteigen, pro Minute.
- Verringere die Helligkeit und zähle erneut.
- Tausche das destillierte Wasser gegen Mineralwasser und zähle wieder.
- Trage deine Beobachtungen in eine Tabelle ein.

Auswertung Erläutere den Einfluss von Licht und Kohlenstoffdioxid auf die Fotosynthese.

C Zellatmung

Material ungeschälte Trockenerbsen, drei Standzylinder mit Deckel, Kerze, Draht, Streichhölzer

Durchführung Fülle zwei Standzylinder mit jeweils 200 Gramm Trockenerbsen. Gib in einem der beiden ca. 0,5 Liter Wasser hinzu. Fülle den dritten Standzylinder mit der gleichen Menge Wasser. Lege die Deckel auf die Standzylinder und lass sie zwei Tage lang stehen. Stecke die Kerze auf ein Drahtende. Zünde die Kerze an und halte sie nacheinander in die Gläser. Die Kerze erlischt, wenn kein Sauerstoff vorhanden ist. Protokolliere deine Beobachtungen.

Auswertung
1 Erläutere deine Beobachtungen.
2 Begründe, weshalb Erbsen Zellatmung betreiben.

1 Versuchsaufbau

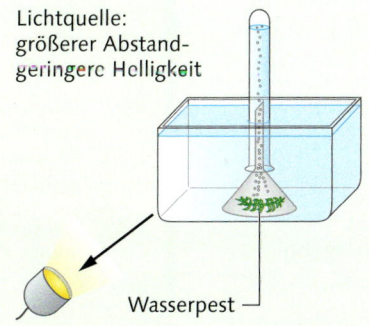

2 Versuchsablauf

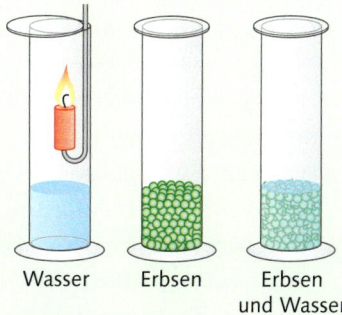

3 Versuchsaufbau

Aufgaben

Fotosynthese und Zellatmung

1 Wachstum durch Fotosynthese

Der niederländische Naturforscher Johan Baptista van Helmont lebte vor über 350 Jahren. Bei seinen Untersuchungen stellte er sich die Frage, wovon sich Pflanzen ernähren. Um dies zu beantworten, pflanzte er einen Weidenzweig in einen Topf mit getrockneter Erde. Von beidem bestimmte er zuvor die Masse. Der Topf wurde ins Freie gestellt und fünf Jahre lang mit Regenwasser gegossen. Nach den fünf Jahren war die Weide mehr als 70 Kilogramm schwerer und die Masse der Erde hatte sich um 75 Gramm verringert.

2 Entdeckungen zur Fotosynthese

Jegliches Wissen der Biologie zur Fotosynthese wurde in den letzten Jahrhunderten nach und nach von vielen Forschern zusammengetragen. Die jeweils neuen Erkenntnisse bauen auf dem Wissen der älteren Forscher auf.

a In Bild 2 unten sind die Entdeckungen zur Fotosynthese in der Reihenfolge durcheinandergeraten. Ordne sie den Jahreszahlen wieder richtig zu, sodass eine logische Reihenfolge entsteht.

b Plane einen Versuch, mit dem Jan Ingenhousz nachweisen konnte, dass Pflanzen nur im Licht Fotosynthese betreiben.

	Pflanze	Erde
Beginn	2,5 kg	100 kg
Nach 5 Jahren	78,7 kg	99,25 kg
Differenz	76,3 kg	0,75 kg

1 Van Helmonts Versuchsergebnisse

a Versetze dich in van Helmonts Situation vor dem Versuch und stelle Hypothesen zu den möglichen Ergebnissen auf.
b Fertige ein Protokoll zu van Helmonts Weidenversuch an.
c Begründe, warum die Erde vor und nach dem Versuch zunächst getrocknet wurde.
d Überprüfe mit Hilfe der Versuchsergebnisse deine in Teil a aufgestellten Hypothesen.
e Erläutere das Versuchsergebnis mit deinem Wissen über die Fotosynthese.

1600

ca. 1640 *Henri Dutrochet* entdeckte den Zusammenhang zwischen Chlorophyll und der Fotosynthese.

1771 *Jan Ingenhousz* zeigte durch Versuche mit Pflanzen, dass diese nur im Licht Sauerstoff herstellen und im Dunkeln Kohlenstoffdioxid abgeben.

1777 *Antoine de Lavoisier* folgerte aus vielen chemischen Versuchen, dass Luft neben anderen Gasen auch Sauerstoff enthält. Durch genaues Wiegen bewies er, dass sich der Sauerstoff bei einer Verbrennung mit diesen Stoffen verbindet und dabei verbraucht wird.

1779 *Jean Senebier* wies durch Versuche nach, dass Pflanzen zur Herstellung von Sauerstoff Kohlenstoffdioxid benötigen.

1783 *Nicolas de Saussure* bewies, dass Pflanzen aus Wasser und Kohlenstoffdioxid Zucker und Sauerstoff herstellen.

1804 *Robert Meyer* erkannte, dass bei der Fotosynthese die Sonnenenergie als chemische Energie in Zucker gespeichert wird.

1837 *Joseph Priestley* untersuchte die Auswirkungen von Pflanzen auf die Luft. Er erkannte, dass Pflanzen und Tiere nur gemeinsam in einem geschlossenen Luftsystem überleben können.

1845 *Van Helmont* untersuchte mit einem Weidenbaum, wovon sich Pflanzen ernähren.

1850

2 Entdeckungen zur Fotosynthese

3 Beeinflussung der Fotosynthese

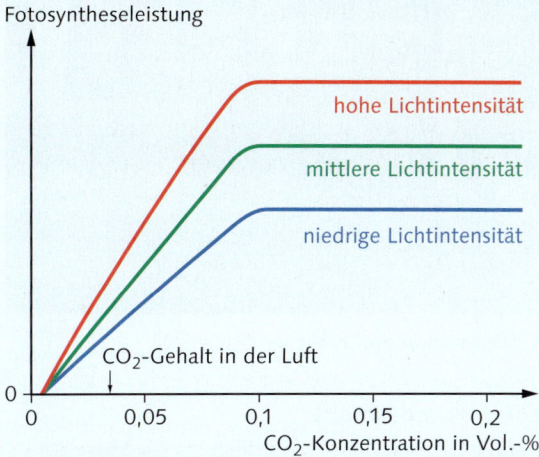

3 Abhängigkeit der Fotosynthese von Kohlenstoffdioxid

Mit verschiedenen Versuchen kann man die Intensität der Fotosynthese bei unterschiedlichen Bedingungen messen. Die Faktoren Licht, Temperatur und Kohlenstoffdioxid können verändert werden.

a Beschreibe die in den Diagrammen dargestellten Ergebnisse.
b Ziehe aus den Werten Schlussfolgerungen über die Beeinflussbarkeit der Fotosyntheserate.
c Plane einen Versuch, mit dem die Abhängigkeit der Fotosyntheserate von der Temperatur untersucht werden kann. Erstelle hierfür ein Versuchsprotokoll.

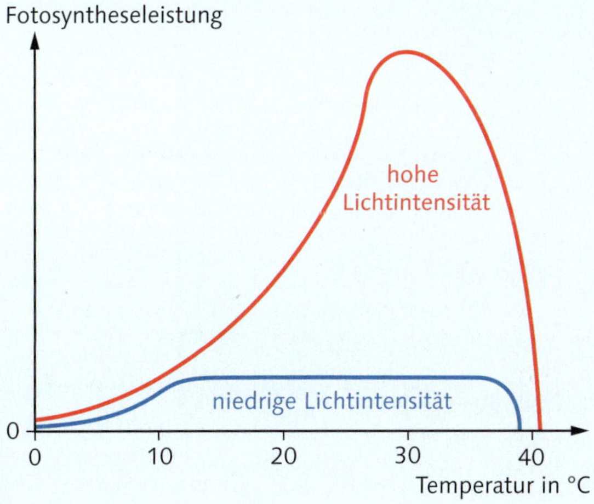

4 Abhängigkeit der Fotosynthese von der Temperatur

4 Geschlossene Ökosysteme

Bereits vor über 20 Jahren begann die NASA mit der Entwicklung eines geschlossenen, sich selbst erhaltenden Ökosystems. Dieses sollte in der Raumfahrt genutzt werden. Inzwischen kann man es als Dekoration kaufen.
In einer luftdicht verschlossenen Glaskugel befindet sich Meerwasser, in dem Lebewesen wie Algen und kleine Garnelen oder Fische gemeinsam leben. In diesem geschlossenen System ist kein Wasseraustausch oder eine Fütterung wie in einem Aquarium nötig.

a Beschreibe den Kreislauf des Kohlenstoffs in diesem Mini-Ökosystem.
b Begründe, weshalb sowohl Pflanzen als auch Tiere in dem Glas leben müssen.
c Nenne den Faktor, der dem Ökosystem von außen zugefügt werden muss. Begründe.
d Benenne wichtige Faktoren, auf die bei der Befüllung der Glaskugel geachtet werden muss.
e Man kann auch in einem Marmeladenglas ein Mini-Ökosystem mit feuchter Erde, Moosen und kleinen Bodentieren selbst bauen. Beschreibe den Kreislauf des Kohlenstoffs in einem solchen System.
f Nach ein bis zwei Tagen ist das Glas von innen beschlagen. Erläutere diese Beobachtung.

5 Mini-Ökosystem

Ökosystem Wald

Stockwerke des Waldes

Wenn du im Sommer durch einen natürlich gewachsenen Mischwald gehst, findest du die unterschiedlichsten Pflanzen. Wenn du genau hinschaust, kannst du eine Gliederung erkennen. Man bezeichnet die dabei erkennbaren Bereiche auch als Stockwerke des Waldes.

Die Baumschicht
Der Wald wird von Baumarten geprägt. Die unterschiedlichen Laubbäume können bis zu 40 Meter hoch werden. Ihre Stämme und Kronen bilden die *Baumschicht*. Das Blätterdach nimmt das meiste Sonnenlicht auf. Aber auch die Niederschläge sammeln sich hier und werden langsam zum Boden geleitet. In der Baumschicht leben viele Tiere. Neben dem Eichhörnchen finden auch viele Vogelarten hier günstige Lebensbedingungen. Kleiber und Buntspecht bevorzugen den Stammbereich. Buchfink, Pirol und Ringeltaube brüten im Geäst der Baumkronen und suchen dort ihre Nahrung.

1 Der Wald ist gegliedert

Die Strauchschicht
Sträucher wachsen vor allem an Lichtungen und am Waldrand. Dazu gehören Himbeere, Brombeere, Hasel, und Holunder. Sie werden bis zu zwei Meter hoch und bilden die *Strauchschicht*. Kletterpflanzen wie Efeu und Waldrebe finden hier Halt. Sie bilden einen guten Windschutz und verhindern so die Austrocknung des Bodens. Vogelarten wie Grasmücken, Singdrosseln und Amseln bauen in den Sträuchern ihre Nester.

2 Stockwerke des Waldes

Ökosystem Wald

3 Vogelnest im Strauch

5 Wurzelschicht

Die Krautschicht

Bis zu 50 Zentimeter über dem Boden wachsen viele Gräser, Farne und Schachtelhalme sowie eine Reihe von Blütenpflanzen.
Man kann hier zum Beispiel Aronstab, Waldweidenröschen, Springkraut und Heidelbeere finden. Im Frühling sprießen Frühblüher wie Buschwindröschen und Krokus aus dem Boden. Die *Krautschicht* ist sehr artenreich. Neben vielfältigen Pflanzen leben hier sehr viele Tiere. Insekten, Reptilien und bodenbrütende Vögel finden günstige Lebensbedingungen.

Die Moosschicht

Am Waldboden bilden Moose, Flechten und die Fruchtkörper der Pilze die *Moosschicht*.

Besonders die Moose sorgen als Wasserspeicher für ein feuchtes Klima. Milben, Käfer und Ameisen trifft man in diesem Bereich ebenso an wie Spinnen oder Schnecken.

Die Wurzelschicht

Der obere Teil der *Wurzelschicht* wird von der Humusschicht gebildet. Diese entsteht aus abgefallenem Laub. In der Humusschicht leben sehr viele Kleintiere wie Regenwürmer, Tausendfüßer, Fadenwürmer, Milben und Springschwänze. Sie zersetzen die Blätter zu mineralstoffreichem Humus. Das gesamte Erdreich ist durchzogen von den Wurzeln der Pflanzen. Sie nehmen das Wasser und die darin gelösten Mineralstoffe auf. Auch die Pilzgeflechte durchziehen den Boden. Maulwurf und Spitzmaus leben zwischen den Wurzeln in ihren unterirdischen Höhlen.

In Kürze
Natürlich gewachsene Mischwälder sind in Stockwerke gegliedert. Von oben nach unten unterscheidet man: Baumschicht, Strauchschicht, Krautschicht, Moosschicht und Wurzelschicht.

Aufgaben
1 Benenne Merkmale der unterschiedlichen Stockwerke des Waldes.
2 Recherchiere weitere Lebewesen des Waldes und ordne sie den Stockwerken zu.

4 Moosschicht

Der Wald im Jahresverlauf

Wenn du im Frühjahr und im Herbst durch den Wald spazierst, erkennst du zwar, dass die Bäume an derselben Stelle stehen. Trotzdem sieht der Wald im Herbst ganz anders aus. Das Licht, die Farben und auch der Geruch haben sich stark verändert. Im Verlauf eines Jahres ändern sich die Lebensbedingungen im Wald.

Der Wald im Frühling

Im Frühling ist der Boden eines Mischwaldes von besonders vielen Pflanzen bedeckt. Frühblüher wie Scharbockskraut und Buschwindröschen wachsen und blühen nur im Frühjahr, weil dann sehr viel Licht auf den Waldboden gelangt. Denn die Bäume haben noch kein Laub gebildet. Dadurch erwärmt sich der Boden stärker als die Luft darüber. Die Laubstreu kann bis zu 20 °C warm werden. Im Frühjahr regnet es außerdem relativ häufig, sodass die Pflanzen ausreichend Wasser erhalten.

1 Der Wald verändert sich im Jahresverlauf

Der Wald im Sommer

Bis zum Sommer haben die Laubbäume ihre Blätter entfaltet. Dadurch verändern sich die Lichtverhältnisse stark. Die Blätter lassen nur noch wenig Sonnenlicht bis zum Waldboden durch. In einem Buchenwald gelangen im Sommer nur 10 Prozent des Sonnenlichts auf den Waldboden. Dann können dort nur noch Schattenpflanzen wie Sauerklee sowie Farne

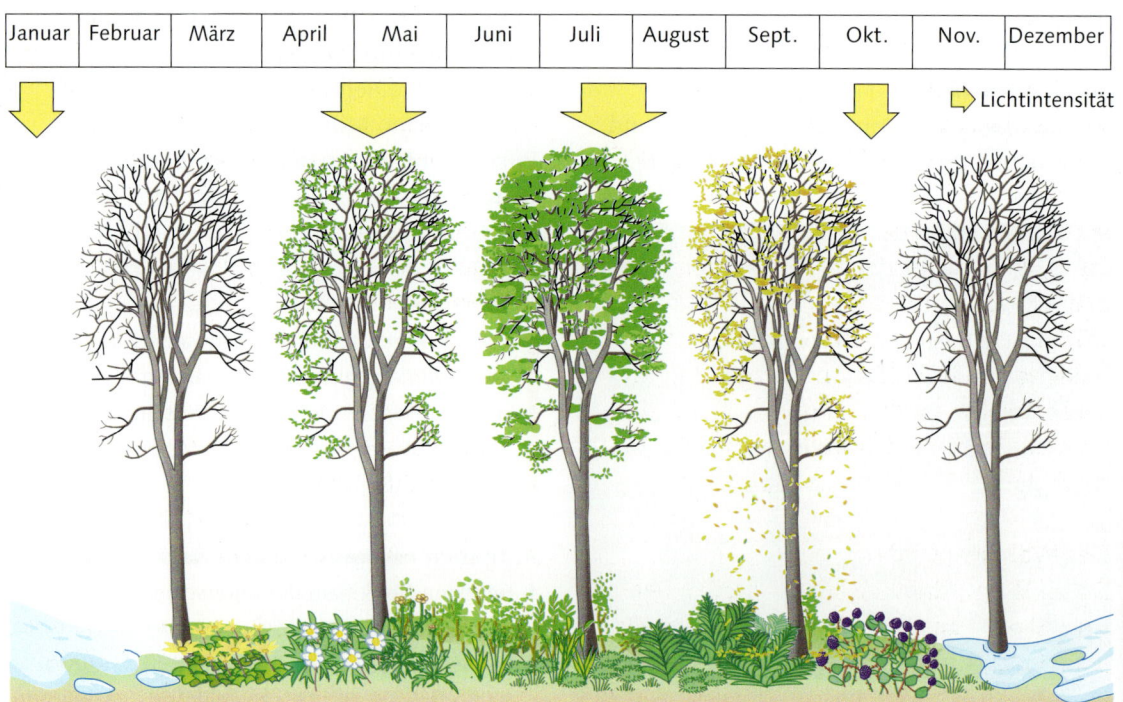

2 Der Wald im Jahresverlauf

3 Im Herbst färben sich die Blätter

> **Basiskonzept Entwicklung**
> Der Wald wandelt sich im Verlauf eines Jahres ständig. Die jeweiligen Veränderungen hängen von den abiotischen Faktoren ab, die mit den Jahreszeiten wechseln. Im Sommer tragen Bäume grüne Blätter, mit denen sie Fotosynthese betreiben. Diese fallen im Herbst ab und werden im Frühjahr neu gebildet. Alle lebenden Systeme verändern sich mit der Zeit. Ein Samen entwickelt sich über den Keimling zum Baum und stirbt. Menschen, Tiere, Pflanzen, aber auch Ökosysteme und die Biosphäre sind also durch Entwicklung gekennzeichnet und durchlaufen verschiedene Phasen.

und Moose wachsen. Im schattigen Wald ist es im Sommer zudem kühler. Der Wassergehalt des Bodens ist nicht mehr so hoch wie im Frühling, da die Kronenregion nur etwa 70 Prozent des Regenwassers zum Boden weiterleitet. Der Rest verdunstet auf den Blattoberflächen.

Der Wald im Herbst

Im Herbst reifen die Früchte der Bäume, Sträucher und Kräuter heran. Tiere finden nun ausreichend Nahrung und fressen sich für den Winter Fettreserven an. Durch weniger Licht und niedrige Temperaturen wird das Chlorophyll der Blätter zerlegt und die Abbauprodukte werden im Stamm gespeichert. Die Blätter verfärben sich und fallen ab. Danach gelangt wieder mehr Sonnenlicht auf den Waldboden. Das Laub wird dort von Kleinstlebewesen, Pilzen und Bakterien zu fruchtbarem Humus abgebaut. Dieser liefert den Pflanzen im nächsten Frühjahr ausreichend Mineralstoffe für ihr Wachstum.

Der Wald im Winter

Da im Winter die Tage kürzer werden nehmen sowohl die Temperaturen als auch der Lichteinfall ab. Viele Lebewesen des Waldes legen eine Ruhepause ein und die Lebensfunktionen werden auf ein Minimum begrenzt.

Zeigerpflanzen des Waldes

Jede Pflanze ist auf eine gewisse Menge an Feuchtigkeit im Boden, auf bestimmte Mineralstoffe und auf eine notwendige Lichtmenge angewiesen. Welche Bedingungen an einem Standort herrschen, kann man daher auch an den Pflanzen sehen, die dort wachsen. Diese *Zeigerpflanzen* zeigen Umweltbedingungen an. Wachsen zum Beispiel größere Mengen Brennnesseln, ist der Boden reich an Stickstoff. Heidelbeere und Heidekraut zeigen sauren Boden an. Das Adonisröschen bevorzugt einen trockenen, kalkhaltigen und warmen Boden. Das Große Springkraut findet man an feuchten, schattigen und mineralstoffreichen Standorten.

> **In Kürze**
> Licht, Temperatur, Wasserversorgung und Zusammensetzung des Bodens sind wichtige Faktoren, die Einfluss auf das Pflanzenwachstum haben. Viele Faktoren ändern sich im Jahresverlauf in einem Laubwald.

Aufgabe

1 Stelle in einer Tabelle die abiotischen Faktoren zusammen, die sich in den Jahreszeiten in einem Laubwald verändern.

Praktikum

Waldboden

Die Versuche auf dieser Seite eignen sich zur Untersuchung von Böden. Entnimm dazu vorab je eine Bodenprobe im Wald sowie Bodenproben vom Schulgelände oder aus dem Garten. Führe jeden Versuch mit allen Bodenproben durch und vergleiche die Ergebnisse der Bodenuntersuchungen.

A Bodenbeschaffenheit

Material unterschiedliche Bodenproben, Messzylinder, Wasser

Durchführung Reibe die Bodenproben zwischen Daumen und Zeigefinger. Rolle sie in den Handflächen zu Würsten. Notiere deine Beobachtungen und vergleiche mit der Tabelle unten. Fülle je die gleiche Menge der Bodenproben in verschiedene Messzylinder. Fülle sie mit Wasser auf, rühre gut durch und lass die Proben einen Tag stehen. Miss die Höhe der sich abgesetzten Bodenschichten und protokolliere deine Ergebnisse.

Auswertung Berechne die Anteile der einzelnen Bodenarten in deinen Bodenproben. Erstelle ein Kreisdiagramm für jede Probe. Vergleiche die Ergebnisse miteinander.

B pH-Wert

Der pH-Wert gibt Aufschluss über die chemische Bodenbeschaffenheit.

Material unterschiedliche Bodenproben, Indikatorpapier, destilliertes Wasser, Becherglas, Löffel, Uhr

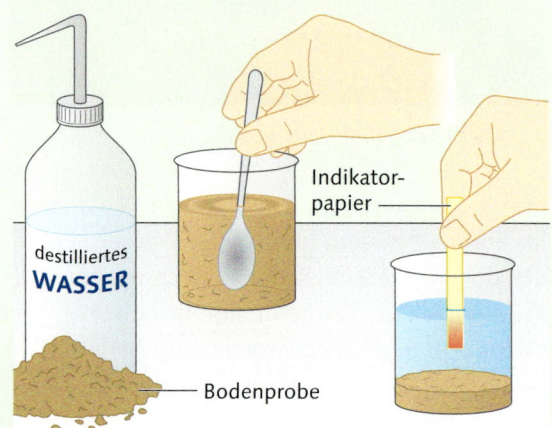

2 Versuchsaufbau

Durchführung Gib zwei Esslöffel jeder Bodenprobe und 50 ml destilliertes Wasser in je ein Becherglas. Verrühre und lass das Gemisch fünf Minuten stehen. Ermittle mit dem Indikatorpapier den pH-Wert. Notiere die Ergebnisse in einer Tabelle.

Auswertung Vergleiche die ermittelten pH-Werte der verschiedenen Bodenproben miteinander.

Bodenart	Ton	Lehm	Sand
Aussehen	glatte, glänzende Schmierfläche	sehr fein, Einzelkörner sind sichtbar	sehr körnig und rau, sichtbare Einzelkörner, deutlich fühlbar
Eigenschaften	gute Formbarkeit und zu Würsten ausrollbar, beschmutzt die Finger stark	etwas formbar, jedoch nicht gut ausrollbar, schnell zerbröselnd, leichte Beschmutzung der Finger	keine Formbarkeit, zerrieselt und beschmutzt die Finger nicht

1 Bodenarten und ihre Eigenschaften

C Kalkgehalt

Material unterschiedliche Bodenproben, Einweghandschuhe, Schutzbrille, Uhrglas, Löffel, Pipette, 10 %ige Salzsäure

> **Sicherheitshinweis**
> Salzsäure wirkt stark ätzend. Schutzbrille und Einweghandschuhe tragen!

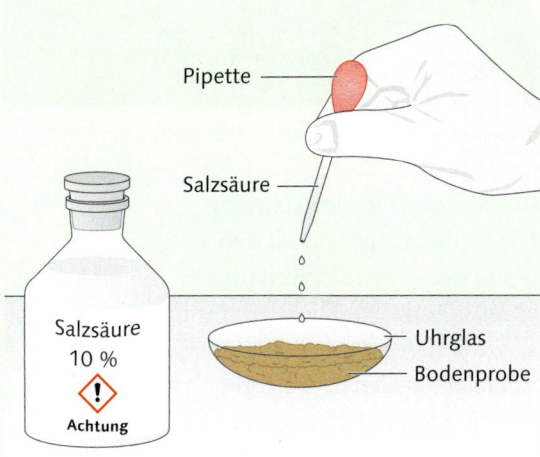

3 Versuchsaufbau

Durchführung Gib einen Löffel Bodenprobe auf ein Uhrglas. Tropfe mit der Pipette fünf Tropfen Salzsäure darauf. Notiere deine Beobachtungen.

Auswertung Ordne den Bodenproben ihren Kalkgehalt zu. Vergleiche hierzu deine Beobachtungen mit den Angaben in der Tabelle unten.

Beobachtung	Kalkgehalt	Beurteilung der Böden
kein Aufbrausen	unter 1 %	kalkfrei/kalkarm
schwaches Aufbrausen	1 % bis 3 %	schwach kalkhaltig
kurzes deutliches Aufbrausen	3 % bis 5 %	kalkhaltig
anhaltendes Aufbrausen	über 5 %	stark kalkhaltig

4 Ermittlung des Kalkgehalts der Bodenprobe

D Wasserhaltefähigkeit

Das Wasserhaltevermögen gibt Aufschluss über die Fähigkeit des Bodens, Wasser aufzunehmen und zu speichern.

Material unterschiedliche Bodenproben, Stativ, Trichter, Watte, Messzylinder, Wasser

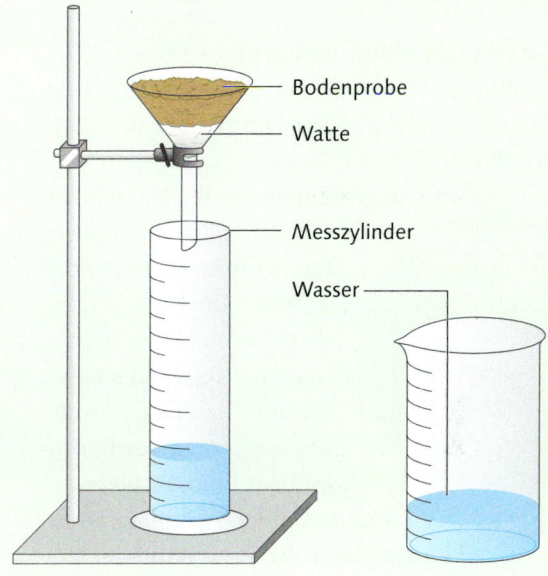

5 Versuchsaufbau

Durchführung Baue den Versuch wie in Bild 5 dargestellt auf. Verwende frische Bodenproben. Gieße 100 ml Wasser vorsichtig in den Trichter und warte, bis kein Wasser mehr abläuft. Lies die ausgetropfte Wassermenge ab und notiere die Werte.

Auswertung Errechne die Differenz zwischen eingefüllter und ausgetropfter Wassermenge, um die Wasserhaltefähigkeit des Bodens zu bestimmen. Das folgende Rechenbeispiel hilft dir dabei.
100 ml Wasser entsprechen 100 Prozent. Wenn davon 81 ml Wasser in den Messzylinder tropfen, dann beträgt die Wasserhaltefähigkeit dieser Bodenprobe wie folgt:
100 ml − 81 ml = 19 ml. Dies entspricht 19 Prozent.

Ökosystem Wald

Die Rotbuche

Rotbuchen sind die häufigsten einheimischen Laubbäume in Deutschland. In einem Buchenwald wachsen sie aufgrund ausreichender Niederschläge und gemäßigter Temperaturen zu mächtigen Baumriesen heran.

Merkmale einer Rotbuche

Rotbuchen erkennt man an ihrer hellgrau glänzenden Borke. Sie können bis zu 300 Jahre alt und bis zu 35 Meter hoch werden. Ihre eiförmigen Blätter glänzen. Der Blattrand ist leicht gewellt und bei Jungblättern weich behaart. Rotbuchen besitzen verschiedene Blatttypen, mit denen sie die unterschiedlichen Lichtverhältnisse in der Baumkrone zur Fotosynthese optimal nutzen können. Die *Lichtblätter* am äußeren Rand der Baumkrone sind klein und dick. Die *Schattenblätter* im Innern der Baumkrone sind im Vergleich dazu größer und dünner.

1 Beeindruckende Baumkronen im Rotbuchenwald

Buchen sind Bedecktsamer

Die Rotbuche gehört zu den *einhäusigen, getrenntgeschlechtlichen* Bäumen. Sie bildet auf einer Pflanze weibliche und männliche Blüten aus, die in getrennten Blütenständen heranwachsen. Durch den Wind gelangt der Pollen auf die Stempel. Die darunterliegende Samenanlage wird von den Fruchtblättern vollkommen umschlossen. Rotbuchen gehören daher zu den *Bedecktsamern*. In den stachligen Fruchtbechern entwickeln sich zwei dreieckige Nussfrüchte, die Bucheckern.

2 Rotbuche. A Wuchsform; B Blattform; C Blütenstände; D Knospe

3 A Fruchtbecher mit Bucheckern; B gekeimte Buchecker; C Entwicklung des Buchenkeimlings

Vom Samen zum Baum

Im Herbst fallen die Bucheckern zu Boden. Hier werden sie bald von dem herabfallenden Laub bedeckt und überdauern so den Winter. Im Frühling keimen die Bucheckern aus. Die Baumkrone, aus der sie fielen, lässt nur wenig Licht zum Boden durch. Die jungen Buchenkeimlinge kommen mit dem wenigen Licht gut aus. Durch diesen Vorteil kann die Rotbuche gegenüber anderen Baumkeimlingen schneller heranwachsen.

Ökologische Bedeutung

Buchenwälder produzieren viel Sauerstoff und binden den Staub aus der Luft. Durch ihre hohe Wasserverdunstung tragen sie zur Wolkenbildung bei. Die gute Durchwurzelung des Bodens wirkt sich positiv auf die Wasserbindung in tieferen Bodenschichten aus.

Buchenlaub bildet nach der Zersetzung durch Bodenorganismen mineralstoffreichen Humus. Er dient als Mineralstofflieferant für heranwachsende Pflanzen, die ihrerseits von vielen Tieren als Nahrung genutzt werden. Viele Waldtiere ernähren sich von den ölhaltigen Bucheckern.

Nutzung des Holzes

Den Namen verdankt die Rotbuche ihrem rötlichen Holz. Dieses sehr harte Holz wird gerne für Möbel und Parkettböden genutzt. Im Winter liefert es als Brennholz lang anhaltende Wärme.

> **In Kürze**
> Die Rotbuche ist der häufigste heimische Laubbaum und bildet die Nahrungsgrundlage vieler Tiere. Sie ist ein getrenntgeschlechtlicher, einhäusiger Bedecktsamer.

Aufgaben

1 Benenne die Angepasstheiten der Rotbuche an die unterschiedlichen Lichtverhältnisse innerhalb der Baumkrone.
2 Stelle Vermutungen an, weshalb man Buchen auch »Mutter des Waldes« nennt. Begründe deine Vermutungen.

4 Eichhörnchen auf der Suche nach Bucheckern

Die Fichte

Ein Besuch im nahe gelegenen Fichtenwald bei beginnender Abenddämmerung hinterlässt bei dir deutliche Sinneseindrücke: Modriger Geruch des Waldbodens, kühlere Temperatur als außerhalb des Waldes, feuchte Luft, auffällige Stille und schwache Lichtstrahlen, die vom Waldrand her in den dunklen Wald scheinen.

Merkmale einer Fichte

Die Fichte bevorzugt das feuchte und kühle Klima des Mittelgebirges und der Alpen. Hier kann sie mit ihrem gerade wachsenden Stamm eine Höhe von 40 Metern erreichen. Manche Fichten werden bis zu 600 Jahre alt. Ihr Stammdurchmesser beträgt dann bis zu hundertfünfzig Zentimeter. Die rötlich graubraune Borke blättert in unregelmäßigen Schuppen ab. Die Baumkrone der Fichte ist kegelförmig. Ihre Zweige sind quirlig angeordnet. Die Fichtenwurzeln wachsen tellerförmig aus und dringen nicht tief in den Boden ein. Daher gehören Fichten zu den *Flachwurzlern*.

1 Fichtenwald in der Abenddämmerung

Nadeln sind speziell geformte Blätter

Die Fichte hat stechend spitze, vierkantige Nadeln. Im Gegensatz zu Laubblättern bleiben die Nadeln bis zu sieben Jahre am Baum. Die abgefallenen Nadeln werden nur schwer zersetzt. Dadurch bildet sich am Boden eine dicke Nadelschicht, die nur wenig Wasser durchlässt. Beim Abbau der Nadeln entstehen Stoffe, die die Ausbildung einer Kraut- und Strauchschicht verhindern.

2 Fichte: A Wuchsform; B Blütenstände; C Fichtennadel; D Querschnitt einer Fichtennadel

32 Ökosystem Wald

3 Vermehrung der Fichte: A Fichtenzapfen; B Fichtensamen; C Entwicklung des Fichtenkeimlings

Fichten sind Nacktsamer

Die einhäusigen, getrenntgeschlechtlichen Fichten bilden ab einem Alter von etwa 30 Jahren im Mai und Juni ihre Blütenstände aus. Die männlichen Blüten geben riesige Pollenmengen frei, welche durch den Wind zu den weiblichen Zapfen transportiert werden. Dort bestäuben sie die vielen weiblichen Einzelblüten im Zapfeninneren. Die Fruchtschuppen der weiblichen Blüten tragen je zwei Samenanlagen. Sie liegen frei, umhüllende Fruchtblätter fehlen. Fichten zählen daher wie alle Nadelbäume zu den *Nacktsamern*. Nach gut einem Jahr spreizt der Zapfen bei Trockenheit seine Schuppen und die Flugfrüchte fallen heraus.

Anbau in Monokulturen

Fichten wachsen im Vergleich zu anderen Bäumen sehr schnell. Deshalb begann der Mensch sie wirtschaftlich zu nutzen. Jahrzehntelang wurden reine Fichtenwälder angepflanzt, sogenannte *Monokulturen*. Warme, trockene Sommer schwächen die Fichten. Schädlinge, wie der Fichtenborkenkäfer, können die geschwächten Bäume befallen. Da die Zahl ihrer Fressfeinde gering ist, werden die Käfer in ihrer Ausbreitung kaum gehemmt. Als Flachwurzler sind Fichten stark windwurfgefährdet.

4 Orkanschäden in einem Fichtenwald

> **In Kürze**
> Die Fichte ist der häufigste einheimische Nadelbaum. Fichten sind getrenntgeschlechtliche Nacktsamer und werden häufig in Monokulturen gepflanzt.

Aufgaben

1 »Willst du die Natur vernichten, pflanze Fichten, Fichten, Fichten!« Erkläre, was mit diesem Ausspruch gemeint ist.
2 Begründe, weshalb es in einem Fichtenwald so auffallend ruhig ist.

Ökosystem Wald

Wie Bäume wachsen

Im Frühjahr kannst du unweit einer großen Fichte einen Keimling wachsen sehen. Er hat sich aus einem Samen der Fichte entwickelt und kann bis zu 40 Meter hoch werden. Sein Umfang kann dann bis zu 150 Zentimeter betragen. Wie bei jedem Baum besteht der Stamm vorwiegend aus Holz.

Die Rinde umhüllt den Stamm
Den äußeren Teil der Rinde nennt man *Borke*. Sie schützt den Baum vor Verletzungen, Insekten- und Pilzbefall sowie vor zu hoher Verdunstung bei starker Sonneneinstrahlung. Der innere Teil der Rinde, der *Bast*, transportiert die in den Blättern hergestellten Fotosyntheseprodukte stammabwärts in die Wurzeln. Bast stirbt schnell ab und wird zu Kork.

Der Stamm wächst in die Breite
Unter dem Bast befindet sich eine sehr dünne Zellschicht, das *Kambium*. Hier findet das Dickenwachstum des Baumes statt. In jedem Frühjahr beginnt das Kambium nach außen hin Bast und nach innen Holz zu bilden. Da das Holz schneller

1 Keimling einer Buche

wächst als die äußere Rinde, reißt die Borke auf und blättert bei einigen Baumarten ab.

Das Holz
Der größte Teil eines Stammes besteht aus Holzzellen. Das *Splintholz* ist junges Holz und wird jährlich neu gebildet. Es transportiert Wasser und Mineralstoffe von den Wurzeln in die Baumkrone. Die Zellen des älteren Splintholzes verlieren im Laufe der Zeit ihre Funktion und sterben ab. Dieses *Kernholz*, das durch Einlagerung von Stoffen dunkler erscheint, verleiht dem Baum Stabilität. Quer durch das Holz verlaufen Markstrahlen. Sie transportieren Wasser, Mineral- und Nährstoffe in das Stamminnere.

2 Bau eines Baumstamms

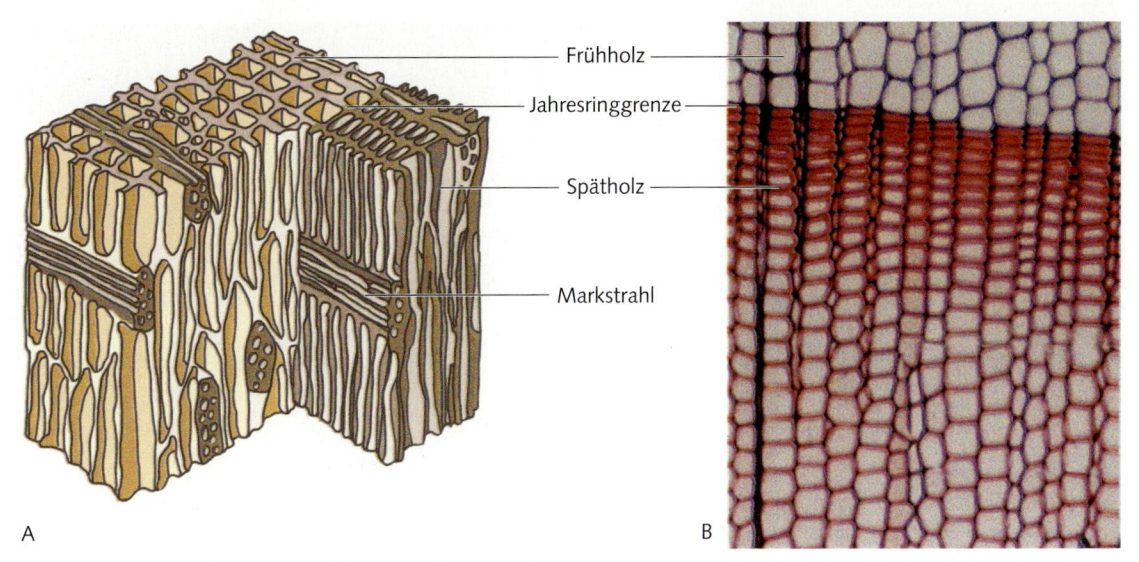

A

B

3 Holzstruktur: A Schema des zellulären Aufbaus; B Jahresringgrenze im Mikroskopbild

Labels in Abbildung A/B: Frühholz – Jahresringgrenze – Spätholz – Markstrahl

Jahresringe – näher betrachtet

Das Kambium produziert im Frühjahr große, dünnwandige Zellen. Dieses *Frühholz* bildet den hellen Teil eines Jahresrings. Es versorgt den Baum in seiner Hauptwachstumsphase mit Wasser und Mineralstoffen. Ab dem Spätsommer bildet das Kambium das dunklere *Spätholz*. Es besitzt kleinere, dickwandige Zellen und dient der Festigung. Im Hochsommer stellen die Bäume ihr Dickenwachstum ein. Früh- und Spätholz zusammen ergeben gemeinsam einen Jahresring. Dieser Vorgang wiederholt sich jedes Jahr. Das Alter eines Baumes lässt sich anhand der Anzahl seiner Jahresringe feststellen. Außerdem geben die Jahresringe Rückschlüsse auf die jährlichen Wachstumsbedingungen. Bei genauer Betrachtung lassen sich Verletzungen des Baumes, feuchte und trockene Jahre oder auch Insektenbefall feststellen.

Der Stamm wächst in die Höhe

Das Längenwachstum des Baumes findet an der Sprossspitze statt. Hier befindet sich ein besonderes Bildungsgewebe, in dem sich neue Zellen bilden. Durch Aufnahme von Wasser strecken sich die Zellen und werden allmählich größer.

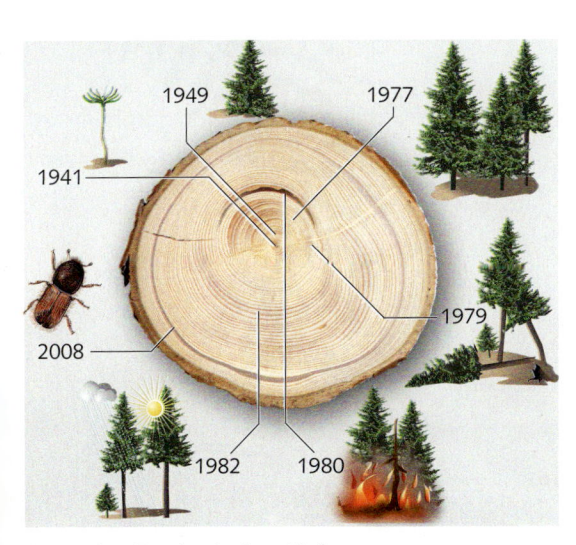

> **In Kürze**
> Die Borke schützt den Baum vor äußeren Einflüssen. Im Kambium findet das Dickenwachstum statt. Das Splintholz transportiert Stoffe und das Kernholz gibt dem Baum Stabilität. An ihrer Spitze wachsen Bäume in die Höhe.

4 Aus dem Tagebuch einer Kiefer

(Jahresangaben: 1941, 1949, 1977, 1979, 1980, 1982, 2008)

Aufgaben

1. Ordne jedem Bereich des Baumstamms seine Funktion zu.
2. Beschreibe die Entwicklung der Kiefer aus Bild 4.
3. Nenne und begründe die Folgen einer Kambiumverletzung für den Baum.

Ökosystem Wald

Moose und Farne

Wenn man bei einem Spaziergang im Wald auf den Boden achtet, fällt einem manchmal auf, dass der ganze Waldboden und selbst Steine und Felsen von Moospolstern und Farnen besiedelt sind.

Merkmale der Moose und Farne
Der Wassergehalt der einfach gebauten Moose ist vom Feuchtigkeitszustand der Umgebung abhängig. An einer kurzen Sprossachse wachsen viele dünne Blättchen. Die Pflanze nimmt mit der ganzen Oberfläche Wasser auf und speichert es wie ein Schwamm. Moospolster können viel Wasser speichern. Sie geben es nur langsam wieder an den Boden ab.

Die als *Rhizoid* bezeichneten Wurzeln dienen in erster Linie der Verankerung.

1 Dichtes Moospolster am Waldboden

Farne sind größer als Moospflanzen. Deshalb besitzen sie Leitgefäße, die das mit den Wurzeln aufgenommene Wasser in die Blätter transportieren. Farne bilden einen unterirdischen Spross, das *Rhizom*, aus. Dies ermöglicht den Pflanzen eine großflächige Ausbreitung. Die jungen Blätter entrollen sich oft zu großen, doppelt gefiederten *Farnwedeln*. Durch ihre hohe Verdunstungsrate wird die Luft befeuchtet.

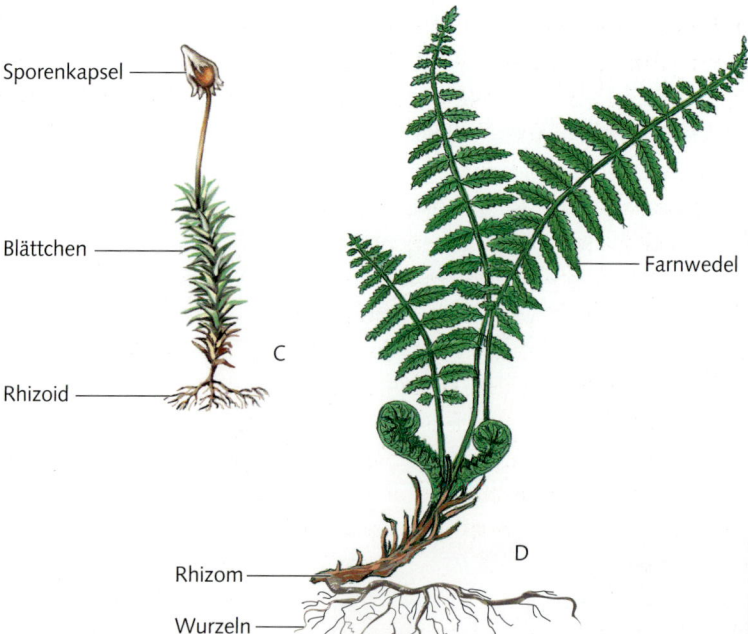

2 A Moospolster; B dichtstehende Moospflanzen; C Aufbau einer Moospflanze; D Aufbau eines Wurmfarns

Ökosystem Wald

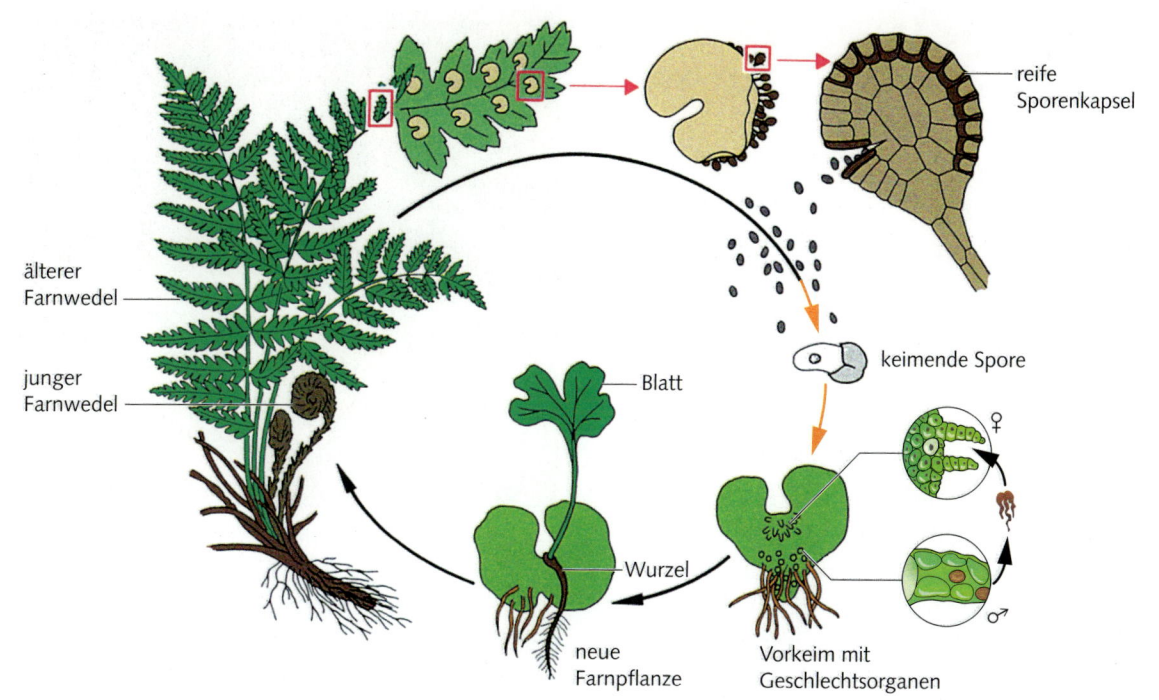

3 Generationswechsel beim Farn

Moose und Farne sind Sporenpflanzen

Weder Moose noch Farne bilden Blüten oder Samen aus. Sie pflanzen sich durch *Sporen* fort. Moose entwickeln lang gestielte *Sporenkapseln,* Farne bilden diese auf der Blattunterseite. Sind die Sporen reif, platzen die Kapseln auf. Die Sporen werden mit dem Wind verstreut. Aus je einer Spore entwickelt sich ein Vorkeim. Sporen und Vorkeim sind die ungeschlechtliche Form der Pflanze. Der Vorkeim bildet weibliche und männliche Geschlechtsorgane aus. Damit beginnt die geschlechtliche Fortpflanzung. Bei ausreichend Feuchtigkeit schwimmen die männlichen Geschlechtszellen, die *Schwärmer,* zu den Eizellen und befruchten diese. Aus den befruchteten Eizellen entwickelt sich die neue Moos- oder Farnpflanze. Bei der Entwicklung der Moose und Farne wechseln sich also ungeschlechtliche und geschlechtliche Form der Pflanzen ab. Dies bezeichnet man als *Generationswechsel*.

Ökologische Bedeutung

Moose spielen eine wichtige ökologische Rolle im Stoff- und Wasserkreislauf des Waldes. Sie sind in der Lage, Wasser zu speichern und Stoffe, die sie zum Wachstum benötigen, aus der Luft herauszufiltern. Zusammen mit den Farnen geben sie Wasser als Nebel an die Umgebung ab und tragen in hohem Maße zur Luftfeuchtigkeit in den Wäldern bei. Da Moose kahle Flächen besiedeln, bezeichnet man sie als *Pionierpflanzen*. Sie bilden Humuserde und bieten dem Boden Schutz vor Austrocknung und Erosion. Auf diese Weise wird anderen Pflanzen und Kleintieren die Ansiedlung ermöglicht.

> **In Kürze**
>
> Moose und Farne vermehren sich durch Sporen. Dabei durchlaufen sie einen Generationswechsel. Sie spielen im Stoff- und Wasserkreislauf des Ökosystems Wald eine wichtige Rolle. Moose sind Pionierpflanzen.

Aufgaben
1 Die Luft innerhalb des Waldes ist feuchter als außerhalb. Erkläre.
2 Beschreibe den Generationswechsel beim Farn anhand von Bild 3.

Pilze des Waldes

Vielleicht hast du im Garten, in Parkanlagen oder im Wald schon einmal Pilze gesehen, die im Kreis angeordnet waren. Dieses Phänomen wird als Hexenring bezeichnet. Früher glaubte man, dass sich dort Hexen versammelt hätten und dieser Ort besonders magisch ist.

Merkmale der Pilze

Pilze bilden neben Tieren und Pflanzen eine eigene Gruppe. Sie lassen sich weder den Tieren noch den Pflanzen zuordnen. Ihre Zellen besitzen Vakuolen und Zellwände. Sie enthalten jedoch kein Chlorophyll, um sich mittels Fotosynthese selbst zu versorgen. Der Großteil eines Pilzes wächst unterirdisch in kleinen Fäden, den *Hyphen*. Sie bilden ein weitverzweigtes Geflecht, das *Myzel*, und sind das eigentliche Lebewesen Pilz. Pilze nehmen über das Myzel Wasser und energiereiche Nährstoffe aus der Umgebung auf.
Die oberirdischen Fruchtkörper bestehen aus dicht verknäuelten Hyphenfäden und dienen lediglich der Fortpflanzung. Meist zeigt der Fruchtkörper einen zweiteiligen Aufbau aus *Hut* und *Stiel*.

1 Ein interessanter Anblick: Pilze im Hexenring

Pilze vermehren sich durch Sporen

Die meisten Pilzarten vermehren sich ungeschlechtlich über winzige Sporen, die in den Fruchtkörpern gebildet werden. Die Sporen werden durch den Wind verbreitet. Nach ihrer Landung keimen sie und bilden Hyphenfäden aus. Wenn sich zwei Hyphenfäden treffen, entsteht eine Verschmelzungszelle. Aus ihr entwickelt sich ein neues Myzel, aus dem neue Fruchtkörper entstehen. Das Myzel wächst kreisförmig innerhalb eines Jahres etwa 30 Zentimeter. So bilden sich die Hexenringe.

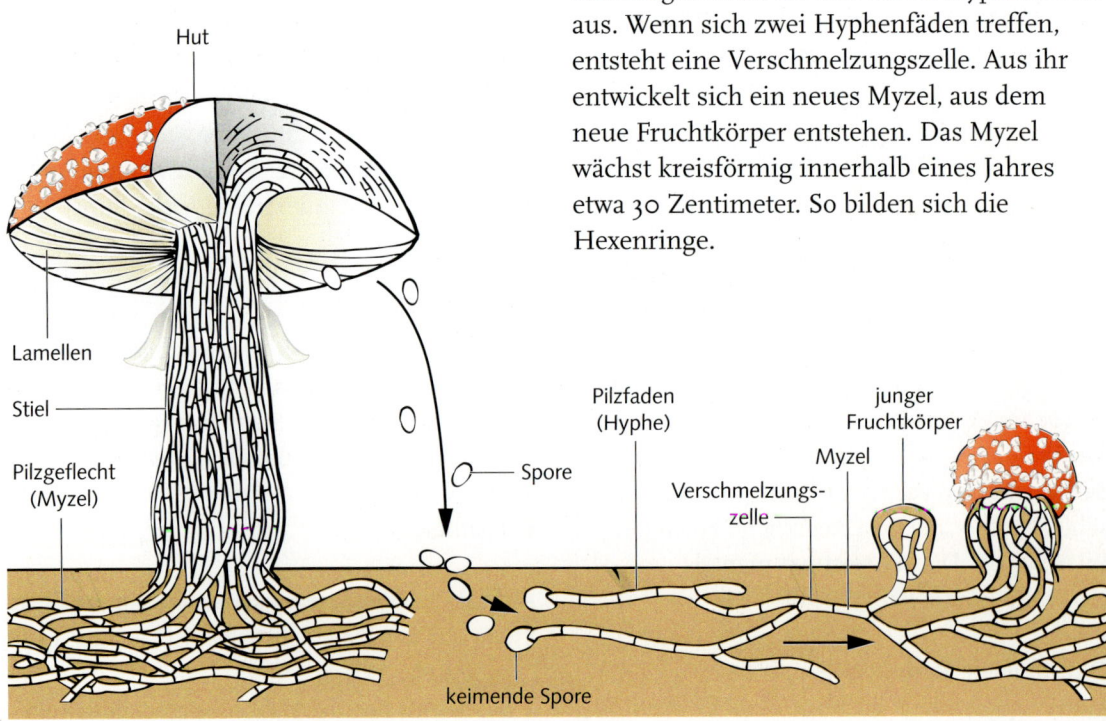

2 Bau und Entwicklung eines Blätterpilzes

Pilze sind vielgestaltig

Pilze werden mit Hilfe der Fruchtkörper in verschiedene Gruppen eingeteilt. *Röhrenpilze*, wie Steinpilze, besitzen auf der Hutunterseite eine schwammartige Schicht. Auf der Hutunterseite der *Blätterpilze* zeigen sich senkrecht stehende, blattartige Lamellen. Der Fliegenpilz ist ein typischer Blätterpilz. Morcheln gehören zu den *Schlauchpilzen*. Sie erhielten ihren Namen wegen ihrer schlauchähnlichen Fortpflanzungsorgane. *Bauchpilze*, wie Bovisten, sind rundlich und besitzen kurze Stiele.

Lebensweise der Pilze

Manche Pilze leben in einer *Symbiose* mit Bäumen. Das ist eine Lebensgemeinschaft zu beiderseitigem Nutzen. Die Pilzhyphen ummanteln die Baumwurzeln, durchdringen sie und gelangen so an Nährstoffe. Dem Baum liefert der Pilz im Gegenzug Wasser und Mineralstoffe. Man bezeichnet dieses Pilzwurzelgeflecht als *Mykorrhiza*. Pilze, die totes organisches Material wie beispielsweise Aas oder abgestorbenes Holz zersetzen, nennt man Fäulnisbewohner. Manche Pilze sind *Parasiten*. Sie befallen einen lebenden Baum und entziehen ihm Nährstoffe. Dies kann zum Absterben des Baumes führen.

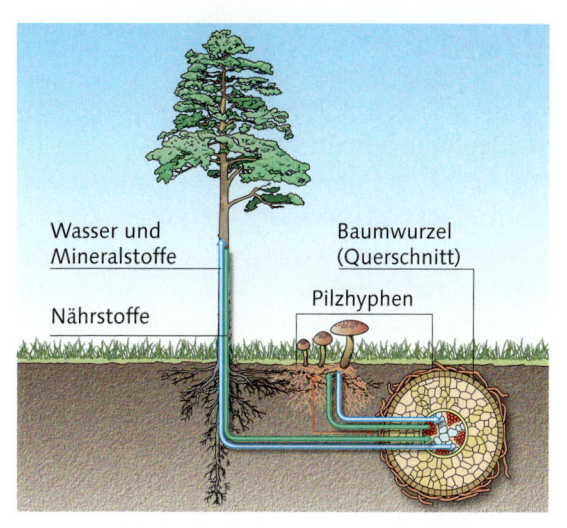

4 Manche Pflanzen leben in Symbiose mit Pilzen

Ökologische Bedeutung

Gemeinsam mit Bakterien zählen Pilze zu den Destruenten. Sie zersetzen pflanzliche und tierische Stoffe zu Mineralstoffen, die den Pflanzen als Dünger dienen und zur Humusbildung beitragen.

In Kürze

Pilze bilden unterirdisch ein Myzel. Die Fruchtkörper dienen der Fortpflanzung und bilden Sporen aus. Pilze halten durch den Abbau organischer Stoffe den Stoffkreislauf in der Natur aufrecht.

Aufgaben

1 Beschreibe die Fortpflanzung der Pilze.
2 Begründe, weshalb Mykorrhizen in sehr nährstoffarmen Böden sowohl für Pilze als auch für Bäume vorteilhaft sind.

Exkurs Ein Pilz von großem Ausmaß

An der Westküste der USA im Staat Oregon befindet sich ein Pilz mit einer geschätzten Ausbreitungsfläche von über 880 Hektar. Dieser Hallimasch ist das größte bekannte Lebewesen der Erde. Sein Gewicht wird auf etwa 600 Tonnen geschätzt. Das Myzel des auch bei uns beheimateten Hallimaschs leuchtet im Dunkeln. Grund hierfür sind chemische Abbauprozesse in seinem Innern.

3 Fruchtkörper verschiedener Pilzgruppen:
A Morchel; B Fliegenpilz; C Steinpilz; D Bovist

Ökosystem Wald

Aufgaben

Wald

1 Bedingungen im Sommerwald

Die abiotischen Faktoren wirken sich unterschiedlich stark auf die Lebewesen im Wald aus. Bild 1 zeigt die Bedingungen in einem naturnahen Mischwald im Sommer.

a Beschreibe die Lichtverhältnisse in den einzelnen Stockwerken des Waldes.

b Leite aus Bild 1 ab, wie sich die Windverhältnisse vom freien Feld zum Waldinneren verändern.

c Begründe, wodurch die unterschiedlichen Temperaturverhältnisse an den drei Messstellen zustande kommen.

d Erläutere, welcher Zusammenhang zwischen Niederschlagsmenge und Verdunstungsrate besteht.

e Stelle Vermutungen zu den Messwerten auf einer kleinen Waldlichtung an. Begründe diese.

2 Baumreihen einer Pappelmonokultur

f Beschreibe das Aussehen der Pappelmonokultur in Bild 2.

g Überlege, welche abiotischen Faktoren sich in der abgebildeten Monokultur von denen des naturnahen Mischwaldes in Bild 1 unterscheiden. Begründe deine Überlegungen.

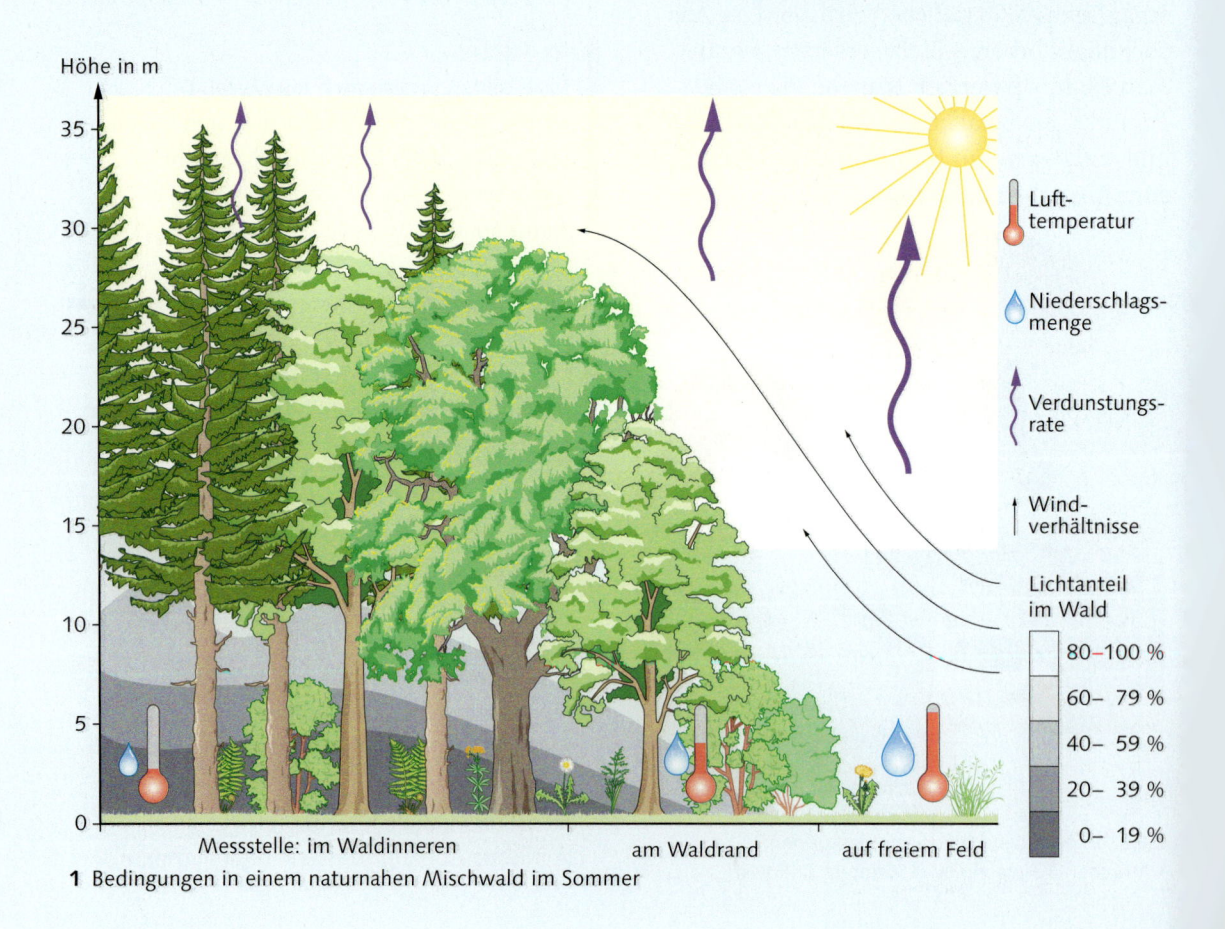

1 Bedingungen in einem naturnahen Mischwald im Sommer

40 Ökosystem Wald

2 Der Hutewald – ein Weidewald

Früher nutzten die Menschen den Wald häufig als Weidegebiet für Schweine, Ziegen, Schafe, Rinder und Pferde. Einen solchen Wald bezeichnete man als Hutewald. Das Wort »Hute« leitet sich von »hüten« ab. In diesem Wald suchten sich die Tiere ihr Futter selbst. Sie ernährten sich von den Pflanzen der Krautschicht, frischen Trieben und Knospen sowie Wurzeln, Waldfrüchten und Pilzen.

a Beschreibe, worin sich der Hutewald in Bild 3 von einem Mischwald unterscheidet.

3 Im Hutewald fühlen sich Schweine »sauwohl«.

b Lies den Bericht über einen Zeitungsartikel in Bild 4. Stelle Vermutungen an, in welcher Jahreszeit die Tiere heute zur Mast in den Hutewald getrieben werden. Begründe deine Vermutungen.

Bis zum Zweiten Weltkrieg wurden Hausschweine in den Wald zur Mast getrieben. Das Weiden von Schweinen in freier Natur war fester Bestandteil der Viehhaltung. Heute lassen Vereine einige Hutewälder wieder aufleben. Bei dieser alten Produktionsform wird das Fleisch der Hausschweine als besonders hochwertig eingestuft. Die Tiere werden allerdings nur zu einer bestimmten Jahreszeit in den Hutewald getrieben, um den Wald zu schonen.

4 Nach einem Zeitungsartikel

3 Moose sind Wasserspeicher

Moose können zwischen dem Stängel und den Blättern sowie in den einzelnen Zellen große Mengen Wasser speichern. Hierdurch kann das Gewicht der Pflanzen bis auf das Sechsfache ansteigen. Im nachfolgenden Versuch wurde dies mit zuvor getrocknetem Moos untersucht.

5 Wasserspeichung von Moos

	vorher	nachher
Gewicht des Mooses	40 g	210 g
Wassermenge im Becherglas	600 ml	430 ml

6 Wasserspeicherfähigkeit von Moosen

a Schreibe zu dem Versuch eine Anleitung.
b Vergleiche die Messwerte und berechne die Wasserspeicherfähigkeit der Moospflanze anhand der aufgenommenen Wassermenge.
c Vergleiche die Versuchsergebnisse in Bild 7. Interpretiere das Ergebnis. Erläutere, welchen Vorteil Moose für den Waldboden haben.

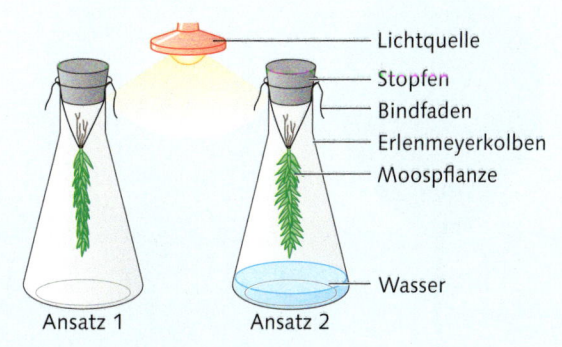

7 Versuch mit Moosen

Methode
Biologische Zeichnungen anfertigen

Zeichnen ist eine biologische Arbeitsweise, mit der du beispielsweise den Bau eines Flugsamens dokumentieren kannst. Genaues Zeichnen musst du üben. Betrachten, Beobachten oder Untersuchen sind dafür wichtige Voraussetzungen.

Es gibt verschiedene Arten biologischer Zeichnungen. Die originalgetreue Zeichnung stellt das Objekt beinahe fotografisch dar. Die Pause hebt besonders die Oberflächenbeschaffenheit eines Objekts hervor. Eine Skizze dient dem Festhalten wichtiger Merkmale. Das Schema stellt das »Typische« des Objekts dar.

1 Biologische Objekte zeichnen

1 Arbeitsmaterial zurechtlegen Für deine Zeichnung benötigst du einen Bogen weißes, unliniertes Papier, einen weichen Bleistift und einen guten Radierer. Deine Zeichenunterlage muss fest und frei von Unebenheiten sein.

2 Zeichenblatt einrichten Schreibe deinen Namen, das Datum, den Namen des Untersuchungsobjekts oder den untersuchten Teil des Objekts und, falls du ein Mikroskop oder eine Lupe verwendest, auch die gewählte Vergrößerung auf das Zeichenblatt.

3 Überblick verschaffen Überlege zunächst, was du zeichnen möchtest. Betrachte oder beobachte das Objekt sehr genau. Möchtest du ein bestimmtes Detail zeichnen, wähle eine geeignete Stelle deines Objekts aus. Nutze Hilfsmittel, zum Beispiel ein Mikroskop oder eine Lupe, um wichtige Details deutlich erkennen zu können.

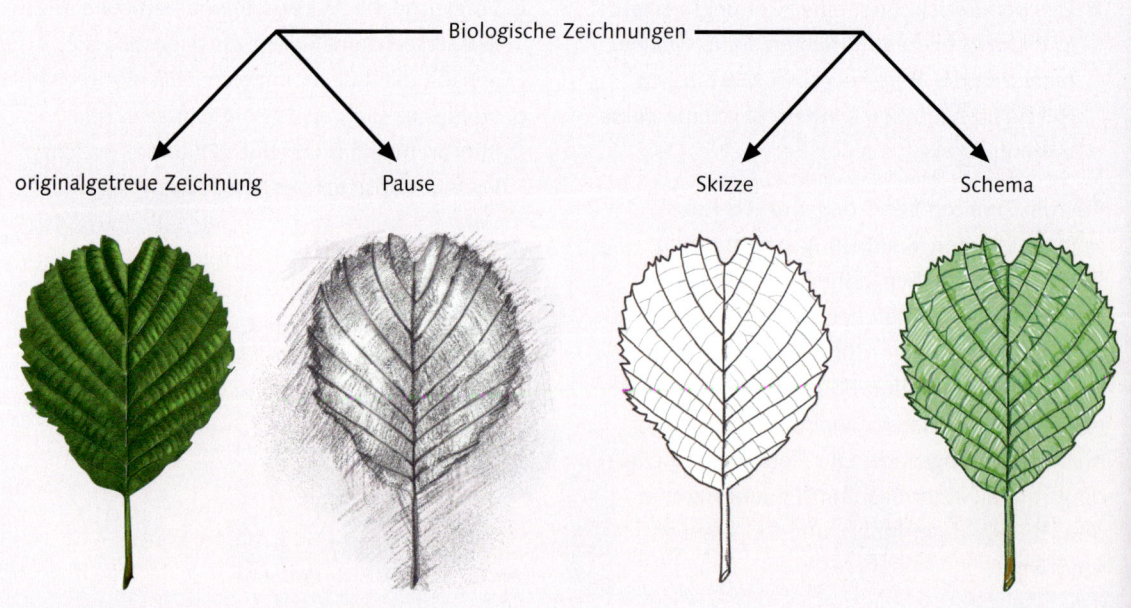

Biologische Zeichnungen
- originalgetreue Zeichnung
- Pause
- Skizze
- Schema

2 Gliederung biologischer Zeichnungen

Ökosystem Wald

Marie Musterfrau 13.09.2012

Aufbau eines Champignon – ein Lamellenpilz
Fundort: Kuhweide

- Hut
- Lamellen
- Ring (Velum)
- Stiel
- Pilzgeflecht (Mycel)

Erik Mustermann 13.09.2012

Aufbau eines Regenwurms
Fundort: Schulhof
Länge: ca. 15 cm

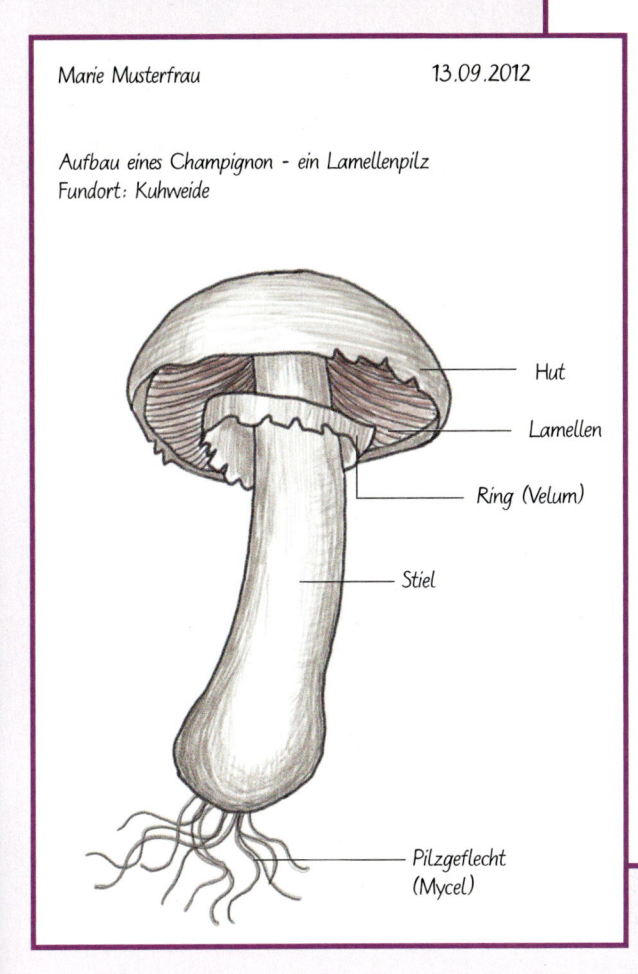

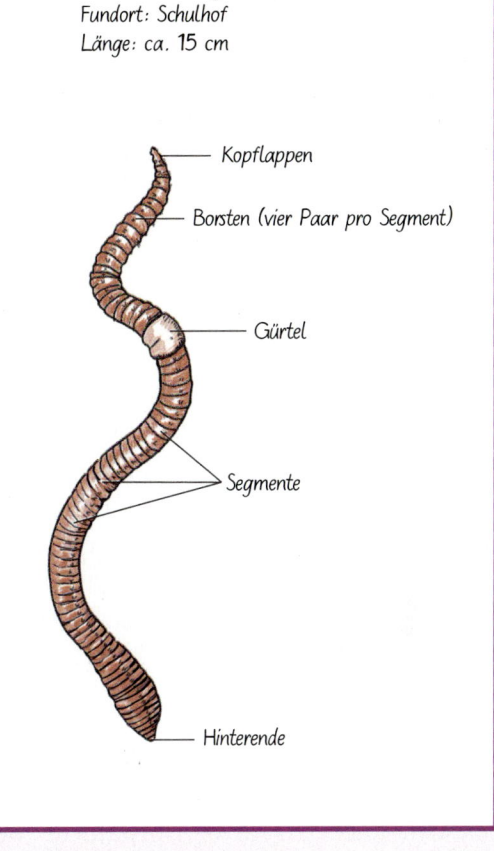

- Kopflappen
- Borsten (vier Paar pro Segment)
- Gürtel
- Segmente
- Hinterende

3 Biologische Zeichnungen: A Lamellenpilz; B Regenwurm

4 Zeichnung erstellen Zeichne dein Objekt nun mittig auf das vorbereitete Papier. Die Erstellung einer Zeichnung folgt besonderen Regeln. Diese musst du unbedingt beachten.

Darauf musst du beim Zeichnen achten:
- Versuche klare Linien zu zeichnen.
- Die Zeichnung sollte mindestens so groß wie deine Handfläche sein.
- Übe nur wenig Druck auf den Bleistift aus.
- Achte darauf, bei Detailskizzen genau zu zeichnen.
- Zeichne zunächst mit Bleistift. Falls du eine farbige Zeichnung erstellen möchtest, ergänze die Farben später mit Buntstiften.

4 Regeln zur Erstellung einer Zeichnung

5 Zeichnung beschriften Informiere dich in Biologiebüchern, Lexika oder dem Internet, wie die einzelnen Details deiner Zeichnung heißen. Ziehe mit Bleistift und Lineal Bezugslinien. Schreibe die Fachbegriffe mit sauberer Handschrift an die Linien. Achte dabei auf die Vollständigkeit deiner Beschriftung.

Aufgaben

1 Sammle Blätter von verschiedenen Bäumen des Schulgeländes. Fertige von ihnen Pausen an.
2 Skizziere mit Hilfe einer Lupe eine Spinne. Setze sie nach dem Zeichnen wieder am Fundort aus.
3 Vergleiche deine Skizze aus Aufgabe 2 mit denen deiner Mitschüler. Erstellt gemeinsam ein allgemeines Schema für den Bau einer Spinne.

Ökosystem Wald

Der Buntspecht

Ein lautes Trommeln hallt durch den Wald. Du hast aber Mühe, den Verursacher auszumachen. Schließlich entdeckst du den Buntspecht, der hoch oben in einer alten Buche mit dem Schnabel gegen das Holz hämmert.

Körperbau und Lebensweise
Die Federn des Buntspechts sind teils schwarz, teils weiß gefärbt. Die Unterseite des Schwanzes leuchtet auffällig rot. Buntspechte haben einen meißelartigen *Hackschnabel*, den sie zum Zimmern und Bohren im Holz benutzen. Beim Hämmern sind der Schädel und das Gehirn Erschütterungen ausgesetzt. Diese werden von starken Muskeln abgefangen. Buntspechte sind geschickte Kletterer. Spitze, gekrümmte Krallen verankern ihren *Kletterfuß* in der Borke der Bäume. Die zugespitzten Schwanzfedern bilden einen kräftigen *Stützschwanz*.

Auf Nahrungsfang im Holz
Der Buntspecht ernährt sich vorwiegend von Insekten und deren Larven, die unter der Borke im Holz leben. Mit seinem Schnabel klopft er den Baum ab. Am Klang erkennt er, ob Beute zu erwarten ist. Mit kräftigen Schlägen entfernt er die Borke und schiebt seine lange, klebrige Zunge in die Fraßgänge der Insekten.

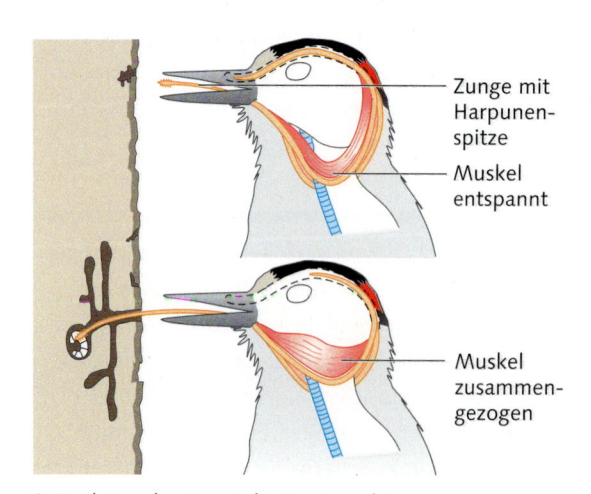

1 Buntspechtmännchen an der Bruthöhle

Die tief in den Kopf reichende Zunge kann durch Zusammenziehen eines Muskels weit aus dem Schnabel gestreckt werden. Die verhornte Zungenspitze trägt Borsten und wirkt wie eine Harpune. Auf diese Weise vertilgen Buntspechte unzählige Schadinsekten.

Nestbau und Fortpflanzung
Der Buntspecht hackt und bohrt geräumige Höhlen in die Stämme alter und geschwächter Bäume. Darin übernachtet er und hier zieht er auch seine Jungen auf. Eine solche Bruthöhle hat eine Tiefe von etwa 30 Zentimetern. Das Weibchen legt dort bis zu 8 Eier hinein, die sowohl vom Männchen als auch vom Weibchen bebrütet werden. Nach etwa 12 Tagen schlüpfen die nackten und blinden Jungen. Nach weiteren 23 Tagen werden sie flügge und verlassen die Bruthöhle.

2 Funktion der Zunge des Buntspechts

> ### In Kürze
> Mit seinem Hackschnabel, dem Stützschwanz und dem Kletterfuß kann der Buntspecht hervorragend auf Bäumen leben. Er ernährt sich vorwiegend von Insekten, die er durch Klopfen im Holz aufspürt.

Aufgaben
1 Nenne Gründe, weshalb der Buntspecht eine wichtige Funktion im Wald erfüllt.
2 Begründe, weshalb der Specht beim Hämmern keine »Kopfschmerzen« bekommt.

Ökosystem Wald

Ökologische Nische

Du beobachtest in einem waldnahen Garten einen Buntspecht und einen Grünspecht, wie sie sich lautstark bemerkbar machen. Sie bewohnen denselben Lebensraum, stören sich jedoch gegenseitig nicht. Wie ist das möglich?

Vermeiden von Nahrungskonkurrenz

In einem Wald leben oft mehrere Spechtarten auf relativ engem Raum. Neben Aussehen und Körperbau unterscheiden sie sich auch in ihren Fressgewohnheiten. So sucht der Buntspecht meist an den Ästen der Baumkrone nach Nahrung. Dort schlägt er Löcher in die Rinde und holt mit seiner langen, harpunenartigen Zunge Käferlarven heraus. Der Grünspecht dagegen ist häufig am Boden anzutreffen, wo er aus Ameisenhaufen und morschen Baumstümpfen mit seiner klebrigen, löffelartigen Zunge Ameisen und deren Larven absammelt. Die beiden Spechtarten konkurrieren also nicht um die gleiche Nahrung. So ist es möglich, dass sie im gleichen Gebiet leben können, ohne einander zu stören.

Jede Art hat ihre Nische

Man sagt, die Bewohner teilen sich ihren Lebensraum auf. Sie haben beispielsweise unterschiedliche Nahrungsvorlieben, unterschiedliche Brutplätze oder kommen zu unterschiedlichen Zeiten im Jahr vor. Die Gesamtheit aller Beziehungen einer Art zu ihrer Umwelt bezeichnet man als deren *ökologische Nische*. Da jede Art eine charakteristische Nische ausbildet, verringert sich die Konkurrenz untereinander. Dies ermöglicht das Vorkommen ähnlicher Lebewesen im selben Lebensraum.

1 Grünspecht und Buntspecht

In Kürze

Zwei Arten, die den gleichen Lebensraum besiedeln, unterscheiden sich in einigen charakteristischen Beziehungen zu biotischen und abiotischen Faktoren voneinander. Die Gesamtheit dieser Beziehungen einer Art ist ihre ökologische Nische.

Aufgaben

1 Beschreibe mit Hilfe von Bild 2, was man unter einer ökologischen Nische versteht.
2 Begründe, inwiefern die Zungenform das Nahrungsspektrum bedingt.

2 Nahrungsspektren: A Buntspecht; B Grünspecht

Ökosystem Wald

Der Fuchs

Unter dem Namen »Reineke« wird der Fuchs in zahlreichen Märchen und Fabeln als schlau und listenreich geschildert. Das liegt möglicherweise daran, dass Füchse zwar häufig in der Nähe von Menschen leben, man sie aber kaum zu Gesicht bekommt. Das rätselhafte Verhalten gleicht in vielem unseren Hunden oder ihren Ahnen, den Wölfen. Andererseits erinnert es aber auch an Katzen. So kann man Füchse ausgiebig ruhend auf Bäumen beobachten.

1 Der Fuchs – eher ein Hund oder eine Katze?

Wie man einen Fuchs erkennt

Ein ausgewachsener Fuchs entspricht in Größe, Gewicht und Gestalt etwa einem mittelgroßen Hund. Entdeckt man die Spur eines Fuchses, so fällt auf, dass sie »wie an einer Schnur gezogen« ist. Daher nennt man die fuchstypische Fortbewegung auch schnüren. Dabei bewegt sich das Tier in mittlerem Tempo fort und setzt die Hinterpfoten genau in die Tritte der Vorderpfoten. Die kräftigen Krallen zeichnen sich deutlich ab. Wie bei Hunden können sie nicht eingezogen werden.

2 Spur eines schnürenden Fuchses

Füchse besitzen ein typisches Raubtiergebiss mit großen Fangzähnen und den Backenzähnen, die eine Brechschere bilden. Die lange Schnauze weist auf die Zugehörigkeit zu den Hunden hin. Darin findet die Riechschleimhaut reichlich Platz. Dies verleiht dem Tier einen ausgezeichneten Geruchssinn. Auch das Gehör ist sehr empfindlich. Es nimmt hohe Töne, die wir Menschen nicht hören können, wahr. Der Sehsinn ist auf das Dämmerungssehen und die Wahrnehmung von Bewegungen spezialisiert. Tasthaare am Kopf und an den Vorderläufen geben dem Fuchs selbst bei völliger Dunkelheit Orientierung.

Wie sich Füchse ernähren

Trotz seines Raubtiergebisses ist der Fuchs ein Allesfresser. Er jagt alleine und frisst jede Nahrung, die ihm sein Lebensraum zur jeweiligen Jahreszeit bietet. Entdeckt er auf seinen Streifzügen eine Maus, so hält er kurz inne und wartet ab, wohin sie sich bewegt. Dann springt er im hohen Bogen auf sein Opfer und hält es mit den Krallen der Vorderpfoten fest. Kaninchen oder junge Hasen sowie Vögel sind eben-

3 Erbeuten einer Maus: Suchen – Abwarten – Mäuselsprung – Wegtragen der Beute

4 Der Fuchs – ein Allesfresser mit Raubtiergebiss

5 Jungfüchse

falls begehrte Nahrung. Da sie aber schwer zu erbeuten sind, ergänzen Aas, Regenwürmer und Insekten seine Speisekarte. Im Sommer und Herbst bilden süße Früchte wie Pflaumen, Kirschen oder Beeren den Hauptteil der Nahrung.

Fortpflanzung

Während des Winters ist Ranzzeit. Für die Fortpflanzung geben die Füchse ihr Leben als Einzelgänger auf. Das Männchen, der Rüde, wirbt ausgiebig um ein Weibchen, die Fähe. Die Paarung findet im Januar oder Februar statt. Im Frühjahr wirft die Fähe vier bis sechs Welpen. Sie sind blind, fast schwarz gefärbt und werden von der Mutter gut umsorgt. Die Augen öffnen sich nach zwei Wochen. Die ersten vier Wochen verbringen die Welpen zusammen mit der Fähe im unterirdischen Fuchsbau. Die Versorgung übernimmt dann der Rüde. Nach neun Monaten werden die Jungen geschlechtsreif und wandern in ein eigenes Revier ab.

Revier

Füchse sind Meister der Anpassung. Weil sie sehr wenige Ansprüche an den Lebensraum haben, findet man sie überall. Selbst in Großstädten besetzen sie Reviere. Diese werden durch Harn und Kot markiert. Als Fuchsbau dient häufig ein verlassener Dachsbau. Er besteht aus mehreren Röhren und Kesseln und dient als Aufzucht- und Wohnstätte.

> **In Kürze**
>
> Füchse gehören zu den hundeartigen Raubtieren und sind Allesfresser. Da sie sehr anpassungsfähig sind, findet man sie in unterschiedlichen Lebensräumen. Nur während der Fortpflanzungszeit leben Füchse in einer Gemeinschaft.

Aufgaben

1 Nenne zwei körperliche Merkmale, die zeigen, dass der Fuchs den Hunden ähnlich ist.
2 Begründe, warum der Fuchs trotz seines Raubtiergebisses als Allesfresser bezeichnet wird.
3 Füchse leben in der Stadt und im Wald. Vergleiche die Zusammensetzung der Nahrung in den beiden Lebensräumen.

> **Exkurs Variabilität und Angepasstheit**
>
> Beim ersten Hinsehen sehen alle Fuchsgeschwister gleich aus. Trotz der offensichtlichen Ähnlichkeit und ihrer engen Verwandtschaft unterscheiden sich aber die Nachkommen sowohl von ihren Eltern als auch untereinander. Diese oft kleinen Unterschiede werden als Variabilität bezeichnet.
> Die Unterschiede im Bau, der Funktion oder im Verhalten können für das Überleben und eine erfolgreiche Fortpflanzung entscheidend sein. Lebewesen sind in ihrem Bau und der Lebensweise an den Lebensraum angepasst.

Ökosystem Wald

Die Rote Waldameise

Am Waldrand entdeckst du einen Hügel aus Nadeln, kleinen Zweigen und Erde: einen Bau der Roten Waldameise. Erst beim Näherkommen siehst du, dass der Hügel »lebt«.

Nest im Ameisenhügel
Der bis zu einem Meter hohe Ameisenhügel macht nur einen Teil der Nestanlage der Großen Roten Waldameise aus. Meist reicht das Nest bis tief in den Boden. Es dient einem ganzen Ameisenvolk über viele Jahre als Wohnung, Winterquartier und Brutraum.

Leben im Ameisenstaat
Ameisen sind Insekten und werden wie Bienen auch zu den Hautflüglern gezählt. Ein Ameisenvolk besteht aus bis zu zwei Millionen Tieren, überwiegend *Arbeiterinnen*. Das sind Weibchen mit verkümmerten Geschlechtsorganen. Unter ihnen herrscht Arbeitsteilung: Sie bauen Gänge und Kammern, füttern die Königin, entfernen Kot, betreuen Eier, versorgen Larven und tragen Puppen in Nestkammern mit der für sie passenden Temperatur. Ist es im Nest zu warm, öffnen die Arbeiterinnen Lüftungsschächte am Hügel. Bei Regen oder Kälte schließen sie die Öffnungen. Alle Ameisen eines Volkes stammen von mehreren *Königinnen* ab. Vom Frühjahr bis tief in den Herbst legen diese täglich jeweils bis zu 300 Eier. Aus den Eiern schlüpfen Larven. Diese verpuppen sich nach mehreren Häutungen. Aus den Puppen schlüpfen dann ab April die Jungameisen. Im Frühsommer sind auch geflügelte Geschlechtstiere darunter. Sie schwärmen an warmen Tagen aus. Die Männchen begatten die Weibchen während dieses *Hochzeitsflugs*. Bald darauf werfen die Weibchen ihre Flügel ab und bilden als Königinnen neue Staaten.

1 Ameisenhügel

2 Nestanlage der Roten Waldameise

Ökosystem Wald

3 Ameisen transportieren gemeinsam eine Raupe.

4 Beutetiere der Roten Waldameise (Kiefernspanner, Forleule, Nonne, Kiefernspinner, Kiefernbuschhornblattwespe, Eichenwickler)

Vielfältige Nahrung

Die Arbeiterinnen schaffen die Nahrung für das Ameisenvolk herbei. Ihre häufigste Beute sind Schmetterlingsraupen. Diese werden von mehreren Ameisen mit den Kieferzangen angegriffen. Ein großes Ameisenvolk trägt an einem Sommertag bis zu 100 000 Insekten ein. Die zweite wichtige Nahrungsquelle der Waldameisen ist zucker- und eiweißhaltiger Honigtau. Das sind Ausscheidungen von Rinden- und Blattläusen. Die Ameisen beklopfen die Läuse mit ihren Fühlern, worauf diese Honigtau ausscheiden. Im Kropf tragen ihn die Arbeiterinnen in ihren Bau. Im Gegenzug verteidigen die Ameisen die Blattläuse vor Fressfeinden. Daneben ernähren sich Ameisen von den öligen Samenanhängseln einiger Kräuter. Beim Transport der Samen tragen sie zur Verbreitung dieser Pflanzen bei.

Mit Ameisensäure gegen Feinde

Ameisen wehren Angriffe auf ihr Nest gemeinsam ab. Sie verbeißen sich in den Körper des Angreifers und verspritzen aus dem Hinterleib Ameisensäure. Gegen die meisten Insekten und gegen kleine Säugetiere ist diese Verteidigung wirksam. Dagegen können Vögel durch die Ameisensäure nicht abgewehrt werden. Damit Wildschweine den Ameisenhügel auf der Suche nach Nahrung nicht zerstören, schützen Förster diesen oft durch Drahtgitter.

Ökologische Bedeutung

Ameisen sind Schädlingsbekämpfer. Sie fressen Forstschädlinge wie Kiefernspinner, Forleule oder Nonne. So bleiben meist grüne Inseln belaubter Bäume um die Nester der Waldameisen erhalten, selbst wenn ringsum der ganze Wald von den Schädlingen kahl gefressen wurde. Die Ameisen können die Massenentwicklung der Schädlinge zwar nicht verhindern, aber erheblich einschränken. Außerdem lockern sie durch ihre Nestanlagen den Waldboden und verbreiten in Mitteleuropa die Samen von etwa 80 Pflanzenarten.

In Kürze
Die Rote Waldameise bildet Staaten. Diese werden von weiblichen Geschlechtstieren, den Königinnen, gegründet. Den größten Anteil des Volkes stellen die Arbeiterinnen, die vielfältige Aufgaben erfüllen.

Aufgaben
1 Für die Lebensgemeinschaften der Wälder sind Ameisen von großer Bedeutung. Erkläre.
2 »Emsen« ist ein altes deutsches Wort für Ameisen. Zähle einige Wörter auf, in denen es enthalten ist. Welche Eigenschaft weist der Mensch den Ameisen damit zu? Nimm hierzu Stellung.

Ökosystem Wald

Praktikum

Tiere am Waldboden und in der Laubstreu

Dieses Praktikum ermöglicht dir einen Einblick in die Tierwelt des Waldbodens und der Laubstreu. Entnimm auf einer Fläche von 20 cm × 20 cm schichtweise die Laubstreu sowie etwas lockeren Waldboden. Gib die Proben getrennt in Plastikbeutel.

A Auf der Suche nach Kleinstlebewesen

Material Laubstreu mit Waldboden, Schaufel, Plastikbeutel, Lampe, schwarzer Karton, Trichter, Sieb, Schuhkarton, Becherglas, Pinsel, Becherlupe, Zeichenmaterial

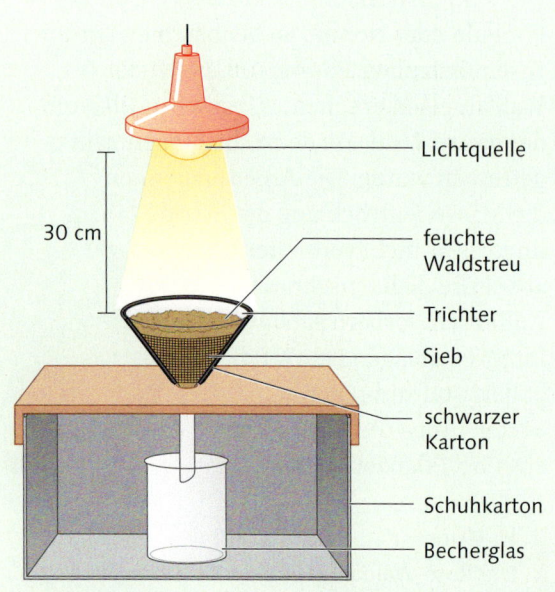

1 Versuchsaufbau

Durchführung Baue den Versuch entsprechend Bild 1 auf. Gib je eine kleine Portion einer Bodenschicht hinein und beleuchte sie 30 Minuten.

Auswertung Betrachte und bestimme die im Becherglas gefundenen Tiere mit Bestimmungsbüchern. Ordne die Tiere der entsprechenden Bodenschicht zu. Nimm Bild 2 zu Hilfe. Wähle ein Tier aus und fertige eine Zeichnung von ihm an.

B Zersetzung von Laubstreu

Material Laubstreu, Zeitungspapier, weißer Zeichenkarton, Klebefolie

2 Kleinstlebewesen zersetzen Laubstreu.

Durchführung Suche in der Laubstreu unterschiedlich stark zersetzte Blätter. Säubere sie vorsichtig und trockne sie zwischen Zeitungspapier.

Auswertung Fertige ein Schaubild mit möglichst allen Zersetzungsstadien an. Beschrifte dein Schaubild anhand von Bild 2 und ordne jedem Blatt zwei typische Kleinstlebewesen zu. Zeichne je eines von ihnen neben das Schaubild

Ökosystem Wald

C Abbauprozesse im Waldboden

Material Waldboden, Sand, zwei Bechergläser, Löschpapierstreifen, Wasser, Zeichenmaterial, Fotoapparat

Durchführung Baue den Versuch wie in Bild 3 gezeigt auf. Achte darauf, dass die Löschpapierstreifen an der Innenseite der Bechergläser gut zu sehen sind. Halte den Waldboden und den Sand während der Versuchsdauer leicht feucht. Du kannst diesen Versuch mit Bodenproben verschiedener Standorte parallel durchführen. Notiere wöchentlich den Zustand der Löschpapierstreifen. Fertige jeweils eine Zeichnung der Löschpapierstreifen an. Du kannst auch Fotos machen.

Auswertung
1 Vergleiche den Zustand der Löschpapierstreifen je Reagenzglas im Verlauf von drei Wochen. Beschreibe deine Beobachtungen.
2 Recherchiere im Lexikon oder im Internet, welche Mikroorganismen für die Abbauprozesse im Waldboden verantwortlich sind. Nenne drei.

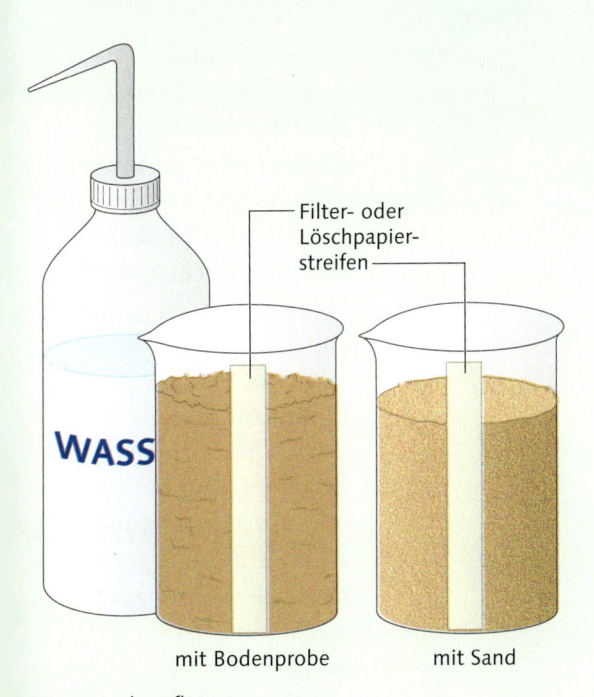

D Mikroorganismen des Waldbodens

Material Waldboden, Löffel, Becherglas, Wasser, Pipette, Mikroskop, Objektträger, Deckglas, Zeichenmaterial, Bestimmungsbücher

Durchführung Gib drei Esslöffel des Waldbodens in ein Becherglas und fülle dies mit 50 ml Wasser auf. Rühre kräftig und lass das Gemisch fünf Minuten stehen. Entnimm mit einer Pipette etwas Flüssigkeit. Achte darauf, dass du nicht zu viele Bodenteilchen mit aufnimmst. Fertige einige Frischpräparate an und mikroskopiere sie.

Auswertung Betrachte und versuche die in den Frischpräparaten gefundenen Mikroorganismen zu bestimmen. Benutze Bestimmungsbücher und nimm Bild 4 zu Hilfe. Wähle ein Lebewesen aus und fertige eine mikroskopische Zeichnung an.

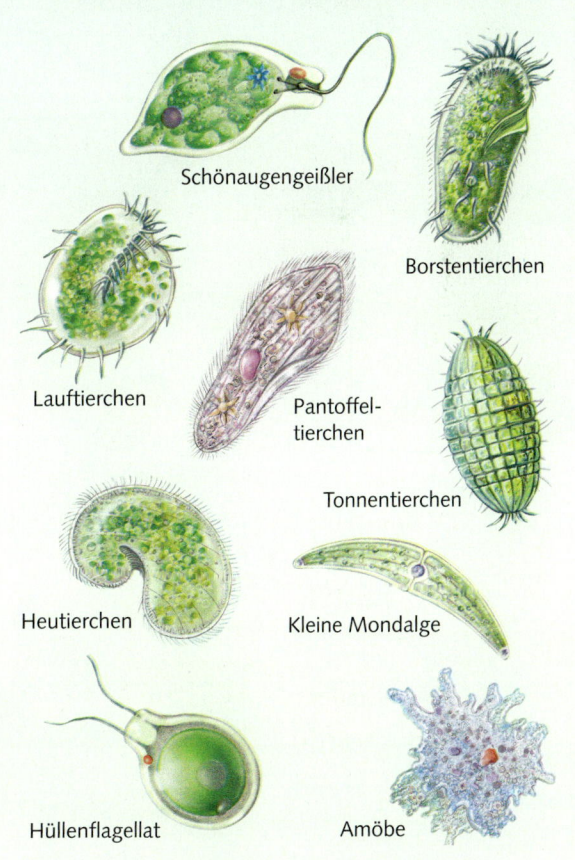

3 Versuchsaufbau (mit Bodenprobe, mit Sand; Filter- oder Löschpapierstreifen)

4 Einige Mikroorganismen des Waldbodens: Schönaugengeißler, Borstentierchen, Lauftierchen, Pantoffeltierchen, Tonnentierchen, Heutierchen, Kleine Mondalge, Hüllenflagellat, Amöbe

Nahrungsbeziehungen im Wald

Zwei Eichenwicklerraupen fressen an einem Eichenblatt. Langsam schneiden sie Löcher in das frische Grün. Ein unbedeutendes Ereignis denkst du? Obwohl diese Tiere nur klein sind, sind sie im Ökosystem Wald von großer Bedeutung.

Nahrungsketten
In einem Wald gibt es vielfältige Nahrungsbeziehungen. Eine Eiche beispielsweise produziert bei der Fotosynthese organische Stoffe. Man bezeichnet die Pflanze daher als *Produzent*. Die Blätter der Eiche werden von einer Raupe gefressen. Die Raupe ist *Konsument*

1 Eichenwicklerraupen auf einem Eichenblatt

1. Ordnung. Die Raupe wiederum dient dem Dompfaff als Nahrung für seine Jungen. Er ist *Konsument 2. Ordnung*. Zugleich ist er aber auch Beute für den Habicht, den *Konsument 3. Ordnung*. Da der Habicht keinen natürlichen Fressfeind hat, bezeichnet man ihn als *Endkonsumenten* in dieser Nahrungskette. In der Regel bestehen Nahrungsketten aus höchstens fünf Gliedern.

Nahrungsnetze
In der Natur sind die Nahrungsbeziehungen nie kettenförmig, da viele Tiere nicht nur eine, sondern verschiedene Nahrungsquellen haben. So fressen sowohl die Raupen des Eichenwicklers als auch die Maikäfer von den Eichenblättern.
Nicht nur der Dompfaff macht Jagd auf die Raupen und den Maikäfer, sondern auch die Kohlmeise. So sind viele Nahrungsketten zu *Nahrungsnetzen* verknüpft.

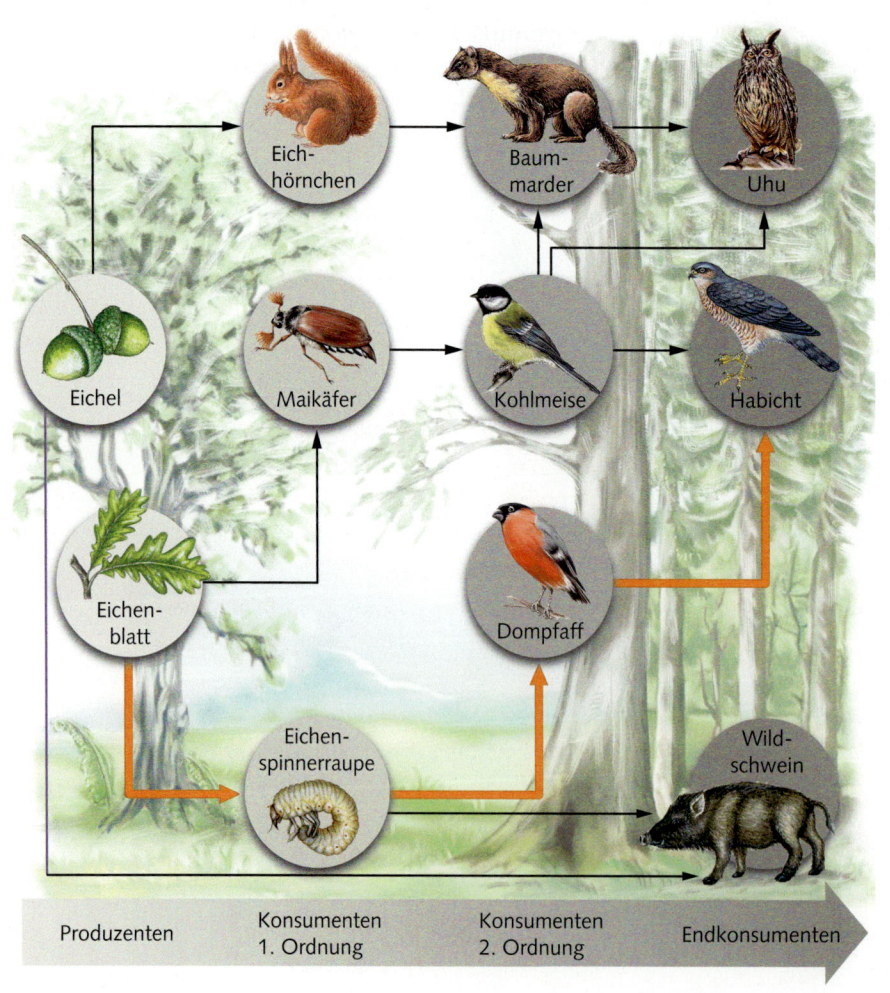

2 Nahrungsketten und Nahrungsnetz im Wald

Ökosystem Wald

Dompfaff — Räuber

Eichenwicklerraupe — Beute

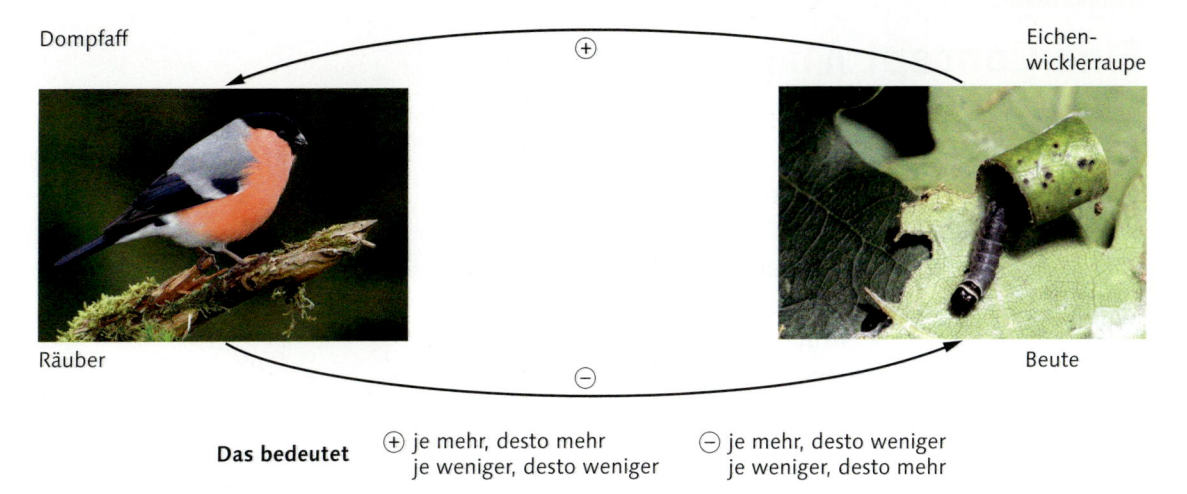

Das bedeutet
⊕ je mehr, desto mehr / je weniger, desto weniger
⊖ je mehr, desto weniger / je weniger, desto mehr

3 Beispiel für ein vereinfachtes Räuber-Beute-Schema

Räuber-Beute-Beziehungen

Im Wald herrscht ein ständiges Fressen und Gefressenwerden. Dadurch reguliert sich die Anzahl der Tiere. In einem Jahr, in dem es wenige Raupen gibt, kann beispielsweise ein Dompfaffenpaar nur wenige Jungen aufziehen. Das hat zur Folge, dass im nächsten Jahr mehr Raupen überleben, weil es weniger Dompfaffen gibt. Mehr Raupen aber bedeutet, dass jetzt mehr junge Vögel ernährt werden können und es wieder mehr Dompfaffen gibt. Die Beziehung zwischen Räuber und Beute ist also stetigen Schwankungen unterworfen. Allerdings darf diese Beziehung nicht isoliert betrachtet werden. Da die Tiere noch andere Nahrung aufnehmen, hat auch das weitere Nahrungsangebot Einfluss auf ihre Anzahl.

Beeinflussung der Wechselwirkungen

Wenn in einem besonders feuchten und kalten Frühjahr der gesamte Nachwuchs der Dompfaffen stirbt, hat dies auch Auswirkungen auf weitere Glieder des Nahrungsnetzes. So können sich beispielsweise die Raupen des Eichenwicklers besonders stark vermehren, sodass die Eichen des Waldes bald kahl gefressen sein können und teilweise absterben. Dadurch haben auch Maikäfer weniger Nahrung. Durch die geringe Anzahl an Dompfaffen wird das Nahrungsangebot für die Habichte knapp. Sie können kaum ihre Jungen großziehen.

Menschliche Eingriffe

Aus unterschiedlichen Gründen greift der Mensch in die Nahrungsketten und Nahrungsnetze der Wälder ein. So vernichtet er beispielsweise Forstschädlinge mit Insektenvernichtungsmitteln, wodurch jedoch auch zahlreiche nützliche Insektenarten zugrunde gehen. Darüber hinaus werden viele natürlich gewachsene Wälder abgeholzt, um gewinnträchtige Holzplantagen anzulegen. Wichtige Endverbraucher wie Wolf und Luchs hat der Mensch nahezu ausgerottet, wodurch das Rotwild keine natürlichen Feinde mehr hat.

In Kürze

Pflanzen bezeichnet man als Produzenten. Pflanzenfresser nennt man Konsumenten 1. Ordnung. Fleischfresser sind – je nach Stellung in der Nahrungskette – Konsumenten 2., 3. oder 4. Ordnung. Ein Nahrungsnetz besteht aus vielfach miteinander verknüpften Nahrungsketten.

Aufgaben

1 Begründe, weshalb Pflanzen als Produzenten bezeichnet werden.

2 Stelle mit folgenden Lebewesen drei getrennte Nahrungsketten zusammen: Ameisen, Moos, Fuchs, Meiseneier, Eiche Hase, Hirschkäfer, Eichhörnchen, Bussard, Baummarder. Versuche die drei Nahrungsketten zu einem Nahrungsnetz zu verbinden.

Ökosystem Wald

Methode

Eine Concept Map erstellen

Biologische Zusammenhänge wie zum Beispiel die abiotischen und biotischen Faktoren im Wald sind meist sehr vielschichtig und auf einen Blick nur schwer zu erfassen. Mit einer Concept Map kannst du sie gut nachvollziehbar und übersichtlich darstellen. Die Beziehungen der einzelnen Begriffe untereinander werden durch beschriftete Pfeile verdeutlicht. Für die Erstellung einer Concept Map solltest du die Themeninhalte verstanden haben. Du kannst nach den folgenden Schritten vorgehen:

1 Benötigte Materialien Du benötigst zur Erstellung der Concept Map Notizzettel, einen Papierbogen, Bleistift und Radiergummi.

2 Informationen sammeln und Schlüsselbegriffe notieren Bei neuen Themen musst du dir die Inhalte zunächst erschließen. Lies dazu die Sachtexte sorgfältig und markiere Schlüsselbegriffe. Schreibe im nächsten Schritt je einen Schlüsselbegriff auf einen Notizzettel.

3 Schlüsselbegriffe anordnen Überlege, wie die Schlüsselbegriffe miteinander in Beziehung stehen. Ordne die Notizzettel entsprechend an. So erhältst du eine grobe Anordnung der Concept Map.

1 Concept Maps sind gute Präsentationshilfen.

4 Vollständigkeit kontrollieren Überprüfe nun, ob du alle Schlüsselbegriffe zum Thema aufgeschrieben hast. Ergänze, falls notwendig, auf weiteren Notizzetteln. Ordne auch diese an den passenden Stellen in der Grobanordnung deiner Concept Map ein.

5 Concept Map erstellen Schreibe das Thema etwas größer oben in die Mitte auf den Papierbogen. Umrande es mit einem Kasten. Stelle von hier aus den thematischen Zusammenhang sinnvoll dar. Nimm die Anordnung deiner Notizzettel zu Hilfe. Schreibe auch die Schlüsselbegriffe in Kästen.

Art der Beziehung	Beschriftungsbeispiele
Ursache–Wirkung	bewirkt, löst aus, beeinflusst, stimuliert, ruft hervor, führt zu, prägt, steuert
Bedingung	wenn … dann, setzt voraus, bildet die Grundlage, ist Voraussetzung
Mittel	indem, mittels, mit Hilfe von, unter Beteiligung von
Zweck	damit, dass, für, um … zu
Vergleich	ist größer als, ist genauso groß wie, in ähnlicher Weise, konkurrierend mit
Teil–Ganzes	ist Teil von, besteht aus, unterteilt in, verzweigt sich in, spaltet sich auf in
Eigenschaft, Definition	hat, ist gekennzeichnet durch, wird charakterisiert durch
Beispiel	z. B., beispielsweise, erkennbar an, wie etwa, wie zum Beispiel
Folge	führt zu, so dass, daraus folgt, infolgedessen, aus diesem Grund

2 Tabelle mit den wichtigsten Beschriftungen für Beziehungspfeile

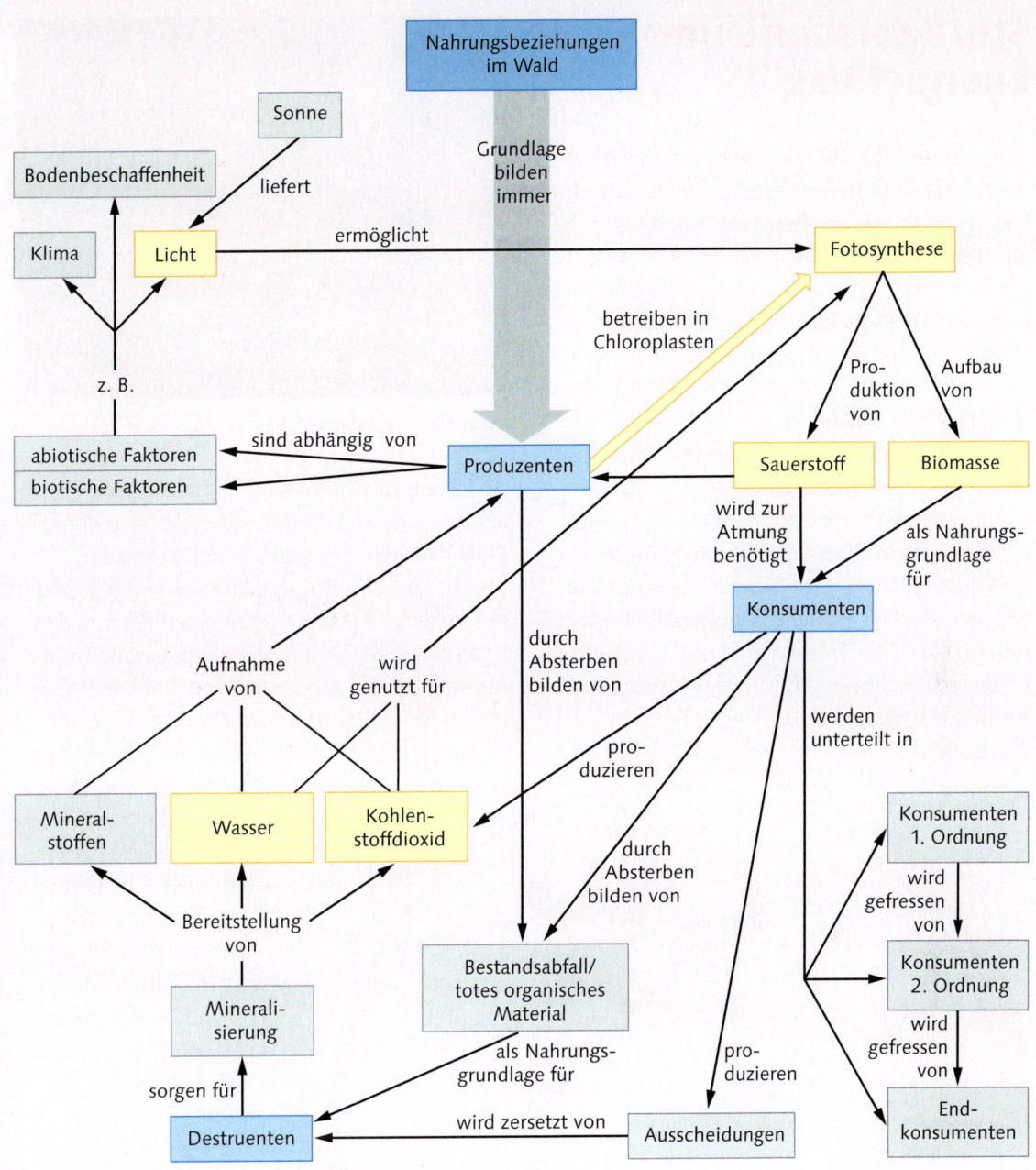

3 Concept Map zum Thema »Nahrungsbeziehungen im Wald«

6 Beziehungspfeile ergänzen Zeichne Pfeile vom Thema aus und lasse sie auf die umrandeten Schlüsselbegriffe zulaufen. Beschrifte die Pfeile. Die Wörter in Tabelle 2 können dir dabei helfen.

7 Querverbindungen einfügen Kontrolliere nun sorgfältig, ob sich in deiner Concept Map weit auseinanderliegende Schlüsselbegriffe aufeinander beziehen. Verknüpfe diese durch Querverbindungen. Achte darauf, dass sich möglichst wenige Pfeile überschneiden.

8 Mit dem Entwurf vergleichen Überprüfe, ob alle Begriffe deiner Grobanordnung vorhanden sind. Ergänze, wenn nötig.

Aufgabe

1 Erstellt gemeinsam eine Concept Map zum Thema »Fotosynthese und Zellatmung«.

Ökosystem Wald

Stoffkreisläufe und Energiefluss

In einem Mischwald kannst du im Sommer nur selten Sonnenstrahlen am Boden sehen. Umso magischer erscheint ein solcher Moment. Das Licht, das nicht bis zum Boden durchkommt, wird meist von den Blättern der Bäume »eingefangen«. Sie wandeln Sonnenenergie in chemische Energie um.

Kreislauf der Stoffe

Die Pflanzen im Wald nehmen über die Spaltöffnungen der Blätter Kohlenstoff in Form von Kohlenstoffdioxid auf. Daraus bilden sie bei der Fotosynthese mit Hilfe der Sonnenergie Glucose. Dazu wird Wasser benötigt. Die Glucose dient den Pflanzen als Energielieferant für ihre Stoffwechselprozesse. Außerdem wird sie zusammen mit Mineralstoffen zum Aufbau von Baustoffen verwendet.

1 Sonnenstrahlen im Wald

Alle Tiere im Wald sind auf diese Stoffe angewiesen: Der Borkenkäfer, der sich vom Holz der Fichte ernährt, genauso wie der Specht, der den Borkenkäfer unter der Rinde herauspickt. Sie bauen einen Teil der von den Pflanzen erzeugten Stoffe als Baustoffe in ihren Körper ein. Einen anderen Teil benötigen sie für die Zellatmung. Auch wenn Pflanzen ständig Stoffe herstellen, die die Tiere konsumieren, gehen ihnen nie die Rohstoffe aus und es häufen sich keine Abfallstoffe an. Denn Pflanzen und Tiere stehen über Stoffkreisläufe in Verbindung.

Den Sauerstoff, der als Nebenprodukt bei der Fotosynthese freigesetzt wird, benötigen Borkenkäfer, Specht und alle anderen Tiere und Pflanzen im Wald zur Atmung. Dabei scheiden sie Kohlenstoffdioxid aus, den die Pflanzen aufnehmen, um daraus wieder Glucose herzustellen. Auch die in toten Tieren und abgestorbenen Pflanzen enthaltenen Baustoffe gelangen wieder in den Kreislauf: Destruenten zersetzen diese Stoffe in Kohlenstoffdioxid, Wasser und Mineralstoffe.

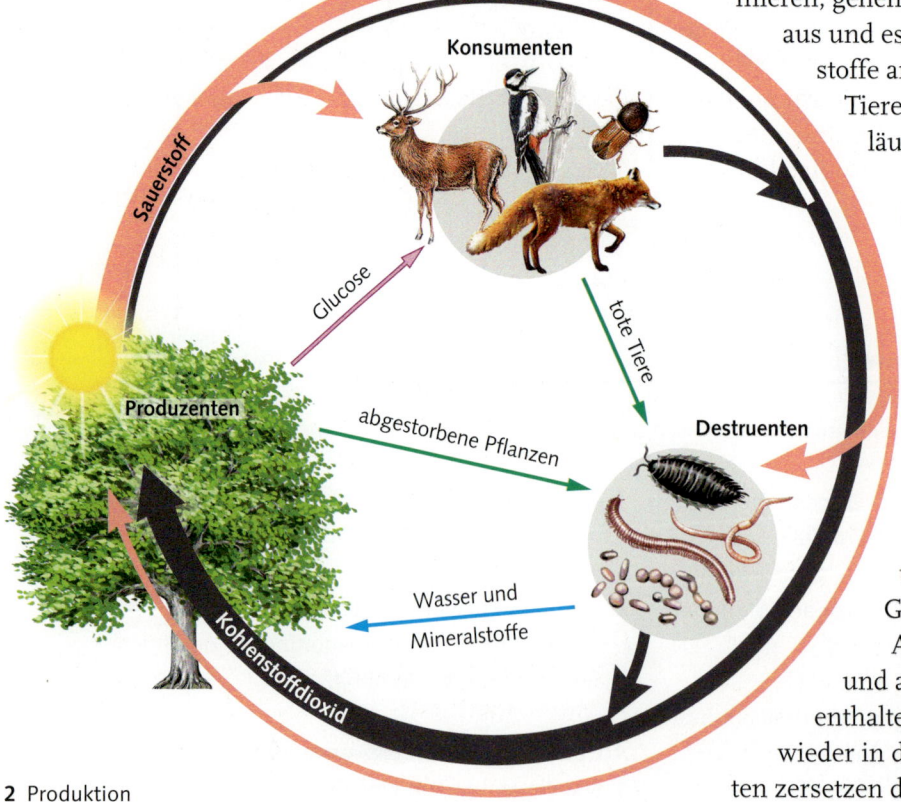

2 Produktion und Weitergabe energiereicher Stoffe im Wald

Ökosystem Wald

3 Nahrungspyramide

Einbahnstraße der Energie

Damit die Stoffkreisläufe nicht zum Stillstand kommen, ist Energie notwendig. Diese Energie stammt aus dem Sonnenlicht. Bei der Fotosynthese wird sie in Form energiereicher Stoffe wie Glucose und Stärke gespeichert. Einen Teil davon nehmen die Konsumenten auf. Wenn die Destruenten die Körper von toten Lebewesen in ihre Ausgangsstoffe zersetzen, wird die darin enthaltene Energie als Wärme frei und verlässt den Stoffkreislauf. Energie durchläuft Nahrungsketten also immer nur in einer Richtung. Deshalb ist die Energie der Sonne notwendig, um die Lebensvorgänge in einem Ökosystem in Gang zu halten.

Nahrungspyramide

Aufgrund ihrer Ernährungsweise ordnet man Lebewesen der Nahrungspyramide zu. Die erste Stufe bilden die Pflanzen als Produzenten. Die einzelnen Stufen der Konsumenten schließen sich an. Auf der obersten Stufe stehen die Endkonsumenten.

Die Masse, die die Lebewesen in einer Stufe bezogen auf eine bestimmte Fläche im Wald haben, bezeichnet man als *Biomasse*. Sie nimmt mit der darin enthaltenen Energie von Stufe zu Stufe ab. Das liegt daran, dass auf dem Weg vom Produzenten zum Konsumenten jeweils nur ein Teil der Nahrung für den Aufbau neuer Biomasse verwendet wird. Ein großer Teil wird für die Atmung genutzt und dabei schließlich in Wärme umgewandelt und abgegeben.

Für die Endverbraucher stehen am Gipfel der Nahrungspyramide also nur begrenzte Nahrungs- und Energiemengen zur Verfügung.

In Kürze
Pflanzen erzeugen mit Hilfe von Sonnenlicht energiereiche Stoffe. Tiere setzen diese Stoffe um. Destruenten zersetzen sie erneut in ihre Ausgangsstoffe. Kohlenstoff und Sauerstoff bleiben im Stoffkreislauf erhalten, die Energie wird hingegen freigesetzt.

Aufgaben
1 Beschreibe den Kreislauf von Kohlenstoffdioxid und Sauerstoff mit Hilfe von Bild 2.
2 Begründe aus energetischer Sicht, weshalb große Beutegreifer wie zum Beispiel der Luchs in Wäldern sehr selten vorkommen.

Aufgaben

Der Wald – ein Ökosystem

1 Räuber-Beute-Schema

In einem Waldgebiet wurden über einen Zeitraum von zehn Jahren die Zahl der Buntspechte je Hektar sowie die Zahl der vom Borkenkäfer befallenen Bäume bestimmt. In der Tabelle in Bild 1 sind die Ergebnisse dieser Untersuchung zusammengefasst:

Untersuchungsjahr	Befallene Bäume	Spechte je Hektar
U 1	2000	0,40
U 2	3200	0,35
U 3	3000	0,50
U 4	2500	0,78
U 5	1000	0,65
U 6	1200	0,67
U 7	5000	1,08
U 8	4000	1,10
U 9	4500	0,90
U 10	10 300	1,35

1 Zahl der »Käferbäume« und Spechte im Vergleich

a Stelle die ermittelten Werte in Form eines Verlaufsdiagramms dar. Die unten dargestellte Vorlage soll als Muster dienen. Verwende unterschiedliche Farben.
b Beschreibe die beiden Kurvenverläufe.
c Erläutere, welcher Zusammenhang zwischen der Anzahl der »Käferbäume« und der Anzahl der Spechte besteht.

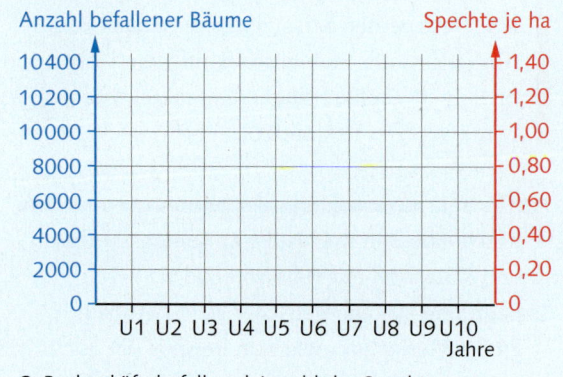

2 Borkenkäferbefall und Anzahl der Spechte

2 Nahrungspyramide

3 Ernährungsebenen in einer Nahrungspyramide

a Benenne die Ernährungsebenen mit den Begriffen für die Nahrungskettenglieder.
b Beschreibe, wie sich die Anzahl der Lebewesen in den Ebenen von unten nach oben verändert. Begründe dein Ergebnis.
c Begründe, weshalb reine Fleischfresser auf die Existenz von Pflanzen angewiesen sind.
d Suche nach einer Erklärung, weshalb Tiere, die ganz oben in der Nahrungspyramide stehen, meist ein großes Jagdrevier haben müssen.

3 Ökologische Nische

Waldkauz und Kohlmeise sind Waldbewohner, die im selben Stockwerk leben.

a Stelle dar, wie die beiden Tiere eine gegenseitige Konkurrenz vermeiden.
b Erläutere die Aussage: »Verschiedene Arten mit gleichen Ansprüchen können nicht dieselbe ökologische Nische beanspruchen.«

4 Nahrungsbeziehungen

Luchs, Wanderfalke, Kreuzspinne, Blaumeise, Waldmaus, Rehbock, Eichenwicklerraupe, Eicheln, Eichenblätter

4 Lebewesen im Ökosystem Wald

a Zähle möglichst viele einzelne Nahrungsketten in Bild 4 oben auf.
b Schreibe die Namen der Lebewesen wahllos auf ein DIN-A4-Blatt. Füge sechs weitere Pflanzen und Tiere des Ökosystems Wald hinzu. Verbinde sie biologisch sinnvoll durch Striche so miteinander, sodass ein möglichst engmaschiges Nahrungsnetz entsteht.
c In einem Nationalpark der USA wurden vor etwa 100 Jahren die letzten Wölfe ausgerottet. Daraufhin wuchsen in dem Gebiet deutlich weniger Nadel- und Laubbäume. Suche nach einer Erklärung hierfür. Trage dazu in dein Nahrungsnetz oben auch Wolf und Hirsch ein. Seit 1995 erholen sich die Wälder im Nationalpark wieder. Welche Ursachen könnten dafür verantwortlich sein? Verwende bei deinen Erläuterungen auch den Begriff »Nahrungskette«.

5 Energienutzung aus der Nahrung

Von der mit der Nahrung aufgenommenen Energie können Lebewesen unterschiedlich viel nutzen.

genutzte Energie	für die Atmung	für den Aufbau von Körpersubstanz	Ausscheidung über Kot
Erdkröte	35 %	45 %	20 %
Ratte	80 %	2 %	18 %

5 Energienutzung aus der Nahrung

a Vergleiche die Energienutzung für Atmung und Wachstum von Erdkröte und Ratte miteinander. Berichte über das Ergebnis.
b Suche nach einer Begründung für die unterschiedliche Energienutzung der beiden Tiere. Beachte dabei die Unterschiede der Tiere, zum Beispiel Größe, Verhalten und ihre Stellung in der Nahrungspyramide.

6 Regulation innerhalb einer Art

In einem abgegrenzten Lebensraum regelt sich die Anzahl der Tiere auch innerhalb einer Art. Erläutere dies mit Hilfe der folgenden Darstellung:

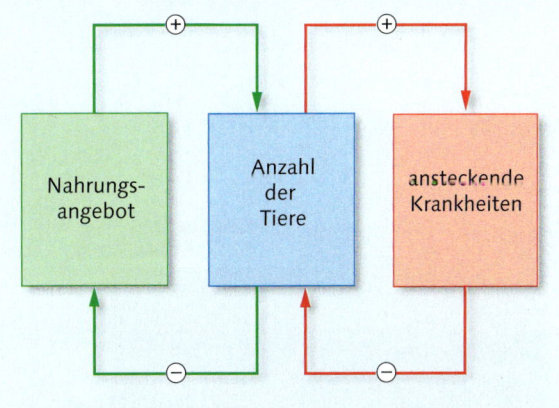

⊕ je mehr, desto mehr/je weniger, desto weniger
⊖ je mehr, desto weniger/je weniger, desto mehr

Tropischer Regenwald

Im tropischen Regenwald regnet es mindestens dreimal so viel wie in Deutschland. Heute sind nur noch 6 % der Erde mit Regenwald bedeckt. Dennoch beherbergt er mehr als die Hälfte aller bekannten Tier- und Pflanzenarten. Und ständig entdecken Wissenschaftler auf Expeditionen neue Arten.

Merkmale des tropischen Regenwaldes
Der tropische Regenwald erstreckt sich zwischen dem nördlichen und dem südlichen Wendekreis. Er ist gekennzeichnet durch häufige Niederschläge und kaum schwankende, hohe Temperaturen.

Stockwerkbau im Regenwald
Die Bäume der tropischen Urwälder bilden in etwa 40 Metern Höhe ein dichtes Blätterdach. Vereinzelt ragen Bäume hervor, die bis zu 60 Meter hoch werden können. Wegen der dünnen Wurzelschicht des Bodens bilden diese Urwaldriesen Stütz- und Brettwurzeln aus, die oberhalb des Waldbodens für die Stabilität des Baumes sorgen. Nur etwa 3 % des Sonnenlichts gelangen durch das dichte Blätterdach der Bäume zum Boden. Deshalb können nur wenige Blütenpflanzen sowie Pilze und Farne diesen Bereich besiedeln.

1 Der tropische Regenwald

Spezialisten im Regenwald
Die größte Vielfalt an Tieren und Pflanzen findet man in den Kronen der Bäume. Dieser Lebensraum ist lichtdurchflutet und wird durch die häufigen Niederschläge stets mit frischem Wasser versorgt. Hier lassen sich eine Fülle von speziellen Überlebensstrategien beobachten. So besiedeln Aufsitzerpflanzen oder *Epiphyten* nicht etwa den Boden, sondern die Baumkronen. Bromelien beispielsweise bilden mit ihren Blättern Trichter, in denen sich Wasser sammelt und Humus bildet. In diese wachsen dann die Wurzeln der Pflanze hinein. In den Baumkronen leben auch viele Tiere, wie zum Beispiel der Baumsteigerfrosch. Er legt seinen Laich in den Wasseransammlungen der Bromelien ab.

2 Typisch im Regenwald: A Brettwurzeln eines Urwaldriesen; B Baumsteigerfrosch; C Trichter einer Bromelie

Ökosystem Wald

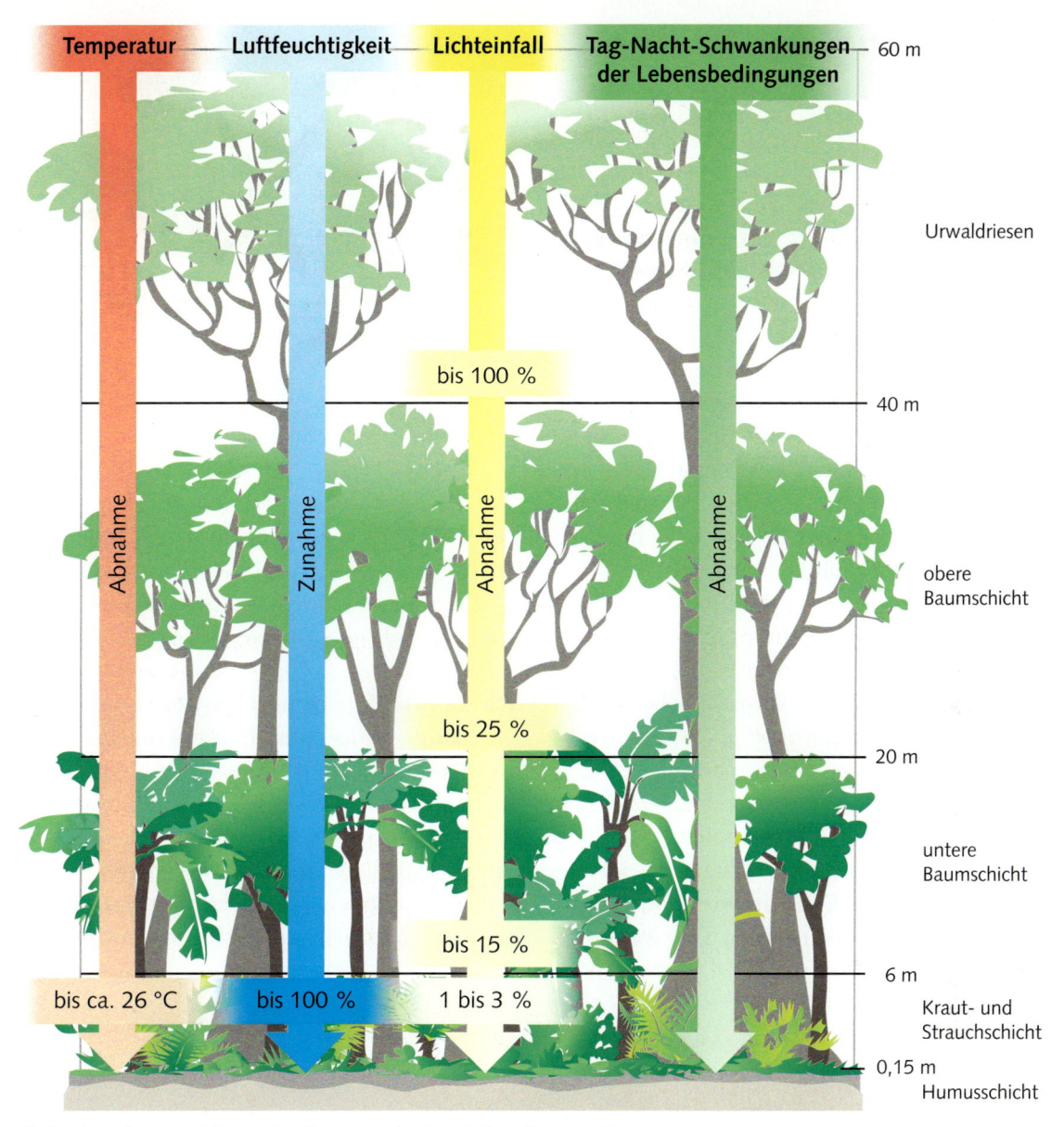

Temperatur — **Luftfeuchtigkeit** — **Lichteinfall** — **Tag-Nacht-Schwankungen der Lebensbedingungen**

- 60 m — Urwaldriesen
- Lichteinfall: bis 100 %
- 40 m — obere Baumschicht
- Temperatur: Abnahme; Luftfeuchtigkeit: Zunahme; Lichteinfall: Abnahme; Tag-Nacht-Schwankungen: Abnahme
- bis 25 %
- 20 m — untere Baumschicht
- bis 15 %
- 6 m — Kraut- und Strauchschicht
- bis ca. 26 °C | bis 100 % | 1 bis 3 %
- 0,15 m — Humusschicht

3 Stockwerkbau und Lebensbedingungen im tropischen Regenwald

Regenwald in Gefahr

Die Zerstörung des artenreichsten Ökosystems der Erde schreitet mit großen Schritten voran. Pro Minute geht eine Fläche in der Größe von 35 Fußballplätzen unwiederbringlich verloren. Das Holz der Urwaldriesen wird teuer verkauft. Die gerodeten Flächen werden als Plantagen oder Weideland genutzt. Auch der Abbau von Rohstoffen wie etwa Erdöl belastet die Regenwälder. Viele Tier- und Pflanzenarten sind bereits ausgestorben oder vom Aussterben bedroht.

In Kürze

Der tropische Regenwald ist das artenreichste Ökosystem der Erde. Durch Rodung ist dieser Lebensraum zahlreicher Pflanzen und Tiere stark gefährdet.

Aufgaben

1 Nenne zwei Angepasstheiten von Lebewesen, die im tropischen Regenwald leben.
2 Beschreibe die Lebensbedingungen im tropischen Regenwald anhand der Informationen im Text und in Bild 3.

Ökosystem Wald

Bedeutung der Wälder

Der Wald liefert uns den wichtigen Rohstoff Holz. Wenn du dich im Raum umsiehst, findest du bestimmt viele Holzprodukte. Aber der Wald bietet viel mehr: Er ist für viele Tiere und Pflanzen sowie für nahezu alle Bereiche unseres Lebens von Bedeutung.

Wälder beeinflussen die Erdatmosphäre

Grüne Pflanzen bilden als Nebenprodukt der Fotosynthese Sauerstoff. Eine Buche produziert pro Jahr etwa 4600 Kilogramm Sauerstoff. Davon könnte ein Erwachsener mehr als 13 Jahre lang leben. Gleichzeitig entziehen Bäume der Atmosphäre Kohlenstoffdioxid. Dieses Gras entsteht bei der Atmung, aber auch vermehrt durch Verbrennungsprozesse, beispielsweise bei Autos oder Fabriken. Es wirkt in großen Mengen klimaschädlich. Die Wälder dienen als *Kohlenstoffspeicher* und tragen so zur Milderung des Klimawandels bei.

Der Wald dient als Wasserspeicher

Im Waldboden können bei heftigen Niederschlägen auf einem Quadratmeter Boden bis zu 200 Liter Wasser versickern. Das Wasser wird anschließend langsam wieder abgegeben. Der Wald trägt so zum Hochwasserschutz in gefährdeten Gebieten bei. Beim Versickern wird das Wasser zudem von Schadstoffen gereinigt.

Schutz von Mensch und Umwelt

Die Bäume festigen durch ihre Wurzeln den Boden und schützen ihn vor Abtragungen durch Wind und Regen. Staub- und Rußteilchen bleiben an den Blättern hängen. Diese wirken auch als Wasserfilter. Bäume verringern außerdem die Lärmbelastung und verhindern die Entstehung von Schneelawinen.

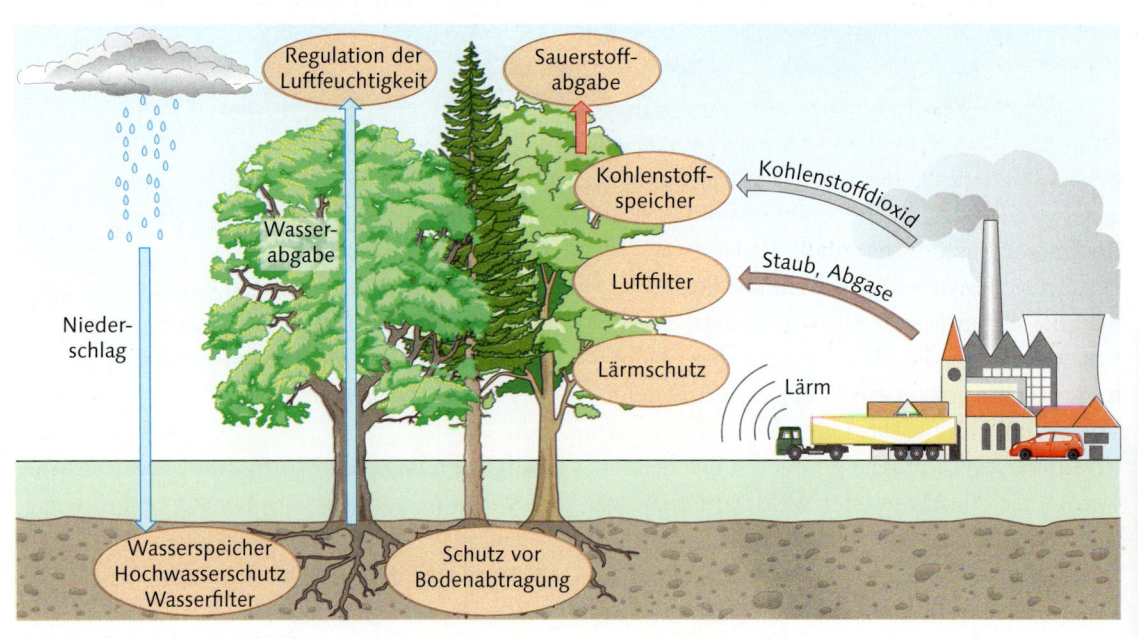

1 Der Wald hat vielfältige Funktionen

2 Schutzfunktionen des Waldes

Ökosystem Wald

3 Der Wald als Lebensraum

Lebensraum für Pflanzen und Tiere
Weltweit beherbergen Wälder den Großteil der an Land lebenden Pflanzen- und Tierarten. Jede von ihnen hat ihren Platz im Ökosystem Wald und trägt zu dessen Stabilität bei. Diese *biologische Vielfalt* ist ein wichtiges Naturerbe und muss geschützt werden.

Wirtschaftliche Bedeutung
Ungefähr 40 Millionen Kubikmeter Holz werden pro Jahr in den Wäldern Deutschlands geerntet. Holz ist ein unverzichtbarer Rohstoff, der durch das Nachpflanzen der Bäume umweltfreundlich erzeugt wird. Er dient als Baustoff für alltägliche Gegenstände, Möbel und Häuser. Zerkleinertes Holz kann zu Papier weiter verarbeitet werden.

Gleichzeitig ist Holz ein wichtiger Brennstoff, der eine umweltfreundliche Alternative zu fossilen Brennstoffen wie Erdöl, Erdgas oder Kohle darstellt. Holzspäne werden zu Pellets gepresst, die ebenfalls als Brennstoff verwendet werden. Das Abfallprodukt der Sägewerke wird somit sinnvoll verwertet.

Zudem nutzt der Mensch die biologische Vielfalt der Pflanzen, Tiere und Pilze in vielerlei Hinsicht. Viele Medikamente werden zum Beispiel durch die Erforschung von Pflanzen und Tieren gewonnen.

Ort der Erholung und Entdeckungen
Viele Menschen kommen in den Wald, um dort die Ruhe und die reine Luft zu genießen. Durch das Verdunsten von Wasser liegt die Temperatur im Wald an heißen Sommertagen um bis zu 4 °C niedriger als in der Umgebung und verschafft Spaziergängern eine Abkühlung. Der Wald bietet den Menschen aber noch mehr. Mit Fernglas, Lupe und Bestimmungsbuch können sie sich auf eine Entdeckungsreise in den Wald begeben.

> **In Kürze**
> Die Wälder liefern den Rohstoff Holz. Sie übernehmen Schutzfunktionen für Mensch und Umwelt. Viele Tier-, Pflanzen- und Pilzarten haben hier ihren Lebensraum.

Aufgaben
1 Erläutere die Schutzfunktion der Wälder anhand von Bild 2.
2 Sieh dich in deinem Zimmer, der Küche und dem Wohnzimmer um. Notiere alle Holzprodukte.
3 Erstelle eine Mindmap zur Bedeutung des Waldes.

4 Holz – Rohstoff und Energieträger

Ökosystem Wald

Exkurs

Vom Urwald zum Forst

Urwald – das Wort weckt eine Vorstellung von etwas Exotischem, das in fernen Ländern wie zum Beispiel in Brasilien zu finden ist. Als Urwald bezeichnet man jedoch jeden Wald, der nicht von Menschen gestaltet oder bewirtschaftet wurde. Auch in Mitteleuropa gab es einmal Urwälder, die der Mensch im Laufe der Jahrhunderte veränderte.

Die Urwälder Mitteleuropas

Nach der letzten Eiszeit vor etwa 12 000 Jahren waren die klimatischen Bedingungen für das Wachstum vieler Bäume optimal. Nach dem Rückzug der Gletscher waren die eisfreien Flächen zunächst vegetationsfrei. Pionierpflanzen wie die Birke oder die Kiefer konnten sich hier ausbreiten. Eine weitere Klimaerwärmung führte dazu, dass sich der Eichenmischwald mit Eichen, Ulmen, Linden und Eschen herausbildete. Vor etwa 5000 Jahren wurde die durchsetzungsfähige Buche zur vorherrschenden Baumart.
Während Nadelwälder nur in den Mittelgebirgen und den Alpen zu finden waren, bedeckten Laub- und Mischwälder Mitteleuropa schließlich nahezu vollständig.

1 Ein »Urwald«

Waldnutzung in der Steinzeit

Bereits in der Jungsteinzeit begann der Mensch den Wald verstärkt für sich zu nutzen. Man verwendete das Holz zur Herstellung von Werkzeugen und als Brennmaterial. Durch das Abbrennen von Waldflächen, das *Brandroden,* schuf man Ackerland und Weideflächen

2 In der Steinzeit beginnt der Mensch den Wald verstärkt für sich zu nutzen.

Ökosystem Wald

für die Tiere. Nach einer gewissen Zeit war das Ackerland nicht mehr fruchtbar genug. Die Menschen siedelten auf neues Waldland um. Die zurückgelassene Fläche war innerhalb weniger Jahrzehnte wieder nahezu vollständig bewaldet. So nahm der Wald am Ende der Steinzeit noch etwa 80 Prozent der Fläche Mitteleuropas ein.

Raubbau gefährdete den Wald
In der Folgezeit wuchs die Bevölkerung stetig und die Menschen wurden sesshaft. Holz war nun wichtigster Baustoff für Häuser und Schiffe und diente in großem Umfang der Holzkohlegewinnung. Der Wald wurde außerdem als Jagdrevier und Viehweide genutzt. Bauern entnahmen die Laubstreu für ihre Stallungen, wodurch die Böden immer nährstoffärmer wurden.

Mit zunehmendem Raubbau erreichte der Waldbestand am Ende des 18. Jahrhunderts einen dramatischen Tiefstand. Nur noch 10 Prozent der Flächen waren mit Wald bedeckt. Auch heute kann man das Ausmaß der Zerstörung noch erkennen: Abgeholzte Waldflächen wurden zu *Heidelandschaften* wie die Lüneburger Heide Niedersachsens. Heideboden ist sehr nährstoffarm, meist sauer und oft sandig, sodass nur wenige Pflanzenarten hier wachsen können.

4 Der Fichtenforst – eine Monokultur

Planmäßige Waldbewirtschaftung
Um den Wald und die Holzbestände zu bewahren, setzte im 19. Jahrhundert eine *planmäßige Waldbewirtschaftung* ein. Nach und nach wurde aus dem Wald ein *Forst*. Laubwälder wurden durch Nadelbäume wie die Fichte ersetzt. Mit dem Anbau von Fichten erzielte man einen hohen wirtschaftlichen Ertrag, da sie schnell wachsen und ihr Holz vielseitig verwendbar ist.

Heute sind etwa 30 Prozent der Gesamtfläche Mitteleuropas bewaldet. Bei Neuanpflanzungen ersetzt man Fichtenforste wegen der Nachteile von Monokulturen durch *naturnahe* Laub- und Mischwälder.

Bannwald – »Urwald von morgen«
Völlig unberührte Wälder existieren in Deutschland mittlerweile nicht mehr. Inzwischen gibt es aber wieder *Bannwälder*, die weder bewirtschaftet noch gepflegt werden. Abgestorbenes Holz wird nicht entfernt und bietet vielen bedrohten Tier-, Pflanzen- und Pilzarten ein Rückzugsgebiet. Sie dienen außerdem der Forschung, da man in den Bannwäldern die natürliche Waldentwicklung beobachten kann.

Aufgabe
1 Beschreibe die Nutzung des Waldes durch die Menschen in der Steinzeit in einem kurzen Text. Nimm auch Bild 2 zu Hilfe.

3 Schweinemast im Eichenwald

Ökosystem Wald

Wald in Gefahr

Die Klasse 7a macht einen Wanderausflug ins Sauerland. Vivien fällt auf, dass die Bäume großer Waldflächen wie umgeknickte Streichhölzer am Boden liegen. Die Lehrerin erklärt, dass das die Folgen eines Sturms sind. Aber warum können nicht alle Bäume solchen Belastungen standhalten?

Der Patient Wald
Einmal im Jahr wird der Zustand der deutschen Wälder überprüft. Anzeichen für einen kranken Baum sind zum Beispiel Verfärbungen oder Verlust der Nadeln oder Blätter. Waldschäden können biotische oder abiotische Ursachen haben, die zum Teil durch den Menschen hervorgerufen werden.

Insekten richten große Schäden an
Insekten wie die Raupen des Eichenprozessionsspinners sind eine ernst zu nehmende Gefahr für viele Wälder. Die Raupen ernähren sich hauptsächlich von Eichenblättern. In reihenförmigen Kolonnen befallen sie die Bäume und können bei mehrjährigem Befall den Baum zerstören.

Die feinen Haare der Raupen können beim Menschen Allergien auslösen. Deshalb werden sie häufig in der Nähe von Siedlungen mit Hilfe von Insektiziden bekämpft.

1 Baumschäden im Wald

Verbiss junger Triebe
Die natürlichen Feinde der Wildtiere wie Bär, Luchs und Wolf sind fast ausgerottet. Dadurch konnten sich deren Beutetiere stark vermehren. Hasen, Rehe oder Dammwild fressen die Triebe oder die Rinde junger Bäume. Dieser Wildverbiss verhindert die natürliche Verjüngung des Waldes. Nur durch die Jagd lassen sich die Wildbestände noch regulieren.

Extreme Wetterereignisse
Vor allem wenn Bäume bereits durch Wildverbiss oder Insektenfraß geschwächt sind, können Stürme große Waldflächen zerstören. Vom Menschen geschaffene Fichtenmonokulturen sind besonders anfällig. Auch Trockenperioden bedeuten Stress für die Bäume und bieten zudem ideale Fortpflanzungsbedingungen für Schadinsekten.

Schädigungsgrad	Ohne Schadmerkmal	Schwach geschädigt	Mittelstark geschädigt	Stark geschädigt	Abgestorben
Schadstufe	0	1	2	3	4
Nadel-/Blattverlust	0–10 %	11–25 %	26–60 %	60–99 %	tot (100 %)
Erscheinungsbild					

2 Baumschäden teilt man in Schadstufen ein.

Ökosystem Wald

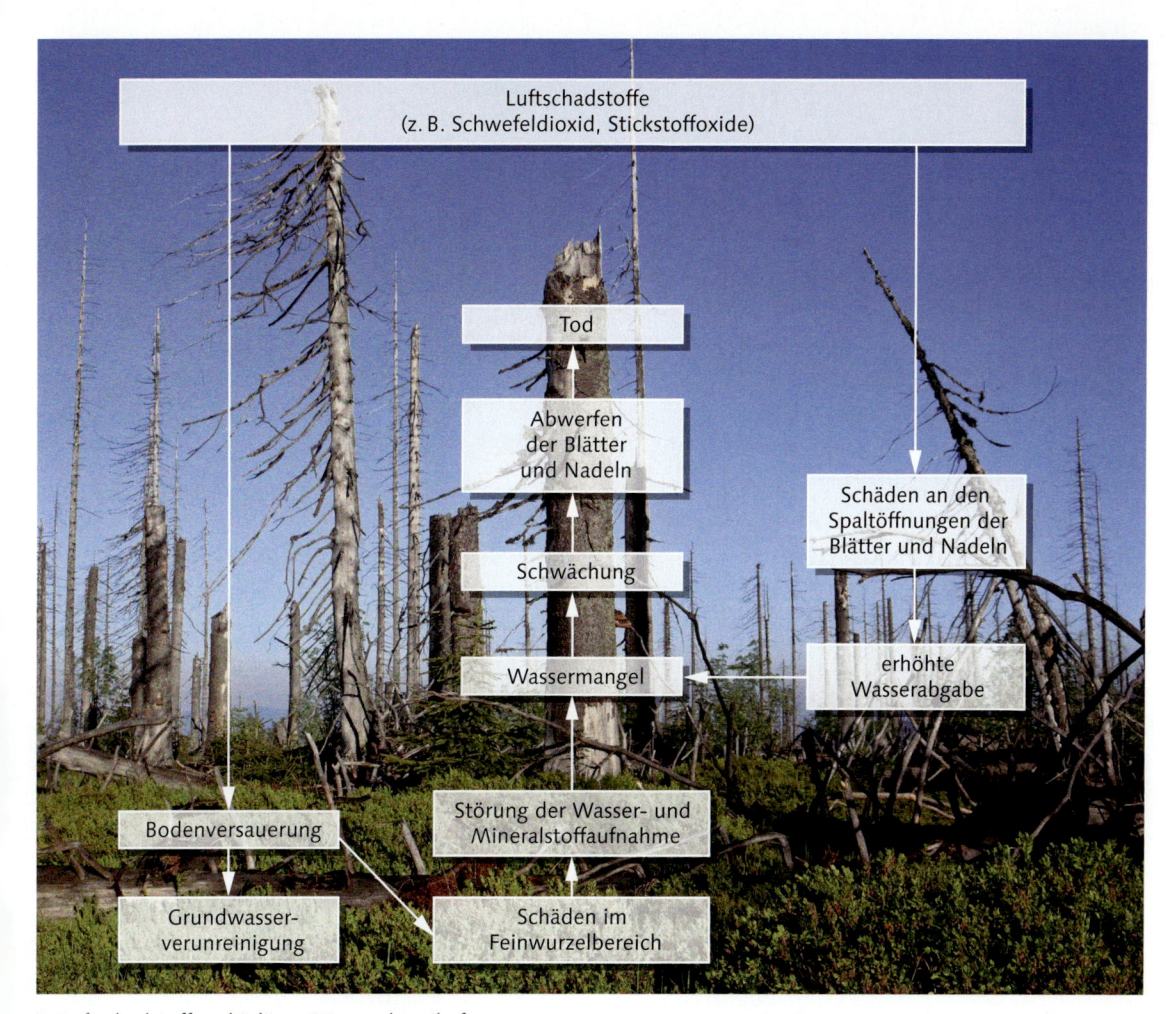

3 Luftschadstoffe schädigen Bäume dauerhaft.

Luftschadstoffe schädigen die Bäume

Luftschadstoffe aus Industrie, Verkehr, Haushalt oder Landwirtschaft haben einen beträchtlichen Anteil an der Zerstörung von Waldgebieten. Schwefeldioxid und Stickstoffoxide beispielsweise bilden mit Wasserdampf *sauren Regen*. Die Säure greift die Spaltöffnungen der Blätter und Nadeln an. Sie können sich daraufhin nicht mehr schließen. Der Baum verdunstet ohne diesen Schließmechanismus zu viel Wasser und wirft die Blätter ab.

Die Schadstoffe werden mit dem Niederschlag in den Boden geschwemmt. In der Folge werden die Pilze geschädigt, die den Baum normalerweise bei der Mineralstoffversorgung unterstützen. Derart geschädigte Bäume sind wiederum weniger widerstandsfähig gegenüber Frost, Sturm, Hitze und dem Befall von Schadinsekten.

In Kürze

Waldschäden können biotische oder abiotische Ursachen haben, die teilweise vom Menschen hervorgerufen werden. Insektenfraß und Wildverbiss schwächen die Bäume. Luftschadstoffe greifen Spaltöffnungen und die Pilze im Wurzelgeflecht der Bäume an. Geschädigte Bäume sind anfälliger für Stürme und Frost.

Aufgaben

1 Nenne Merkmale eines kranken Baumes.
2 Erläutere die Bedeutung der Jagd für den Gesundheitszustand des Waldes.
3 Erkläre, weshalb ein kranker Baum die Blätter abwirft.

Ökosystem Wald

Treibhauseffekt

Es ist ein eiskalter Wintertag. Am blauen Himmel ist keine Wolke zu sehen. Für einen Geburtstag willst du in einer Gärtnerei Blumen besorgen. Als du das dortige Gewächshaus betrittst, spürst du eine angenehme Wärme. Ein Verkäufer der Gärtnerei erklärt dir, dass die Temperatur nicht nur durch eine Heizung erzeugt wird, sondern auch etwas mit dem Glasdach des Gewächshauses zu tun hat.

1 Die Sonne erwärmt Gewächshäuser auch im Winter.

Der natürliche Treibhauseffekt

Das Glasdach eines Gewächshauses ist für Sonnenstrahlung durchlässig. Der Boden erwärmt sich dadurch und gibt Wärmestrahlung ab, die jedoch nicht durch das Glasdach nach außen tritt. Deshalb steigt die Temperatur im Gewächshaus an. Bei der Erde sind es Gase, die wie das Glasdach wirken. Sie gehören zur *Erdatmosphäre*. Die Erdoberfläche wird durch Sonneneinstrahlung erwärmt und gibt diese als Wärme wieder ab. Gase der Atmosphäre verhindern, dass die gesamte Wärmestrahlung ins Weltall abgestrahlt wird. Ein Teil davon wird zurückgeworfen, wodurch sich die Erdoberfläche weiter erwärmt. Erst dieser *natürliche Treibhauseffekt* ermöglicht das Leben auf der Erde. Ohne ihn läge die Temperatur in Bodennähe bei −18 °C. Zu den *Treibhausgasen* gehören Wasserdampf, Kohlenstoffdioxid und andere Gase, die auch natürlicherweise in der Atmosphäre enthalten sind.

Menschen beeinflussen den Treibhauseffekt

Seit Beginn der Industrialisierung hat sich die Zusammensetzung der Atmosphäre verändert und der Anteil der Treibhausgase und Staubpartikel deutlich erhöht. Der natürliche Treibhauseffekt wird verstärkt. Seither steigt die globale Temperatur. Man bezeichnet diese zusätzliche, durch Menschen verursachte Erwärmung als *anthropogenen Treibhauseffekt*.

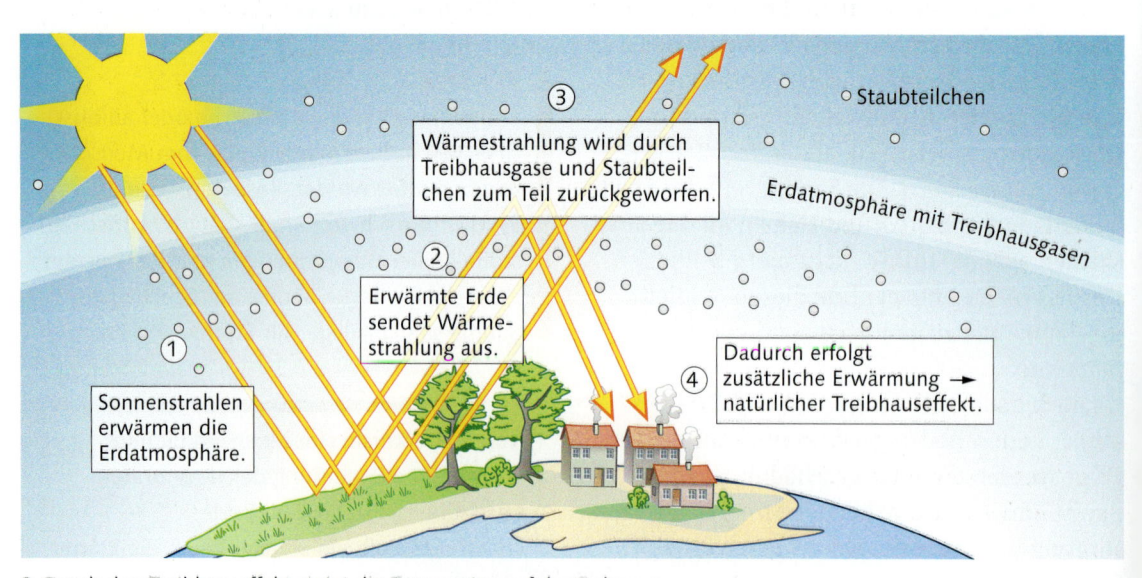

2 Durch den Treibhauseffekt steigt die Temperatur auf der Erde.

Ökosystem Wald

Mobilität 23 %

Ernährungsweise 15 %

11 Tonnen Kohlenstoffdioxid pro Kopf und Jahr

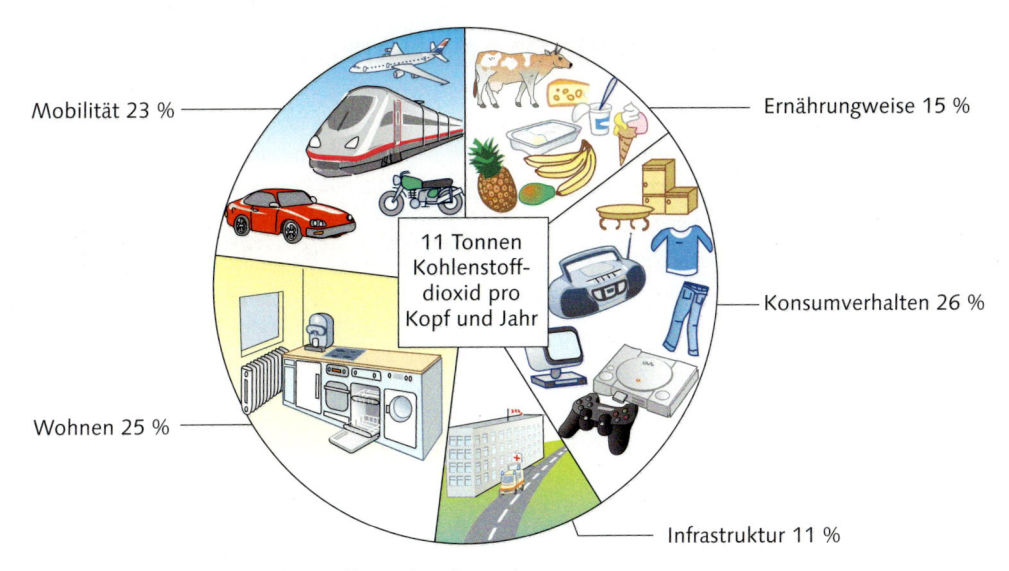

Konsumverhalten 26 %

Wohnen 25 %

Infrastruktur 11 %

3 Kohlenstoffdioxid entsteht in nahezu allen Lebensbereichen.

Die Bedeutung des Kohlenstoffdioxids

Kohlenstoffdioxid entsteht in großen Mengen bei der Verbrennung fossiler Stoffe wie Erdöl, Erdgas oder Kohle. Auch andere Gase wie Methan oder Stickoxide sind anthropogene Treibhausgase. Sie entstehen bei der Viehhaltung, auf Mülldeponien oder beim Einsatz von Düngemitteln. Durch die Lebensweise trägt jeder Einzelne zum Ausstoß von Treibhausgasen bei. So werden in Deutschland pro Kopf durchschnittlich elf Tonnen Kohlenstoffdioxid pro Jahr freigesetzt. Klimaverträglich wären jedoch nur 2,5 Tonnen.

Wälder – Kohlenstoffspeicher und -quelle

Wälder nehmen große Mengen Kohlenstoffdioxid auf und speichern es durch die Fotosynthese in Form von Biomasse. Sie können jedoch nicht den gesamten Anteil des derzeit durch industrielle Prozesse erzeugten Kohlenstoffdioxids auffangen. Wenn der Abbau der Biomasse überwiegt, werden Wälder sogar zu einer Kohlenstoffdioxidquelle. Dies ist zum Beispiel bei Waldbränden oder wenn mehr Holz geerntet wird als nachwächst der Fall.

Vorhersage durch Klimamodelle?

Das *Klima* eines bestimmten Ortes ist die Gesamtheit seiner meteorologischen Erscheinungen wie zum Beispiel Temperatur, Niederschlag oder Wind über einen längeren Zeitraum. Wie sich in Zukunft der hohe Kohlenstoffdioxidanteil der Atmosphäre auf das weltweite Klima auswirken könnte, versuchen Wissenschaftler durch Computersimulationen einzuschätzen. Ihren Überlegungen zufolge kommt es in Zukunft mit hoher Wahrscheinlichkeit zu einer drastischen Klimaerwärmung. Solche *Klimamodelle* versuchen möglichst präzise Vorhersagen zu berechnen.

In Kürze

Sonnenstrahlung erwärmt die Erdoberfläche. Durch die Gase der Erdatmosphäre wird die von der Erde abgestrahlte Wärme zum Teil zurückgeworfen. Dadurch erwärmt sich die Erdoberfläche. Dieser natürliche Treibhauseffekt wird durch den Menschen verstärkt.

Aufgaben

1 Ohne den natürlichen Treibhauseffekt wäre das Leben auf der Erde nicht möglich. Erläutere.
2 Nenne Möglichkeiten, den eigenen Lebensstil klimafreundlicher zu gestalten. Nimm dazu Bild 3 zu Hilfe.

Ökosystem Wald

Exkurs

Aussagekraft von Klimamodellen

Für unsere Zukunft ist es wichtig, die künftigen Klimaentwicklungen einschätzen zu können, um rechtzeitig Entscheidungen für den Klimaschutz zu treffen. Klimamodelle, die vom Weltklimarat entwickelt werden, bilden die Grundlage hierfür.

Berechnungsgrundlagen

Wenn man berechnen will, wie sich das Klima in Zukunft entwickeln könnte, muss man zunächst überlegen, welche Entwicklungen möglich wären. So nehmen Klimaforscher für ihre Berechnungen zum Beispiel an, dass sich der Kohlenstoffdioxidausstoß nicht verändert. Oder aber sie setzen eine schnelle Entwicklung klimafreundlicher Technologien voraus, die fossile Energieträger nach und nach ablösen. Dann berechnen sie, welche Auswirkungen diese Entwicklungen auf das Klima der Zukunft haben könnten. Dabei spielt es ebenfalls eine Rolle, ob die Weltbevölkerung stark wächst oder nicht. Denn je mehr Menschen auf der Erde leben, umso mehr Rohstoffe müssen bereitgestellt werden.

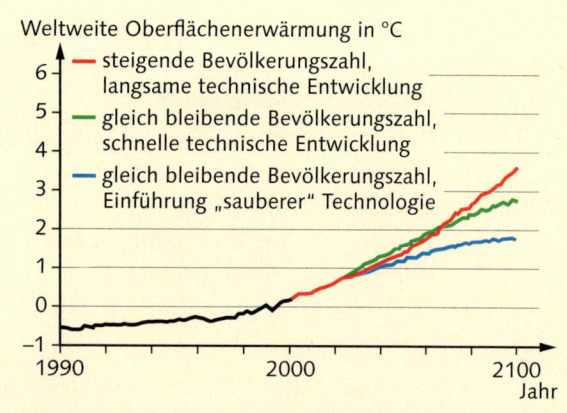

1 Leitszenarien des Weltklimarates bis 2100

Wie wird sich das Klima verändern?

Alle Klimaberechnungen des Weltklimarates kommen zu demselben Ergebnis: Je größer der Treibhausgasausstoß, desto stärker der globale Temperaturanstieg. Selbst wenn man den Ausstoß sofort deutlich verringern würde, muss trotzdem mit einer durchschnittlichen Erwärmung von 1,1 bis 2,9 °C bis zum Jahre 2100 gerechnet werden. Bei weiterem Einsatz fossiler Energieträger wird sogar ein Temperaturanstieg von 6,4 °C angenommen.

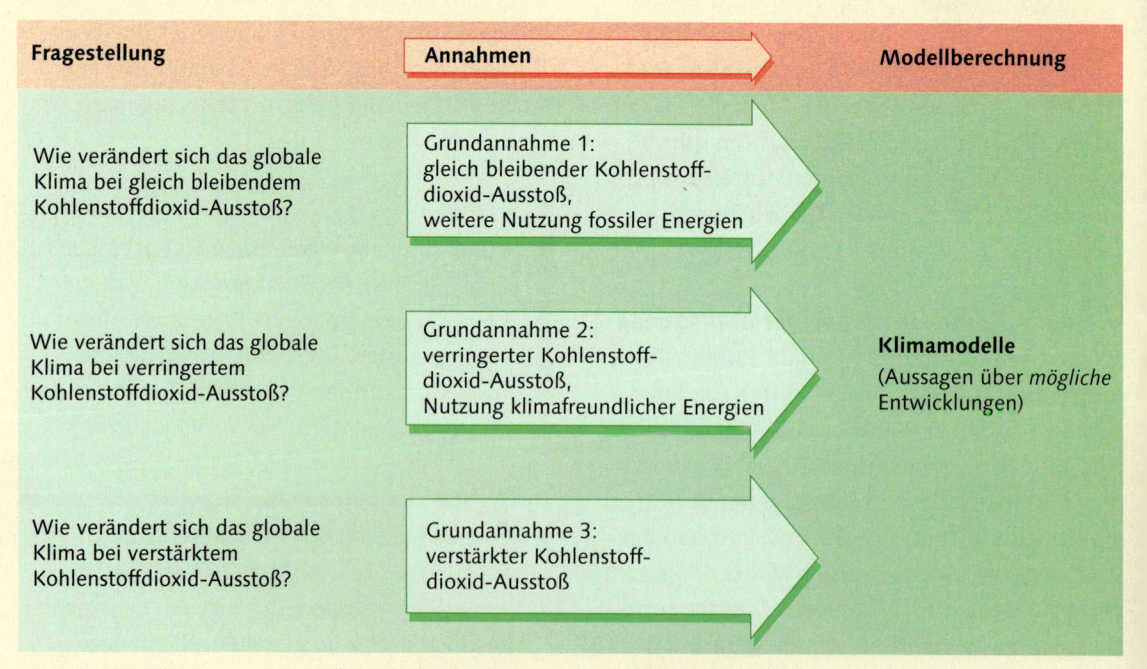

2 Klimamodelle versuchen bestimmte Fragestellungen zu beantworten.

Ökosystem Wald

Wissenschaftliche Grundlagen

An der Erstellung dieser Klimamodelle sind mehr als 1200 Wissenschaftler aus der ganzen Welt beteiligt. Um die Aussagekraft der Klimamodelle einschätzen zu können, vergleichen sie in regelmäßigen Abständen die errechneten mit den tatsächlich gemessenen Werten.

Sind Klimamodelle aussagekräftig?

Skeptiker der Modellberechnungen kritisieren, dass die Klimaentwicklung von vielen weiteren Faktoren abhängt und daher nicht berechenbar ist. Klimamodelle liefern keine eindeutigen Vorhersagen über die Zukunft. Dennoch ist zu bedenken, dass sie uns Hinweise auf mögliche Zukunftstrends geben.

3 Wie aussagekräftig sind Klimamodelle?

Aufgabe

1 Vergleiche mit Hilfe von Bild 4 die berechneten mit den tatsächlichen Temperaturen.

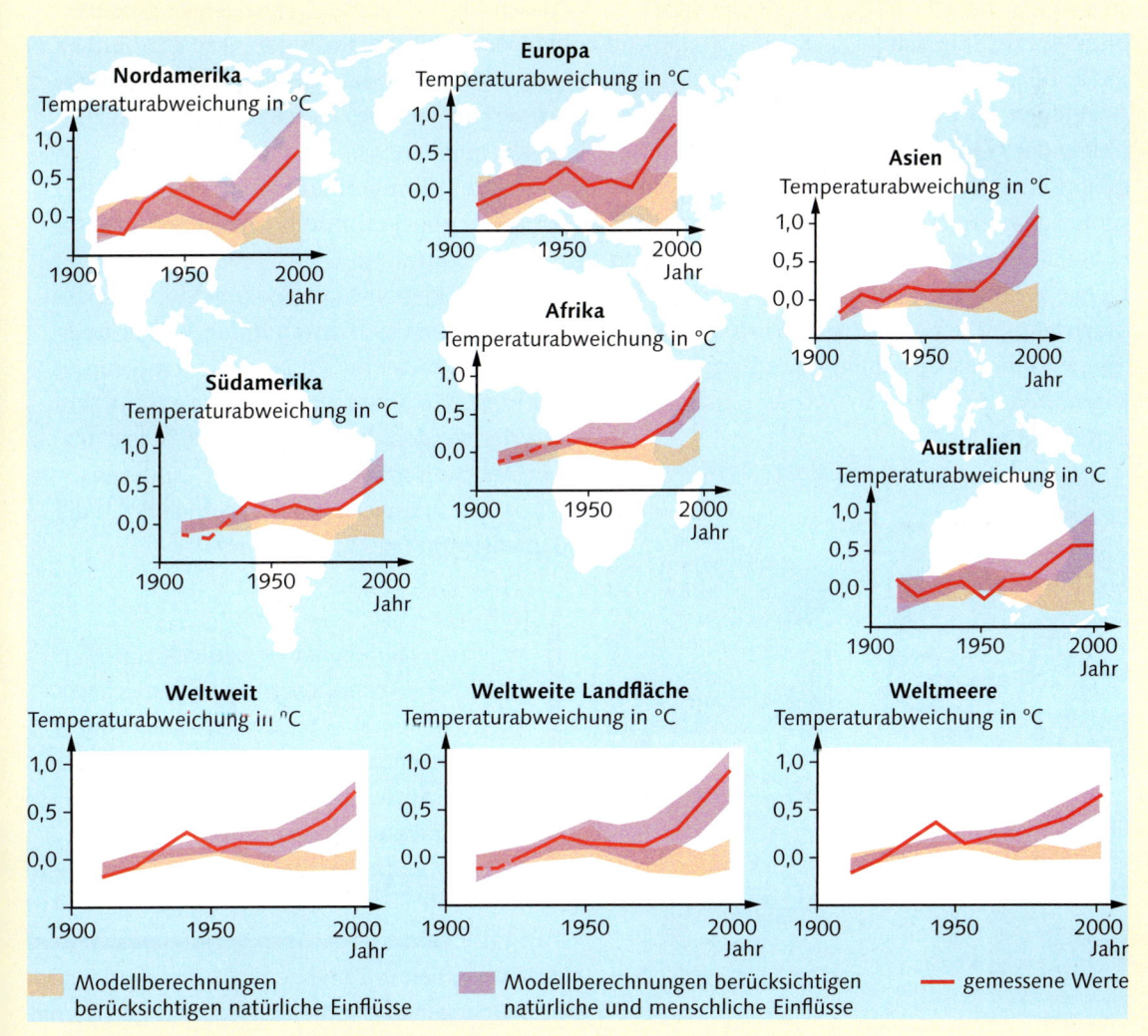

4 Vergleich zwischen berechneten und tatsächlichen Werten

- Modellberechnungen berücksichtigen natürliche Einflüsse
- Modellberechnungen berücksichtigen natürliche und menschliche Einflüsse
- gemessene Werte

Ökosystem Wald

Anzeichen des Klimawandels

Die Medien berichten immer wieder von Naturkatastrophen wie starken Stürmen, Hitzewellen oder Überschwemmungen. Wissenschaftler führen die Häufung solcher extremen Wetterereignisse in den letzten Jahren auf den globalen Klimawandel zurück.

Das Klima verändert sich
Klimaforscher beobachten eine deutliche Erderwärmung. Weltweit ist die Durchschnittstemperatur in den letzten 100 Jahren schon um etwa 0,74 °C gestiegen. Die Klimaforscher halten sogar einen weltweiten Temperaturanstieg von 4 bis 6 °C bis zum Ende des Jahrhunderts für möglich.

Anzeichen für den Klimawandel
Neben der Häufung extremer Wetterereignisse gibt es noch weitere Anzeichen für den Klimawandel. Die Alpengletscher beispielsweise haben in nur 150 Jahren rund ein Drittel ihrer Fläche verloren, das arktische Eis schrumpft drastisch und der Meeresspiegel steigt um einige Millimeter pro Jahr. Extremtemperaturen im Sommer wie im Winter sind keine Seltenheit mehr.

1 Extreme Wetterereignisse – auch in Deutschland

Ökosysteme in der Falle
Für einige Tier- und Pflanzenarten ist die Temperaturveränderung günstig und ihre Lebenschancen bessern sich sogar. Andere wiederum sind gezwungen, ihre gewohnten Lebensräume aufzugeben und ihr Verhalten zu verändern. Dies ist jedoch nur wenigen Arten möglich.
Durch den Temperaturanstieg können aufeinander abgestimmte Beziehungen in Ökosystemen aus dem Gleichgewicht geraten. Schadinsekten wie der Borkenkäfer beispielsweise können sich durch milde Winter und lange Trockenperioden besonders gut vermehren. Vor allem wegen Dürre geschwächte Wälder werden durch eine solche Massenvermehrung massiv geschädigt. Anderen Tier- und Pflanzenarten werden dadurch die Lebensgrundlagen genommen.

2 Der Klimawandel hat viele Gesichter.

In Kürze
Im letzten Jahrhundert ist weltweit ein deutlicher Temperaturanstieg zu verzeichnen. Anzeichen für den Klimawandel sind extreme Wetterereignisse, Abschmelzen von Eisflächen oder der Anstieg des Meeresspiegels. Durch den Temperaturanstieg geraten Ökosysteme aus dem Gleichgewicht.

Aufgabe
1 Recherchiert in Zeitungen oder im Internet nach Meldungen über extreme Wetterereignisse und erstellt daraus eine Collage.

Zur Diskussion

Klimawandel – Trägt der Mensch die Schuld?

Klimaschwankungen gab es schon immer

1 Temperaturschwankungen in der Erdgeschichte

»Die Klimageschichte unseres Planeten ist eine Geschichte der natürlichen Klimaschwankungen. Die letzte Kaltzeit endete vor 11000 Jahren, es begann eine neue Warmzeit. Wir leben also in einer Warmzeit des quartären Eiszeitalters. Erst wenn kein Eis mehr auf der Erdoberfläche auftritt, hat dieses Eiszeitalter sein Ende gefunden.«

ESA Deutschland, www.esa.int [gekürzt]

»Der ganze Streit, ob die Temperatur rauf- oder runtergeht, ist absurd. Natürlich geht sie hoch – und zwar schon kurz nach 1800, vor der industriellen Revolution. Die Ursache ist das Abklingen der kleinen Eiszeit und nicht, weil wir mehr CO_2 in die Luft befördern.«

Zitat R. Bryson, amerikanischer Geo- und Meteorologe, 2007

2 Menschengemachter Klimawandel – ein Märchen?!

Der menschliche Einfluss auf das Klima

»Der größte Teil des beobachteten Anstiegs der mittleren globalen Temperatur seit Mitte des 20. Jahrhunderts ist sehr wahrscheinlich durch den beobachteten Anstieg der anthropogenen Treibhausgaskonzentrationen verursacht.«

Wissenschaftlicher Bericht des Weltklimarates, 2007

»Seit einigen Jahren ist die Klimaproblematik immer mehr in den Mittelpunkt des öffentlichen Interesses gerückt. Auch außerhalb der Wissenschaftsgemeinde laufen deshalb Diskussionen, unter anderem in Zeitungen, Zeitschriften und im Internet. Häufig stammen die Diskussionsteilnehmerinnen und -teilnehmer nicht aus der Klimawissenschaft, sondern aus anderen Fachgebieten, die teilweise auch konkrete Interessen vertreten (beispielsweise Vertreterinnen und Vertreter der Ölindustrie). Sie beteiligen sich meist nicht an der eigentlichen wissenschaftlichen Diskussion, da ihre Thesen einer Überprüfung durch die Fachwelt in der Regel nicht standhalten.«

Umweltbundesamt, 2009

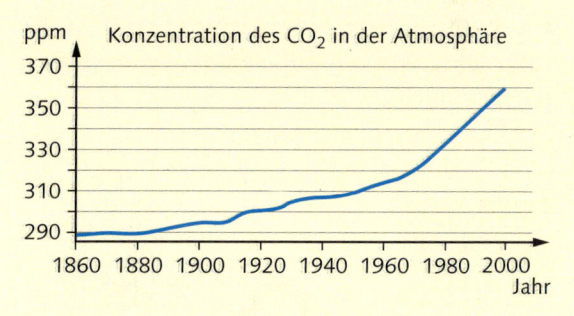

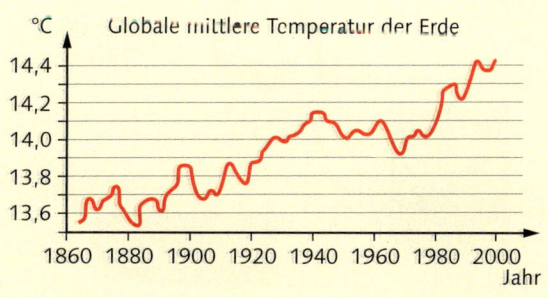

3 Kohlenstoffdioxidkonzentration und Temperatur

Ökosystem Wald 73

Nachhaltigkeit und Klimaschutz

Saftige Wiesen, Wälder voller Leben oder ein Eisbär, der in der Arktis auf Robbenjagd geht – eine intakte Umwelt soll auch noch für deine Enkel und die ihnen nachfolgenden Generationen erhalten bleiben.

Was bedeutet Nachhaltigkeit?
In ökologischer Hinsicht bedeutet Nachhaltigkeit, die Natur und Umwelt für nachfolgende Generationen zu erhalten. Eine intakte Umwelt hängt jedoch auch von einer funktionierenden Wirtschaft und den Bedürfnissen der Menschen ab. Bei der Abholzung von Wäldern zum Beispiel gehen wichtige Lebensräume verloren. Die Menschen erhalten jedoch den wertvollen Rohstoff Holz. Der Verkauf von Holz hat wiederum einen wirtschaftlichen Nutzen. Die drei Bereiche Umwelt, Wirtschaft und Gesellschaft werden durch das Nachhaltigkeitsprinzip berücksichtigt und können langfristig nur gemeinsam bestehen.

Klimaschutz als Herausforderung
Aufgabe der Politik ist es, den Wunsch nach wirtschaftlichem Gewinn mit dem Schutz der Umwelt langfristig in Einklang zu bringen. Auf internationalen Klimakonferenzen wird nach Möglichkeiten gesucht, den Ausstoß von Treibhausgasen zu verringern.

1 Der Wald der Zukunft?!

Wieso habt ihr denn nicht schon viel früher auf die Umwelt Acht gegeben?

Nachhaltigkeit beginnt beim Einzelnen
Nachhaltigkeit ist nicht nur Sache der Politik, sondern beginnt in unserem Alltag. Jeder Einzelne sollte sein Verhalten anpassen, zum Beispiel kurze Wege mit dem Fahrrad statt dem Auto fahren oder das Fenster schließen, wenn die Heizung läuft. Das Ladekabel eines Handys sollte man nach dem Laden aus der Steckdose ziehen, da auch Strom verbraucht wird, wenn kein Gerät angeschlossen ist.

Ein Siegel für die Nachhaltigkeit
Beim Einkaufen kann man darauf achten, nachhaltig produzierte Waren zu kaufen und so umweltfreundlicher konsumieren. Die Produkte tragen verschiedene Siegel, die jeweils einen anderen Anspruch an sie stellen. Das Siegel auf der ersten Seite dieses Buches beispielsweise garantiert, dass das hier verwendete Papier aus nachhaltiger Forstwirtschaft stammt.

> **In Kürze**
> Das Prinzip der Nachhaltigkeit schreibt vor, dass der Mensch die Umwelt für eigene Interessen nur so intensiv nutzt, dass sie dauerhaft erhalten bleibt.

Aufgabe
1 Recherchiere im Internet, welche Bedeutung die Siegel in Bild 2 haben. Nenne je ein Verwendungsbeispiel.

2 Unterschiedliche Siegel – unterschiedliche Zielsetzungen

Aufgaben

Nachhaltigkeit und Klimaschutz

1 Das Prinzip der Nachhaltigkeit

Hans Carl von Carlowitz (1645–1714), Oberberghauptmann am kursächsischen Hof in Freiberg, gilt als Begründer des Prinzips der Nachhaltigkeit. Angesichts einer drohenden Rohstoffkrise formulierte von Carlowitz 1713 in seinem Werk »Sylvicultura oeconomica« erstmals, dass immer nur so viel Holz geschlagen werden sollte, wie durch planmäßige Aufforstung, durch Säen und Pflanzen nachwachsen konnte.

Lexikon der Nachhaltigkeit

a Beschreibe, wie ein Förster die Bewirtschaftung seines Waldes planen sollte, wenn er diesen nachhaltig bewirtschaften möchte.

2 Nachhaltiger Kohlenstoffkreislauf

a Beschreibe den in Bild 1 dargestellten Kreislauf des Kohlenstoffs.
b Erläutere, welchen Einfluss fossile Brennstoffe auf den Kohlenstoffkreislauf haben.
c Begründe, warum Holzprodukte mehr zum Klimaschutz beitragen als Plastikprodukte.

3 Bewusster Konsum

Saisonal einkaufen bedeutet, Gemüse und Obst hauptsächlich in den Monaten einzukaufen, in denen es in unserer Region im Freiland reift. Außerhalb der Saison werden die entsprechenden Lebensmittel oft im Ausland in beheizten Gewächshäusern und Folientunneln angebaut.

kg CO_2 pro kg Lebensmittel	beheizter Gewächshausanbau	Freilandanbau
Lauch	5,4	0,19
Kopfsalat	4,5	0,14
Gurken	2,3	0,17
Paprika	1,1	0,21

2 Vergleich von Gewächshaus- und Freilandanbau

a Werte Tabelle 2 im Hinblick auf die Kohlenstoffdioxidfreisetzung der unterschiedlichen Produktionsweisen aus.
b Nenne im Hinblick auf die Nachhaltigkeit Gründe, weshalb man hauptsächlich regional produzierte statt »weitgereiste« Lebensmittel kaufen sollte.

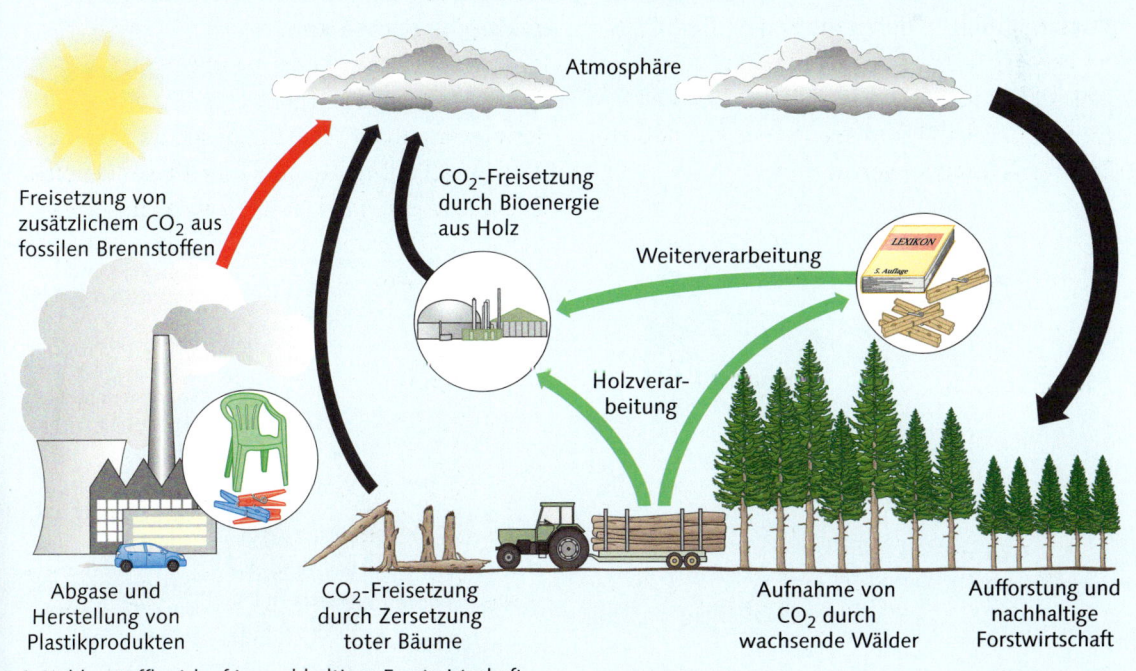

1 Kohlenstoffkreislauf in nachhaltiger Forstwirtschaft

Ökosystem Wald

Regenerative Energiequellen

Die Nutzung von Energie aus fossilen Energieträgern wie Erdöl oder Erdgas ist zeitlich begrenzt, da die Vorräte irgendwann zu Neige gehen. Zudem entstehen durch die Verbrennung fossiler Energieträger klimaschädliche Treibhausgase. Eine Alternative findet man zum Beispiel in erneuerbaren Quellen wie Wasser, Sonne und Wind.

1 Energie aus erneuerbaren Quellen

Energie aus dem Wasser

Sonne, Wind und Wasser sind erneuerbare oder *regenerative Energiequellen*. Sie stehen uns unbegrenzt zur Verfügung. Mit Hilfe der Wasserkraft betrieben schon die Römer Arbeitsmaschinen. Heute gibt es Wasserkraftwerke, die Strom erzeugen. Das Wasser wird durch Turbinen geleitet, die die Bewegungsenergie des Wassers nutzen. Auch auf dem Meer gibt es Anlagen, die mit Hilfe von Wellen oder Gezeiten Strom erzeugen.

Windkraft auf dem Vormarsch

Mit Windkraftanlagen wird Windkraft in elektrische Energie umgewandelt. Die Energie aus Windkraftanlagen liefert zurzeit den größten Beitrag zur Stromerzeugung aus erneuerbaren Energien. An der deutschen Nord- und Ostseeküste werden Offshore-Windparks errichtet. Diese nutzen die hohen durchschnittlichen Windgeschwindigkeiten auf dem Meer und liefern daher große Mengen Strom.

Solartechnik nutzt das Sonnenlicht

Die Sonne versorgt die Erde jährlich mit einer Energiemenge, die 10-mal größer ist als die Energie, die in allen heute vermuteten Vorräten an Öl, Kohle und Gas gespeichert ist. Solarzellen wandeln die Sonnenenergie in elektrische Energie um.

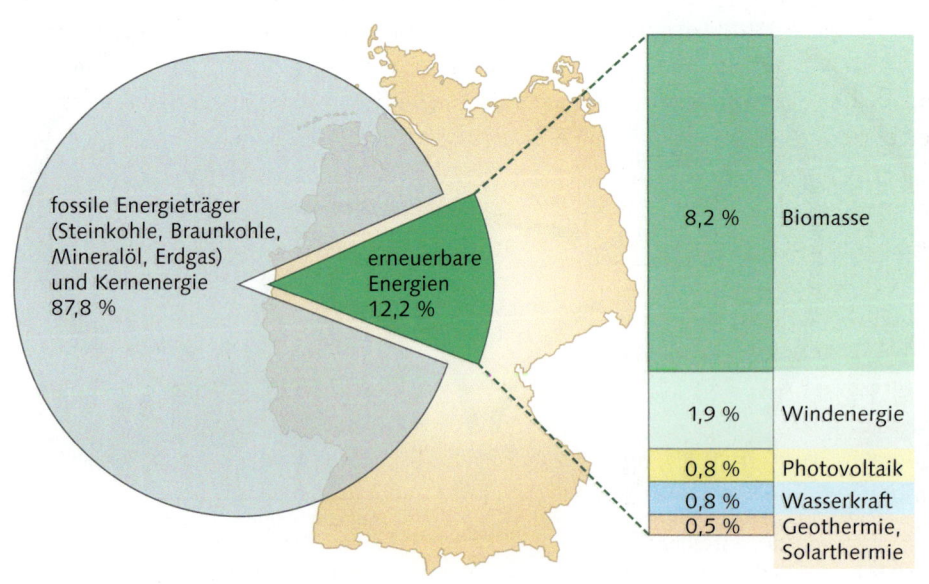

- fossile Energieträger (Steinkohle, Braunkohle, Mineralöl, Erdgas) und Kernenergie 87,8 %
- erneuerbare Energien 12,2 %

- 8,2 % Biomasse
- 1,9 % Windenergie
- 0,8 % Photovoltaik
- 0,8 % Wasserkraft
- 0,5 % Geothermie, Solarthermie

Biomasse: nachwachsende Rohstoffe und organischer Abfall

Photovoltaik: Umwandlung der Sonnenenergie in elektrische Energie

Geothermie: Nutzung der Erdwärme

Solarthermie: Nutzung der Sonnenwärme

2 Anteil erneuerbarer Energien in Deutschland (Stand 2011)

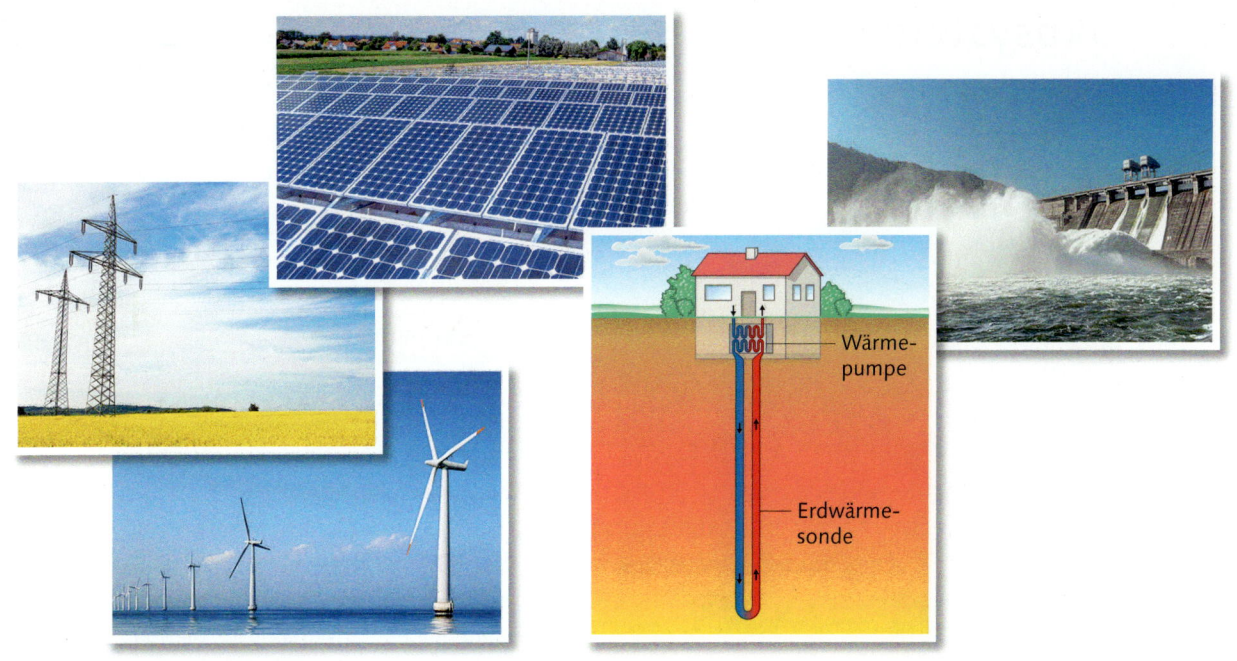

3 Regenerative Energiequellen

Nachwachsende Rohstoffe

Nachwachsende Rohstoffe wie beispielsweise Holz wurden seit jeher als Energieträger genutzt. Heutzutage kann man aus Holzabfällen sogenannte Pellets pressen, die in speziellen Heizanlagen zur Wärmeproduktion genutzt werden. In der Landwirtschaft werden Pflanzen wie Mais, Raps, Soja oder Weizen angebaut. Die durch die Fotosynthese in der Pflanze gespeicherte Energie wird in Biogasanlagen wieder freigesetzt. Sie dient der Strom- und Wärmeproduktion oder dem Antrieb von Autos in Form von Biosprit.

Heizen mit Luft- und Erdwärme

Der Energiebedarf des eigenen Hauses lässt sich decken, indem man sich die Energie aus der Luft oder der Erde zu Nutzen macht. Die Wärmepumpe einer Erdwärmeheizung beispielsweise kühlt den Boden tief unter dem Haus ab. Die Wärme, die dem Boden dabei entzogen wird, wird der Heizungsanlage im Haus zugeführt.

Die zwei Seiten der Medaille

Regenerative Energien besitzen sehr viele Vorteile, doch es ergeben sich auch Nachteile für Mensch und Umwelt. Windräder bergen eine Gefahr für Vögel. Viele Anwohner beschweren sich über die Lärmbelästigung. Zudem wird kritisiert, dass der Ausbau von Wind-, Solar- oder Wasserkraftanlagen dem Landschaftsbild schadet. Für die Herstellung von Solarzellen werden Chemikalien benötigt, die später auch wieder entsorgt werden müssen. Hauptkritik bei der Energieversorgung durch nachwachsende Rohstoffe ist, dass Anbauflächen für Nutzpflanzen verloren gehen.

In Kürze

Im Gegensatz zu fossilen Energieträgern steht Energie aus regenerativen Quellen unbegrenzt zur Verfügung. Hierbei spielen Sonnen-, Wind und Wasserkraft sowie nachwachsende Rohstoffe und Wärmepumpen eine große Rolle.

Aufgaben

1 Nenne regenerative Energiequellen.
2 Werte die Grafik in Bild 2 im Hinblick auf den Anteil regenerativer Energien am Gesamtenergieverbrauch in Deutschland aus.

Ökosystem Wald

Teste dein Grundwissen

Ökosystem Wald

1 Der Wald als Lebensraum

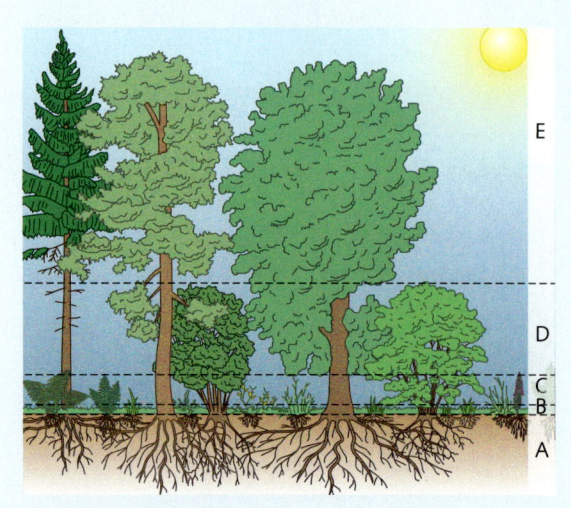

1 Der Wald als Lebensraum

a Benenne die in Bild 1 dargestellten Stockwerke des Waldes. Gib für jedes Stockwerk Beispiele von Pflanzen an, die dort wachsen.
b Jeder Wald ist ein »Ökosystem« und besteht aus »Biotop« und »Biozönose«. Gib die Definitionen für die drei Begriffe wieder.
c Früher wurden von der Forstwirtschaft vor allem Fichtenmonokulturen angelegt, heute dagegen meist Mischkulturen. Begründe.
d Nenne biotische und abiotische Faktoren im Wald.

2 Fotosynthese und Zellatmung

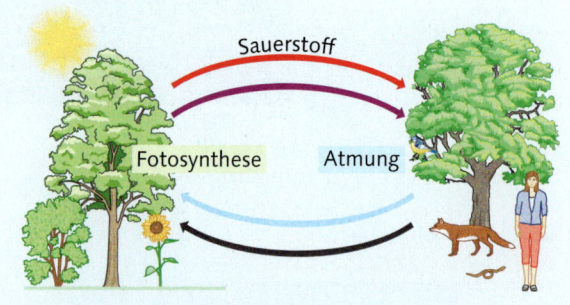

3 Fotosynthese und Zellatmung

a Stelle die Wortgleichungen für die Fotosynthese und für die Zellatmung auf.
b Benenne die Orte und die Funktion der Fotosynthese und der Zellatmung.
c Übertrage Bild 3 in dein Heft. Beschrifte die Pfeile. Beschreibe den Zusammenhang zwischen Zellatmung und Fotosynthese.

3 Nahrungsbeziehungen

a Erstelle aus der Nahrung der Konsumenten aus Tabelle 2 mindestens drei Nahrungsketten und verbinde sie zu einem Nahrungsnetz.
b Erläutere die Rolle von Produzenten, Konsumenten und Destruenten im Wald.
c Begründe, weshalb die Biomasse der Produzenten größer ist als die der Konsumenten.

Tierart	Nahrung
Wildschwein	Eicheln, Bucheckern, Pilze, Wurzelknollen, Früchte, Eidechsen, Schlangen, Frösche, Regenwürmer
Eichelhäher	Tannen- und Fichtensamen, Eicheln, Früchte, Beeren, Raupen
Buntspecht	Raupen, Würmer, Knospen, Fichten- und Tannensamen
Buchfink	Fichten- und Tannensamen, Beeren, Früchte, Würmer, Raupen
Waldmaus	Grassamen, Früchte, Bucheckern, Eicheln, Pilze, Wurzelknollen
Eichhörnchen	Bucheckern, Eicheln, Pilze, Haselnüsse, Vogeleier, Fichten- und Tannensamen, Früchte, Knospen
Baummarder	Mäuse, kleinere Vögel, Insekten, Obst, Nüsse, Bucheckern, Beeren
Waldkauz	Kleine Säugetiere von Maus- bis Rattengröße, Vögel bis zur Größe von Tauben, Eidechsen, größere Insekten, Regenwürmer
Habicht	Kleintiere von Maus- bis Hasengröße, Wiesel, kleinere Vögel Greifvögel (z. B. auch Specht, Waldkauz, Kleiber, Singdrossel)

2 Nahrungsspektrum verschiedener Waldtiere

4 Die Bedeutung des Waldes

Der Wald bietet nicht nur Lebewesen Lebensraum, er wirkt auch auf unser Klima und bietet vielfältigen Nutzen für den Menschen.

a Beschreibe die Wirkung der Wälder auf die Erdatmosphäre und den Boden.
b Benenne die Funktionen des Waldes.
c Beschreibe Möglichkeiten, wie du den Wald zur Erholung nutzen kannst.
d Nenne Möglichkeiten der wirtschaftlichen Waldnutzung.

5 Schädigung des Waldes

Jedes Jahr wird der Zustand der Wälder in Deutschland in einem Waldzustandsbericht beurteilt. Darin wird der Schädigungsgrad der Wälder dokumentiert. 2011 war nur noch jeder vierte Baum in Nordrhein-Westfalen gesund.

a Nenne Ursachen für die Schädigung der Wälder.
b Beschreibe Ursachen und Wirkungen der Luftverschmutzung. Nutze dazu Bild 4.
c »Der Mensch ist Verursacher der meisten Waldschäden.« Begründe diese Aussage.
d Stelle Vermutungen an, wie sich der Klimawandel auf die Wälder auswirken könnte.

4 Ursachen und Folgen des Sauren Regens

Auf den Punkt gebracht

Ökosystem Wald

- Unter einem Biotop versteht man den Lebensraum, der von den abiotischen Faktoren gebildet wird. Die Biozönose ist eine Lebensgemeinschaft aus Pflanzen und Tieren. Biotop und Biozönose bilden gemeinsam ein Ökosystem.

- Durch Fotosynthese speichern Pflanzen Sonnenenergie in Form von Glucose. Dabei entsteht Sauerstoff. Durch Zellatmung wird aus der Glucose unter Verwendung von Sauerstoff Energie freigesetzt.

- Naturnahe Laubmischwälder sind in Stockwerke gegliedert. Durch die Änderung der abiotischen Faktoren verändern die Wälder ihr Aussehen im Jahresverlauf.

- Unterschiedliche Pflanzen, Tiere und Pilze besetzen im Lebensraum Wald unterschiedliche ökologische Nischen.

- Zwischen den Lebewesen bestehen vielfältige Nahrungsbeziehungen. Sie stehen durch Stoffkreisläufe in Verbindung.

- Der Wald hat viele Funktionen und beeinflusst seine Umwelt. Durch Klimawandel, Umweltverschmutzung und zu starke Nutzung ist er bedroht.

Leben in Gewässern

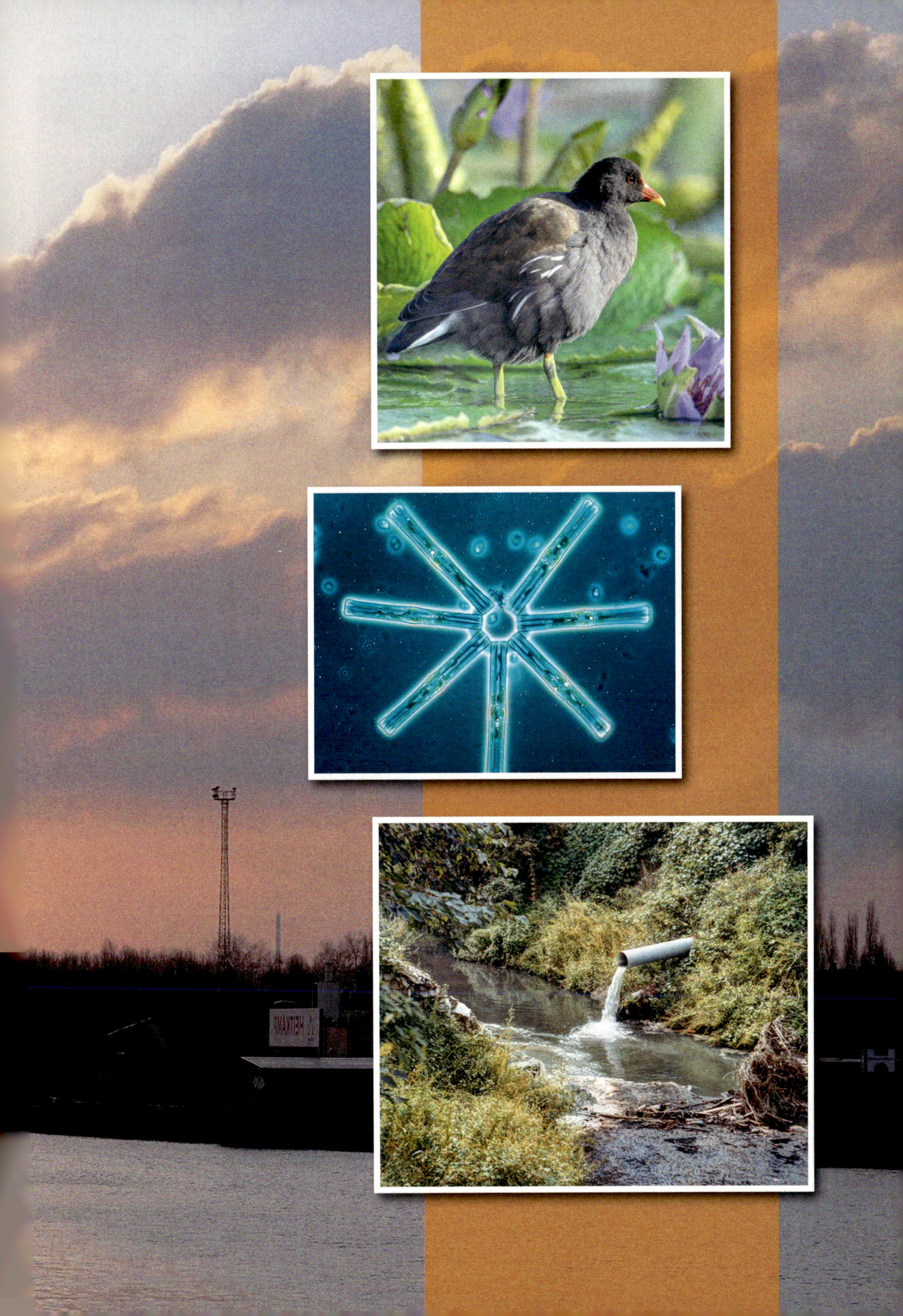

Gewässervielfalt

»Oh mein Gott! Hier geht die Erde auf. Wow, ist das schön!« Diese begeisterten Worte stammen von Frank Borman, der 1968 an Bord von Apollo 8 als einer der ersten Menschen den Mond umkreiste. Er sah die Erde als Blauen Planeten. Fast drei Viertel ihrer Oberfläche ist von Wasser bedeckt. Wasser ist die Grundlage allen Lebens auf unserem Planeten.

Süßwasser und Salzwasser

Der weitaus größte Teil des Wassers auf der Erde ist als Salzwasser in den *Meeren* und *Ozeanen* zu finden. Nur ein sehr geringer Teil ist Süßwasser. Davon ist das meiste als Eis in den Polarregionen gebunden oder als Grundwasser im Boden verborgen. Nur ein Bruchteil des Süßwassers bietet als *Oberflächenwasser* in Bächen, Flüssen und Seen einer Vielzahl von Lebewesen einen Lebensraum.

Im natürlichen Fluss

Fließgewässer sind natürliche oder künstliche Wasserläufe, die ein *Gefälle* aufweisen. Durch das Gefälle entsteht eine Strömung, die bestimmt, welche Lebewesen dort vorkommen. Ausgangspunkt eines Fließgewässers sind Orte, an denen Grundwasser zutage tritt. Diese *Quellen* sind der Beginn von Rinnsalen. Vereinigen sich mehrere Rinnsale zu einem schmalen Gewässer mit einer Breite von bis zu zwei Metern, so spricht man von einem *Bach*. Bäche besitzen oft eine hohe Strömungsgeschwindigkeit. Auch *Flüsse* sind natürliche Wasserläufe, jedoch breiter als Bäche und mindestens einen halben Meter tief. Im Unterlauf vereinigen sich mehrere Flüsse zu über hundert Metern breiten, tiefen und träge dahinfließenden *Strömen*, die schließlich in das Meer münden.

Fließgewässer aus Menschenhand

Kanäle sind vom Menschen gebaute Wasserleitungen, die einem bestimmten Zweck dienen: dem Schiffsverkehr, der Entwässerung oder der Energieversorgung. Sie unterscheiden sich beispielsweise durch die Gestaltung der Ufer, stark von natürlichen Gewässern.

1 Der Blaue Planet

2 Bach

3 Strom

Wasservorkommen auf der Erde	
Weltmeere (Salzwasser)	97,39 %
Süßwasser	2,61 %
Nur Süßwasser:	
Polareis, Gletscher, Schnee	68,7 %
Grundwasser	30,1 %
Atmosphäre (Wolken)	0,04 %
Organismen	0,003 %
Süßwasserseen, Moore, Sümpfe	0,29 %
Fließgewässer	0,0006 %

Vielfalt der stehenden Gewässer

Allen stehenden Gewässern ist gemeinsam, dass sie Wasser speichern und über einen unbewegten, freien Wasserkörper verfügen. Neben der Ausdehnung ist die Wassertiefe ein wichtiges Einteilungskriterium. Stehende Gewässer können natürlich entstanden oder vom Menschen erschaffen worden sein.

Pfützen sind kleine, flache Gewässer, die nach heftigen Regenfällen entstehen und bald wieder austrocknen. Natürliche *Tümpel* und von Menschenhand erschaffene *Teiche* sind ebenfalls klein und flach. Auch sie können austrocknen oder werden je nach Nutzung bisweilen abgelassen. Große flache, das heißt weniger als fünf Meter tiefe Gewässer nennt man *Weiher*. Aufgrund der geringen Tiefe kann ihr Grund vollständig von Pflanzen bewachsen werden. Große und meist eher tiefe Gewässer sind die *Seen*. Neben natürlichen Seen gibt es auch Baggerseen und Stauseen. Sie sind durch den Menschen entstanden.

Gewässer verändern sich

Gewässer sind von jahreszeitlichen und wetterabhängigen Veränderungen geprägt. Die Schneeschmelze im Frühjahr oder lang anhaltende Regenfälle lassen Pfützen entstehen. Die Wasserstände der Seen steigen und Flüsse führen Hochwasser. In früheren Zeiten haben sich Flüsse durch ein Hochwasser mitunter ein neues Flussbett gegraben. Manche alte Flussarme sind heutige Zeugen davon.

In Kürze

Wasser ist die Grundlage allen Lebens auf der Erde. Das Süßwasser auf der Erdoberfläche macht nur einen sehr geringen Teil der Gesamtwassermenge aus. Es lässt sich in Fließgewässer und stehende Gewässer unterteilen. Gewässer verändern sich im Jahresverlauf oder bei Wetterveränderungen.

Aufgaben

1 Fertige ein Flussdiagramm an, das den Verlauf eines Fließgewässers von der Quelle bis zur Mündung zeigt.

2 Erstelle eine Tabelle nach folgendem Vorbild:

stehende Gewässer	groß	klein
tiefer als 5 m		
flacher als 5 m		

4 Natürlicher See

5 Gartenteich

Leben in Gewässern

Der See – ein Ökosystem

Endlich Sommerwetter! Du beschließt, an einen See zu fahren. Dort springst du gleich in das kühle Nass. Ufer, Untergrund und Wasser sind ganz anders als im Schwimmbad. Was für dich ein Ort für Freizeitspaß ist, bildet den Lebensraum für viele Tiere und Pflanzen.

Viele Faktoren bilden einen Lebensraum

Zu den charakteristischen Umweltfaktoren eines Sees zählen unter anderem die Beschaffenheit des Seegrunds, die Temperatur oder die Windverhältnisse. Sämtliche Faktoren der unbelebten Umwelt beeinflussen das Leben im See. Die Gesamtheit dieser *abiotischen Faktoren* prägen den Lebensraum oder das *Biotop*.

Die Temperatur des Wassers

Nicht nur das herrschende Klima, sondern auch die Wassertiefe und der Untergrund bestimmen die Temperatur des Sees. Da fast alle Wasserbewohner wie Fische oder Insekten wechselwarm sind, hängt ihr Stoffwechsel von der Umgebungstemperatur ab. Mit steigender Temperatur atmen sie schneller. Bei Pflanzen erhöht sich die Fotosyntheserate.

Seen sind tief

Während die Temperatur in flachen Weihern weitgehend einheitlich ist, bilden sich aufgrund der Tiefe von Seen im Sommer mehrere Wasserschichten: die warme Oberflächenschicht und die kalte Tiefenschicht. Zwischen ihnen ist der Stoffaustausch eingeschränkt.

Nicht jeder See hat klares Wasser

Schwebstoffe und Algen bestimmen die Sichttiefe des Sees. Wärme und Helligkeit lassen die Algen vor allem während der Sommermonate gedeihen. Ab einer bestimmten Tiefe ist es in einem See dunkel.

Der Sauerstoffgehalt im Wasser

Kaltes Wasser ist sauerstoffreicher als warmes Wasser. Das kommt daher, dass sich Sauerstoff in kaltem Wasser schneller löst. Wassertiere nehmen ihn über ihre Kiemen auf und geben Kohlenstoffdioxid an das Wasser ab. In der lichtdurchfluteten Oberflächenschicht produzieren Algen sehr viel Sauerstoff, am dunklen Grund fehlt er dagegen meist.

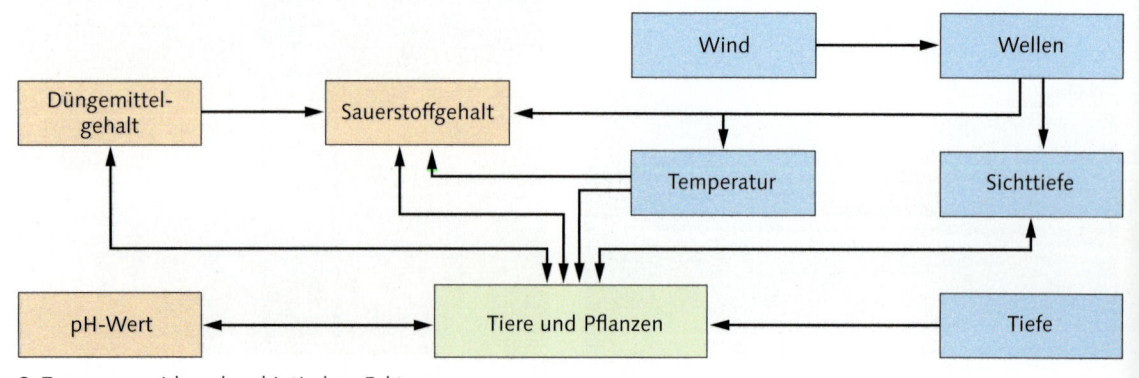

1 Ausflugsziel See

2 Zusammenwirken der abiotischen Faktoren

Säure oder Lauge: der pH-Wert

Der pH-Wert gibt den Säuregehalt an. Er ist bei Säuren kleiner als 7. Steigt er über 7, so handelt es sich um das Gegenteil von Säuren, um Basen. Reines Wasser reagiert neutral, es hat einen pH-Wert von genau 7. Im See reagiert Kohlenstoffdioxid mit Wasser. Dadurch entsteht Kohlensäure. Sie bewirkt, dass der pH-Wert sinkt. Bei einer hohen Fotosyntheserate wird viel Kohlenstoffdioxid umgesetzt, der pH-Wert steigt an.

Mineralstoffe werden eingeschwemmt

Über Zuflüsse werden Mineralstoffe wie Phosphat oder Nitrat in den See geschwemmt. Der steigende Mineralstoffgehalt wirkt als Pflanzendünger. Dies führt zu einem verstärkten Wachstum von Algen.

Der See – eine Lebensgemeinschaft

Ein See wird von einer Vielzahl von Tieren und Pflanzen bewohnt. Mikroskopisch kleine Algen stehen am Anfang fast aller Nahrungsketten eines Sees. Am Seegrund werden tote Lebewesen von Bakterien und Pilzen abgebaut. Alle Bewohner eines Sees bilden eine Lebensgemeinschaft oder *Biozönose*. Die Lebewesen bezeichnet man als *biotische Faktoren*.

Ökosystem See

Biotop und Biozönose bilden das Ökosystem See. Pflanzen wachsen nur bei ausreichend Licht und Fische benötigen einen bestimmten Sauerstoffgehalt. Dieser ist von den Temperaturverhältnissen abhängig. Die biotischen und abiotischen Faktoren sind stark miteinander vernetzt. Ein See ist aber kein abgeschlossenes System. Über seine Ufer, die Zu- und Abflüsse sowie über wandernde Tiere steht er ständig mit anderen Ökosystemen in Verbindung.

In Kürze

Das Biotop eines Sees wird durch viele abiotische Faktoren bestimmt. Diese haben Einfluss auf die Tiere und Pflanzen, die biotischen Faktoren. Zusammen bilden sie eine Lebensgemeinschaft und beeinflussen sich gegenseitig. Biotop und Biozönose ergeben das Ökosystem See.

Aufgaben

1 Begründe folgende Aussage: »Ohne Algen gäbe es in einem See keine Fische.«
2 Stelle die Beziehungen zwischen den abiotischen Faktoren von Bild 2 in Einzelaussagen dar, zum Beispiel: »Der Wellengang ist abhängig vom Wind.«

3 Biotop

4 Biozönose

Methode

Untersuchung eines Ökosystems

In der Umgebung eurer Schule gibt es bestimmt einen Bach, einen Weiher, einen Wald oder eine Wiese, die es sich lohnt zu erforschen. Egal, um welches Ökosystem es sich handelt, folgende Schritte helfen euch, dieses genauer zu untersuchen.

1 Überblick verschaffen Während einer ersten Exkursion verschafft ihr euch einen Eindruck von der Art des Ökosystems und den angrenzenden Gebieten. Verwendet einen Überblicksbogen wie unten abgebildet und füllt ihn, soweit es geht, aus. Besorgt euch eine möglichst genaue Karte der Region, in der das Ökosystem liegt. Der Maßstab sollte nicht größer als 1:25 000 sein. Mit Hilfe des Maßstabs könnt ihr die Größe berechnen. Plant ein, Fotos von Pflanzen und Tieren aufzunehmen.

1 Ein Ökosystem zur Untersuchung

2 Abiotische Faktoren erfassen Um die Lebensbedingungen für Pflanzen und Tiere zu erfassen, werden abiotische Faktoren gemessen. Welche Faktoren ausschlaggebend sind, ist von Lebensraum zu Lebensraum unterschiedlich. In einem Wald, einer Hecke und auf einer Wiese spielen die Bodenbeschaffenheit, die Luftfeuchtigkeit, die Lichtintensität und die Windgeschwindigkeit eine wichtige Rolle. Die Temperatur sollte man am Boden und in einem Meter Höhe messen. Bei Gewässern sind neben der Temperatur der Sauerstoff-, der Nitrat- und der Phosphatgehalt sowie die Sichttiefe wichtige Faktoren.

3 Pflanzen bestimmen Bestimmungsbücher helfen euch, die Namen der Pflanzen herauszufinden, die in dem Ökosystem typisch sind. Um von wenigen Pflanzen eine Aussage über das gesamte Ökosystem treffen zu können, muss man die Gegebenheiten des Ökosystems berücksichtigen und entsprechende Untersuchungsflächen festlegen:

A Das Ökosystem ist hinsichtlich der abiotischen Faktoren weitgehend einheitlich:

Name des Ökosystems:

Art des Ökosystems
☐ Wald   ☐ Wiese   ☐ Hecke
☐ Fließgewässer   ☐ stehendes Gewässer
☐ natürlich   ☐ künstlich

Größe
Länge: Breite: Fläche:

Umgebung
Im Norden:
Im Osten:
Im Süden:
Im Westen:

Untergrund / Bodenbeschaffenheit
☐ Kies / Steine   ☐ Erde   ☐ ...
Anteil, der von Pflanzen bedeckt ist: %

Nutzung:

2 Überblicksbogen

Leben in Gewässern

Untersucht wird eine quadratische Fläche. Ihre Größe hängt von dem Ökosystem ab. Auf einer Wiese reicht ein Quadrat von einem Meter Kantenlänge, im Wald sollte die Fläche mindestens 10 x 10 Meter groß sein. Um die Untersuchungsfläche abzugrenzen, wird das Quadrat mit Hilfe einer Schnur markiert. Teilt euch in mehrere Gruppen auf, um die unterschiedlichen Bereiche des Ökosystems zu erfassen. Bestimmt möglichst alle Pflanzen innerhalb des Quadrats und schätzt ihre Häufigkeit ab. Eine maßstabsgetreue Skizze auf kariertem Papier, auf der die Pflanzen in unterschiedlichen Farben eingezeichnet werden, hilft euch dabei.

B Ein Ökosystem weist große Unterschiede auf oder es geht in ein anderes über (zum Beispiel ein Seeufer): Man bestimmt die Pflanzen links und rechts einer festgelegten Linie. Hierzu wird ein bis zu zehn Meter langes Seil vom Wasser aus im rechten Winkel in Richtung Uferbereich gespannt. Legt einen etwa zwei Meter langen Zollstock quer über das Seil und bestimmt alle Pflanzen, die der Zollstock berührt. Dieser Schritt wird in Abständen von ein bis zwei Metern wiederholt. Auch bei dieser Methode hilft die Erstellung einer maßstabsgetreuen Skizze bei der Auswertung.

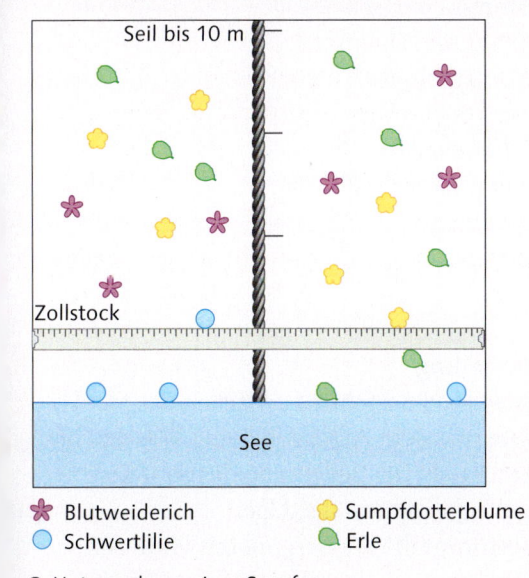

4 Schülerinnen untersuchen ein Gewässer.

4 Bestandsaufnahme von Tieren Die exakte Bestimmung von Tieren ist nicht immer einfach. Wichtiger ist, dass ihr die Tiere in eine Tiergruppe einordnen könnt, zum Beispiel »Laufkäfer« oder »Steinfliegenlarve«. Beschreibt den genauen Fundort der Tiere und gebt die Häufigkeit an: selten, regelmäßig, häufig oder massenhaft.

5 Untersuchungen auswerten Zurück im Klassenzimmer werden alle Ergebnisse der Untersuchungen und Bestimmungen zusammengetragen. Nun könnt ihr wichtige Aussagen über das Ökosystem ableiten. Für Gewässer kann die Wassergüte bestimmt werden. Erstellt Diagramme der Messwerte und wählt geeignete Fotos aus.

6 Präsentieren Die Ergebnisse der Untersuchungen können auf Plakaten zusammengefasst werden, die sich mit unterschiedlichen Aspekten des Ökosystems befassen. In einer Ausstellung im Schulgebäude könnt ihr die Plakate präsentieren. Auch die Erstellung einer Präsentation für einen Elternabend oder eine Seite im Intranet eurer Schule sind Möglichkeiten, eure Arbeiten anderen zu zeigen.

✳ Blutweiderich 🟡 Sumpfdotterblume
🔵 Schwertlilie 🟢 Erle

3 Untersuchung eines Seeufers

Aufgabe

1 Untersuche zur Übung ein »Miniökosystem« (20 cm x 20 cm) auf dem Schulgelände.

Leben in Gewässern

Praktikum

Lebensbedingungen in einem See

A Messung der Temperatur

1 Temperaturmessung im Gewässer

Material Thermometer, wenn nötig mit einem Stein beschwert, 20 Meter lange Schnur mit 50-Zentimeter-Markierungen

Durchführung Führt die Messungen an einer möglichst tiefen Stelle durch. Oft führt ein langer Steg in den See, von dem aus ihr die Messungen durchführen könnt. Messungen von einem Boot aus sind ideal. Lasst das Thermometer jeweils in 50-Zentimeter-Abständen ins Wasser gleiten. Bei einem analogen Thermometer müsst ihr mindestens zwei Minuten warten, ein digitales zeigt den Wert schneller an. Zieht nun das Thermometer zügig wieder hoch und lest die Temperatur ab. Sammelt die Ergebnisse jeder Messung in einer Tabelle.

Auswertung
1 Erstellt ein Auswertungsdiagramm, das die Temperaturverhältnisse in dem See anschaulich wiedergibt.
2 Beschreibt die Temperaturverhältnisse in einem kurzen Text.

B Messung der Sichttiefe

2 Messung der Sichttiefe mit einer Secchi-Scheibe

Material weiße Scheibe (Secchi-Scheibe), 10 Meter lange Schnur mit 20-Zentimeter-Markierungen

Durchführung Lasst die Scheibe in das Wasser tauchen und blickt von oben darauf. Notiert den Wert für die Tiefe, in der die Umrisse der Scheibe gerade verschwinden. Wiederholt die Untersuchung an verschiedenen Stellen und errechnet einen Mittelwert.

Auswertung
1 Stellt eine Beziehung zwischen der Sichttiefe und dem Algengehalt des Wassers her.
2 Beschreibt die Bedeutung der Sichttiefe für den Lebensraum der Algen.
3 Bestimmt die Wassergüte mit Hilfe der Tabelle.

C Messung des pH-Wertes

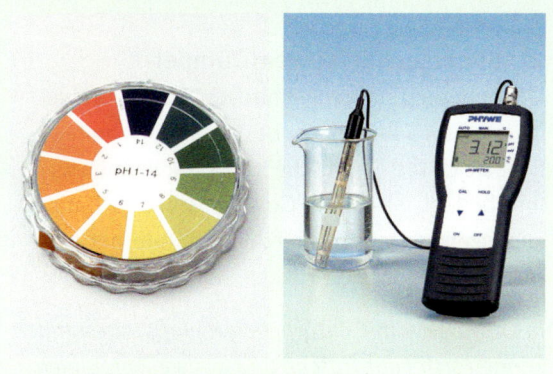

4 A pH-Teststreifen; B pH-Messgerät

Material pH-Testset: Indikator oder elektronisches Messgerät

Durchführung Sucht unterschiedliche Stellen des Sees auf. Nach dem Eintauchen des Indikators wird durch den Farbvergleich der pH-Wert abgelesen. Ein elektronisches Messgerät zeigt den Wert unmittelbar an. Wiederholt die Messung jeweils dreimal.

Auswertung
1. Begründet, warum jede Messung wiederholt werden muss.
2. Erstellt für jeden Untersuchungsort eine Tabelle und errechnet den Mittelwert.
3. Bestimmt die Wassergüte mit Hilfe der unten stehenden Tabelle.

D Messung chemischer Größen

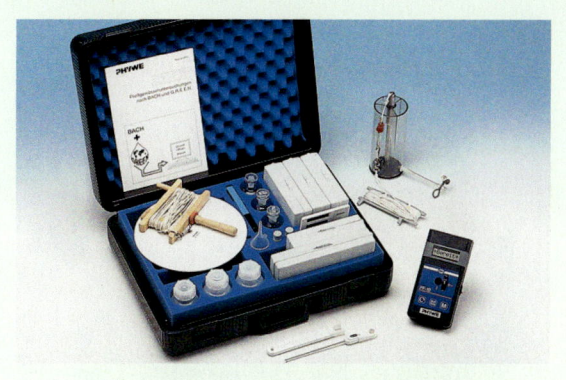

5 Chemisches Testset zur Gewässeruntersuchung

Material chemisches Testset für Sauerstoff, Nitrat, Phosphat oder elektronische Messgeräte

Durchführung Sucht wie bei der pH-Wertmessung unterschiedliche Stellen des Sees auf. Folgt den Anleitungen der Testsets beziehungsweise verwendet die Messgeräte. Wiederholt die Messung für jede chemische Größe mindestens dreimal.

Auswertung
1. Erstellt für jeden Untersuchungsort und jede chemische Größe eine Tabelle und errechnet jeweils den Mittelwert.
2. Bestimmt die Wassergüte mit Hilfe der Tabelle.

Güteklasse	Sichttiefe, cm	Wassertemperatur, °C	Sauerstoff, gelöst mg/l	Sauerstoffsättigung %	pH-Wert	Nitrat mg/l	Phosphat mg/l
I	500	10–12	> 8	100	7,0	0–1	0–0,05
I–II	300–500	12–14	7–8	85–100 (100–110)	7,5 6,0	1–1,5	0,05–0,1
II	100 300	14–16	6–7	70–85 (110–120)	8,0 5,5	1,5–2,5	0,1–0,3
II–III	50–100	16–18	5–6	50–70 (120–130)	8,5 5,0	2,5–5,0	0,3–0,5
III	30–50	18–22	3–5	25–50 (> 130)	9,0 5,5	5–30	0,5–3,0
III–IV	20–30	22–24	2–3	10–25	9,5 5,0	30–50	3,0–5,0
IV	10–20	> 24	< 2	< 10	10 < 5	> 100	> 8,0

6 Chemische Größen und Wassergüte

Aufgaben
Alle Lebewesen haben eine Umwelt

1 Ein Frosch und die große Welt

1 unterschiedliche Systeme

Lebewesen besiedeln fast alle Regionen der Erde. Dabei finden sie sehr unterschiedliche Lebensbedingungen vor.

a Ordne den Abbildungen oben die Begriffe Organismus, Biozönose, Biosphäre und Ökosystem zu.
b Organismus, Biozönose, Biosphäre und Ökosystem können jeweils als ein System bezeichnet werden. Ordne die Systeme in einer sinnvollen Reihenfolge.
c Nenne das von dir verwendete Ordnungskriterium. Nenne weitere mögliche Kriterien.

2 Ein Frosch in seinem Tümpel

Der Lebensraum des Teichfroschs ist ein Tümpel, in dem es keine Fische gibt. In eurem Schulteich haben sich die Goldfische sehr stark vermehrt. Ihr überlegt, ob ihr die Goldfische in den Tümpel aussetzen sollt. Ihr recherchiert im Internet und stoßt auf folgenden Artikel:

In Gewässern mit natürlichen Kleinfischbeständen können sich Laubfrösche und andere Amphibien zumeist erfolgreich fortpflanzen. Entscheidend ist die Größe, die Struktur und die Vegetation des Gewässers sowie die Fischdichte.

a Erstellt Hypothesen, wie sich der Besatz von Goldfischen auf die Teichfrösche auswirken könnte.
b Bei der weiteren Recherche findet ihr eine Untersuchung, die die Auswirkung von Fischbesatz auf das Vorkommen von Laubfröschen zeigt:

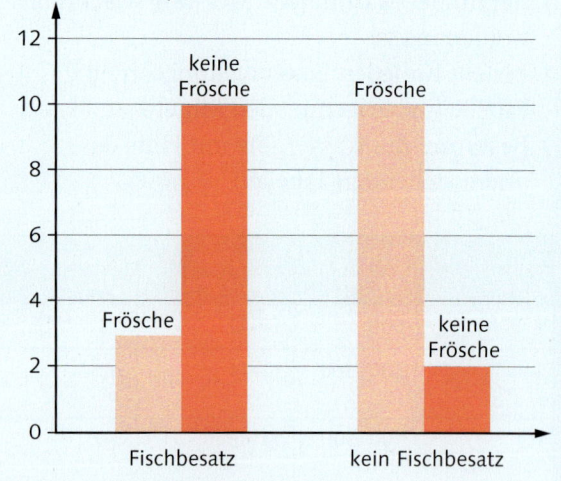

2 Fische und Frösche in Tümpeln

Wertet das Ergebnis dieser Untersuchung schriftlich aus.

c Trefft eine Entscheidung, ob ihr die Goldfische aussetzt. Formuliert Argumente, die biologisch begründet sind.

Leben in Gewässern

3 Ein See im Sommer

Im Sommer lädt ein See zum Baden ein. Das Wasser fühlt sich angenehm warm an. Tauchst du ein Stück in die Tiefe, wird es spürbar kälter. Auch die Fische halten sich in unterschiedlichen Tiefen auf.

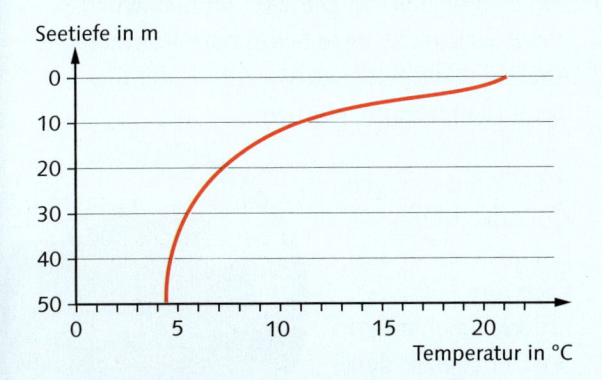

3 Temperaturschichtung während des Sommers

a Beschreibe die Temperaturschichtung eines Sees im Sommer anhand von Bild 3.
b Der Sauerstoffgehalt des Wassers hängt von seiner Temperatur ab. In den oberen Schichten produzieren Pflanzen durch Fotosynthese Sauerstoff. Beschreibe die Verteilung des Sauerstoffs anhand des Diagramms in Bild 4.
c Beschreibe, wie die Biologen vorgegangen sind, um die Werte der Bilder 1 und 2 zu messen.

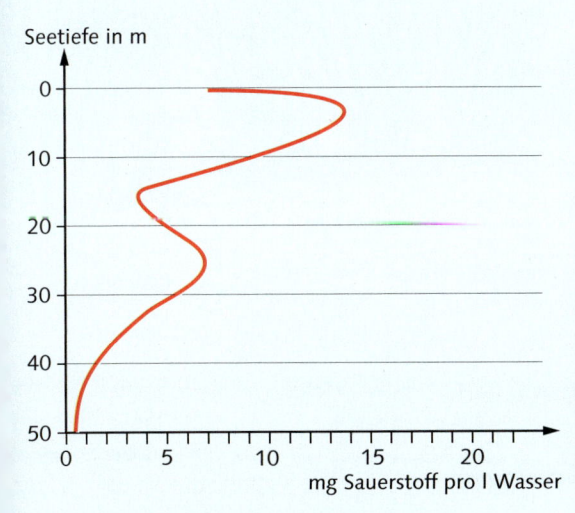

4 Sauerstoffgehalt während des Sommers in unterschiedlichen Tiefen

4 Ein Fisch im See

a Um den Sauerstoffbedarf von Fischen bei unterschiedlichen Temperaturen zu ermitteln, hatten die Biologen folgende Geräte zur Verfügung:
– abgeschlossenes, temperaturisoliertes Aquarium
– Heizung, Kühlung
– Sauerstoffmessgerät
Fertige eine beschriftete Skizze an, die den Versuchsaufbau zeigt.
b Erstelle aus der folgenden Tabelle ein Diagramm, das die Abhängigkeit des Sauerstoffbedarfs von der Temperatur anschaulich zeigt. Wähle einen geeigneten Diagrammtyp und Maßstab.

Wassertemperatur in °C	Sauerstoffverbrauch in g/kg
5	1,5
8	2,3
10	2,9
12	3,7
15	5,0
18	6,7
20	7,9

5 Sauerstoffverbrauch von Fischen bei unterschiedlichen Temperaturen

c In besonders heißen Sommern kann es zum Fischsterben kommen, weil die Fische ersticken. Begründe diese Aussage anhand der Diagramme in Aufgabe 3.

6 Fischsterben

Leben in Gewässern

Pflanzen an und in einem See

Der See liegt ruhig in der Nachmittagssonne. Er sieht aus wie ein großer Spiegel mit grünem Rand. Unter Wasser erstreckt sich eine einzigartige Welt, von der wir vom Ufer aus nichts ahnen.

Unterschiedliche Bedingungen

Da in einem See vom Ufer bis zur Mitte sehr unterschiedliche Bedingungen gegeben sind, teilt man ihn in verschiedene Zonen ein. *Feuchtpflanzen* leben am Wasser. Während ihre Wurzeln ständig im Wasser stehen, erhebt sich ihr Spross über die Wasseroberfläche. *Wasserpflanzen* leben im Wasser. Bisweilen ragen einzelne Pflanzenteile aus dem Wasser heraus.

Die *Bruchwaldzone* wird nur bei Hochwasser vollständig überflutet. Die meiste Zeit des Jahres stehen die hier vorkommenden Pflanzen im Trockenen. Typisch für diese Zone sind Erlen und Weiden.

Zwischen Land und Wasser

Die *Röhrichtzone* ist geprägt von hochwüchsigen Röhrichtarten wie Schilf oder Rohrkolben. Aber auch die Wasserschwertlilie oder die Sumpfdotterblume können das Überangebot an Wasser gut ertragen. Die Ausbildung von Erdsprossen und flach durch das Erdreich ziehenden Wurzeln geben den Pflanzen auch bei höherem Wellengang festen Halt. Die meisten Feuchtpflanzen besitzen in ihren Blättern und Stängeln *Durchlüftungsgewebe*. Dadurch werden der Sauerstoff und das Kohlenstoffdioxid im Pflanzenkörper verteilt.

1 Pflanzen eines stehenden Gewässers

Leben in Gewässern

Nur die Blätter schwimmen

Seerose und Teichrose sind typische Pflanzen der *Schwimmblattzone*. Sie besiedeln den Uferbereich zwischen ein und drei Metern Wassertiefe. Der Spross und die Wurzeln sind im Seegrund verankert. Die Blätter schwimmen an langen, biegsamen Stielen. So gleichen die Pflanzen Wellenbewegungen und Wasserstandsänderungen aus. Die Spaltöffnungen liegen auf der Blattoberseite. So ist der Gasaustausch gewährleistet.

Unter Wasser

Das Hornblatt, die Wasserpest und das Tausendblatt gehören zu den *Tauchblattpflanzen*. Sie leben unter Wasser, nur der Blütenstand erhebt sich bei manchen Arten aus dem Wasser heraus. Die dünnen, zarten Blättchen nehmen Kohlenstoffdioxid und Mineralstoffe direkt aus dem Wasser auf. Sie besitzen keine Cuticula und keine Spaltöffnungen. Wasserleitungsgefäße und Wurzeln sind nur schwach ausgebildet. Bei guten Lichtverhältnissen können Tauchblattpflanzen in eine Wassertiefe von bis zu zehn Metern vordringen.

Auf der Wasseroberfläche

Schwimmpflanzen, wie der Froschbiss oder die Wasserlinse, schwimmen auf der Wasseroberfläche. Die Wurzeln dieser Pflanzen hängen frei ins Wasser. Sie dienen weniger der Wasserversorgung als der Aufnahme von Mineralstoffen. Wasserlinsen können sich sehr schnell vermehren und große Bereiche der Wasseroberfläche bedecken.

In Kürze

Das Seeufer ist in typische Zonen eingeteilt. Der Bruchwald bildet den Übergang zur Röhrichtzone. Ihr folgt die Schwimmblatt- und schließlich die Tauchblattzone. In jeder Zone leben typische Pflanzen. Sie weisen Angepasstheiten an den jeweiligen Lebensraum auf.

Aufgaben

1 Erstelle eine Tabelle, die die Zonen der Pflanzen an einem See, mindestens einen typischen Vertreter und Angepasstheiten an den Lebensraum darstellt.

2 Bestimme mit Hilfe eines Bestimmungsbuchs die Pflanzen an einem Gewässer. Ordne sie den Kategorien Feuchtpflanze, Schwimmblatt- und Tauchblattpflanze zu.

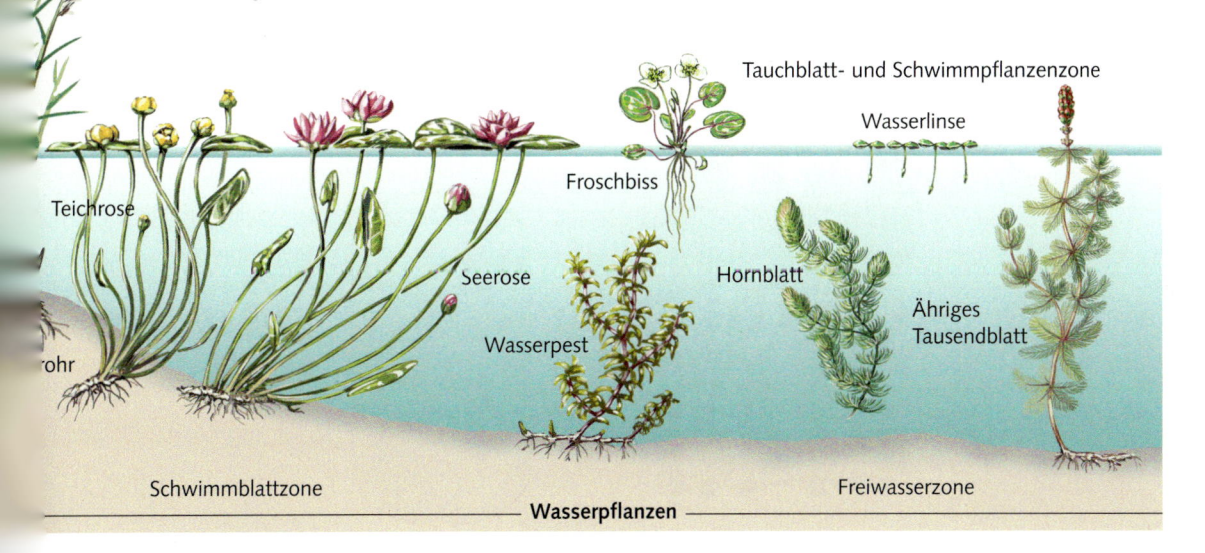

Leben in Gewässern

Die weiße Seerose

Die Bucht eines Sees bietet einen sehr reizvollen Anblick. Sie ist übersät mit weiß blühenden Seerosen. Wie kleine Boote schwimmen die Blätter und Blüten auf dem Wasser. Der lateinische Name der Seerose – *Nymphaea* – erinnert an die Schönheit der Nymphen. Eine dieser antiken Sagengestalten starb der Legende nach an unerfüllter Liebe und kehrte als Seerose auf die Welt zurück.

1 See mit Seerosenbewuchs

Verankerung im Boden
Wasserpflanzen müssen fest im Untergrund verankert sein, um den Strömungen und dem Wellenschlag in einem Gewässer zu widerstehen. Seerosen bilden einen *Erdspross* aus, der eine Länge von einem Meter und einen Durchmesser von über sechs Zentimetern erreichen kann. Er dient im Winter als Vorratsspeicher. An ihm entspringen zahlreiche Wurzeln, die die Pflanze fest im Gewässergrund verankern.

Die Blätter schwimmen
In den runden, bis zu 25 Zentimeter großen Blättern befinden sich viele Luftkammern, die sie an der Wasseroberfläche schwimmen lassen. Blätter und Blüten sind über lange Stiele mit dem Erdspross verbunden. Da weder die Stiele noch die Blätter Stützgewebe ausbilden, sind sie sehr elastisch. Auf diese Weise können Wellen, Strömungen und wechselnde Wasserstände gut ausgeglichen werden. Die Blattoberseite ist mit einer schützenden Wachsschicht überzogen. Dadurch perlen Regentropfen ab und nehmen Schmutzteilchen mit.

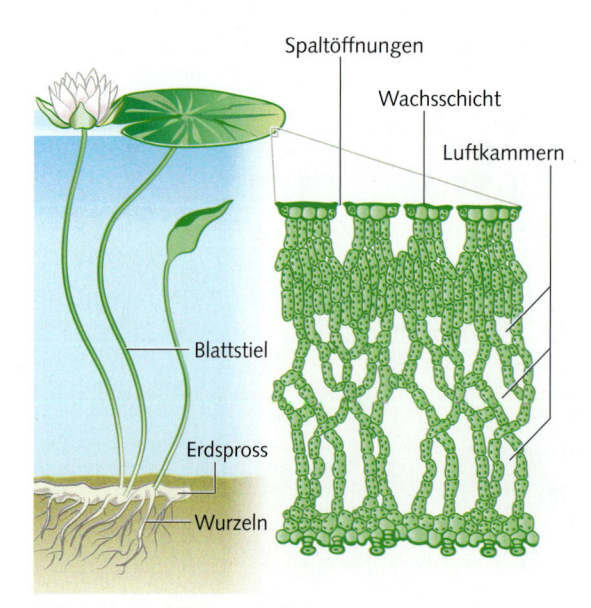

Austausch von Gasen
Anders als bei Landpflanzen befinden sich bei Seerosen die Spaltöffnungen auf der Blattoberseite. Hier wird das für die Fotosynthese benötigte Kohlenstoffdioxid aufgenommen. Von den Blättern ziehen Durchlüftungsgewebe durch die Stiele bis in den Erdspross. So ist die Sauerstoffversorgung der Pflanzenteile im sauerstoffarmen Seegrund gewährleistet.

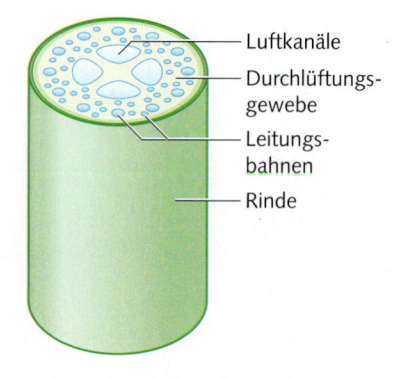

2 Seerose und Blattquerschnitt

3 Querschnitt durch den Blattstiel

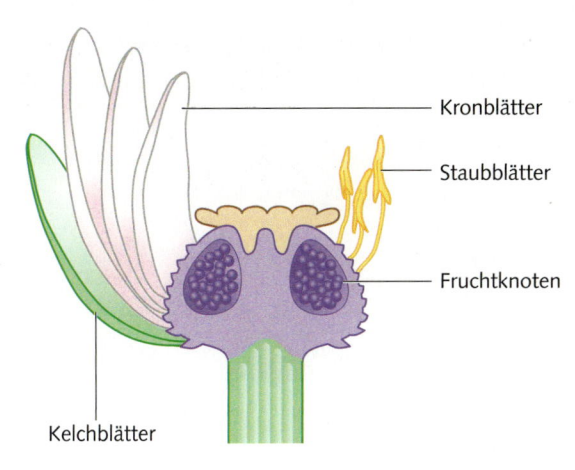

4 Blüte der Seerose

5 Frucht der Seerose

Prächtige weiße Blüten

Seerosen besitzen große, wohlriechende Blüten. Bis zu 25 weiße Kronblätter werden von vier Kelchblättern umgeben. In der Mitte finden sich zahlreiche gelbe Staubblätter. Am Abend und bei Regen schließen sich die Blüten. Seerosen werden von Insekten wie Fliegen und Käfern bestäubt. Nach der Befruchtung wickelt sich der Blütenstiel schraubenförmig auf und zieht die Blüte unter Wasser. Nun entwickelt sich die Frucht.

Schwimmende Samen

Die ungefähr drei Zentimeter großen Früchte enthalten bis zu fünf Samen. Diese sind von einer klebrigen, lufthaltigen Schleimhülle umgeben. Sie steigen, wenn sie reif sind, an die Wasseroberfläche. Dort treiben sie mit der Strömung an neue Standorte. Mit der Zeit entweicht die Luft aus den Schleimhüllen. Die Samen sinken ab und keimen. Bleiben sie im Gefieder von Wasservögeln hängen, können neue Gewässer besiedelt werden.

In Kürze

Seerosen sind durch den Bau der Erdsprosse, der Blätter, der Blüten und der Samen an das Leben im Wasser angepasst.

Aufgaben

1 Hält man ein frisches Seerosenblatt an Land am Stiel, so hängen Stiel und Blatt wie welk herab. Zähle Gründe für diese Beobachtung auf.
2 Nenne Merkmale, wie die Seerose an das Leben im Wasser angepasst ist.

Exkurs Ökologische Nische

Als Bewohner des Schwimmblattgürtels steht die Seerose in Konkurrenz zu anderen Pflanzen wie der gelben Teichrose. Beide sind an das Leben im Uferbereich angepasst. Die Teichrose kann auch auf sehr stickstoffhaltigem Untergrund wachsen. Aufgrund der Ausbildung von Unterwasserblättern ist sie zusätzlich nicht so anfällig für starke Wellenbewegungen. Daher findet man an einem Standort meist nur eine der beiden Pflanzen. Sie besetzen unterschiedliche ökologische Nischen. Neben dieser räumlichen Einordnung teilen sich Lebewesen den Lebensraum auch zeitlich oder im Hinblick auf bestimmte Funktionen, wie der Nahrungswahl oder des Nahrungserwerbs, auf. Unter einer ökologischen Nische versteht man das Zusammenspiel aller abiotischen und biotischen Faktoren, die auf die Organismen wirken und ihnen das Leben in einem Ökosystem ermöglichen.

Rohrkolben und Schilfrohr

In einigen Gegenden Deutschlands, vor allem an der Nord- und Ostseeküste, war und ist das Reetdach die typische und traditionelle Dacheindeckung. Schon vor mehreren Tausend Jahren haben Menschen ihre einfachen Hütten mit den Halmen des Schilfrohrs gedeckt.

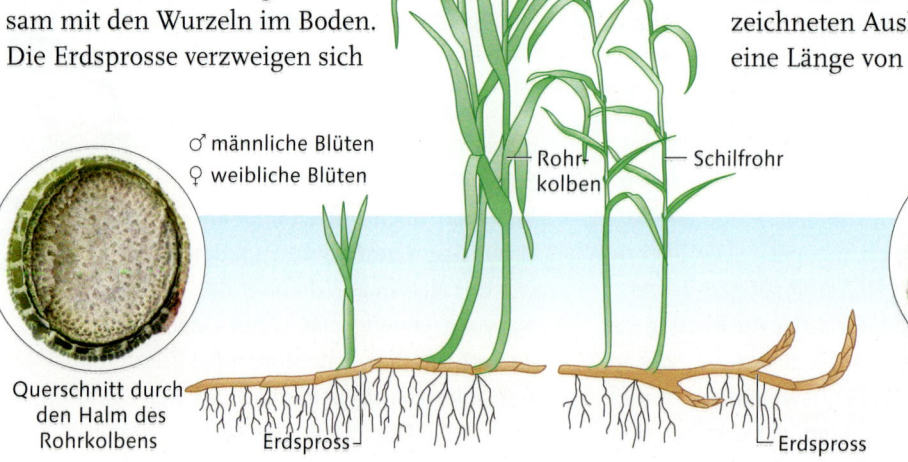

1 Mit Reet gedecktes Haus

Zwischen Land und Wasser

Ausgedehnte Röhrichtzonen kann man sowohl an stehenden als auch an langsam fließenden Gewässern finden. Hier, an der Übergangszone zwischen Wasser und Land, ist der Lebensraum des Rohrkolbens und des Schilfrohrs. Beide Gräser bevorzugen flaches Wasser. Während die Wurzeln und die unteren Bereiche der Sprossachse ständig im Wasser stehen, ragen die oberen Pflanzenteile über die Wasseroberfläche hinaus. Das Röhricht bietet vielen Tieren, vor allem Vögeln, Amphibien und Insekten, einen Lebensraum.

Merkmale des Rohrkolbens

Der Rohrkolben ist über zwei Meter hoch. Er gedeiht vor allem auf schlammigen Böden, die reich an Mineralstoffen sind. Hier durchziehen kräftige *Erdsprosse* den Ufergrund und verankern die Pflanze gemeinsam mit den Wurzeln im Boden. Die Erdsprosse verzweigen sich und bilden Tochterpflanzen aus. In ihnen speichern die Pflanzen Nährstoffe. So können sie den Winter überdauern und im Frühjahr neu austreiben. Der unverzweigte Stängel ist starr und innen hohl. Er wird von schmalen blaugrünen Blättern umhüllt. Ein *Durchlüftungsgewebe* durchzieht die gesamte Pflanze. Ganz oben an der Spitze des Stängels sitzen die männlichen Blüten. Gleich darunter folgt der braun gefärbte weibliche Blütenstand. Ihm verdankt die Pflanze den Beinamen »Zylinderputzer«. Die Bestäubung erfolgt ebenso wie die Verbreitung der Samen durch den Wind.

Merkmale des Schilfrohrs

Das Schilfrohr wächst im Uferbereich bis in eine Wassertiefe von 1,20 Metern. Es bildet ebenfalls reich verzweigte Erdsprosse aus. Diese als »Leghalme« bezeichneten Ausläufer können eine Länge von 20 Metern er-

♂ männliche Blüten
♀ weibliche Blüten
Blütenstand
Rohrkolben
Schilfrohr
Querschnitt durch den Halm des Rohrkolbens
Erdspross
Erdspross
Querschnitt durch den Halm des Schilfrohrs

2 Bau des Rohrkolbens und des Schilfrohrs

3 Blüte des Rohrkolbens

4 Blüte des Schilfrohrs

reichen und tragen maßgeblich zur Verbreitung der Pflanze bei. Aus ihnen wachsen die bis zu vier Meter langen Halme, die im unteren Teil verholzt sind. Sie sind innen hohl und an den Rändern reich an Durchlüftungsgewebe. So werden die im Schlamm steckenden Pflanzenteile mit Sauerstoff versorgt. An den Ansatzstellen der Blätter sitzen die für Süßgräser typischen kleinen Knoten. Die bis zu 40 Zentimeter langen Blütenrispen schimmern während der Blütezeit von Juli bis September violett. Durch kleine Flughaare sind die Früchte an die Verbreitung durch den Wind angepasst.

Verwendung der Pflanzen

Schilfrohr findet neben dem Decken von Hausdächern vor allem für die Herstellung von Sichtschutz- und Dämmmatten Verwendung. Dieses Material bietet guten Wärme- und Schallschutz. Aus dem Samen des Rohrkolbens wurde früher ein Zunder hergestellt, mit dessen Hilfe Feuer gemacht werden konnte. Mit Hilfe der Blätter hat man Holzfässer abgedichtet. Die stärkehaltigen Erdsprosse beider Pflanzen wurden an Schweine verfüttert oder dienten in Notzeiten als Mehlersatz. Heute spielen die Pflanzen bei der Reinigung von Abwässern in Biokläranlagen eine Rolle. An Fisch- und Schwimmteichen entziehen sie dem Wasser Mineralstoffe und durchlüften den Boden.

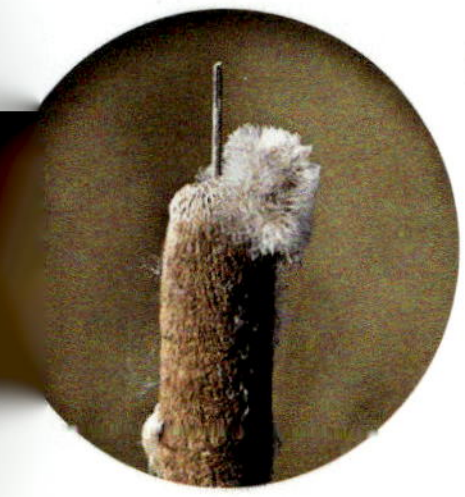

Verlandung von Gewässern

Wie alle einjährigen Pflanzen sterben Rohrkolben und Schilfrohr nach der Reife des Samens ab. Zwischen ihren Stängeln sammeln sich das Stroh vom Vorjahr und weitere abgestorbene Pflanzenteile. Diese vermodern langsam und erhöhen allmählich den schlammigen Untergrund. Weitere Pflanzen können einwandern. Mit der Zeit verlandet das Gewässer.

In Kürze

Rohrkolben und Schilfrohr sind die vorherrschenden Pflanzen des Röhrichts. Sie bilden kräftige Erdsprosse und lange, gut durchlüftete Stängel aus. Für den Menschen sind sie vielfältig nutzbar. Sie tragen zur Verlandung von Gewässern bei.

Aufgaben

1 Stelle Merkmale des Rohrkolbens und des Schilfrohrs in einer Tabelle gegenüber.
2 Nenne den Nutzen dieser beiden Pflanzen früher und heute.

5 Ein Gewässer verlandet.

Leben in Gewässern

Praktikum

Angepasstheit von Wasserpflanzen

A Luft im Seerosenblatt

> **Hinweis:** Seerosen sind geschützte Pflanzen. Für Versuche dürfen nur einzelne Blätter aus der Gärtnerei, privaten Gartenteichen oder dem Schulteich verwendet werden. Nur beim Verzehr sind die Pflanzenteile giftig!

1 Untersuchung eines Seerosenblattes

Material frisches Seerosenblatt, Steine, große Petrischale oder Schüssel, Wasser, Luftpumpe, Schlauch und Klebeband, eventuell Frischhaltefolie

Durchführung Befülle die Schale mit Wasser. Lege das Seerosenblatt mit der Oberseite nach unten in das Gefäß und beschwere es mit den Steinen, sodass es unter Wasser gehalten wird. Leite nun Luft durch das Blatt, indem du das Stielende mit Hilfe des Schlauchs und des Klebebands mit der Luftpumpe luftdicht verbindest. Wenn keine Luftpumpe zur Hand ist, kannst du den Stiel mit Frischhaltefolie umwickeln und mit einer Schere anschneiden. So verhinderst du einen Kontakt mit dem Mund. Puste vorsichtig in den Blattstiel.

Auswertung
1. Beschreibe die Beobachtungen.
2. Erstelle eine Skizze des Blattes, in die du den Weg der Luft einzeichnest.
3. Begründe, warum die Beobachtung eine Anpassung an das Leben im Wasser darstellt.

B Laubblätter und Schwimmblätter

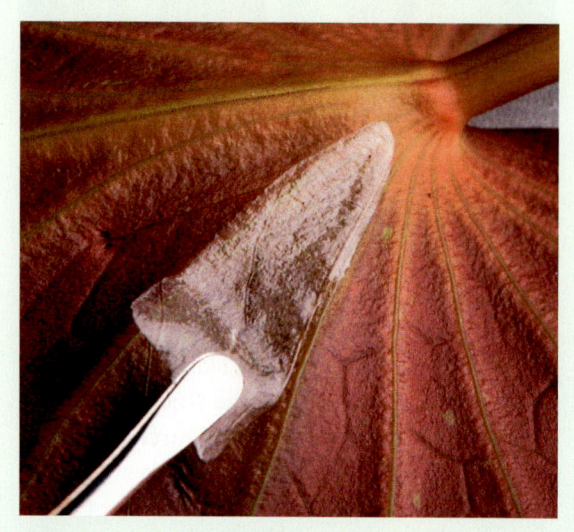

2 Herstellen von Blattabdrücken

Material Seerosenblatt, Blatt einer Zimmerpflanze, zum Beispiel Tradescantia, Mikroskop, Objektträger, Pinzette, Deckgläschen, durchsichtiger Nagellack oder Flüssigklebstoff

Zimmerpflanze Tradescantia

Durchführung Für die Herstellung eines Blattabdrucks wird eine dünne Schicht Flüssigklebstoff oder Nagellack auf die Blätter aufgebracht. Nach dem Trocknen können die Abdrücke mit Hilfe einer Pinzette leicht abgenommen, auf den Objektträger gelegt und anschließend mikroskopiert werden. Fertige Abdrücke der Blattober- und der Blattunterseiten an. Beschrifte die Abdrücke.

Auswertung
1. Vergleiche die Anzahl der Spaltöffnungen der Landpflanze mit der Wasserpflanze. Berücksichtige dabei die jeweilige Blattseite.
2. Stelle eine Beziehung zu den Ergebnissen von Versuch A her.

Leben in Gewässern

C Wasseraufnahme der Seerose

Material ein bis zwei Wasserbecken, zum Beispiel kleine Glasaquarien, kleine Plastiktüte, Gummibänder, drei Seerosenblätter

Durchführung Drei Seerosenblätter werden frisch abgeschnitten. Das erste wird auf die Wasseroberfläche gelegt, der Blattstiel ist im Wasser. Das zweite wird so befestigt, dass zwar der Stiel, nicht aber das Blatt Wasserkontakt hat. Bei dem dritten Seerosenblatt wird die Wasseraufnahme durch den Blattstiel verhindert, indem man ihn mit Hilfe der Plastiktüte und den Gummibändern verschließt. Nach etwa zwei Stunden werden die Blätter verglichen.

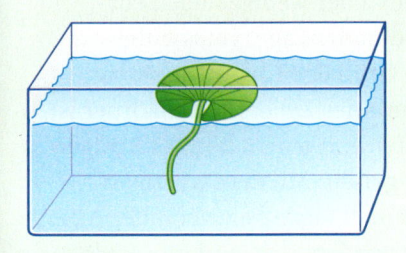

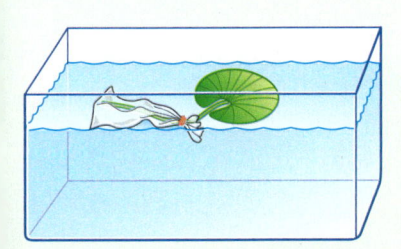

3 Experiment zur Wasseraufnahme

Auswertung
1 Beschreibe Unterschiede zwischen den Blättern.
2 Formuliere eine Fragestellung und eine Hypothese zu diesem Versuchsansatz.

D Wasserhahnenfuß im Trocknen

Material etwa gleich viel Material von Pflanzen des Wasserhahnenfußes und Pflanzen des Scharfen Hahnenfußes, zwei Waagen, Föhn

Durchführung Die Pflanzen des Wasserhahnenfußes werden in einem mit Wasser gefüllten Gefäß oder in einer Plastiktüte in die Schule transportiert. Bis zum Versuchsbeginn soll die Pflanze im Wasser verbleiben.
Auf die beiden Waagen werden Petrischalen gelegt. Der Wasserhahnenfuß wird durch vorsichtiges Schütteln gut abgetropft und auf die eine Waage gelegt. Auf die andere Waage wird so viel Scharfer Hahnenfuß gelegt, bis das gleiche Gewicht angezeigt wird. Nun werden die beiden Pflanzen gleichmäßig geföhnt. Lies etwa alle zwei Minuten das Gewicht ab und trage es in eine vorbereitete Tabelle ein. Führe den Versuch zehn Minuten lang durch.

4 Wassergehalt von Wasser- und Landpflanzen

Auswertung
1 Erstelle eine Grafik, die die Gewichtsabnahme der beiden Pflanzen zeigt.
2 Nenne Gründe für die unterschiedlichen Ergebnisse.

Leben in Gewässern

Schweben im Wasser

Mit Hilfe eines Planktonnetzes habt ihr eine Wasserprobe aus dem Schulteich entnommen und in ein Schraubglas gefüllt. Gegen das Licht gehalten, sieht man schon mit bloßem Auge, dass es hier vor Kleinstlebewesen nur so wimmelt. Aber erst mit Hilfe des Mikroskops zeigt sich das vielfältige Leben im Wassertropfen.

Den Wasserbewegungen ausgesetzt

Die Kleinstlebewesen werden meist als *Plankton* bezeichnet. Dieser Begriff leitet sich aus dem Griechischen ab, und bedeutet »das Umhergetriebene«. Es handelt sich um Wasserbewohner, deren Fortbewegung weitgehend von Wasserströmungen abhängig ist. Sie bewegen sich kaum aktiv. Es gibt Süßwasserplankton und Meeresplankton. In unseren heimischen Gewässern ist das Plankton mikroskopisch klein. Meeresplankton kann dagegen sehr groß werden. Beispielsweise erreichen einige Quallen einen Durchmesser von mehreren Metern. Nach der Zugehörigkeit zum Tier- oder Pflanzenreich unterscheidet man pflanzliches und tierisches Plankton.

1 Mikroskopisches Bild einer Planktonprobe

Schwebende Pflanzen

Zum pflanzlichen Plankton, dem *Phytoplankton*, gehören ein- oder wenigzellige Lebewesen. Sie sind in der Lage, Fotosynthese zu betreiben. Die Grünalge Chlamydomonas besteht nur aus einer Zelle. Ihr Zellkörper ist zum größten Teil von einem becherförmigen Chloroplasten gefüllt. Mit dem winzigen Augenfleck können Helligkeitsveränderungen unterschieden werden. Am vorderen Ende besitzt die winzige Pflanze zwei Geißeln, mit deren Hilfe sie sich in eine für die Fotosynthese günstige Position drehen kann. Die Vertreter des Phytoplanktons stehen im Ökosystem Gewässer als Produzenten am Anfang fast aller Nahrungsketten und sind damit von zentraler Bedeutung.

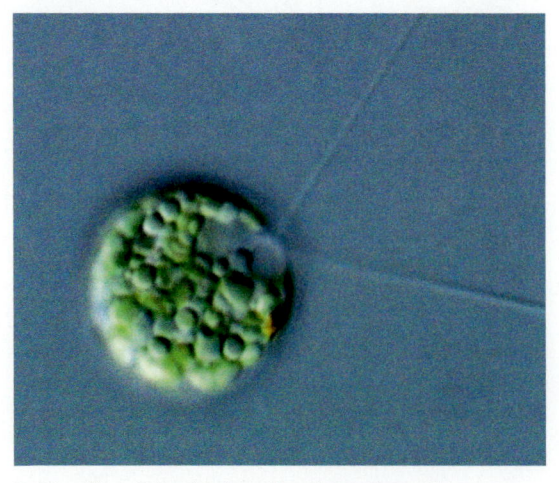

2 Einzellige Grünalge im mikroskopischen Bild

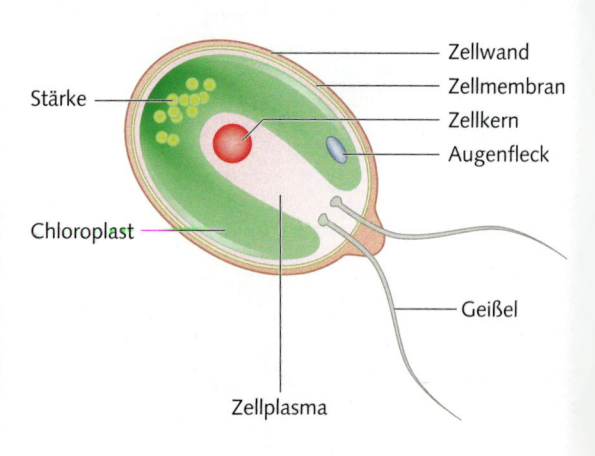

3 Einzellige Grünalge (Schema)

Schwebende Tiere

Zum *Zooplankton* gehören unterschiedlichste Formen, wie das einzellige, mit einem Wimpernsaum umgebene Pantoffeltierchen, die Rädertierchen oder kleinste Krebse. Sie ernähren sich von Bakterien, Algen oder kleinerem Zooplankton. Der Wasserfloh hat seinen Namen von seinen hüpfenden Bewegungen, die an einen Floh erinnern. Mit den beiden großen, zu Rudern umgebildeten Fühlern schlägt er durch das Wasser. Dadurch treibt der Körper ein Stück vor- und aufwärts. In den Pausen sinkt das Tier langsam ab. Wasserflöhe sind fast vollständig von einem kleinen Schalenpanzer umgeben. Nur auf der Bauchseite bleibt eine kleine Rinne frei. Hier strudeln die Beine ständig Wasser herbei und filtern daraus Nahrung. Die Atmung erfolgt über alle dünnhäutigen Körperstellen sowie über kleine Anhänge an den Beinen.

Angepasstheiten an das Schweben

Da sich das Plankton gar nicht oder nur über sehr kleine Strecken fortbewegen kann, besteht stets die Gefahr, auf den Gewässergrund abzusinken. Phytoplankton gelangt dann schnell in Bereiche, in denen es für die Fotosynthese zu dunkel ist. Bei vielen Vertretern des Planktons sind eine flache Körperform oder lange Fortsätze ausgebildet. Dadurch wird das Absinken verlangsamt.

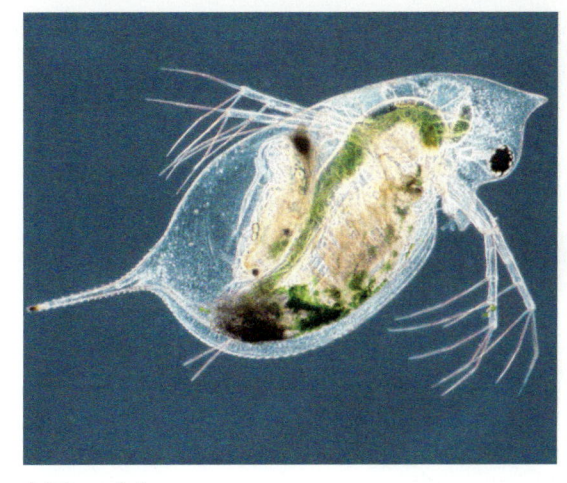

4 Wasserfloh

Auch die Einlagerung von Luft oder Öl in die Zellen ermöglicht es dem Plankton, im Wasser schweben zu können.

In Kürze

Als Plankton fasst man Lebewesen von Gewässern zusammen, deren Fortbewegung weitgehend von den Strömungen des Wassers abhängig ist. Man unterscheidet pflanzliches und tierisches Plankton. Durch Anpassungen des Körperbaus kann Plankton im Wasser schweben.

Aufgaben

1 Nenne die Definition des Begriffs »Plankton«.
2 Vergleiche Phytoplankton und Zooplankton. Beschreibe Gemeinsamkeiten und Unterschiede.
3 Zähle Gründe auf, warum man in reißenden Gebirgsbächen kein Plankton findet.

Basiskonzept Struktur und Funktion
Die Alge Chlamydomonas besteht aus einer einzigen Zelle. Ihre Bestandteile übernehmen verschiedene Aufgaben. Während die Zellwand dem Schutz dient, findet im Chloroplasten die Fotosynthese statt. Mit Hilfe der Geißeln können sich Algen fortbewegen. Alle Zellbestandteile haben einen speziellen Bau, der dazu geeignet ist, eine bestimmte Aufgabe zu erfüllen. Bei vielzelligen Lebewesen, wie dem Wasserfloh, übernehmen Organe einzelne Aufgaben. Die langen Fühler wirken bei der Fortbewegung wie Ruder, die Beine besitzen kleine Haarborsten und dienen als Filterapparat für die Ernährung.

Die Struktur meint den Aufbau oder die Form von Lebewesen beziehungsweise deren Körperteile. Sie sind so gebaut, dass sie bestimmte Aufgaben, also Funktionen, ausführen können. Dieser Zusammenhang zwischen Struktur und Funktion besteht sowohl bei Einzellern als auch bei vielzelligen Lebewesen.

Methode

Zeichnen von mikroskopischen Bildern

Beim Unterrichtsgang zum See wurden viele Informationen gesammelt, die im Rahmen einer Ausstellung im Schulgebäude präsentiert werden sollen. Zum Thema Plankton wird ein Plakat erstellt. Dafür werden Zeichnungen benötigt. Beim Anfertigen mikroskopischer Zeichnungen geht man nach folgenden Schritten vor:

1 Material bereitstellen Für das Zeichnen benötigst du weißes DIN-A4- oder DIN-A5-Papier, einen gespitzten Bleistift (Härtegrad 2B oder 3B) und einen Radierer. Stelle an deinem Arbeitsplatz das Mikroskop und alle anderen Materialien bereit.

2 Mikroskop richtig einstellen Um eine gute Vorlage für die Zeichnung zu erhalten, musst du sorgfältig mikroskopieren. Wähle eine Vergrößerung, in der du das Objekt groß und scharf erkennst. Halte möglichst beide Augen offen. So kannst du mit einem Auge in das Mikroskop, mit dem anderen auf das Zeichenblatt blicken. Die Blende hilft, ein kontrastreiches Bild zu erhalten.

3 Genau beobachten Eine genaue Beobachtung des mikroskopischen Präparats ist eine wichtige Voraussetzung für das Gelingen der Zeichnung. Achte auf die Grundstrukturen und die Größenverhältnisse des Originals. Finde interessante Detailbereiche.

4 Erstellen einer Übersichtsskizze Die Übersichtsskizze sollte so groß sein, dass sie das Blatt weitgehend ausfüllt. Skizziere alle Grundformen mit einem feinen, aber durchgängigen Strich. Berücksichtige dabei die genauen Größen- und Lageverhältnisse. Radiere möglichst wenig und male nichts aus.

5 Details auswählen Je nach Arbeitsauftrag zeichnest du nun einzelne Details ein. Dazu kannst du eine stärkere Vergrößerung wählen. Achte darauf, dass du nur wenige, dafür aber typische Feinheiten für deine Zeichnung auswählst. Zeichne keine Zufälligkeiten ein, die nicht zu dem Präparat gehören, zum Beispiel Luftblasen.

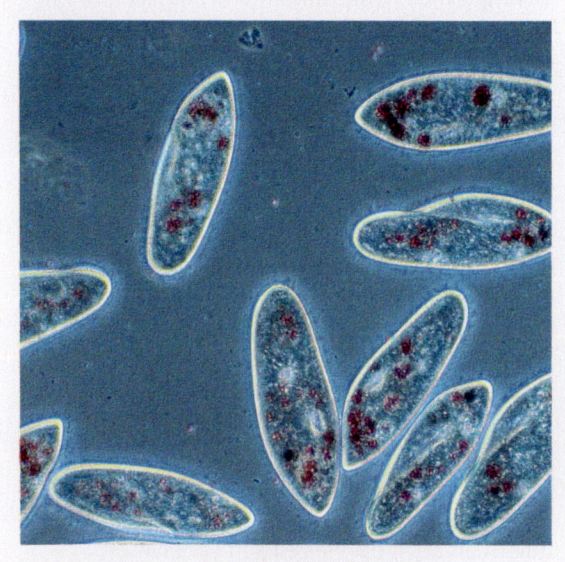

1 Mikroskopisches Bild von Pantoffeltierchen

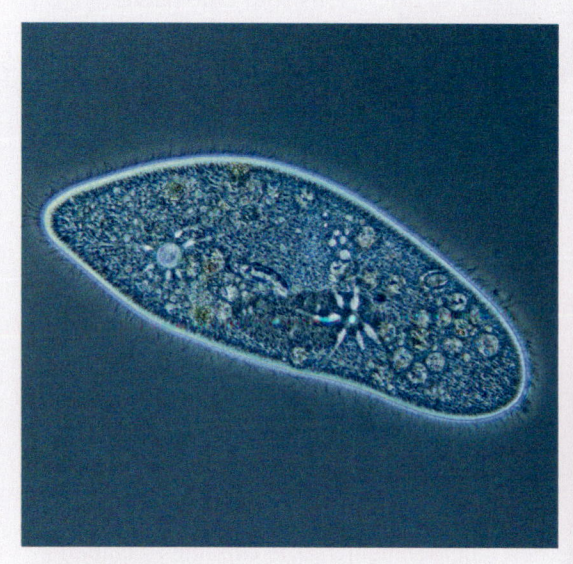

2 Mikroskopischen Bild eines Pantoffeltierchens (100-fache Vergrößerung)

Leben in Gewässern

6 Details ergänzen Wenn du einen typischen Ausschnitt gefunden hast, beginne mit der Zeichnung. Achte darauf, die richtige Anzahl und die Größenverhältnisse der verschiedenen Details korrekt abzubilden. Sind Zellen erkennbar, so reicht es, von jedem Zelltyp nur einige Zellen genau zu zeichnen. Weitere müssen nur angedeutet werden. Wichtig ist, dass du die Zahl der unterschiedlichen Gewebe erkennst und richtig wiedergibst. Zeichne die typischen Formen und Anordnungen von einzelnen Bestandteilen. Schwierige Bereiche kannst du auf einem Notizblatt erst einmal zur Probe zeichnen. Vergleiche deine Zeichnung während du zeichnest immer wieder mit dem mikroskopischen Bild.

7 Vergleich mit einer Schemazeichnung
In deinem Schulbuch, in Bestimmungsbüchern oder auch im Internet findest du Schemazeichnungen von dem mikroskopierten Lebewesen. Versuche nun die von dir gezeichneten Strukturen wiederzuerkennen und den Abbildungen in den Büchern zuzuordnen.

Regeln zum Umgang mit dem Mikroskop
- Trage das Mikroskop immer nur am Stativ.
- Halte beim Mikroskopieren möglichst beide Augen offen
- Beginne immer mit der kleinsten Vergrößerung.
- Drehe immer am Objektivrevolver, nie am Objektiv.
- Stelle das Bild zunächst mit dem Grobtrieb, dann erst mit dem Feintrieb scharf.
- Achte darauf, dass das Objektiv niemals das Objekt berührt.
- Berühre nie Okular- und Objektivlinsen mit den Fingern.
- Stelle nach dem Mikroskopieren wieder die kleinste Vergrößerung ein.

8 Zeichnungen beschriften Beschrifte die Zelltypen, die Gewebe oder die Organe, indem du mit einem Lineal dünne, waagerechte Linien ohne Pfeilspitzen ziehst. Die Beschriftungen werden auch mit Bleistift gut lesbar eingetragen. In den oberen Bereich trägst du bei jeder mikroskopischen Zeichnung deinen Namen, das Datum und Informationen zum Objekt ein.

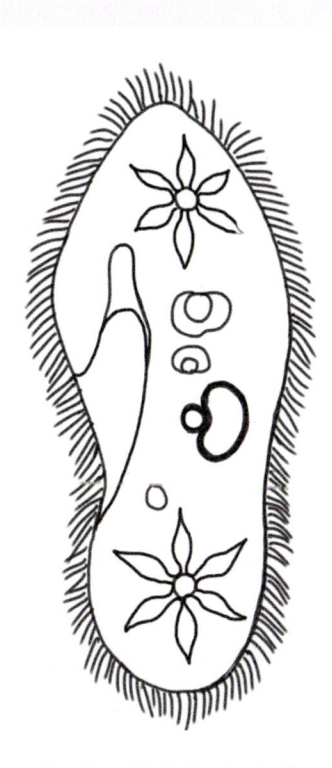

3 Übersichtsskizze

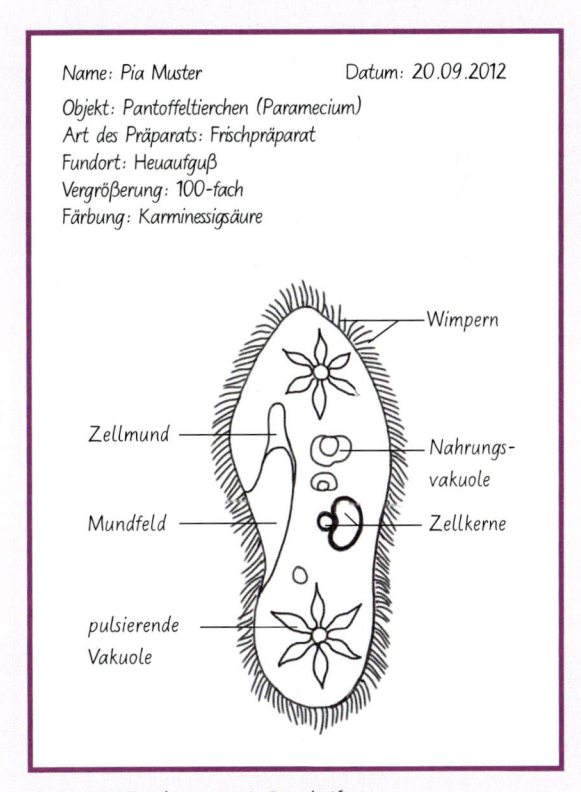

4 Fertige Zeichnung mit Beschriftung

Leben in Gewässern

Praktikum

Mikroskopieren von Wasserproben

A Leben im Heuaufguss

Material großes Becherglas, eine Handvoll getrocknetes Heu, Teichwasser (oder Leitungswasser), Glasplatte, Pipetten, Mikroskopier- und Zeichenausrüstung

> Sicherheitsbestimmungen beachten!
> Kein verschimmeltes Heu verwenden!
> Heuaufguss bei Zimmertemperatur aufbewahren!

Durchführung

- Befülle das Becherglas mit Heu und Wasser. Decke das Gefäß mit der Glasplatte als Verdunstungsschutz ab.
- Nach einigen Tagen hat sich an der Wasseroberfläche eine Kahmhaut gebildet.
- Nun werden aus dem Heuaufguss mit Hilfe der Pipetten kleine Proben entnommen und mikroskopiert.
- Bestimme die Lebewesen anhand der Bestimmungsschlüssel.
- Erstelle von mindestens einem Lebewesen eine Zeichnung.

Auswertung Fertige eine Tabelle an, die die Häufigkeit der unterschiedlichen Lebewesen wiedergibt.

Bestimmungsschlüssel für Zooplankton (Auswahl)

① – einzelliger Organismus —> 2
 – mehrzelliger Organismus —> 5

② – ohne Geißeln oder Wimpern, Gestaltwechsel —> Wechseltierchen (Amöben)
 – mit Geißeln, Wimpern oder langen Fortsätzen —> 3

③ – mit Wimpern —> Wimperntierchen
 – mit langen Fortsätzen oder Geißeln —> 4

④ – lange, schmale, scheinbar starre Fortsätze, Gestalt kugelförmig —> Sonnentierchen
 – mit Geißeln —> Geißeltierchen

⑤ – Vorderende mit Wimpernkranz oder Wimpernplatte —> Rädertierchen
 – Körper gepanzert, mehrere gegliederte Anhänge (Krebstiere) —> 6

⑥ – Körper oval, gegliederte Ruderantennen, ein Schwanzstachel —> Wasserflöhe
 – Körper länglich mit Ruderfüßen, mehrfach gegabelter Schwanz —> Ruderfußkrebse

1 Bestimmungsschlüssel für Zooplankton

Leben in Gewässern

B Untersuchen von Planktonproben

Material Planktonnetze unterschiedlicher Maschenweite (für Phytoplankton etwa 0,06 Millimeter, für Zooplankton etwa 0,1 Millimeter), an Seilen oder Stangen befestigt, Probenflaschen, Kühltasche, Mikroskopierausrüstung, Zeichenmaterial

Durchführung
- Befüllt die Probenflaschen mit etwas Wasser aus dem Gewässer.
- Werft das Planktonnetz aus. Zieht es langsam und gleichmäßig durch das Wasser.
- Überführt den Inhalt des Netzbechers in eine Probenflasche. Beschriftet die Probenflasche mit dem Entnahmeort.
- Wiederholt die Probenentnahme an unterschiedlichen Stellen des Gewässers. Achtet bei der Lagerung und beim Transport darauf, dass das Wasser in den Proben nicht zu warm wird, verwendet eine Kühltasche.
- Mit Mikroskop und Bestimmungsschlüssel werden die Lebewesen in den Proben bestimmt und gezeichnet.
- Wenn ihr fertig seid, setzt das Plankton vorsichtig wieder am Fundort aus.

Auswertung
1 Beschriftet die Zeichnungen und wählt die schönsten aus, um ein Plakat zu gestalten.
2 Wenn ihr das Gewässer gründlich untersucht und dabei auch Fotos gemacht habt, könnt ihr eine Ausstellung gestalten.

Bestimmungsschlüssel für Bakterien und Phytoplankton (Auswahl)

① – ohne Zellkern —> 2
  – mit Zellkern —> 3

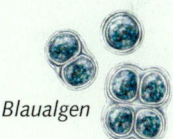

② – grün oder gelb bis rot gefärbt —> Bakterien
  – bläulich gefärbt —> Cyanobakterien (Blau"algen")

③ – Farbe gelblich bis braun —> 4
  – andere Farbe —> 5

④ – meist mit zwei unterschiedlich langen Geißeln, einzeln oder kolonienbildend —> Goldalgen
  – umgeben mit strukturierter Schale, einzellig, meist unbegeißelt und häufig kolonienbildend —> Kieselalgen

⑤ – grün gefärbt, mit rotem Augenfleck und einer Geißel —> Schönaugengeißler
  – grün gefärbt, ohne oder mit zwei gleich langen Geißeln —> Grünalgen

Bakterien
Blaualgen
Goldalgen
Kieselalgen
Schönaugengeißler

Grünalgen (Auswahl)
einzellige: ohne Geißel. mit Geißeln:
kolonienbildende:
mehrzellige:

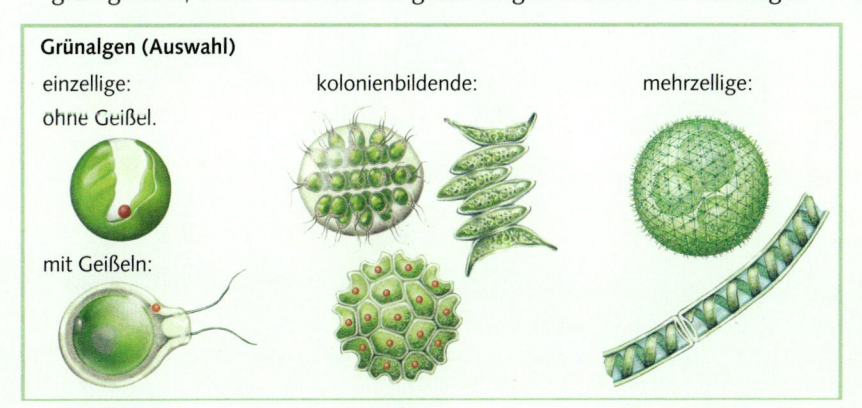

2 Bestimmungsschlüssel für Phytoplankton

Tiere an und im See

Die Vielfalt der Pflanzen an einem See lässt sich oft schon auf den ersten Blick erkennen. Bei den Tieren musst du genau beobachten, um sie zu entdecken.

Die Uferzone
Die Uferzone eines Sees oder anderer stehender Gewässer sind der bevorzugte Lebensraum vieler Singvögel. Bachstelze und Teichrohrsänger finden in den Bäumen und Sträuchern der Bruchwaldzone gut geschützte Nist- und Brutplätze. Die zahlreichen Insekten dienen ihnen als Nahrungsquelle. Hier leben neben verschiedenen Käfern auch Mücken und Eintagsfliegen. Der weiche Boden der Uferzone ist der geeignete Lebensraum für Regenwürmer.

An Land und im Wasser
Manche Tiere, zum Beispiel der Bisam, nutzen sowohl die Uferzone als auch das Wasser als Lebensraum. Der Bisam hat verschließbare, wasserdichte Ohren und ein dichtes, wasserabweisendes Fell. Dies sind Angepasstheiten, um sehr lange im Wasser nach pflanzlicher Nahrung suchen zu können. Zudem befinden sich zwischen seinen Zehen starre Schwimmborsten, wodurch er hervorragend schwimmen kann. Im weichen Uferbereich gräbt der Bisam seine unterirdischen Behausungen. Der Eingang liegt stets unter der Wasseroberfläche.

Auch Stockenten leben an Land und im Wasser. Ihre Zehen sind durch Schwimmhäute verbunden und wirken im Wasser wie Paddel. Das wasserabweisende Gefieder schützt sie vor Kälte und Nässe. Nur zum Brüten und Schlafen gehen die Stockenten an Land.

Auf und über dem Wasser
Wasserläufer besiedeln die Wasseroberfläche fast aller stehenden Gewässer. Ihre langen, flach ausgebreiteten Beine

Bruchwaldzone — Feuchtpflanzen — Röhrichtzone

1 Lebensraum See

Leben in Gewässern

sind mit wasserabweisenden Haaren besetzt. So können sie die Oberflächenspannung des Wassers optimal ausnutzen. Hier fressen sie ins Wasser gefallene Insekten. Das Weibchen legt seine Eier an Wasserpflanzen ab.

Über dem Wasser jagen Libellen im schnellen Flug nach Eintagsfliegen und anderen Insekten. Auch sie nutzen die Wasserpflanzen in der Uferzone zur Eiablage. Die geschlüpften Larven bleiben bis zum Ende der vollständigen Entwicklung im Wasser und ernähren sich von Mückenlarven und Kleinkrebsen.

Unter der Wasseroberfläche

Neben den Fischen leben auch viele Insekten, deren Larven, Schnecken, Krebse und Egel unter Wasser. Die Wasserspinne legt sich einen Luftvorrat unter Wasser an. Dazu streckt sie ihre Hinterbeine aus dem Wasser und zieht sie schnell wieder zurück. In den feinen Haaren bleiben kleine Luftblasen hängen. Diese werden in einem unter Wasser gesponnenen Netz gesammelt. Hier wartet die Spinne auf ihre Beute. Berührt ein vorbeischwimmender Flohkrebs oder eine Wasserassel einen Signalfaden, wird die Beute blitzschnell gebissen und zum Verzehr in die Luftkammer geholt.

Köcherfliegenlarven sind Kiemenatmer und leben ausschließlich unter der Wasseroberfläche. Mit ihren Mundwerkzeugen schaben sie Algenbelag von Steinen und Wasserpflanzen ab. Aber auch abgestorbenes Pflanzenmaterial dient als Nahrung. Ihr aus Spinnseide und kleinen Sandkörnern gebauter Köcher bietet ihnen, Schutz und Versteck vor Fressfeinden. Das Gewicht des Köchers hilft ihnen der Wasserströmung zu widerstehen. Auch die Moosblasen- und Tellerschnecken leben hier und ernähren sich von Wasserpflanzen und Algen.

In Kürze

Gewässer sind sehr artenreich und die »Kinderstube« für eine Vielzahl von Insekten, Amphibien und Vögeln. Hier steht ihnen und ihren Nachkommen ausreichend Nahrung zur Verfügung. Sie zeigen Angepasstheiten, die ihnen das Leben am oder im Gewässer ermöglichen.

Aufgaben

1 Erstelle eine Tabelle, in der du den Zonen eines Sees ein typisches Tier und seine Angepasstheiten an diesen Lebensraum zuordnest.

1 Beschreibe das Luftholen der Wasserspinne und erkläre die Notwendigkeit des Unterwassernetzes.

Die Stechmücke

Heute Abend ist die lang ersehnte Klassenfeier am See. Du machst dich auf den Weg zum Grillplatz. Kaum angekommen, hörst du ein hohes Summen. Stechmücken können den schönsten Grillabend verderben.

Lebensweise und Ernährung
Stechmücken gehören zu den Insekten. Tagsüber suchen sie an Pflanzen nach süßen Säften als Nahrung. Für die Entwicklung der Mückeneier sind tierische Eiweiße notwendig. Diese erhalten die Weibchen durch Blutsaugen. Mit ihren Fühlern können sie ausgeatmetes Kohlenstoffdioxid und Körperdüfte von Tieren und Menschen auch noch in großer Entfernung erkennen. Im Nahbereich verlassen sie sich auf ihre Augen und Temperatursensoren. Hat ein Mückenweibchen ein Blutgefäß getroffen, saugt es das Blut ein. Gleichzeitig gibt es Speichel in die Wunde ab. Dieser verhindert die Blutgerinnung und löst die Schwellung und den Juckreiz aus.

Fortpflanzung im Flug
In Schwärmen versammeln sich am Abend mehrere Hundert männliche Tiere zum »Tanz«. Sie locken die Weibchen an, um sich mit ihnen zu paaren. Durch Duftstoffe und akustische Reize des Flügelschlags angezogen, fliegen die Weibchen in den Schwarm hinein, wo sie begattet werden.

1 Tanzender Mückenschwarm

Eiablage im Gewässer
Nach der Begattung saugen die Weibchen Blut und legen die Eier auf der Wasseroberfläche von stehenden Gewässern ab. Selbst Pfützen oder kleinste Wasseransammlungen in Gießkannen oder hohlen Baumstümpfen sind dafür ausreichend. Bei vielen Arten kleben die Eier in sogenannten *Eischiffchen* von bis zu 500 Eiern zusammen.

Lebensweise der Larven
Nach drei bis vier Tagen schlüpfen aus den Eiern die Mückenlarven. Sie hängen mit dem Kopf nach unten an der Wasseroberfläche.
Eine aus dem Enddarm entspringende Röhre ragt aus der Wasseroberfläche heraus.

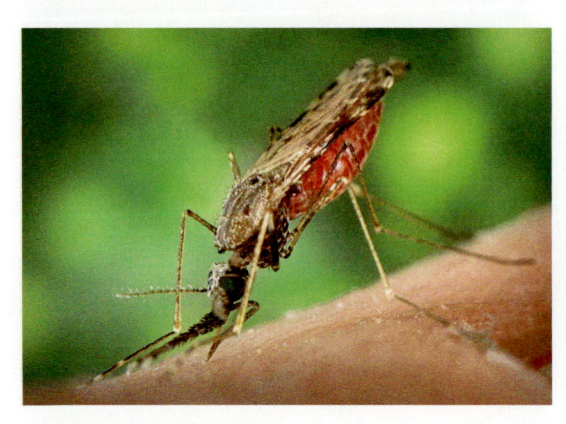

2 Mücke beim Blutsaugen

3 Eischiffchen auf der Wasseroberfläche

4 Mückenlarve mit Atemrohr

Über dieses *Atemrohr* atmen die Mückenlarven. Bei Gefahr flüchten sie mit zuckenden Bewegungen. Mit ihren Mundwerkzeugen strudeln sie ständig Wasser herbei, aus dem sie ihre Nahrung herausfiltern.

Die nächste Generation

Innerhalb von drei bis vier Wochen häuten sich die Larven mehrmals und werden dabei immer größer. Mit der letzten Häutung verwandeln sie sich zu *Puppen*. In diesem Ruhestadium, das nur wenige Tage dauert, wird keine Nahrung mehr aufgenommen. Das Atemrohr ist zurückgebildet. Der benötigte Sauerstoff wird durch zwei Öffnungen im Brustabschnitt der Puppe über der Wasseroberfläche aufgenommen. Ist der Entwicklungsprozess abgeschlossen, platzt die Puppenhülle und die fertige Mücke, die *Imago*, schlüpft. Nach etwa einer Stunde sind die Flügel getrocknet und ausgehärtet. Jetzt ist die Mücke flugfähig. Bei der Entwicklung vom Ei über die Larve zur Puppe und schließlich zur Imago gleicht kein Stadium dem anderen. Mücken durchlaufen also eine *vollständige Metamorphose*.

Plage und Nahrung

Nach sommerlichen Hochwassern kommt es oft zu ausgesprochenen Mückenplagen. Menschen und Tiere leiden dann insbesondere nachts unter den zahllosen Mückenstichen. Der großflächige Einsatz von Insektiziden ist dennoch problematisch. Mücken und Mückenlarven stellen für viele Tiere wie Spinnen, Fische, Amphibien und Vögel eine wichtige Nahrungsquelle dar.

> **In Kürze**
> Nur weibliche Mücken saugen Blut. Sie benötigen es für die Entwicklung der Eier. Die befruchteten Eier entwickeln sich in einer vollständigen Metamorphose.

Aufgaben
1 Stelle Vermutungen darüber an, wie man der Mückenplage in Wohngebieten entgegenwirken könnte.
2 Begründe, weshalb von tanzenden Mückenschwärmen kaum eine Gefahr für dich ausgeht.

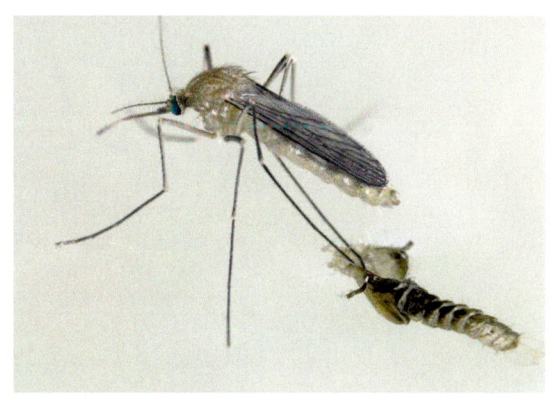

5 Puppen der Mücke an der Wasseroberfläche

6 Schlüpfende Mücke

Leben in Gewässern 109

Der Gelbrandkäfer

Vor einer Woche hat Tizian im Gartenteich sehr viele Kaulquappen entdeckt. Heute sind von den vielen Tieren fast keine mehr zu sehen. Stattdessen entdeckt er einen großen, gelb gerandeten Käfer.

Eindeutige Merkmale
Gelbrandkäfer sind Schwimmkäfer und werden bis zu 35 Millimeter groß. Der gelbe Streifen am Ende der Flügeldecken und um den Halsschild gab den Käfern ihren Namen. Bei den Männchen sind die Flügeldecken glatt, bei den Weibchen sind sie im vorderen Bereich längs gefurcht. Das dritte Beinpaar ist zu Schwimmbeinen ausgebildet. Es ist mit dichten Borsten besetzt und dient beim Schwimmen unter Wasser als Paddel. Am ersten Beinpaar befinden sich mehrere Saugnäpfe. Sie dienen zum Festhalten bei der Nahrungsaufnahme, der Paarung und der Eiablage. Unter den Flügeldecken haben die Käfer eine Kammer. Sie enthält den Luftvorrat für das Atmen unter Wasser. Über eine Öffnung gelangt Luft in die Kammer. Ein wasserabweisender Haarsaum um die Flügeldecken verhindert das Einströmen von Wasser und das Entweichen der Luft. Über die hier endenden Atemöffnungen gelangt die Luft in die Tracheen.

1 Gelbrandkäfer auf der Jagd

Lebensraum und Lebensweise
Die Gelbrandkäfer kommen in ganz Europa vor allem in stehenden Gewässern vor. Sie können sowohl fliegen als auch tauchen. Bevor sie abfliegen, entleeren sie einen großen Teil ihres Enddarms, um ihr Gewicht zu reduzieren. Zum Abtauchen im Gewässer erhöhen sie ihr Gewicht wieder, indem sie Flüssigkeit aufnehmen. Nach etwa 15 Minuten müssen die Käfer ihren Luftvorrat erneuern. Dazu stoßen sie mit ihrem Hinterleib durch die Wasseroberfläche.

Ernährung des Gelbrandkäfers
Gelbrandkäfer jagen unter Wasser kleinere Tiere, zum Beispiel Kaulquappen und Insektenlarven. Sie fressen aber auch Jungfrösche und schwache oder kranke Fische. Mit ihren

2 Die Hinterbeine sind Schwimmbeine.

3 Vorderbein mit Saugnäpfen

kräftigen, beißenden Mundwerkzeugen schneiden sie Teile aus der Beute heraus.

Fortpflanzung der Gelbrandkäfer
Im Herbst paaren sich die Gelbrandkäfer. Die befruchteten Eier werden aber erst im Frühjahr in das Gewebe von Wasserpflanzen abgelegt. Dazu schlitzt das Weibchen mit seinem Legestachel Wasserpflanzen auf und legt bis zu 1000 Eier in das Innere. Das Gelege wird vom Weibchen mit einem Sekret verschlossen.

Entwicklung der Larven
Die Larven des Gelbrandkäfers leben unter Wasser. Sie ernähren sich ebenso räuberisch wie die ausgewachsenen Käfer. Mit ihren Beinen halten sie sich an der Beute fest und stechen ihre dolchartigen Oberkiefer in deren Körper. Über einen Kanal in den Oberkiefern werden Verdauungssäfte in die Beute gepumpt. Das Körperinnere wird dadurch verflüssigt. Dies bezeichnet man als *äußere Verdauung*. Nun saugt die Larve die nährstoffreiche Flüssigkeit auf. Durch zwei Öffnungen im Hinterleib nehmen die Larven an der Wasseroberfläche Sauerstoff auf. Im Herbst verlassen sie das Wasser und graben sich an Land eine Höhle, die *Puppenwiege*. Hier verpuppen sie sich und schlüpfen im Frühjahr.

5 Larve des Gelbrandkäfers

In Kürze
Gelbrandkäfer leben im Wasser und überwintern an Land. Eine Luftkammer unter den Flügeldecken und Schwimmbeine sind Angepasstheiten an das Leben unter Wasser. Die Larven verdauen ihre Nahrung außerhalb des Körpers.

Aufgaben
1 Beschreibe die Entwicklung des Gelbrandkäfers mit Hilfe eines Flussdiagramms.
2 Ordne die Begriffe Taucher und Schnorchler dem Gelbrandkäfer beziehungsweise seiner Larve zu. Begründe deine Zuordnung.

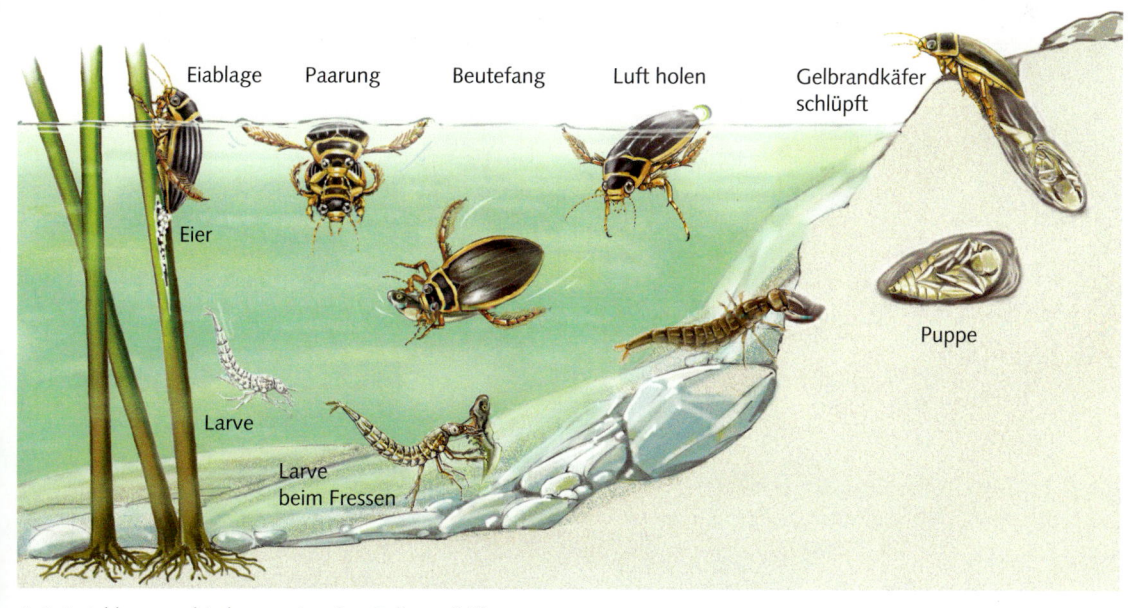

4 Entwicklung und Lebensweise des Gelbrandkäfers

Leben in Gewässern

Nahrungsbeziehungen im See

Hechte sind bei Fischzüchtern gefürchtet. Sie sind geschickte Jäger und fressen neben Fischen auch Frösche, Wasservögel und sogar kleine Säugetiere.

Nahrungskette und Nahrungsnetz

Auf dem Speiseplan der Hechte stehen unter anderem junge Barsche. Diese machen Jagd auf Kaulquappen, die wiederum Algen, abgestorbene Pflanzenteile und Einzeller fressen. Solche *Nahrungsketten*, wie die zwischen Algen, Kaulquappen, Barschen und Hechten, gibt es viele in einem See. Die meisten Tiere haben aber nicht nur eine, sondern mehrere Nahrungsquellen. So ernähren sich Kaulquappen nicht nur von Algen sondern auch von Wasserflöhen. Wasserflöhe dienen ihrerseits nicht nur Kaulquappen sondern auch Barschen, Stockenten, Wasserfröschen und Insektenlarven als Nahrung. Auf diese Weise sind die einzelnen Nahrungsketten zu *Nahrungsnetzen* verknüpft.

1 Hechte sind geschickte Jäger.

Produzenten und Konsumenten

Am Beginn aller Nahrungsketten stehen die grünen Pflanzen und das Phytoplankton. Als Produzenten stellen sie bei der Fotosynthese aus Kohlenstoffdioxid und Wasser mit Hilfe des Sonnenlichts Glucose her. Dabei wird Sauerstoff frei. Die Tiere dagegen sind *Konsumenten*. Pflanzenfresser sind *Konsumenten 1. Ordnung*. Ihnen folgen die Fleischfresser, die *Konsumenten 2. Ordnung*. Das letzte Glied einer Nahrungskette bilden die *Endkonsumenten*. Die *Destruenten* zersetzen tote Lebewesen. Dabei entstehen Mineralstoffe, Kohlenstoffdioxid und Wasser.

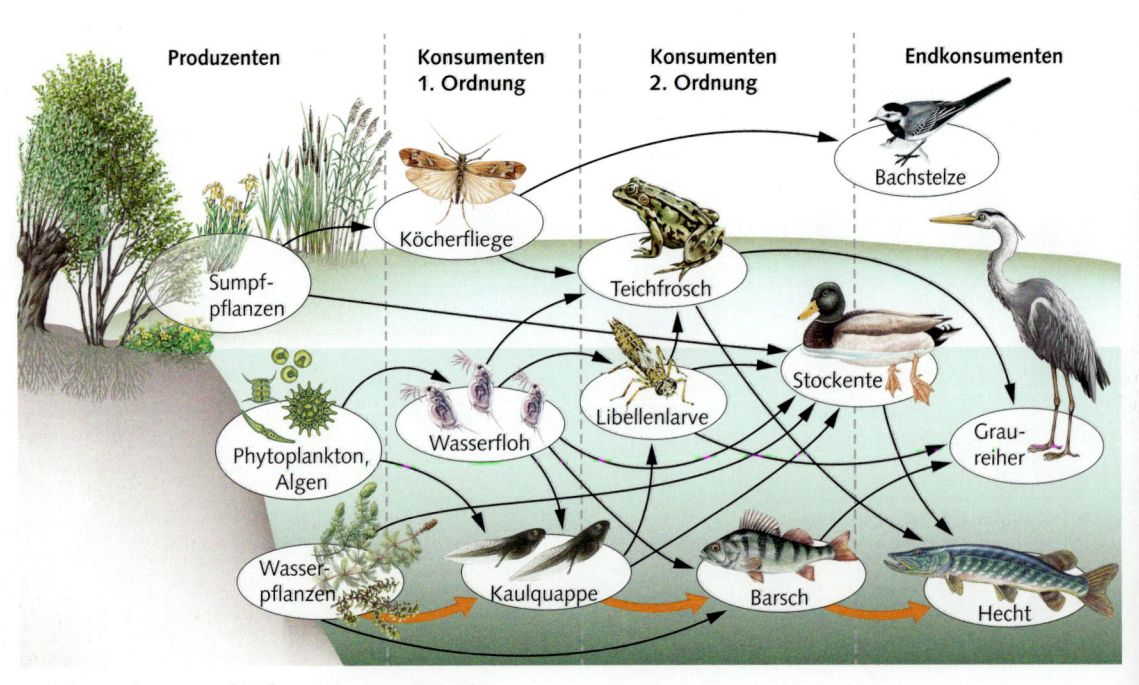

2 Nahrungsketten und Nahrungsnetz in einem See

Leben in Gewässern

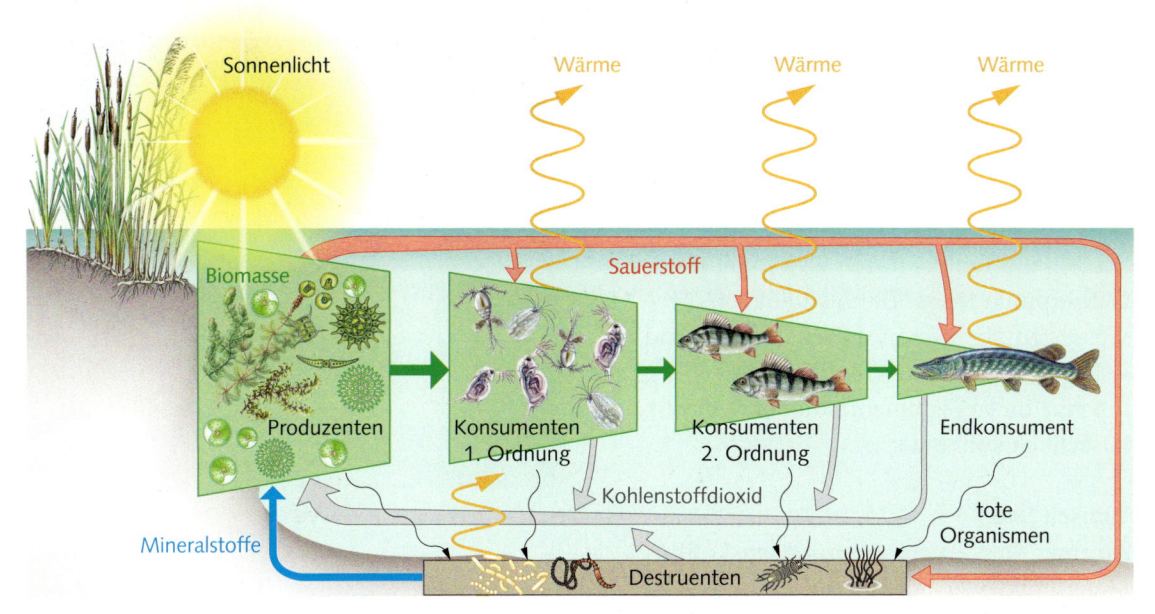

3 Nahrungspyramide und Stoffkreislauf in einem See

Räuber-Beute-Beziehungen

Die Anzahl der Räuber in einem See ist abhängig von der Anzahl der Beutetiere und umgekehrt. Mückenlarven beispielsweise sind beliebte Beutetiere für Barsche. Gibt es viele Mückenlarven, haben die Barsche und deren Nachwuchs viel zu fressen. Dann sinkt die Anzahl der Mücken, die sich fortpflanzen können, und damit auch die Zahl der Mückenlarven. Nun gibt es weniger Nahrung für die Barsche. Da jedes Tier mehrere Nahrungsquellen hat, ist diese Beziehung jedoch stark vereinfacht dargestellt.

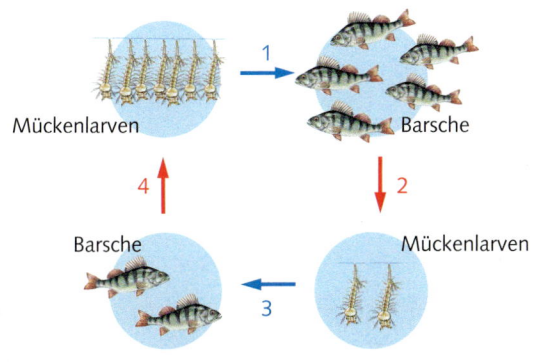

1 Je mehr Beute, desto mehr Räuber.
2 Je mehr Räuber, desto weniger Beute.
3 Je weniger Beute, desto weniger Räuber.
4 Je weniger Räuber, desto mehr Beute.

4 Räuber-Beute-Modell

Biomasse und Nahrungspyramide

Den größten Teil der mit der Nahrung aufgenommenen Energie benötigen Lebewesen für ihre Stoffwechselvorgänge. Nur ein kleiner Teil der Energie wird zum Aufbau von Körpersubstanz, der *Biomasse*, genutzt. Dies trifft, von den Produzenten bis zu den Endkonsumenten, für jede Ernährungsstufe zu. Ordnet man die Biomassen in einer Grafik an, so entsteht eine Pyramide. Den breiten Sockel bilden die Produzenten. Die Anzahl der Lebewesen nimmt von Stufe zu Stufe immer weiter ab. Gleichzeitig wird auch die Biomasse nach oben hin kleiner.

In Kürze

Zwischen den Lebewesen in einem Gewässer bestehen Nahrungsbeziehungen in Form von Nahrungsketten und Nahrungsnetzen. Von den Produzenten bis zu den Endkonsumenten nimmt die Biomasse stetig ab.

Aufgaben

1 Nenne Beispiele für Konsumenten der 1. und 2. Ordnung in Bild 2.
2 Suche nach einer Begründung, weshalb die Biomasse von den Produzenten zu den Endkonsumenten stetig abnimmt.

Leben in Gewässern

Ein See im Jahresverlauf

In einem Weihnachtslied heißt es: »Leise rieselt der Schnee, still und starr ruht der See.« In der Adventszeit, im Dezember, können die Temperaturen weit unter den Gefrierpunkt fallen. Dann sinkt auch die Wassertemperatur eines Sees rasch ab und er beginnt zuzufrieren. Schließlich bedeckt ihn eine dicke Eisschicht und der See ruht tatsächlich still und starr.

1 See im Winter

Typisch See
Ab einer Wassertiefe von mindestens fünf Metern bildet sich die für einen See typische Wasserschichtung aus. Diese hängt stark mit der Dichte des Wassers bei verschiedenen Temperaturen zusammen. Die größte Dichte besitzt Wasser bei 4 °C. Wasser mit dieser Temperatur ist am schwersten und sinkt auf den Seegrund. Wärmeres und kälteres Wasser sind leichter. Friert Wasser zu Eis, ist es so leicht, dass es an der Oberfläche schwimmt.

Durchmischung im Frühjahr
Wenn im Frühjahr die Eisdecke schmilzt, erwärmt sich der See von oben nach unten auf einen einheitlichen Wert von etwa 4 °C. Kräftige Frühjahrsstürme können das Wasser dann vollständig durchmischen. Man spricht von der *Frühjahrszirkulation*.

Ruhiger Sommer
Die Sommersonne erwärmt das Wasser weiter. Während der *Sommerstagnation* gliedert sich der See in drei Schichten. Bis in eine Tiefe von bis zu zehn Metern reicht die warme *Oberflächenschicht*. Darunter liegt die schmale *Sprungschicht*. Hier fällt die Temperatur schlagartig ab. In der gesamten *Tiefenschicht* steigt die Temperatur nicht über 4 °C. Durch die unterschiedliche Dichte entstehen zwei unabhängige Wasserkörper, die durch Sommerwinde nicht durchmischt werden. So werden zwischen den Schichten kaum Stoffe ausgetauscht. Die Oberflächenschicht ist durch die Fotosyntheseaktivität der Algen sauerstoffreich. Sie wird als *Nährschicht* bezeichnet. Totes Plankton, Ausscheidungen der Wassertiere und eingeschwemmtes Material sinken ab und sammeln sich auf dem Seegrund. Dort werden sie von Destruenten abgebaut. Zunächst überwiegen Abbauprozesse, bei denen Sauerstoff benötigt wird. Da kein Austausch mit dem Oberflächenwasser möglich ist, wird die Tiefenschicht zunehmend sauerstoffärmer. Sie wird daher als *Zehrschicht* bezeichnet. Ist gar kein Sauerstoff mehr vorhanden, entstehen durch Fäulnisprozesse giftige Abfallstoffe.

2 Herbststürme an einem See

Leben in Gewässern

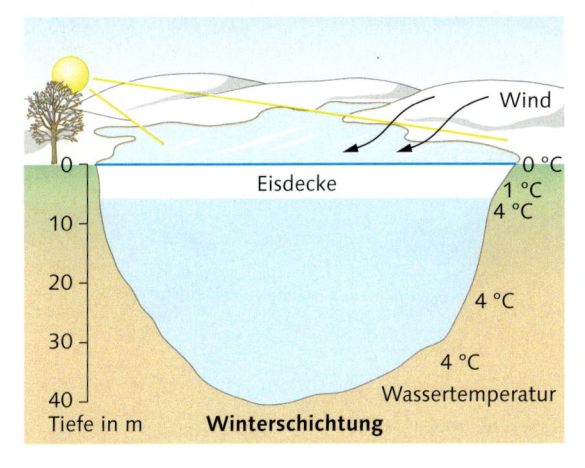

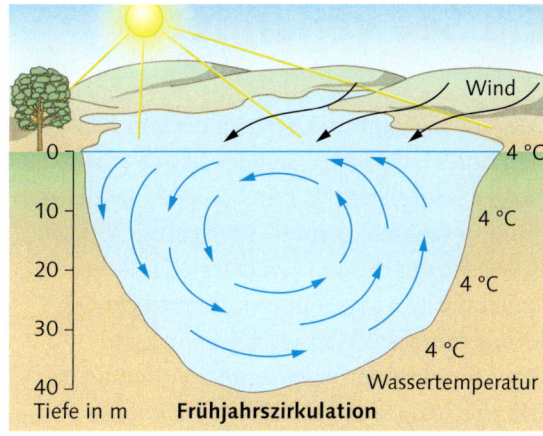

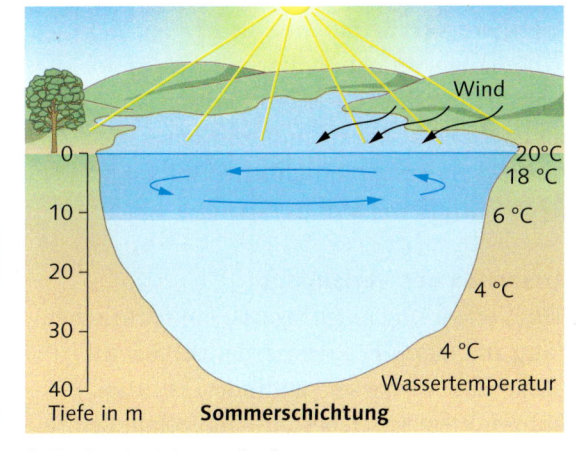

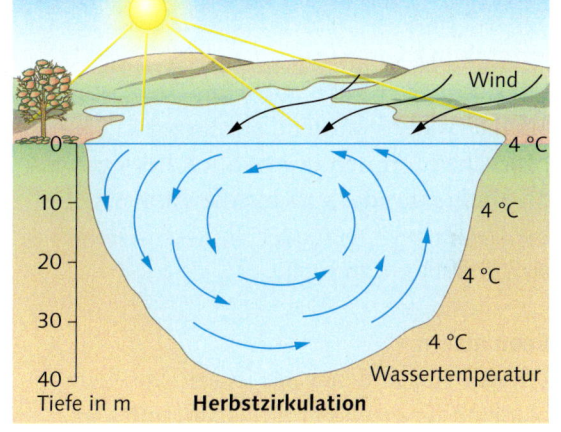

3 Ein See im Jahresverlauf

Stürmischer Herbst

Die ersten kalten Herbstnächte kühlen das Wasser an der Oberfläche des Sees stark ab. Das abgekühlte Wasser sinkt in Richtung Seegrund ab. Bald hat sich die Temperatur in allen Tiefen auf einen einheitlichen Wert von etwa 4 °C angeglichen. Die heftigen Herbststürme ermöglichen eine vollständige Durchmischung des Gewässers. Durch die *Herbstzirkulation* gelangt wieder Sauerstoff in das Tiefenwasser.

Der See in Winterruhe

Im Winter kühlt das Oberflächenwasser weiter ab. Bei anhaltendem Frost bildet sich auf der Oberfläche eine Eisschicht. Während der *Winterstagnation* bewegt sich das Wasser kaum. Im Tiefenwasser sinkt die Temperatur nicht unter 4 °C. Hier finden Wassertiere Überwinterungsmöglichkeiten.

In Kürze

Im Frühling und Herbst besitzt ein See in allen Tiefen eine annähernd gleiche Temperatur. Durch Winde wird der gesamte Wasserkörper durchmischt. Im Sommer und Winter unterbleibt die Durchmischung und somit der Stoffaustausch.

Aufgaben

1 Erstelle in deinem Heft eine Tabelle nach folgendem Muster und ergänze sie:

Temperatur	Frühling/ Herbst	Sommer	Winter
Oberflächenwasser			
Tiefenwasser	kalt		

2 Begründe, warum der Sturm eines Sommergewitters einen See nicht vollständig durchmischen kann.

Ein See verlandet

Der Aralsee liegt im Grenzgebiet von Kasachstan und Usbekistan. Seit etwa 1930 wird ein großer Teil des Wassers aus den beiden größten Flüssen, die den See speisen, für die Bewässerung riesiger landwirtschaftlicher Anbauflächen abgeleitet. In dem trockenen Klima nahm die Wasserfläche um rund drei Viertel seiner ursprünglichen Größe ab. Die ehemalige Hafenstadt Muynak liegt heute 80 Kilometer vom Seeufer entfernt.

Entstehung von Seen
Natürliche Seen entstanden, als Gletscher und Schmelzwasser während der Eiszeiten die Landschaft formten. Auch durch Bewegungen der Erdkruste oder vulkanische Aktivitäten bildeten sich Gräben oder Becken, in denen sich Wasser ansammelte.

Seen altern
Ein neu entstandener See ist arm an Phytoplankton. Er erscheint türkisblau und klar. In diesem Zustand ist er nährstoffarm und wird als *oligotroph* bezeichnet. Durch den Eintrag von Mineralstoffen vermehren sich Algen. Das Wasser wird trüb und grünlich. In der Folge steigt die Menge an Zooplankton und weiterer Konsumenten an. In solchen *eutrophen,* also nährstoffreichen Seen kann die Menge abgestorbener Lebewesen am Grund nicht mehr vollständig zersetzt werden.

1 Schiffe im Gebiet des ehemaligen Aralsees

Es lagern sich Sedimentschichten ab. Den Übergang vom nährstoffarmen zu einem nährstoffreichen Gewässer nennt man *Eutrophierung.* Sie verläuft sehr langsam, kann aber durch menschliche Einflüsse stark beschleunigt werden.

Ursachen des Verlandens
Die Verlandung eines Sees ist ein natürlicher, lang andauernder Prozess, der bei jedem stehenden Gewässer stattfindet. Zuflüsse führen Kies, Schwebestoffe und Mineralstoffe mit sich. Dadurch werden die Sedimentbildung und die Verschlammung des Seegrunds vorangetrieben. Die Wassertiefe verringert sich. Von den Ufern wachsen Schilf und Rohrkolben in die flachen Bereiche der Freiwasserzone hinein. Unter Sauerstoffabschluss bildet sich aus abgestorbenen Pflanzenteilen Schilftorf. Schicht um Schicht wächst der schlammige und torfhaltige Seegrund.

2 Verlandungszone eines Sees

3 Stoffeintrag aus den Zuflüssen

4 Flachmoor

Ein Moor entsteht
Nach und nach besiedeln Gräser wie Seggen das entstehende Flachmoor. Aus abgestorbenen und nicht zersetzten Pflanzen bildet sich nun der Seggentorf. Dieser Flachmoortorf hebt sich immer weiter über den Wasserspiegel heraus. Siedelt sich das Torfmoos an, so breitet es sich meist stark aus. Im Laufe großer Zeiträume erstickt es andere Pflanzen und bildet ein Hochmoor.

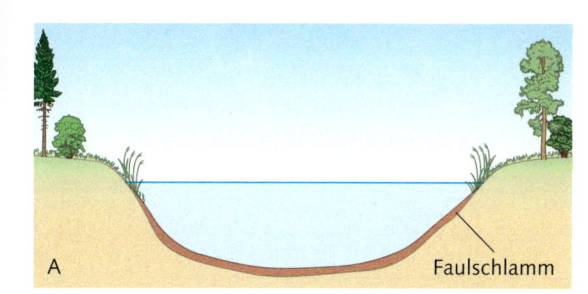

Bruchwald
Hebt sich der Torf in einem Flachmoor über den Wasserspiegel, können sich auch Bäume ansiedeln. Es entsteht ein Bruchwald. Erlen, Birken oder Kiefern sind typische Pflanzen solcher Sumpfgebiete. Sie können die ständige Nässe vertragen. Wird ein Baum zu groß und seine Krone zu ausladend, kippt er im sumpfigen Untergrund um.

In Kürze
Die Verlandung eines Sees ist ein natürlicher, langsam fortschreitender Prozess, der durch menschliche Einflüsse beschleunigt werden kann. Er läuft in Stufen ab, an deren Ende ein Hochmoor oder ein Bruchwald steht. Jedes stehende Gewässer verlandet mit der Zeit.

Aufgaben
1 Nenne drei Möglichkeiten, wie Seen entstehen können.
2 »Ein See altert.« Erläutere den biologischen Hintergrund dieser Aussage.
3 Erstelle ein Flussdiagramm, das die Verlandung eines Sees bis zur Entstehung eines Bruchwalds darstellt.

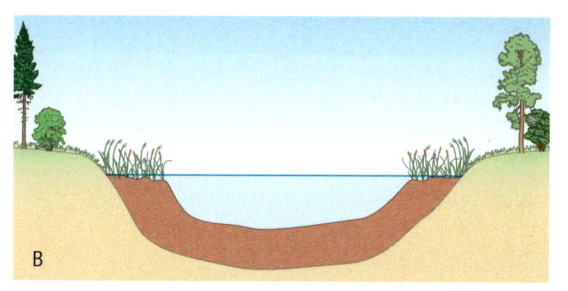

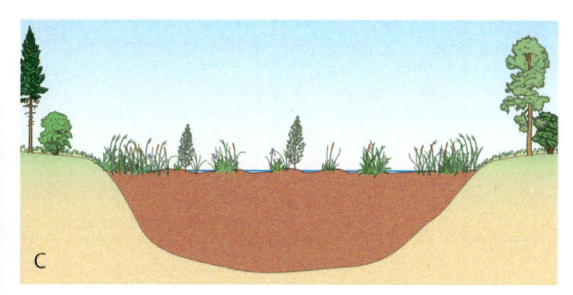

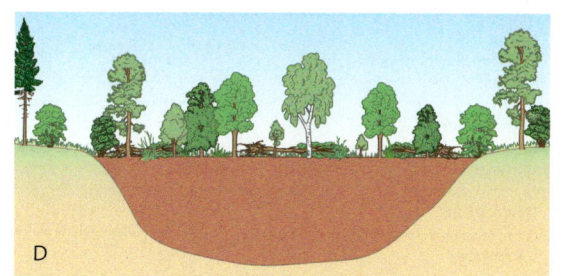

A Faulschlamm B

C D

5 Ein See verlandet.

Aufgaben

Ökologische Zusammenhänge in einem See

1 Licht, Dünger, Algen und Krebschen

Ein See wurde ein Jahr lang gründlich untersucht. Dabei konnten viele Messwerte gewonnen und dokumentiert werden. In der Tabelle unten sind die Messergebnisse aus der Untersuchung des Oberflächenwassers festgehalten.

a Erstelle ein Diagramm, das alle Werte der Tabelle übersichtlich, mit Hilfe von geeigneten Farben, veranschaulicht.

b Der See hat einen Zufluss, der ständig Dünger in Form von Phosphat einschwemmt. In den Monaten Januar bis Mai steigt der Düngeranteil kontinuierlich an. Beschreibe die Veränderungen der Düngerkonzentration für den Rest des Jahres.

c Erläutere den Anstieg der Algenbiomasse in den Monaten April bis Juni. Beschreibe dazu den Zusammenhang zwischen Düngerkonzentration und Algenbiomasse.

d Erläutere die Zunahme des Zooplanktons in den Monaten April bis Juni, sowie den Einbruch der Zooplanktonkonzentration im Monat Juli.

e Übertrage das Diagramm von Bild 2 in dein Heft und zeichne eine Kurve, die die Algenbiomasse in fünf Metern Tiefe im Verlauf des Jahres zeigt. Gehe davon aus, dass im Januar die Algenbiomasse bei $0{,}1\,cm^3/m^3$ liegt.

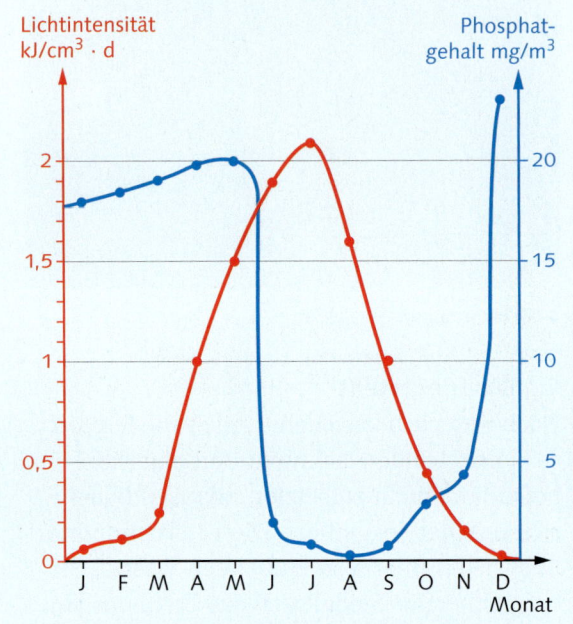

2 Lichtintensität und Phosphatgehalt in 5 Metern Tiefe

Gemessene Werte (Oberflächenwasser)	Lichtintensität kJ/cm² · d	Phospatgehalt (Dünger) mg/m³	Algenbiomasse cm³/m³	Zooplanktonbiomasse cm³/m³
Januar	0,3	18,0	0,1	0,1
Februar	0,6	18,5	0,1	0,1
März	1,2	19,0	0,3	0,2
April	1,8	19,5	1,0	0,3
Mai	2,4	20,0	5,0	1,0
Juni	2,6	2,0	7,0	4,0
Juli	2,4	1,0	2,0	2,0
August	1,9	0	1,0	1,0
September	1,1	1,0	1,0	1,0
Oktober	0,6	3,0	0,7	0,5
November	0,3	6,0	0,5	0,5
Dezember	0,2	17,5	0,3	0,1

1 Überblick über die Messwerte des Oberflächenwassers in dem untersuchten See

Leben in Gewässern

2 Wasserpflanzen sind angepasst

Die Wasserpest ist eine Pflanze, die in vielen heimischen Gewässern vorkommt. Sie wurde Mitte des 19. Jahrhunderts aus Nordamerika bei uns eingeschleppt. Ihr großer Verbreitungsgrad weist darauf hin, dass die Pflanze gut an das Leben im Wasser angepasst ist.

3 Stängel der Wasserpest

a Beschreibe anhand von Bild 3, wie sich der Aufbau der Wasserpest von dem einer Landpflanze unterscheidet.
b Ordne eines der Bilder der Stängelquerschnitte unten der Wasserpest zu und begründe deine Entscheidung.

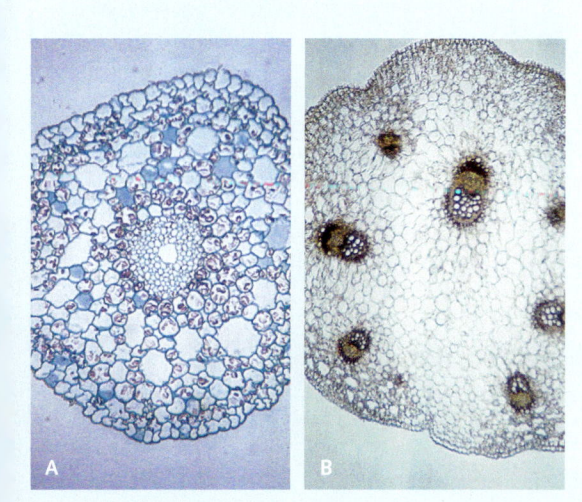

4 Stängelquerschnitte im Original

3 Planktonmodelle

Als Plankton bezeichnet man die Gesamtheit der Lebewesen, die im Wasser schweben. Mit Hilfe eines Modellversuchs soll herausgefunden werden, welchen Einfluss die Körperform auf die Absinkgeschwindigkeit besitzt. Ausgangspunkt des Versuchs ist eine kugelige Körperform.

a Formuliere die Fragestellung für das Experiment.
b Mit Hilfe von gleich großen Portionen von Knetmasse werden verschiedene Formen erstellt. Begründe, warum es sich dabei um ein Modell handelt, indem du Unterschiede zum Original nennst.
c Formuliere und begründe eine Hypothese, welche der Formen die geeignetste ist.

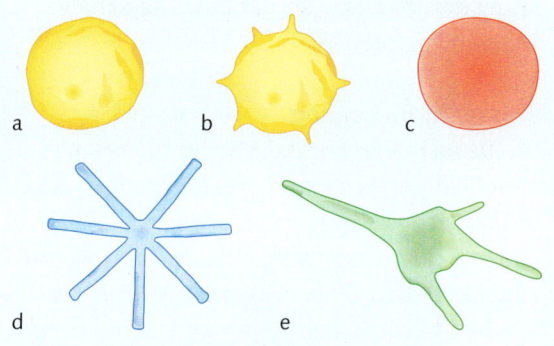

5 Verschiedene Planktonmodelle

Um das Experiment durchzuführen, stehen dir folgende Geräte und Materialien zur Verfügung:

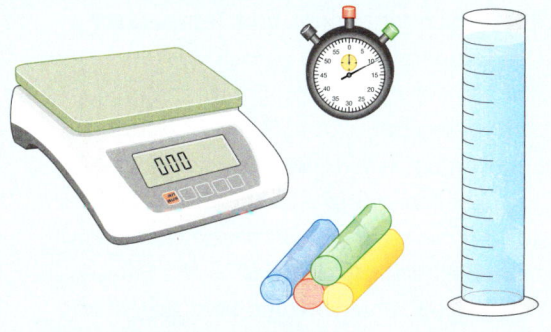

6 Versuchsmaterialien und Geräte

d Beschreibe einen möglichen Versuchsaufbau und die Versuchsdurchführung. Beachte dabei, welche Faktoren konstant gehalten werden und welche variieren müssen.

Das Fließgewässer – ein Ökosystem

Wenn du an einem tosenden Wasserfall stehst, spürst du die gewaltige Kraft des bewegten Wassers. Das ist immer wieder ein faszinierendes Naturschauspiel.

Kennzeichen der Fließgewässer
Bäche, Flüsse und Kanäle gehören zu den Fließgewässern. Während Bäche und Flüsse natürlich entstanden sind, wurden Kanäle vom Menschen angelegt. Ein Fließgewässer ist wie jedes Ökosystem durch eine Vielzahl typischer abiotischer und biotischer Faktoren geprägt. Charakteristisch ist die ständige Strömung des Wassers. Sie hat Einfluss auf alle anderen Faktoren.

1 Am Wasserfall spürt man die Kraft des Wassers.

Wasser in Bewegung
Die Wasserstände und die Strömungen in einem Fließgewässer sind oft kurzfristigen und starken Schwankungen unterworfen. Die Fließgeschwindigkeit steigt beispielsweise mit zunehmendem Gefälle. Durch die Kraft des Wassers werden viele Steine und Geröll mitgespült. Besonders in flachen Gewässern kommt es dann zu einer starken Durchmischung mit Luft. Dadurch steigt der Sauerstoffgehalt in dem Gewässer an.

Fließgeschwindigkeit und Temperatur
Die Temperatur eines Fließgewässers ist nicht nur von der Außentemperatur abhängig. Während sich schnell fließende Gewässer nur langsam erwärmen, weisen Fließgewässer mit geringer Strömung oft höhere Temperaturen auf. Kleinere Bäche haben eine weitgehend einheitliche Temperatur. In tiefen Flüssen bilden sich verschiedene Temperaturbereiche aus.

Tiere im Fließgewässer
Neben Würmern, Schnecken, Krebsen, Insekten und anderen Wirbellosen sind Fische die vorherrschenden Tiere in einem Fließgewässer. Forellen weisen eine Stromlinienform auf und können dadurch auch gegen starke Strömung anschwimmen. Brachsen sind dagegen seitlich abgeflacht und kommen deshalb nur in langsam fließenden Gewässern vor. Die Groppe mit ihrer flachen Bauchseite lebt überwiegend am Flussboden.

Pflanzen im Fließgewässer
Die hohe Fließgeschwindigkeit verhindert einen starken Pflanzenbewuchs. In stark strömenden Gewässern finden deshalb nur Wassermoos und wenige kleine Algen mit ihren Wurzeln und Haftorganen Halt auf Steinen. Erst mit abnehmender Strömung können sich insbesondere im Uferbereich weitere Pflanzen ansiedeln.

2 Flutender Hahnenfuß – typische Pflanze in einem Fließgewässer

3 Auenlandschaft

Leben am Fließgewässer

Auenlandschaften werden von den Flüssen maßgeblich beeinflusst. Auen sind an einen Fluss angrenzende Gebiete, die bei Hochwasser regelmäßig überflutet werden. Deshalb sind sie oft sehr feucht. Seltene Tiere, wie zum Beispiel viele Amphibien, finden hier einen Lebensraum. Auch für Insekten gibt es reichlich Nahrung und Fortpflanzungsplätze. Sie sind Nahrungsgrundlage hier lebender Wirbeltiere. Bäume wie Erlen und Weiden sowie eine Vielzahl von Gräsern und Kräutern wie Mädesüß und Pestwurz kommen mit dem feuchten, sumpfigen Boden gut zurecht.

Nutzung durch den Menschen

Schon seit vielen Jahrhunderten fangen die Menschen Fische für ihre Ernährung. Außerdem nutzten sie die Wasserkraft von Fließgewässern zum Antrieb von Getreidemühlen und Hammerwerken. Heute werden Turbinen angetrieben, die elektrischen Strom erzeugen. Seit jeher werden Fließgewässer auch zum Transport von Gütern genutzt. So legt man Kanäle als künstliche Wasserstraßen an. Das Wasser verschiedener Flüsse, zum Beispiel der Ruhr, dient der Trinkwassergewinnung für mehrere Millionen Menschen. Flussnahe Wiesen sind geeignetes Weideland. Fließgewässer spielen für die Erholung und für den Sport eine immer größere Rolle. Motorboote und Ruderboote sind immer häufiger auf unseren Flüssen zu sehen.

4 Nutzung der Flüsse durch den Menschen

In Kürze

Die Fließgeschwindigkeit und der wechselnde Wasserstand prägen ein Fließgewässer. Sie beeinflussen viele andere abiotische Faktoren wie den Sauerstoffgehalt und die Temperatur und bestimmen so auch die Pflanzen- und Tierwelt. Die Lebewesen zeigen viele Angepasstheiten an diese besonderen Bedingungen.

Aufgaben

1 Beschreibe abiotische Faktoren, die das Leben in einem Fließgewässer beeinflussen.
2 Beschreibe, wie sich im Laufe der Zeit die Nutzung der Fließgewässer durch den Menschen verändert hat.

Von der Quelle zur Mündung

Wenn ein Bach einer Quelle entspringt, ist er zunächst ein kleines Rinnsal. Auf seinem Weg bis zur Mündung verändert er sich ständig und wird so zu einer Kette verschiedenartiger Lebensräume und Lebensgemeinschaften. Die einzelnen Abschnitte sind von entsprechenden Tier- und Pflanzenarten geprägt.

1 Eine Rheinquelle

Ein Fluss wird in Fischregionen eingeteilt
In jeder Flussregion kommen typische Fischarten vor. Sie werden als *Leitarten* bezeichnet und weisen Angepasstheiten auf, die ihnen das Leben unter den jeweiligen Bedingungen ermöglichen. Leitarten werden zur Feingliederung eines Flusses herangezogen.

Der Oberlauf
Flüsse entspringen meist im Gebirge. Oft vereinigen sich zunächst mehrere Quellbäche zu einem größeren Bach, der sich durch weitere Zuflüsse zu einem kleinen Fluss entwickelt. Dieser erste Abschnitt wird als *Oberlauf* bezeichnet. Das Wasser ist hier klar und sehr kalt. Wegen des starken Gefälles sind Fließgeschwindigkeit und Sauerstoffgehalt sehr hoch. Die Leitart im Oberlauf ist die Forelle. Ihr Körper ist stromlinienförmig, sodass sie auch gegen starke Strömung ankommt.

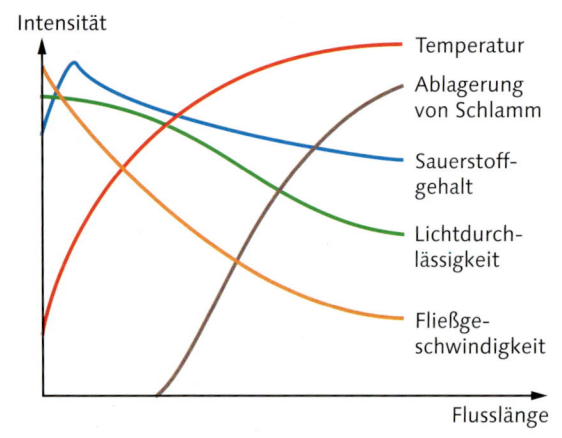

Weitere typische Vertreter der *Forellenregion* sind das Bachneunauge und die Groppe.

Der Mittellauf
Im *Mittellauf* nehmen Breite und Tiefe des Flusses zu. Die Fließgeschwindigkeit ist noch relativ hoch, aber sehr unbeständig. Auf dem Grund lagert sich mitgerissenes Material ab. Die Temperatur kann bis auf 15 °C ansteigen. Der Sauerstoffgehalt bleibt zunächst noch hoch. Die Leitart im Mittellauf ist die Äsche. Daneben kommen in der *Äschenregion* noch Lachs und Bachforelle vor. Weiter flussabwärts wird die Strömung gleichmäßiger und geringer. Deshalb können Barbe und Rotfeder vom Wasser nicht mehr mitgerissen werden. Sie finden in der *Barbenregion* ausreichend Nahrung.

Der Unterlauf
Im Unterlauf eines Flusses nimmt die Fließgeschwindigkeit noch weiter ab. Sand und Schlamm lagern sich am Boden ab und bilden einen mineralstoffreichen Grund für Pflanzen. Das Wasser erwärmt sich im Sommer. Dadurch sinkt der Sauerstoffgehalt. Nach seiner Leitart nennt man den Unterlauf auch *Brachsenregion*. Daneben kommen hier Aal, Hecht und Zander vor. Mündet ein Fluss in ein Meer, bildet die *Kaulbarsch-Flunder-Region* den Abschluss des Unterlaufs. Hier vermischen sich Süß- und Salzwasser zu Brackwasser. Kaulbarsch, Flunder und Stichling sind typische Vertreter dieser Region.

2 Änderungen der Eigenschaften in einem Fließgewässer

Leben in Gewässern

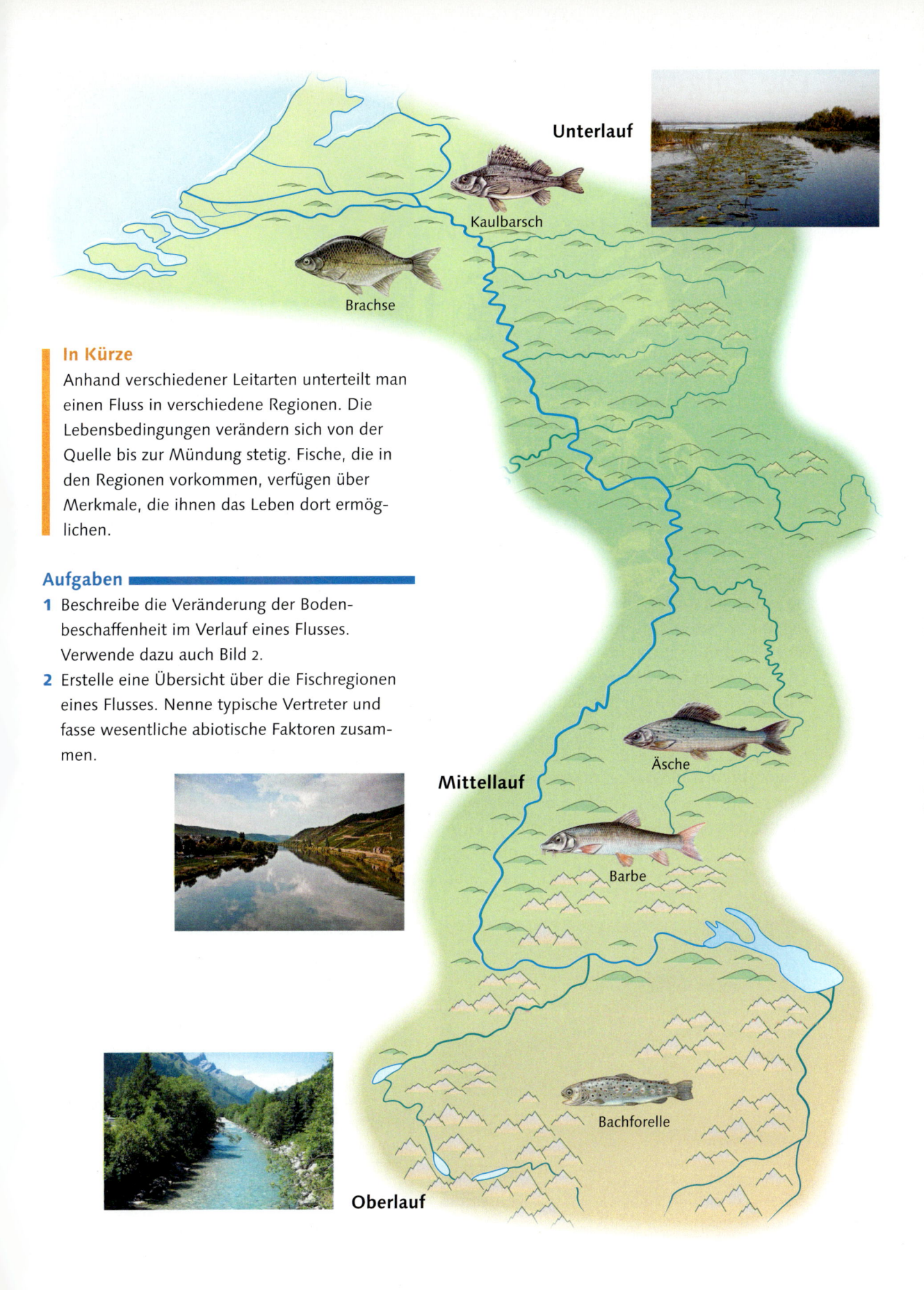

In Kürze

Anhand verschiedener Leitarten unterteilt man einen Fluss in verschiedene Regionen. Die Lebensbedingungen verändern sich von der Quelle bis zur Mündung stetig. Fische, die in den Regionen vorkommen, verfügen über Merkmale, die ihnen das Leben dort ermöglichen.

Aufgaben

1 Beschreibe die Veränderung der Bodenbeschaffenheit im Verlauf eines Flusses. Verwende dazu auch Bild 2.

2 Erstelle eine Übersicht über die Fischregionen eines Flusses. Nenne typische Vertreter und fasse wesentliche abiotische Faktoren zusammen.

Unterlauf

Kaulbarsch

Brachse

Mittellauf

Äsche

Barbe

Oberlauf

Bachforelle

Leben in Gewässern

Die Zeigerorganismen

An der Ruhr kann man häufig Angler sehen. Je nachdem wo sie angeln, fangen sie unterschiedliche Fische. Welche Fischarten in einem Fluss geangelt werden, ist von der Wasserqualität in den einzelnen Flussabschnitten abhängig. In der Quellregion der Ruhr beispielsweise gibt es viele Bachforellen.

Lebewesen geben uns Auskunft

Bachforellen benötigen zum Leben besonders klare und sauerstoffreiche Fließgewässer. Nimmt der Sauerstoffgehalt ab, verringert sich auch ihr Bestand. Ihr Vorkommen oder ihr Fehlen zeigen also an, ob das Wasser in dem jeweiligen Flussabschnitt sauerstoffreich oder sauerstoffarm ist. Daran lassen sich Rückschlüsse auf die dortige Wasserqualität ziehen. Bachforellen sind *Zeigerorganismen*. Zeigerorganismen sind Tier- und Pflanzenarten, die bestimmte Umweltbedingungen anzeigen. Ihnen sind in Bezug auf bestimmte abiotische Faktoren sehr enge Grenzen gesetzt. Deshalb erlaubt ihr Vorkommen Rückschlüsse auf die Qualität eines Lebensraums.

Zeigerorganismen hoher Wasserqualität

Mineralstoffarme, sauerstoffreiche Gewässer zeichnen sich durch besonders klares Wasser aus. Hier leben Steinfliegenlarven, Flohkrebse, Köcherfliegenlarven und Eintagsfliegenlarven.

1 Angler am Fluss

Sie sind Zeigerorganismen für unbelastete Gewässer. Auch Lachse findet man nur in sauberen Fließgewässern. Sie waren zum Beispiel in der Ruhr lange Zeit nicht zu finden und kommen wegen der besseren Wasserqualität heute wieder vermehrt vor.

Zeigerorganismen niedriger Wasserqualität

Durch äußere Einflüsse kann die Wasserqualität stark sinken. Trübes, teilweise faulig riechendes Wasser ist ein Anzeichen dafür. Das Wasser enthält wenig Sauerstoff und viele Mineralstoffe. Zeigerorganismen belasteter Gewässer sind Zuckmückenlarven, Wasserasseln, Schlammröhrenwürmer und Egel. Die Lebewesen sind an die hier herrschenden Bedingungen angepasst. Sie besitzen zum Beispiel ein Atemrohr, das die Sauerstoffaufnahme an der Wasseroberfläche ermöglicht.

2 Köcherfliegenlarve mit Köcher

3 Schlammröhrenwürmer

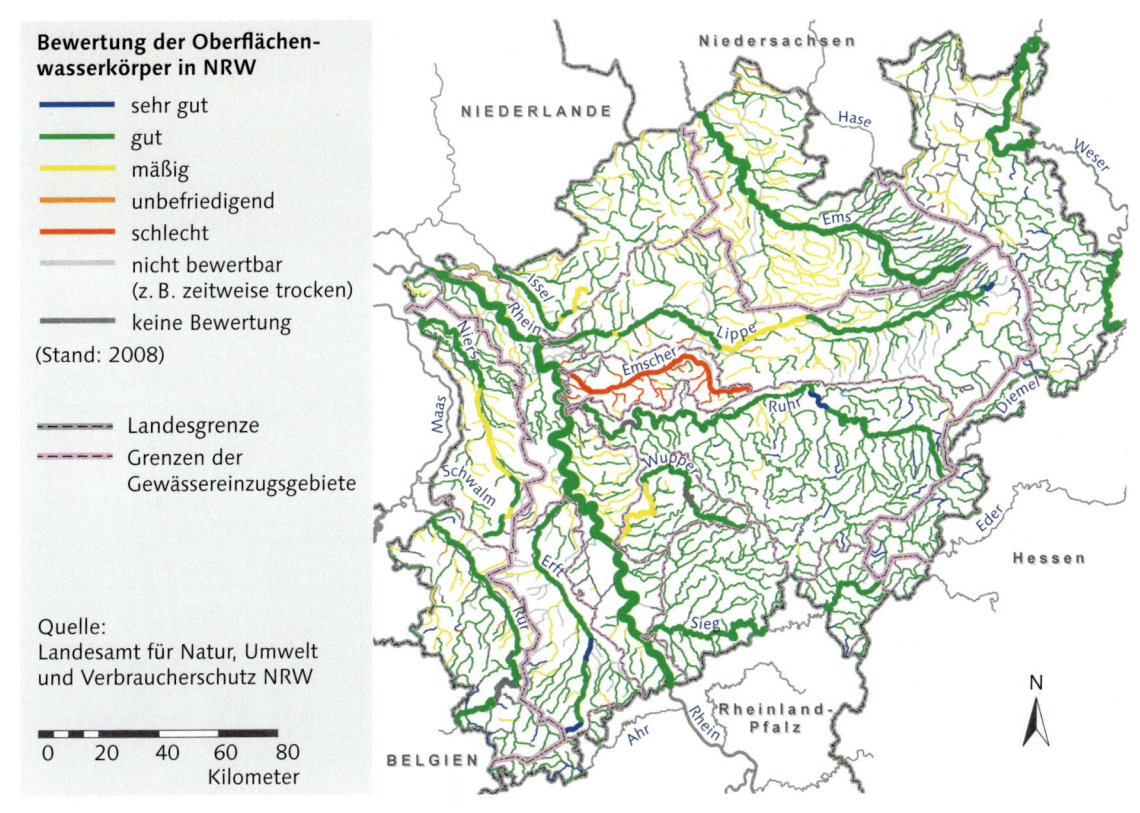

Bewertung der Oberflächenwasserkörper in NRW

— sehr gut
— gut
— mäßig
— unbefriedigend
— schlecht
— nicht bewertbar (z. B. zeitweise trocken)
— keine Bewertung

(Stand: 2008)

--- Landesgrenze
--- Grenzen der Gewässereinzugsgebiete

Quelle: Landesamt für Natur, Umwelt und Verbraucherschutz NRW

4 Gewässergütekarte NRW

Einflüsse auf die Gewässergüte

Die Gewässergüte ist von vielen Faktoren abhängig und kann durch äußere Einflüsse stark verändert werden. In naturnahen Gewässern führen eine niedrige Wassertemperatur und Verwirbelung des Wassers zur Sauerstoffanreicherung. Kommt es zu einer Erwärmung des Wassers, löst sich darin weniger Sauerstoff. Bei der Zersetzung abgestorbener Tiere und Pflanzen wird viel Sauerstoff verbraucht. Dadurch sinkt die Wasserqualität. Zudem wirken sich Flussbegradigungen und übermäßige Stoffeinträge aus der Umwelt negativ auf die Gewässergüte aus.

Güteklassen und fließende Übergänge

Auf der Grundlage chemischer und biologischer Merkmale wird die Gewässergüte von Fließgewässern in fünf Stufen, von sehr gut bis schlecht, bewertet.

Das Vorkommen bestimmter Zeigerorganismen ermöglicht eine Zuordnung zu einer Gewässergüte. In die Begutachtung der Qualität von Gewässern werden heute neben den Zeigerorganismen auch die Struktur, die Durchlaufgeschwindigkeit und die Chemie eines Gewässers einbezogen. Die Gewässergüte eines Fließgewässers verändert sich zwischen Quelle und Mündung. Durch intensive Landwirtschaft, Industrieabwässer und Kühlwasser wird sie besonders in Ballungsgebieten wie dem Ruhrgebiet stark beeinträchtigt.

In Kürze

Zeigerorganismen sind Lebewesen, die bestimmte Umweltbedingungen anzeigen. Die Gewässergüte von Fließgewässern ist von vielen Faktoren abhängig und unterliegt ständigen Schwankungen und Veränderungen.

Aufgaben

1 Nenne Zeigerorganismen in Fließgewässern und ordne sie einer Gewässergüte zu.
2 Erläutere den Begriff Zeigerorganismus.
3 Vergleiche die Wasserqualität von Rhein und Emscher. Verwende dazu Bild 4.

Leben in Gewässern

Praktikum

Die Bestimmung der Gewässergüte

Material Sieb mit langem Stiel, weiße Plastikdose, Pinsel, Lupe, Schreibmaterial, Bestimmungsschlüssel, vorbereitete Tabelle

Durchführung Nehmt einige Steine im Uferbereich des Flusses auf und dreht diese um. Streift die Lebewesen mit dem Pinsel von der Unterseite des Steins in die mit etwas Wasser gefüllte Plastikdose. Fischt mit dem Sieb in diesem Flussbereich und gebt die gefangenen Lebewesen ebenfalls in die Dose. Sucht euch zum Bestimmen der Lebewesen einen schattigen Ort. So kann sich das Wasser nicht zu sehr erwärmen und die gefangenen Lebewesen werden vor Helligkeit geschützt.

Auswertung Bestimmt mit Hilfe des Bestimmungsschlüssels in Bild 1 die gefundenen Wasserlebewesen und tragt deren Anzahl in die vorbereitete Tabelle ein. Addiert die Zahlen und tragt die Summe in das entsprechende Feld in die Tabelle ein. Berechnet nun für jedes Wasserlebewesen das Produkt aus der Anzahl und dem Individuenwert (Ind.-Wert) und tragt die Ergebnisse in die Tabelle ein. Addiert im Anschluss alle Produkte und tragt die Summe ebenfalls in die Tabelle ein. Nun dividiert ihr die Summe »Produkt« durch die Summe »Anzahl«. Das Ergebnis ergibt den Wert der Gewässergüteklasse. Vergleicht das Ergebnis mit der Beschreibung der Gewässergüteklassen in der Tabelle rechts unten. Vergleicht eure Ergebnisse mit denen der anderen Gruppen. Zum Schluss bringt ihr die gefangenen Lebewesen zum Fundort zurück.

Zeigerorganismus/ Bioindikator	Anzahl	Ind.-Wert	Produkt
Steinfliegenlarven		1,0	
Eintagsfliegenlarven		1,5	
Köcherfliegenlarven mit Köcher		1,5	
Köcherfliegenlarven ohne Köcher		2,0	
Flohkrebse		2,0	
Wasserasseln		3,0	
Hakenkäfer/-larve		1,5	
Muscheln		2,0	
Schnecken		2,0	
Plattwürmer		2,5	
Egel		2,5	
Libellenlarven		1,5	
Schlammröhrenwürmer		4,0	
Mückenlarven		3,5	
Schlammfliegenlarven		2,5	
Summe			

Summe »Produkt« : Summe »Anzahl« = Gewässergüte

Gewässergüteklasse I – unbelastet
klares, sauberes Wasser, mineralstoffarm, sauerstoffreich, wenige Arten, geringer Pflanzenbewuchs
Gewässergüteklasse II – mäßig belastet
Wasser leicht getrübt, gesteigerter Mineralstoffgehalt, hohe Artenvielfalt mit geringer Anzahl, viele Wasserpflanzen
Gewässergüteklasse III – stark verschmutzt
Wasser trüb, stark mineralisch belastet, schwarze Steinunterseiten, wenige Tierarten in hoher Anzahl, häufig Fischsterben
Gewässergüteklasse IV – übermäßig verschmutzt
Wasser ist milchig und riecht übel, enthält kaum Sauerstoff, überwiegend Fäulnisprozesse

Leben in Gewässern

Tiere mit Beinen

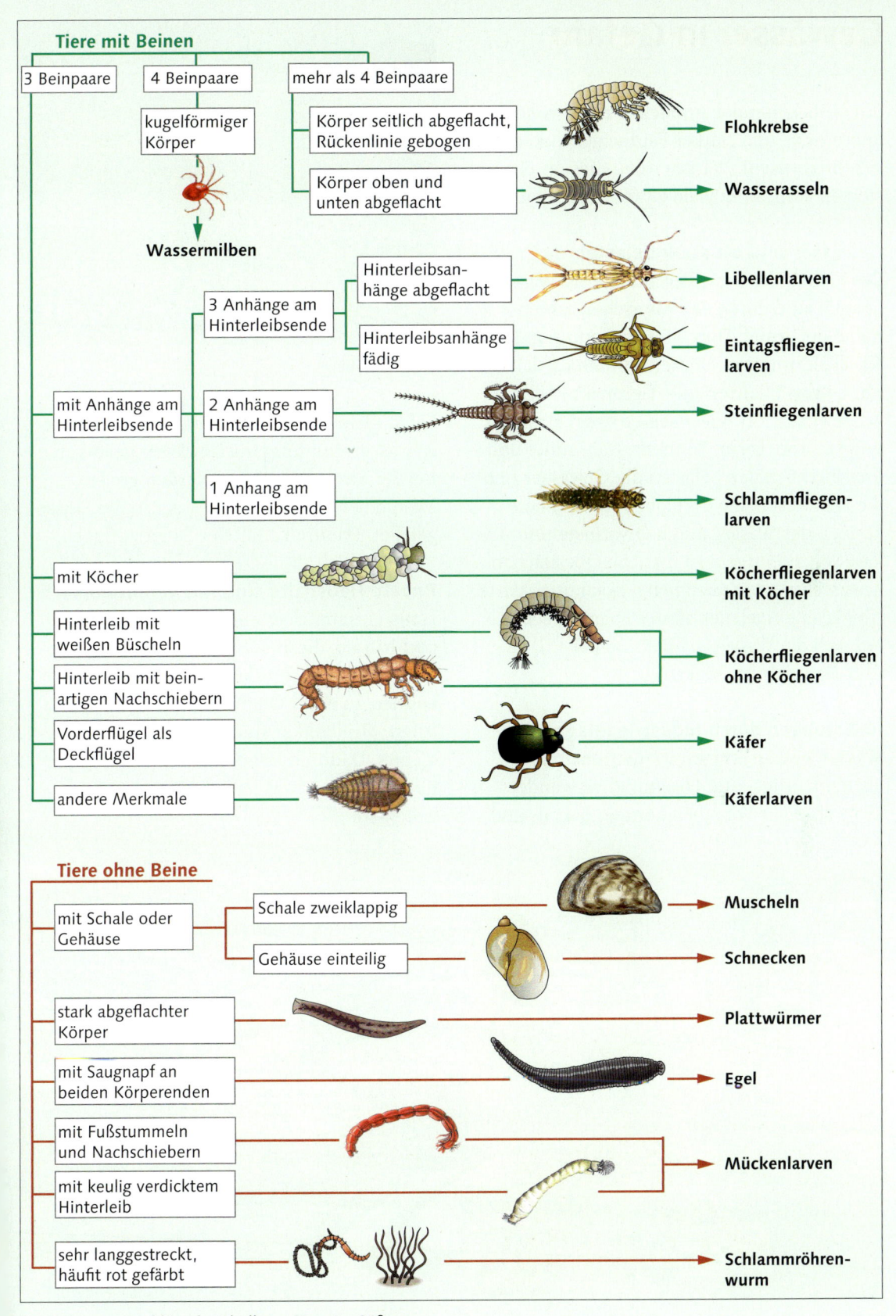

- **3 Beinpaare**
  - mit Anhänge am Hinterleibsende
    - 3 Anhänge am Hinterleibsende
      - Hinterleibsanhänge abgeflacht → **Libellenlarven**
      - Hinterleibsanhänge fädig → **Eintagsfliegenlarven**
    - 2 Anhänge am Hinterleibsende → **Steinfliegenlarven**
    - 1 Anhang am Hinterleibsende → **Schlammfliegenlarven**
  - mit Köcher → **Köcherfliegenlarven mit Köcher**
  - Hinterleib mit weißen Büscheln
  - Hinterleib mit beinartigen Nachschiebern → **Köcherfliegenlarven ohne Köcher**
  - Vorderflügel als Deckflügel → **Käfer**
  - andere Merkmale → **Käferlarven**
- **4 Beinpaare**
  - kugelförmiger Körper → **Wassermilben**
- **mehr als 4 Beinpaare**
  - Körper seitlich abgeflacht, Rückenlinie gebogen → **Flohkrebse**
  - Körper oben und unten abgeflacht → **Wasserasseln**

Tiere ohne Beine

- mit Schale oder Gehäuse
  - Schale zweiklappig → **Muscheln**
  - Gehäuse einteilig → **Schnecken**
- stark abgeflachter Körper → **Plattwürmer**
- mit Saugnapf an beiden Körperenden → **Egel**
- mit Fußstummeln und Nachschiebern → **Mückenlarven**
- mit keulig verdicktem Hinterleib
- sehr langgestreckt, häufig rot gefärbt → **Schlammröhrenwurm**

1 Bestimmungsschlüssel wirbelloser Tiere im Süßwasser

Leben in Gewässern

Gewässer in Gefahr

Ein schockierender Anblick: ein See voller toter Fische und starker Fäulnisgestank, der sich breit macht. Warum es zu diesem Fischsterben kam, kann viele Ursachen haben.

Gewässer sind oft stark belastet

Die Vielfalt der Gewässer und deren Wasserqualität sind durch den Menschen zunehmend gefährdet. Durch Begradigung und Kanalisierung von Flüssen werden die Lebensräume von Pflanzen und Tieren an Fließgewässern zerstört. Viele Seen dienen als Erholungsräume. Lärm, Sonnenschutzmittel und Freizeitaktivitäten belasten die Gewässer und die Lebewesen, die dort leben. Motorboote können das Wasser durch Ölverluste und Abgase verunreinigen. In manche Oberflächengewässer werden auch heute noch ungeklärte Abwässer eingeleitet. In der Folge verschlechtert sich die Wasserqualität und der Pflanzen- und Tierreichtum sinkt.

Belastungen durch Industrieanlagen

Wasser wird in einigen Industriebetrieben als Reinigungs- und Lösemittel verwendet. Trotz strenger Vorgaben können Schad- und

1 Fischsterben

Giftstoffe durch Unfälle und unzureichende Abwasserreinigung ins Gewässer gelangen. Bei der Stromerzeugung werden große Mengen erwärmtes Kühlwasser in die Flüsse geleitet. Dadurch sinkt der Sauerstoffgehalt.

Private Haushalte sind mit verantwortlich

Haushaltsabwässer enthalten Phosphate und Nitrate, die aus Wasch- und Reinigungsmitteln oder auch Fäkalien stammen. Diese können zu einer Überdüngung führen. Ältere Müllhalden sind meist nicht abgedichtet. Dadurch können gefährliche Stoffe über das Grundwasser in Flüsse und Seen gelangen.

2 Mögliche Verursacher einer Gewässerbelastung

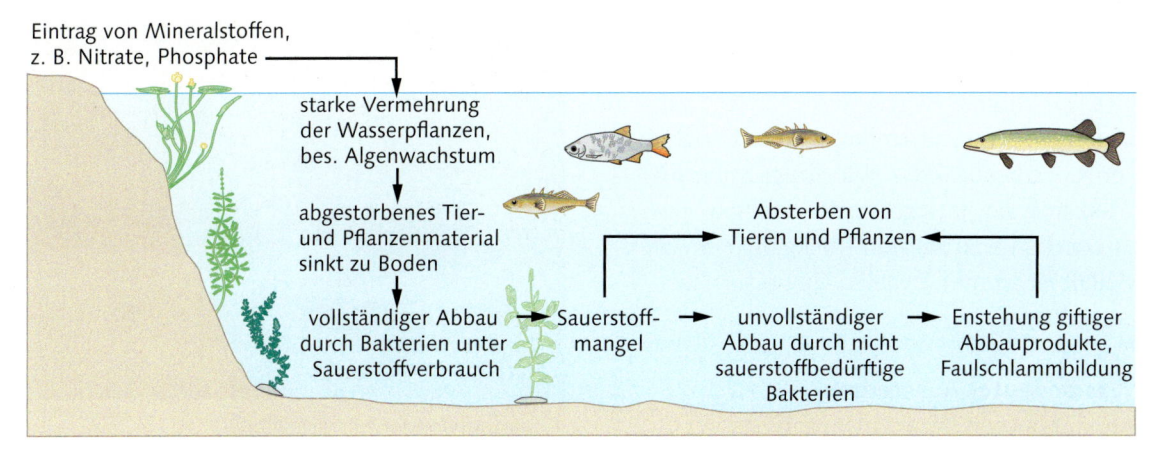

3 Umkippen eines Gewässers

Überdüngung ist schädlich

Landwirtschaftliche Flächen werden mit Gülle gedüngt. Gelangen die darin enthaltenen Mineralstoffe Nitrat und Phosphat durch Ausschwemmung in einen See, kann dies zur Überdüngung des Gewässers führen. Dadurch vermehren sich Algen massenhaft, sodass das Wasser immer trüber wird. In der Folge sinkt die Fotosyntheserate und weniger Sauerstoff wird produziert. Abgestorbene Algen sammeln sich am Gewässergrund und werden von Bakterien zersetzt. Diese Zersetzungsprozesse verringern den Sauerstoffgehalt des Wassers. Fische, Pflanzen und alle sauerstoffbedürftigen Kleintiere sterben. Bakterien, die ohne Sauerstoff auskommen, zersetzen nun unter Faulschlammbildung die Überreste. Die entstehenden Gase wie Schwefelwasserstoff und Ammoniak verbreiten einen typischen Fäulnisgestank. Der See ist »umgekippt«.

In Kürze

Gewässer können durch Abwasser aus Industrie, Haushalten und Landwirtschaft belastet sein. Die Mineralstoffanreicherung führt zur Überdüngung. Das Gewässer kann »umkippen«.

Aufgabe

1 Erläutere anhand von Bild 2 mögliche Ursachen der Gewässerbelastung.

Exkurs Schilfrohr-Kläranlage

Eine Schilfrohr-Klärung ist ein naturnahes Abwasserreinigungsverfahren. Im Zusammenspiel von Mikroorganismen, Boden und Pflanzen wird das Abwasser gereinigt. Nach mechanischer Vorklärung wird das Wasser durch ein abgedichtetes Schilfrohrbeet geleitet. Die Mikroorganismen im Boden und zwischen den Schilfrohrstängeln bauen unter Sauerstoffverbrauch im Wasser gelöste Nährstoffe ab. Das Schilfrohr sorgt durch die Wurzeln und ein spezielles Luftleitgewebe für eine gute Belüftung des Bodens und somit für optimale Lebensbedingungen für die Mikroorganismen. Die unterschiedlichen Bestandteile des Bodens wirken wie ein Filter und binden Schmutzstoffe.

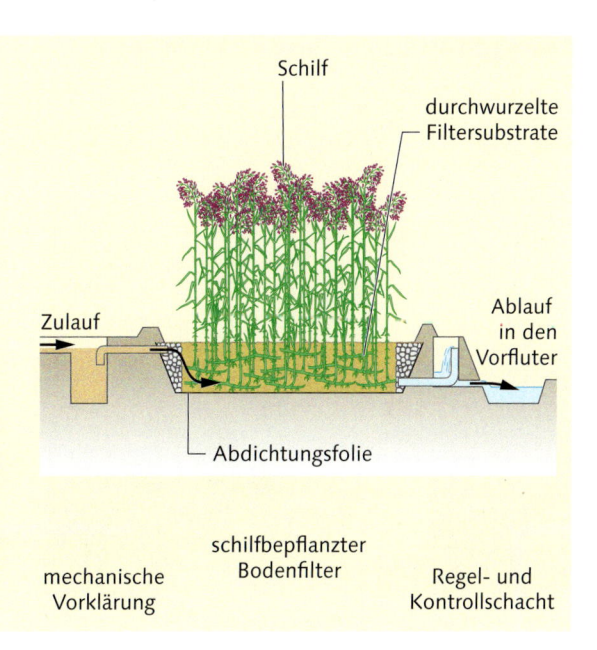

Leben in Gewässern

Artensterben

Laubfrösche kann man heute kaum noch in der Natur beobachten. Wie einige andere Tierarten sind sie stark gefährdet oder gar vom Aussterben bedroht. Ein Rückgang der Artenvielfalt ist an und in vielen Gewässern zu beobachten.

1 Der Laubfrosch ist stark gefährdet.

Was bedeutet Aussterben?
Als Aussterben bezeichnet man das Verschwinden von Arten in bestimmten Lebensräumen. Ursachen dafür sind biotische oder abiotische Umweltveränderungen.

Rote Liste und Gefährdungsstufen
Ob eine Tier- oder Pflanzenart in ihrem Lebensraum bedroht ist, wird in der Roten Liste festgehalten. Bedrohte Arten werden darin in vier Gefährdungsstufen eingeteilt: 3 bedeutet »gefährdet«, 2 steht für »stark gefährdet«, 1 für »vom Aussterben bedroht«, 0 für »ausgestorben oder verschollen«. Entscheidend für die Einstufung ist die Entwicklung der Anzahl der Tiere und Pflanzen über mehrere Jahre.

Zerstörung natürlicher Lebensräume
Die Lebensräume der Tiere und Pflanzen werden vor allem durch Eingriffe des Menschen verändert. Viele Flächen gehen durch Siedlungs- und Straßenbau sowie durch landwirtschaftliche Nutzung verloren. Sie können nur noch von wenigen Arten besiedelt werden. Andere Lebensräume werden durch diese Umgestaltung zerteilt. Dies erschwert die Laichwanderungen, die Revierbildung und die Nahrungssuche einiger Tiere. Forstwirtschaft, Bergbau und Schifffahrt nutzen die Natur wirtschaftlich. Sie verändern durch Monokulturen, Abraumhalden und Kanäle Landschaften und damit Lebensräume nachhaltig.

Wenn die Nahrung verschwindet
Zu den häufigsten Gründen für das Verschwinden einzelner Arten zählen ein geringeres Nahrungsangebot oder der Ausfall der Nahrungsquellen. Ursachen können Pflanzen-

2 Veränderung der Lebensräume

3 Tiere und Pflanzen auf der Roten Liste in NRW:
A Lein Labkraut 1, B Gelbbauchunke 1, C Ringelnatter 2, D Edelkrebs 1,
E Äsche 3, F Große Moosjungfer 1, G Maifisch 0, H Zauneidechse 2

und Insektenschutzmittel aus der Landwirtschaft und die zunehmende Wasserverschmutzung sein. Dies führt zudem zur Anreicherung von Giftstoffen in Nahrungsketten. Endkonsumenten sind dadurch besonders gefährdet.

Einschleppung fremder Arten

Ein großes Problem für die heimische Tier- und Pflanzenwelt stellen eingeschleppte Arten dar. Zum einen müssen die Nahrungsquellen geteilt werden und fremde, eingeschleppte Arten haben oft keine natürlichen Fressfeinde. Zum anderen gibt es weniger Unterschlupf- und Nistmöglichkeiten, da beide Arten oft die gleiche ökologische Nische besetzen. Dadurch können sich die eingewanderten Tiere besonders gut entwickeln und fortpflanzen, was schließlich zum Verdrängen der heimischen Art führt. Eingeschleppte Pflanzen wachsen oft sehr schnell und entziehen den heimischen Arten somit den Lebensraum.

Krankheiten und Ausbeutung

Krankheiten gefährden viele Tiere und Pflanzen. Besonders neue, veränderte Erreger oder Parasiten stellen eine Bedrohung dar. Darüber hinaus hat der Mensch viele Lebewesen durch intensive Jagd und übermäßigen Fischfang in ihrem Bestand gefährdet.

Artenschutz ist wichtig

Renaturierung von Gewässern, Planung von Straßen unter Berücksichtigung des Artenschutzes, Ausweisung von Schutzgebieten aber auch das Aufstellen von Krötenzäunen oder Insektennisthilfen sind wichtige Maßnahmen für den Artenschutz. So bleibt die Vielfalt der Tier- und Pflanzenwelt erhalten.

> **In Kürze**
>
> Viele Tier- und Pflanzenarten sind stark gefährdet oder gar vom Aussterben bedroht. Ursachen können die Zerstörung des natürlichen Lebensraums, der Wegfall der Nahrungsgrundlage, Krankheiten oder die Konkurrenz zu eingeschleppten Arten sein.

Aufgaben

1 Nenne die Bedeutung der Gefährdungsstufen der Tiere und Pflanzen in Bild 3.
2 Beschreibe die Veränderung der Lebensräume anhand von Bild 2.

Leben in Gewässern

Neubürger an und in Gewässern

Anton und Felix sind auf Entdeckungstour am See unterwegs. Plötzlich hören sie ein lautes »Böööörp«. Neugierig folgen sie den Rufen. Und da sehen sie ihn: Ein riesengroßer Frosch sitzt vor ihnen. »Den müssen wir fotografieren. Das glaubt uns sonst keiner!« Als sie die Aufnahmen zuhause zeigen, sagt Antons Vater: »Ihr habt einen Ochsenfrosch entdeckt. Der lebt eigentlich nur in Nordamerika.«

1 Ochsenfrosch

Neubürger oder Neobiota
Als *Neobiota* bezeichnet man Pflanzen und Tiere, die sich in Gebieten ausgebreitet haben, in denen sie vorher nicht heimisch waren. Diese »Neubürger« wurden absichtlich oder unbeabsichtigt vom Menschen in die neuen Lebensräume gebracht. In Deutschland sind inzwischen mehr als 2500 Neubürger heimisch geworden. Da sie hier keine natürlichen Feinde oder Konkurrenten haben, können sie heimische Arten gefährden oder verdrängen.

Tierische Zuwanderer oder Neozoen
Bisamratten kamen ursprünglich nur in Nordamerika vor. Vermutlich stammen alle bei uns lebenden Bisamratten von fünf Tieren ab, die man 1905 nahe Prag aussetzte. Durch ihre Bauten können sie große Schäden an Uferbefestigungen und Dämmen anrichten.

Kamberkrebse sind die bei uns am häufigsten vorkommende Krebsart. Die Tiere stammen ebenfalls aus Nordamerika. Sie wurden 1890 von Sportfischern eingesetzt, um die abnehmenden heimischen Krebsbestände zu ergänzen. Die amerikanischen Krebse sind allerdings Überträger der Krebspest, an der innerhalb weniger Jahre die meisten heimischen Krebse starben. Der Kamberkrebs ist gegen die Krankheit immun.

Wollhandkrabben lebten ursprünglich nur in China. Sie gelangten mit dem Ballastwasser von Frachtschiffen nach Europa. Da die Tiere massenhaft auftreten, richten sie große Schäden an. Sie fressen Süßwasserfische und untergraben Deiche und Uferbefestigungen.

Die aus Nordamerika stammende *Regenbogenforelle* verdrängt als Nahrungskonkurrent die heimische Bachforelle.

2 Der Bisam hat ein weiches, kastanienbraunes Fell.

3 A Regenbogenforelle; B Bachforelle

Leben in Gewässern

4 Herkulesstaude aus Asien

Pflanzliche Neubürger oder Neophyten

Die *Herkulesstaude* oder der *Riesenbärenklau* stammt aus Asien und wurde als Park- und Gartenzierpflanze nach Deutschland gebracht. Die Auswilderung erfolgte durch Gartenabfälle, aber auch durch Imker, die die Pflanze gezielt als Bienenweide ansäten. Alle Teile der bis zu zwei Meter großen Pflanze enthalten ein Gift, das bei Hautkontakt zusammen mit Sonnenlicht zu schweren Verbrennungen führt.

Das ursprüngliche Verbreitungsgebiet des *Indischen* oder *Drüsigen Springkrauts* ist Nordindien. Die bis zu zwei Meter hohe Pflanze kam als Gartenzierpflanze nach Europa. Da sie sehr viele Samen bildet, die bis zu sieben Meter weit geschleudert werden, brach sie bald aus den Gärten aus. Heute ist sie insbesondere entlang von Gewässern zu finden. Wo sie sich ausgebreitet hat, können andere Pflanzen nicht wachsen, da das Springkraut ihnen das Licht wegnimmt.

Der *Staudenknöterich* stammt aus Japan. Anfänglich wurde er als rasch wachsender Sichtschutz in Gärten angepflanzt. Ausgewildert breitet er sich ungehindert an Gewässern aus. Hier bildet er ein undurchdringliches Dickicht, das andere Pflanzen verdrängt.

Exkurs Ein Neozoe wird zum Problem

Die ursprünglich nur in Südamerika beheimatete Agakröte kann bis zu 22 Zentimeter groß und über ein Kilogramm schwer werden. In ihrer Heimat wird die Zahl der Tiere durch Parasiten und Fressfeinde gering gehalten. 1935 setzte man 110 Exemplare im Nordosten Australiens aus, um eine Käferplage in Zuckerrohrplantagen zu bekämpfen. Leider fraßen die Kröten nicht die Schädlinge, sondern andere, auch nützliche Insekten wie zum Beispiel Honigbienen. Aber auch Reptilien, Vögel und kleine Säugetiere stehen auf ihrem Speiseplan. Durch das Fehlen von natürlichen Feinden, ihre rasche Vermehrung – ein Weibchen kann jährlich bis zu 20 000 Eier legen – und ihr starkes Hautgift, das sie vor Fressfeinden schützt, vermehrten sich die Agakröten explosionsartig und wurden selbst zu einer Landplage. Heute leben mehrere Millionen der gefräßigen Kröten in Australien.

In Kürze

Neubürger oder Neobiota sind Tier- und Pflanzenarten, die sich in Gebieten ansiedeln, in denen sie ursprünglich nicht heimisch waren. Man unterscheidet tierische und pflanzliche Neubürger, also Neozoen und Neophyten. Für ihre Ausbreitung ist meist der Mensch verantwortlich.

Aufgaben

1 Fasse die hier vorgestellten Neubürger in einer Tabelle zusammen. Gib dabei ihre ursprüngliche Heimat an. Informiere dich im Atlas.
2 Viele Neubürger verbreiten sich bei uns sehr schnell. Nenne Gründe hierfür.
3 Der Klimawandel könnte zur vermehrten Ansiedlung von Neobiota führen. Suche nach Gründen.
4 Der Ochsenfrosch frisst Fische und vor allem Amphibien. Begründe, weshalb seine Ausbreitung in Deutschland besonders für die heimischen Amphibien eine große Gefahr bedeutet.

Leben in Gewässern

Methode

Eine Mindmap erstellen

Ihr schreibt eine Klassenarbeit zum Thema »Kennzeichen eines Fließgewässers«. Um dir im Vorfeld einen Überblick über den Stoff zu verschaffen, eignet sich eine Mindmap. Mit einer Mindmap kann man Wissen sowohl mit Worten als auch mit Bildern sinnvoll gliedern und übersichtlich darstellen. Für eine Mindmap solltest du ausreichend Zeit einplanen. Bei der Erstellung kannst du nach den folgenden Schritten vorgehen:

1 **Begriffe sammeln** Zunächst musst du dir Gedanken über das Thema machen. Hier sind Stichwörter ausreichend. Notiere je ein Stichwort auf einen Notizzettel. Verwende dafür die Fachbezeichnungen.

2 **Ordnen der Begriffe** Nun musst du deine Notizzettel in Teilbereiche einordnen. Überlege, wie die Oberbegriffe für jeden Teilbereich heißen sollen. Erstelle zu jedem Oberbegriff einen neuen Notizzettel und nutze zur Kennzeichnung jeweils eine andere Stiftfarbe.

1 Eine Mindmap anfertigen

3 **Vollständigkeit überprüfen** Kontrolliere nun sorgfältig, ob deine Oberbegriffe für die einzelnen Teilbereiche vollständig sind. Hast du alle wesentlichen Inhalte des Themas berücksichtigt? Ergänze fehlende Begriffe, falls notwendig, auf weiteren Notizzetteln. Überprüfe, ob die Stichwörter richtig zugeordnet sind. Überlege, in welcher Reihenfolge du die einzelnen Oberbegriffe anordnest.

4 **Material zurechtlegen** Du benötigst zur Erstellung der Mindmap einen leeren Papierbogen, einen Bleistift, einen Radiergummi, verschiedenfarbige Stifte und, sofern du auch bildlich arbeiten möchtest, verschiedene Abbildungen.

2 Vorgehensweise beim Mindmapping:
A Sammeln; B Ordnen; C Erstellen

134 Leben in Gewässern

Mindmap: Kennzeichen eines Fließgewässers

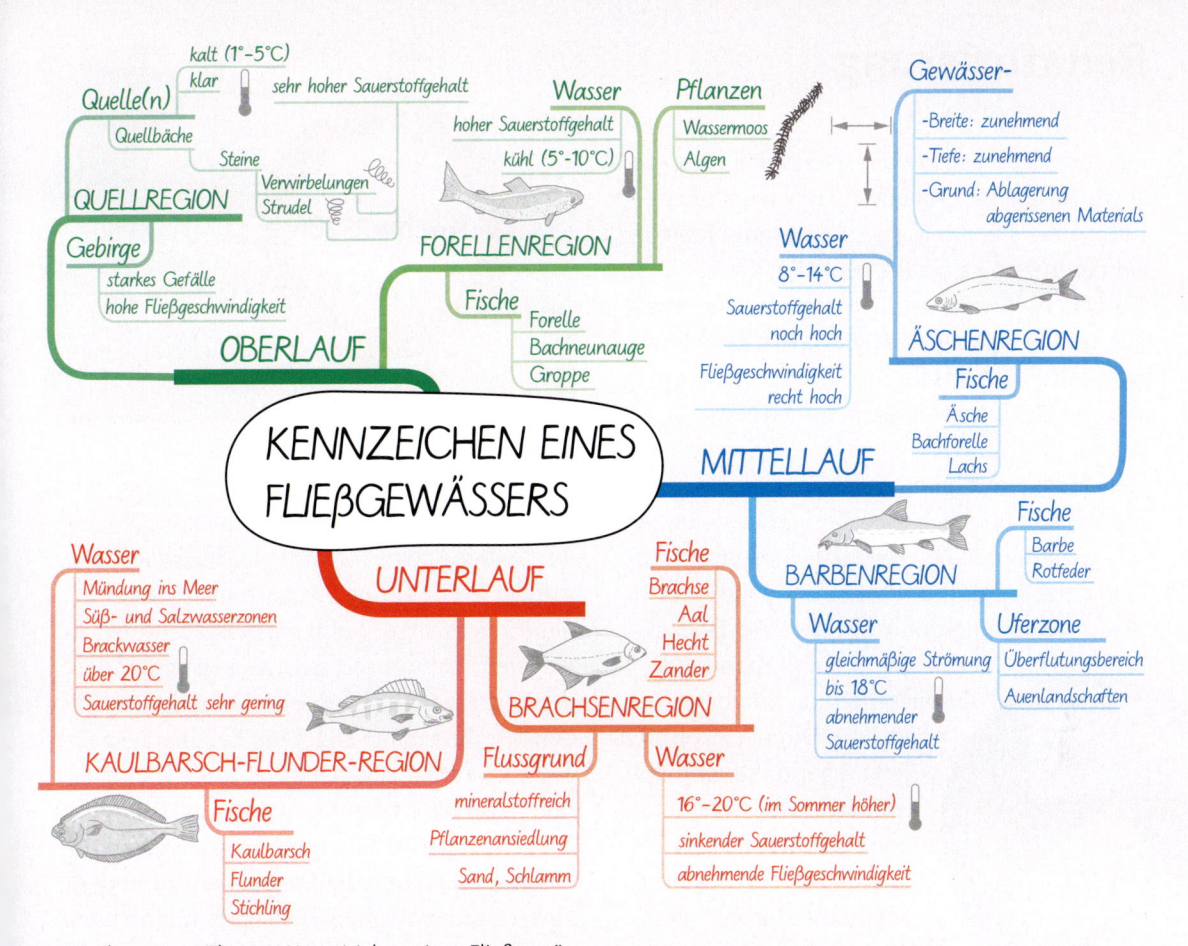

QUELLREGION (Oberlauf)
- Quelle(n)
  - Quellbäche
- Wasser
  - kalt (1°–5°C)
  - klar
  - sehr hoher Sauerstoffgehalt
  - Steine
  - Verwirbelungen
  - Strudel
- Gebirge
  - starkes Gefälle
  - hohe Fließgeschwindigkeit

FORELLENREGION (Oberlauf)
- Wasser
  - hoher Sauerstoffgehalt
  - kühl (5°–10°C)
- Fische
  - Forelle
  - Bachneunauge
  - Groppe

ÄSCHENREGION (Mittellauf)
- Gewässer
  - Breite: zunehmend
  - Tiefe: zunehmend
  - Grund: Ablagerung abgerissenen Materials
- Pflanzen
  - Wassermoos
  - Algen
- Wasser
  - 8°–14°C
  - Sauerstoffgehalt noch hoch
  - Fließgeschwindigkeit recht hoch
- Fische
  - Äsche
  - Bachforelle
  - Lachs

BARBENREGION (Mittellauf)
- Wasser
  - gleichmäßige Strömung
  - bis 18°C
  - abnehmender Sauerstoffgehalt
- Uferzone
  - Überflutungsbereich
  - Auenlandschaften
- Fische
  - Barbe
  - Rotfeder

BRACHSENREGION (Unterlauf)
- Fische
  - Brachse
  - Aal
  - Hecht
  - Zander
- Flussgrund
  - mineralstoffreich
  - Pflanzenansiedlung
  - Sand, Schlamm
- Wasser
  - 16°–20°C (im Sommer höher)
  - sinkender Sauerstoffgehalt
  - abnehmende Fließgeschwindigkeit

KAULBARSCH-FLUNDER-REGION (Unterlauf)
- Wasser
  - Mündung ins Meer
  - Süß- und Salzwasserzonen
  - Brackwasser
  - über 20°C
  - Sauerstoffgehalt sehr gering
- Fische
  - Kaulbarsch
  - Flunder
  - Stichling

3 Mindmap zum Thema »Kennzeichen eines Fließgewässers«

---

5 Mindmap erstellen Lege den leeren Papierbogen im Querformat vor dich. Notiere in der Mitte das Thema. Vom Thema abzweigend werden die einzelnen Oberbegriffe als sogenannte Hauptäste im Uhrzeigersinn angeordnet. Von jedem Hauptast zweigen weitere Unterbegriffe ab. Diese Abzweigungen werden als Nebenäste bezeichnet. Achte auf die Mindmap-Regeln links unten in Bild 4.

6 Vergleichen mit den Vorüberlegungen Kontrolliere nun deine Mindmap noch einmal. Hast du alle Inhalte der Thematik aufgenommen? Ergänze, falls dir neue Stichwörter einfallen.

7 Mindmap mit Abbildungen versehen Sofern du deine Mindmap bildlich gestalten willst, ergänze nun Abbildungen, Skizzen und weitere Symbole, die dir beim Lernen der Thematik hilfreich sind.

Mindmap-Regeln
- Möglichst waagerechte Äste zur besseren Lesbarkeit verwenden.
- Schlüsselwörter auf den Hauptästen platzsparend um die Mitte anordnen.
- Saubere Handschrift einhalten.
- Thema und Hauptäste in Blockbuchstaben schreiben.
- Nebenäste, Nebennebenäste … in Druckbuchstaben schreiben.
- Verschiedene Farben verwenden.
- Bildliche Elemente einfügen.

4 Regeln zur Erstellung einer Mindmap

Aufgabe
1 Erstellt gemeinsam eine Mindmap zum Thema »Nahe gelegenes Gewässer«.

Leben in Gewässern

Renaturierung

Hochwasser ist seit jeher eine Bedrohung vor allem für die Menschen, die in unmittelbarer Nähe eines Fließgewässers wohnen. Heute werden mehr als 60 Prozent aller Gewässer in Nordrhein-Westfalen als künstlich oder erheblich verändert eingestuft. Eingriffe des Menschen und klimatische Veränderungen können die Hochwassergefahr verstärken.

1 Hochwassergefahr am Fließgewässer

Den Fluss bändigen
Früher war es üblich, den Verlauf des Gewässers genau festzulegen. Dazu wurde das Flussbett ausgebaggert und begradigt. Durch die Abrodung der Auwälder und Trockenlegungen gewann man landwirtschaftlich nutzbare Flächen. Die Ufer konnten jetzt regelmäßig gemäht werden. Oft ermöglichten erst solche Maßnahmen, dass ein Fluss für den Schiffsverkehr genutzt werden konnte. Begradigte Fließgewässer besitzen eine höhere Fließgeschwindigkeit als natürlich gewundene. Das Regenwasser fließt schneller ab und kann sich insbesondere in den Unterläufen der Flüsse zu großen Mengen ansammeln, die die Flüsse über die Ufer treten lassen. Durch die Gleichförmigkeit der Ufer und des Gewässers ist die biologische Vielfalt von Tieren und Pflanzen gering.

Ziele der Renaturierung
Die Renaturierung ist die Rückverwandlung eines Fließgewässers in einen naturnahen Zustand. Dazu werden Bedingungen geschaffen, aus denen heraus das Gewässer den Landschaftsraum wieder selbst gestalten kann. In Mäandern wechseln sich schnell und langsam fließende sowie tiefe und flache Gewässerbereiche ab. Dies schafft vielfältige Lebensräume für Wassertiere und -pflanzen. Fischarten wie der Aal oder der Lachs können durch den Abbau von Wehren flussaufwärts wandern. Für einige Fischarten entstehen neue Laichplätze, wenn sie beispielsweise auf kiesigen Untergrund angewiesen sind. Die Wiederherstellung der Auenlandschaften in den Uferbereichen soll neue Lebensräume für Tiere und Pflanzen schaffen. Zudem entstehen natürliche Überschwemmungsgebiete, die Hochwasserwellen bremsen und so zum Hochwasserschutz beitragen. Aufgrund des abwechslungsreichen Flusslaufs mit Strudeln und Verwirbelungen löst sich viel Sauerstoff in dem Gewässer. Die Wasserqualität steigt.

2 Luftbild einer geplanten Renaturierungsmaßnahme

Leben in Gewässern

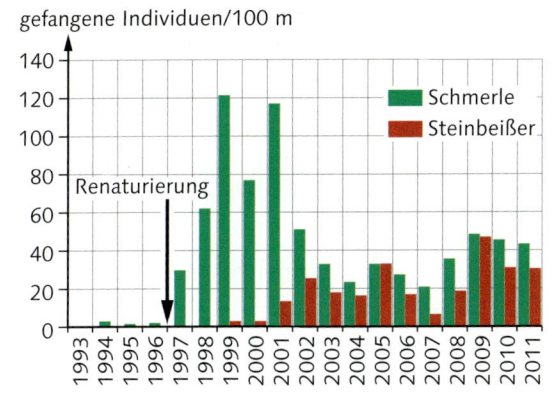

3 Fischvorkommen vor- und nach der Renaturierung

Vorbereitung der Renaturierung

Für Renaturierungsmaßnahmen werden große Flächen benötigt. Sie gehen für die landwirtschaftliche Nutzung verloren. Nach der Berechnung des Gefälles versucht man, ehemalige Rinnen und Flussverläufe zu finden. Mit Hilfe von Computersimulationen werden Gestaltungsmöglichkeiten erstellt. Durch umfangreiche Tiefbaumaßnahmen werden Uferbefestigungen beseitigt, das Flussbett aufgefüllt und verbreitert sowie neue Gräben gezogen. Es entstehen Fluss- und Bachverläufe, die als Ausgangsposition dienen. Dann »gräbt« sich das Gewässer sein eigenes Bett. Vor allem bei Hochwasser werden die Ufer von der Kraft des fließenden Wassers geformt. Renaturierte Flächen werden nicht bepflanzt, man überlässt sie sich selbst. Allmählich besiedeln Pflanzen und Tiere die Lebensräume. Manche Arten werden verdrängt, andere wandern ein. Bis ein naturnaher Zustand erreicht ist, vergeht viel Zeit.

In Kürze
Renaturierte Gewässer werden in einen naturnahen Zustand überführt. Dadurch bieten sie vielen Tieren und Pflanzen einen Lebensraum und dienen zudem dem Hochwasserschutz.

Aufgaben
1 Nenne die Ziele der Renaturierung.
2 Diskutiert über Maßnahmen zur möglichen Renaturierung eines Gewässers in der Nähe der Schule. Verteilt dazu unterschiedliche Rollen.

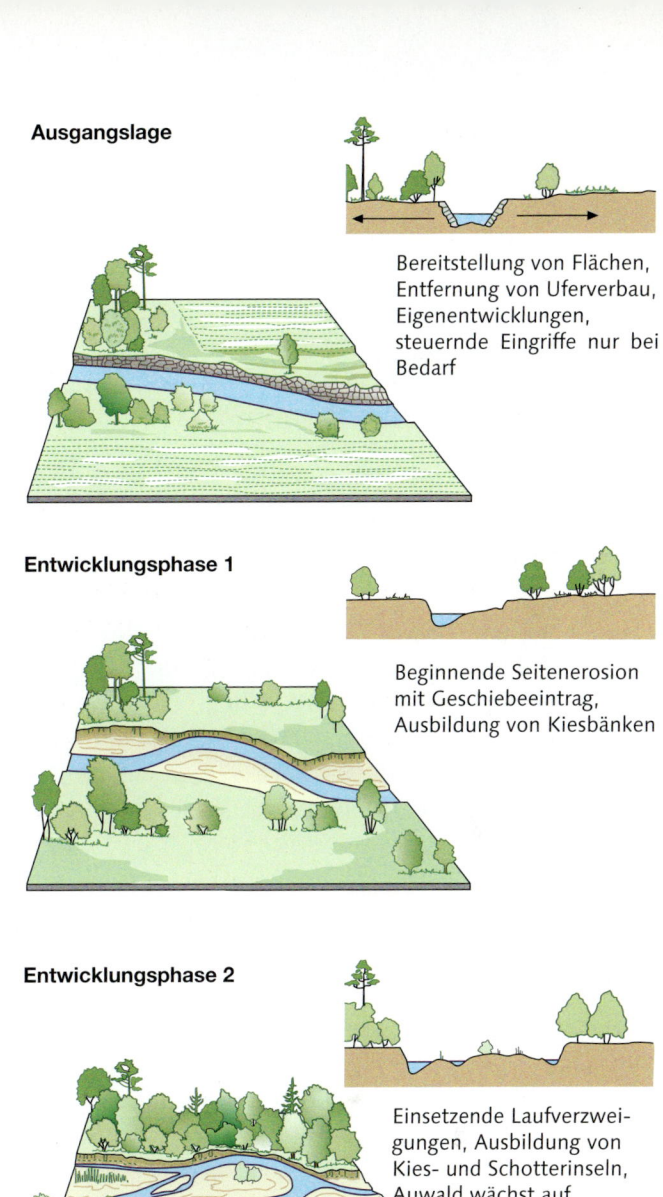

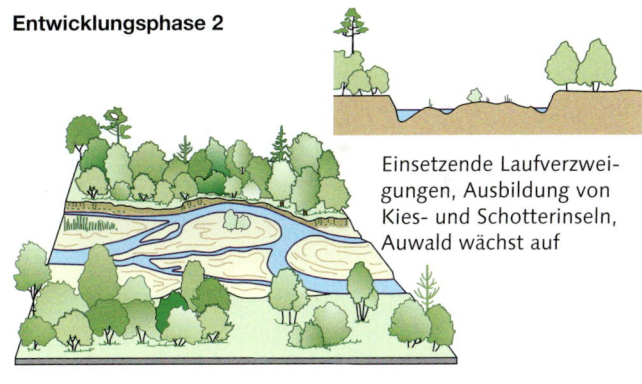

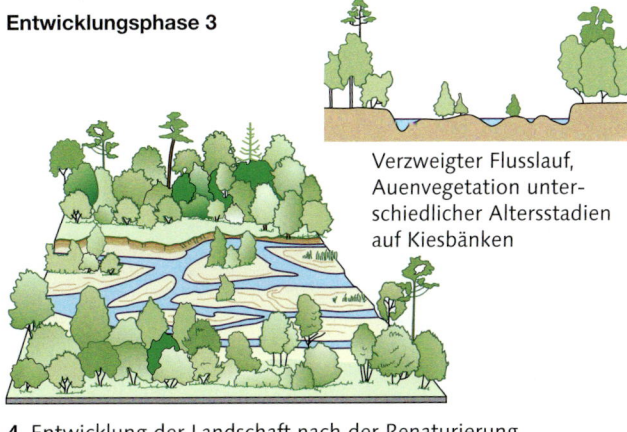

Ausgangslage

Bereitstellung von Flächen, Entfernung von Uferverbau, Eigenentwicklungen, steuernde Eingriffe nur bei Bedarf

Entwicklungsphase 1

Beginnende Seitenerosion mit Geschiebeeintrag, Ausbildung von Kiesbänken

Entwicklungsphase 2

Einsetzende Laufverzweigungen, Ausbildung von Kies- und Schotterinseln, Auwald wächst auf

Entwicklungsphase 3

Verzweigter Flusslauf, Auenvegetation unterschiedlicher Altersstadien auf Kiesbänken

4 Entwicklung der Landschaft nach der Renaturierung

Leben in Gewässern

Teste dein Grundwissen

Leben in Gewässern

1 Unterschiedliche Gewässer

1 Sehr unterschiedliche Gewässer

a Ordne die in den Abbildungen dargestellten Gewässer einem Gewässertyp zu.
b Nenne je ein weiteres Beispiel für die beiden Gewässertypen.
c Jedes Gewässer ist ein »Ökosystem« und besteht aus »Biotop« und »Biozönose«. Gib die Definitionen für die drei Begriffe wieder.
d Beschreibe Unterschiede zwischen den beiden Ökosystemen in Bild 1, indem du die abiotischen Faktoren vergleichst.

2 Lebensgemeinschaft Gewässer

a Ordne die in Bild 2 abgebildeten Pflanzen einer Zone zu. Nenne für jede Zone ein weiteres Beispiel.
b Benenne die abgebildeten Tiere.
c Beschreibe an je einem Beispiel, wie eine Pflanze und ein Tier an das Leben im Wasser angepasst sind.
d Algen und Seerosen sind Pflanzen, die in einem See vorkommen. Vergleiche Seerosen und Algen unter folgenden Aspekten: Zahl der Individuen im Jahresverlauf, Stoffwechselaktivität, Vorkommen im See.
e Stelle einen Zusammenhang zwischen den ökologischen Begriffen »Angepasstheit«, »ökologische Nische« und »Zeigerorganismus« her.

3 Stoffkreisläufe und Nahrungspyramide

Bild 3 zeigt einen Ausschnitt aus dem Energiefluss und den Stoffkreisläufen in einem See.
a Konsumenten 2. Ordnung und Endkonsumenten stehen an der Spitze der Nahrungspyramide. Ergänze die fehlenden Glieder.
b Nenne die Aufgabe der Destruenten im Ökosystem.
c Begründe, warum Pflanzen die unterste Stufe der Nahrungspyramide bilden.

2 Tiere und Pflanzen am Gewässer

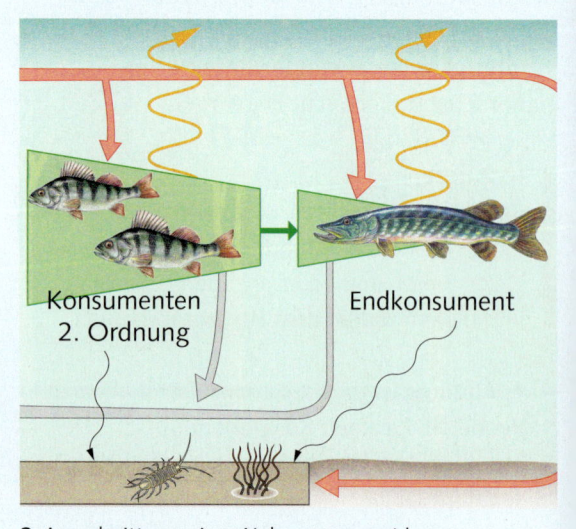

3 Ausschnitt aus einer Nahrungspyramide

4 Gewässer verändern sich

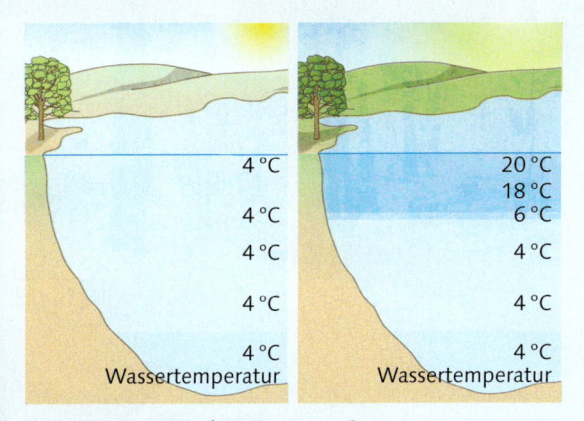

4 °C		20 °C
		18 °C
4 °C		6 °C
4 °C		4 °C
4 °C		4 °C
4 °C		4 °C
Wassertemperatur		Wassertemperatur

4 Temperaturverteilung in einem See

a Die Temperatur des Wassers ist ein abiotischer Faktor im See. Beschreibe die Temperaturverteilung in den beiden Abbildungen oben und ordne sie einer Jahreszeit zu.
b Nenne Auswirkungen, die die Temperaturverteilung im Winter auf die Tiere eines Sees hat. Vergleiche diese mit den Auswirkungen, die sie im Sommer für die Pflanzen hat.
c Beschreibe den Vorgang der Eutrophierung in einem See.
d Beschreibe, wie ein Gewässer nach einer Renaturierung aussehen sollte.
e Gewässer bieten Neubürgern einen Lebensraum. Nenne jeweils ein Beispiel für ein Tier und eine Pflanze, die sich als Neubürger in Mitteleuropa ausgebreitet haben.

5 Renaturierter Abschnitt der Ruhr

Auf den Punkt gebracht

Leben in Gewässern

- Unter dem Biotop versteht man den Lebensraum, der von den abiotischen Faktoren gebildet wird. Die Biozönose ist eine Lebensgemeinschaft aus Pflanzen und Tieren. Biotop und Biozönose bilden gemeinsam ein Ökosystem.

- Pflanzen und Tiere an oder in einem Gewässer sind durch den Bau und die Lebensweise an das Leben dort angepasst.

- Zwischen den Lebewesen eines Gewässers bestehen vielfältige Nahrungsbeziehungen. Einfache Nahrungsketten lassen sich zu Nahrungsnetzen verknüpfen. Dabei durchlaufen die Stoffe einen Kreislauf zwischen Produzenten, Konsumenten und Destruenten. Motor dieser Kreisläufe ist das Sonnenlicht. Mit jeder Ernährungsstufe nimmt die Biomasse ab.

- Gewässer unterliegen einer ständigen Veränderung. Neben regelmäßigen jährlichen Schwankungen, unterliegen stehende Gewässer einer Entwicklung, die mit der Verlandung endet. Der Mensch hat großen Einfluss auf das Erscheinungsbild von Gewässern. Verschmutzungen gefährden das Leben von Pflanzen und Tieren. Durch Renaturierung entstehen wieder neue Lebensräume.

Gesundheit und Krankheit

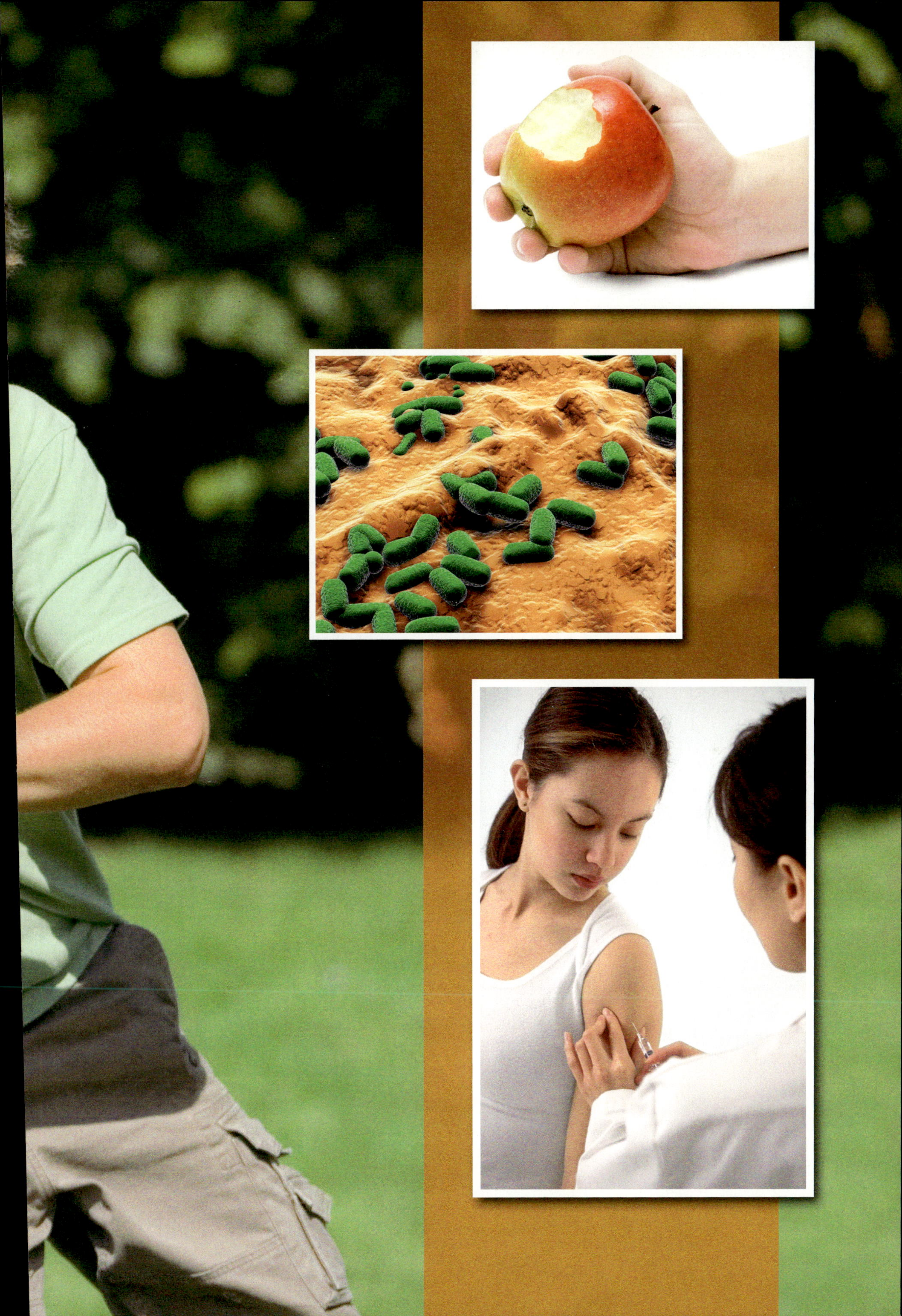

Gesund sein – gesund bleiben

Leichtathletikweltmeisterschaft der Senioren – 100-Meter-Sprint – der Sieger in der Klasse der über 70-Jährigen erreicht die Bestzeit von 13,35 Sekunden. Eine tolle Leistung! Viele Menschen wünschen sich, bis ins hohe Alter gesund zu bleiben. Doch um fit und aktiv älter zu werden, muss man einiges tun.

Gesundheit hat viele Gesichter

Gesundheit ist mehr als die Abwesenheit von Krankheit. Sie wird als ein Zustand des körperlichen, geistigen und sozialen Wohlergehens und nicht nur als das Fehlen von Krankheit oder Gebrechen definiert.

Das Gesundheitsempfinden hängt maßgeblich von der Umwelt ab, in der man lebt. Aber auch das eigene Verhalten, Gewohnheiten und soziale Bindungen können sich positiv oder negativ auf die Gesundheit auswirken. Ob man sich gesund fühlt, hängt nicht zuletzt von der persönlichen Einschätzung ab.

1 Fit und aktiv bis ins hohe Alter

Krank sein – eine Störung

Krankheit ist eine Störung unserer Lebensvorgänge, die körperlich, aber auch geistig bedingt sein kann. Dabei ist die Leistungsfähigkeit unseres Körpers vermindert. Dies macht sich an Krankheitssymptomen wie Fieber oder Schmerzen bemerkbar. Angeborene körperliche oder geistige Beeinträchtigungen sind dagegen nicht mit Krankheit gleichzusetzen.

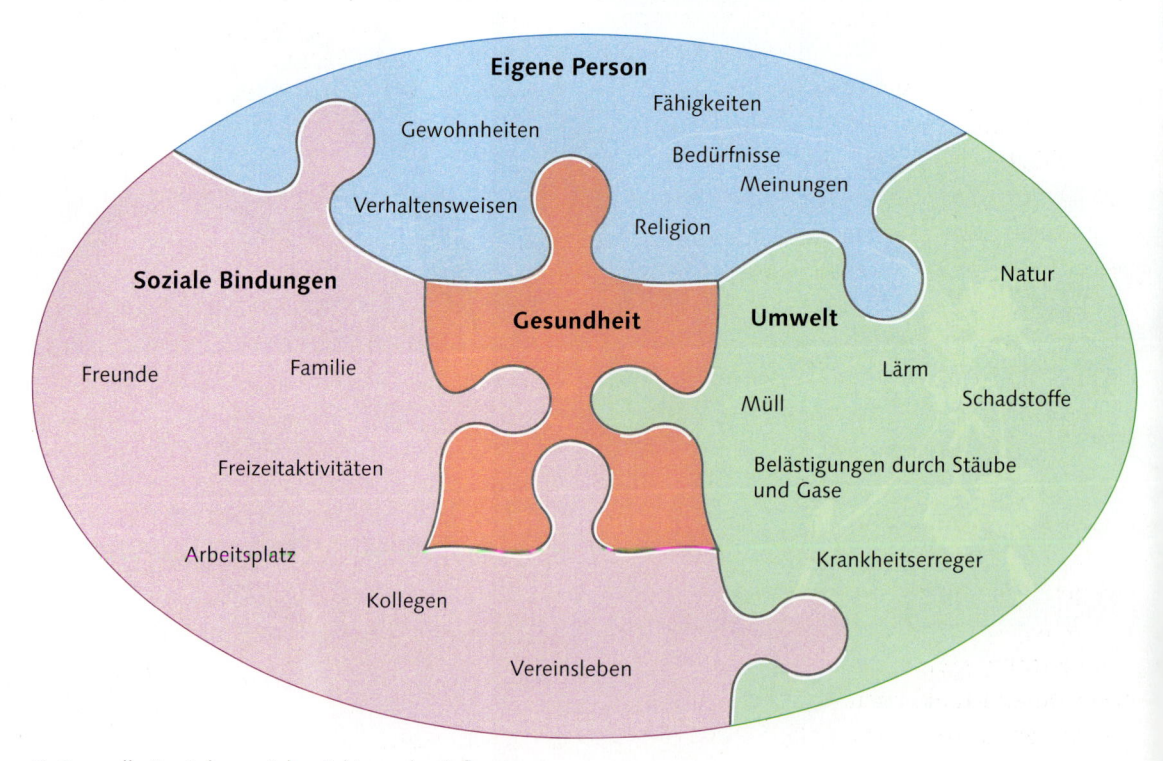

2 Gesundheit wird von vielen Faktoren beeinflusst.

3 Gesundheitsfaktoren und Risikofaktoren

Für die Gesundheit kann man einiges tun

Eine ausgewogene Ernährung, viel Bewegung und ausreichend Schlaf sind Verhaltensweisen, die sich positiv auf die Gesundheit auswirken. Daneben gibt es noch weitere Möglichkeiten, wie man selbst seine Gesundheit stärken und fördern kann. Man bezeichnet diese Verhaltensweisen als *Gesundheitsfaktoren*. Ungesunde Verhaltensweisen, wie falsche Ernährungsgewohnheiten, Bewegungsmangel und Suchtverhalten, stellen dagegen *Risikofaktoren* dar. Oft schwächen sie das Immunsystem, sodass Krankheitserreger leichter eine Krankheit auslösen können.

Aktive Vorsorge schützt

Oft helfen schon kleine Maßnahmen, den eigenen Körper gesund zu erhalten. Durch regelmäßige Zahnarztbesuche oder Schutzimpfungen beispielsweise kann man bestimmten Krankheiten vorbeugen. Jeder Mensch ist für seine Gesundheit selbst verantwortlich.

In Kürze
Gesundheit ist ein Zustand des körperlichen, geistigen und sozialen Wohlergehens und nicht nur das Fehlen von Krankheit. Gesundheitsfaktoren fördern die Gesundheit.

Aufgaben
1 Nenne Risiko- und Gesundheitsfaktoren, die in deinem Leben eine Rolle spielen.
2 Beschreibe Maßnahmen, die der Gesunderhaltung des Körpers dienen.

4 Gesundheitsfaktoren:
A Bewegung; B gesunde Ernährung; C Händewaschen

Gesundheit und Krankheit

Praktikum

Rund um die Gesundheit

A Erstelle ein Bewegungsprotokoll

Eine Ursache für viele Krankheiten ist der Mangel an Bewegung. Daher ist es gesundheitsförderlich, wenn du dich viel bewegst. Ein Bewegungsprotokoll zeigt dir, wie aktiv du bist.

Material Tabelle, Stift, Uhr, Schrittzähler

Durchführung Erstelle eine Tabelle, in der du Uhrzeit, Dauer und deine ausgeübten Tätigkeiten sowie die Bewegungsart festhältst. Mit einem Schrittzähler kannst du zusätzlich deine Laufstrecke feststellen.

Bewegungsprotokoll Von: _____			
Uhrzeit	Dauer	Tätigkeit	Bewegungsart
6:30	14 min	Waschen	Stehen
6:45	20 min	Frühstück	Sitzen

1 Bewegungsprotokoll

Auswertung Rechne für jede Bewegungsart die Zeitumfänge aus und vergleiche diese mit deinen Mitschülern. Vergleicht zudem eure zurückgelegten Laufstrecken.

2 Bewegung macht Spaß!

B Testet eure Fitness

Körperliche Leistung erfordert eine bessere Versorgung der Muskeln und Organe mit Sauerstoff. Um dies zu erreichen, pumpt das Herz das Blut schneller durch die Blutgefäße. Ein gut trainiertes Herz benötigt nach einer Anstrengung weniger Zeit, um wieder auf den Ruhepuls zurückzukehren, da es eine größere Blutmenge pro Herzschlag pumpen kann.

Material Tabelle, Stift, Uhr

Durchführung Messt die Pulsfrequenz vor dem Start. Die Testperson hüpft eine Minute auf der Stelle. Messt erneut direkt nach der Belastung. Wiederholt die Messung zwei Minuten später.

Messung der Pulsfrequenz bei: _____				
Pulsmessung				
Vorher	Nachher	Differenz	Nach 2 Minuten	Absenkung

3 Fitnesstest

Auswertung Berechnet jeweils die Differenz der Werte sowie die Absenkung des Pulsschlags nach zwei Minuten. Vergleicht die Werte aller Testpersonen. Je größer die Absenkung der Pulsfrequenz nach zwei Minuten, desto fitter ist die Testperson.

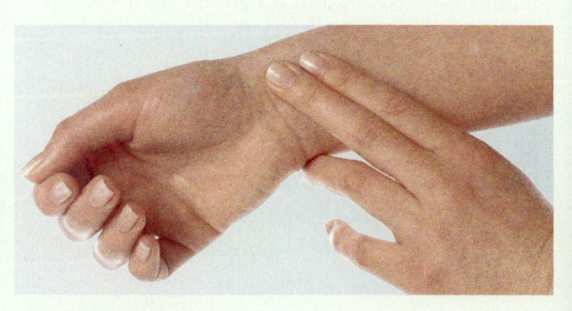

4 Pulsmessung

C Überprüfe dein Ernährungsverhalten

Eine ausgewogene, vitamin- und nährstoffreiche Ernährung ist ein wichtiger Gesundheitsfaktor. Sie wird in hohem Maße durch das Essverhalten beeinflusst.

Durchführung Notiere in einer Tabelle für einen Tag die Häufigkeit und die Zusammensetzung deiner Mahlzeiten. Orientiere dich an Bild 5.

Speiseplan von: _____ am: _____	
Frühstück	2 Brote (ca. 100 g), Butter, Honig
Mittagessen	1 Paar Würstchen, Kartoffeln und Salat Schokopudding
Abendessen	Fleischsalat, Gurke 2 Brote
Zwischendurch	Schokoriegel, Gummibärchen Apfel
Trinken	Kakao 0,3 l, Wasser 2 × 0,5 l

5 Beispiele für einen Speiseplan

Auswertung Überprüfe dein Essverhalten anhand der unten stehenden Regeln für gesunde Ernährung.
Beurteile und begründe, ob du dich gesund ernährst.

Regeln zur gesunden Ernährung
- Ernähre dich abwechslungsreich.
- Iss weniger, dafür aber häufiger.
- Achte auf ausreichende Eiweißversorgung.
- Beschränke dich bei den Fetten.
- Iss möglichst jeden Tag Obst, Gemüse und Vollkornprodukte.
- Greife selten zu Süßigkeiten.
- Trinke ausreichend viel, aber meide stark zuckerhaltige und alkoholische Getränke.

6 Regeln zur gesunden Ernährung

D Führe eine Gesundheitsumfrage durch

Wann ist man gesund und wann krank? Eine Umfrage zum Thema »Was bedeutet Gesundheit?« kann hier für mehr Klarheit sorgen.

Material Fragebogen, Stift, eventuell Aufzeichnungsgerät

Durchführung
- Legt zunächst fest, wen ihr befragen wollt. Das können Menschen sein, die im Medizinbereich arbeiten. Ihr könnt aber auch Kinder und Jugendliche zu dem Thema befragen. Familienmitglieder und ältere Menschen solltet ihr ebenfalls mit einbeziehen, um aussagekräftige Ergebnisse zu erhalten.
- Legt fest, wo ihr die Menschen befragen wollt. Die Adressen der Fachleute findet ihr im Telefonbuch oder im Internet. Bei einer Umfrage in der Fußgängerzone erreicht ihr sicher viele Personen.
- Erstellt einen Fragenkatalog für die Befragung. Ihr könntet zum Beispiel mit Bild 7 in das Gespräch einsteigen.

Auswertung Fertigt eine Zusammenfassung eurer Ergebnisse an. Besprecht die Ergebnisse der Umfrage in der Klasse.

7 Rollstuhl Basketball

Infektionskrankheiten

Im November 2002 traten in China die ersten Fälle der besonders schwer verlaufenden Lungenerkrankung SARS auf. Bereits nach wenigen Monaten waren weltweit über einhundert Tote zu beklagen. Besonders stark war das dicht besiedelte Hongkong betroffen. Um sich nicht anzustecken, trugen viele Kinder Atemschutzmasken im Unterricht.

Krankheitserreger sind überall
Krankheiten, die durch sehr kleine Erreger ausgelöst werden, nennt man *Infektionskrankheiten*. Bakterien oder andere einzellige Lebewesen, Pilze und Viren können Erreger von Infektionskrankheiten sein. Sie schweben in der Luft, befinden sich auf Lebensmitteln und auf der Kleidung. Außerdem können sie auf den Händen sein, wenn man diese nicht regelmäßig wäscht. Auch im Boden und im Wasser kommen Krankheitserreger vor.

Infektionskrankheiten sind ansteckend
Krankheiten, die man wie aus heiterem Himmel bekommt, sind in der Regel Infektionskrankheiten. Meist hat man sich an einem Erkrankten angesteckt, der die Erreger durch Husten oder Niesen verbreitet hat. Man nennt dies *Tröpcheninfektion*. Aber auch beim Essen und Trinken kann man sich anstecken.

1 Schutz vor der Infektionskrankheit SARS

Wie man sich anstecken kann
Die Haut schützt vor Krankheitserregern. Mit der Atemluft oder der Nahrung und insbesondere über Wunden können sie aber in unseren Körper gelangen. Augen und Ohren sind ebenfalls Stellen, durch die manche Erreger eindringen können.

Häufig sind auch Insekten oder Zecken gefährliche Krankheitsüberträger. Mit ihrem Stechapparat durchdringen sie die menschliche Haut. Dabei können sie Krankheitserreger auf den Menschen übertragen, die sie vorher von Erkrankten beim Blutsaugen aufgenommen haben. Auch Bisse von Hunden und Katzen können gefährlich werden. Zwischen ihren Zähnen leben zahllose Bakterien, die Krankheiten auslösen können, wenn sie durch den Biss in unseren Körper gelangen.

2 Krankheitserreger sind allgegenwärtig.

3 Zecke vor dem Blutsaugen

Gesundheit und Krankheit

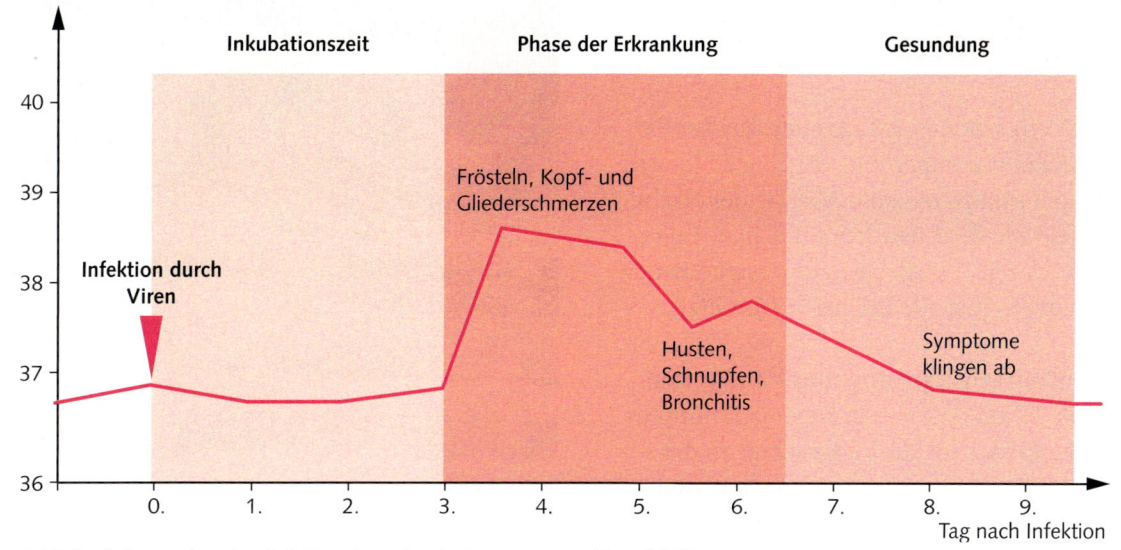

4 Verlauf eines grippalen Infekts, einer durch Viren verursachten Erkältung

Verlauf einer Infektionskrankheit

Am Beginn jeder Infektionskrankheit steht das Eindringen der Krankheitserreger in den Körper, die *Infektion*. Daran schließt sich die *Inkubationszeit* an. So nennt man den Zeitraum zwischen der Infektion und dem Ausbruch der Krankheit. Während dieser Zeit vermehren sich die Erreger explosionsartig. Je nach Krankheit kann sie nur wenige Stunden betragen, aber auch Jahre dauern. Die typischen Kennzeichen der Erkrankung nennt man *Symptome*. Bei einem grippalen Infekt gehören Husten, Niesen, Fieber und Gliederschmerzen dazu. Verursacht werden die Symptome durch die Erreger selbst oder durch Giftstoffe, die sie produzieren. Erst wenn der Körper die Vermehrung der Erreger verhindern kann, setzt die *Gesundung* ein.

Infektionskrankheiten und ihre Erreger

Die bekannteste Infektionskrankheit ist die *Virusgrippe*. An ihr sterben allein in Deutschland jährlich mehrere Tausend Menschen. Verursacht wird sie durch unterschiedliche *Viren*. Deshalb unterscheidet man verschiedene Grippeerkrankungen. Der *grippale Infekt* ist eine Erkältung. Er verläuft wesentlich harmloser als die echte Grippe.

Cholera, Tuberkulose oder *Borreliose* sind Krankheiten, die von Bakterien verursacht werden. Bei der Cholera dauert die Inkubationszeit meist nur wenige Stunden. Die *Malaria* fordert weltweit die meisten Opfer. Hervorgerufen wird sie durch einen Einzeller, der durch den Stich der Anophelesmücke übertragen wird.

Mykosen sind durch Pilze verursachte Infektionskrankheiten wie Fuß- und Nagelpilz.

> **In Kürze**
> Infektionskrankheiten sind ansteckende Krankheiten. Sie werden durch Bakterien, Einzeller, Pilze oder Viren verursacht. Bei der Erkrankung unterscheidet man die Phasen Infektion, Inkubationszeit, Erkrankung und Genesung.

Aufgaben

1 Begründe, weshalb Infektionskrankheiten erst einige Zeit nach der Infektion ausbrechen.
2 Beschreibe die Stadien einer Infektionskrankheit.
3 Man soll nicht in die Hand, sondern in die Beuge des Ellenbogens niesen. Begründe.
4 Erläutere, weshalb es nicht <u>die</u> Grippe gibt.

Bakterien als Krankheitserreger

Es war ein schönes, gelungenes Straßenfest. Die Musik war super und es gab jede Menge zu essen und zu trinken. Aber in der Nacht fanden viele der Gäste keinen Schlaf. Ihnen wurde plötzlich übel, sie hatten starke Bauchschmerzen. Fast alle bekamen Durchfall.

Lebensmittelvergiftung durch Bakterien

In den warmen Sommermonaten kommt es immer wieder vor, dass Menschen an der *Salmonellose* erkranken. Salmonellen sind Bakterien, die auf der Haut geschlachteter Hühnchen, aber auch an und in rohen Eiern vorkommen. In eiweißreichen Speisen, wie in Fleisch- oder Wurstsalat, können sie sich schon bei Zimmertemperatur explosionsartig vermehren.

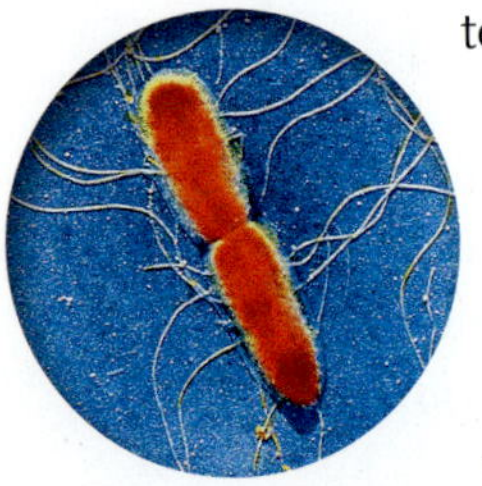

1 Ein Fest mit Folgen

Bau von Bakterien

Bakterien bestehen nur aus einer einzigen Zelle. Sie sind meist kleiner als ein Tausendstelmillimeter. Kennzeichnend ist, dass sie keinen Zellkern haben. Die Erbsubstanz liegt frei im flüssigen Zellinnern, dem *Zellplasma*. Die Zelle ist von einer *Zellmembran* und einer *Zellwand* umhüllt. Manche Bakterien besitzen *Geißeln*, mit denen sie sich fortbewegen.

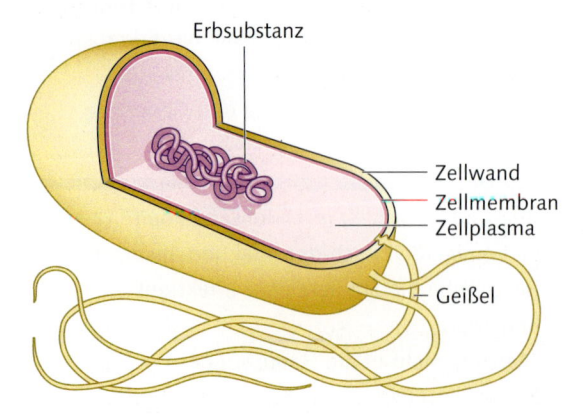

Vermehrung von Bakterien

Unter günstigen Lebensbedingungen, bei Feuchtigkeit, Wärme und Nahrung vermehren sich Bakterien etwa alle 20 Minuten durch Zellteilung. Vorher verdoppelt sich die Erbsubstanz. Anschließend trennen sich die Zellhälften durch Querteilung. Bakterien vermehren sich zu sogenannten *Bakterienkolonien*. Diese bestehen aus unzähligen Einzelbakterien, die dicht an dicht nebeneinanderliegen. Diese Kolonien kann man mit bloßem Auge erkennen.

Es gibt verschiedene Bakterienformen

Nach ihrer Form unterscheidet man zwischen den stäbchenförmigen *Bazillen*, den kugeligen *Kokken*, den kommaförmigen *Vibrionen* und den korkenzieherförmigen *Spirillen*.

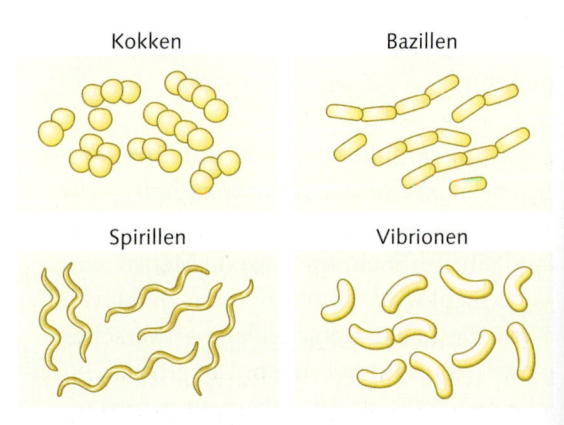

2 Bau eines Bakteriums

3 Verschiedene Bakterienformen

148 Gesundheit und Krankheit

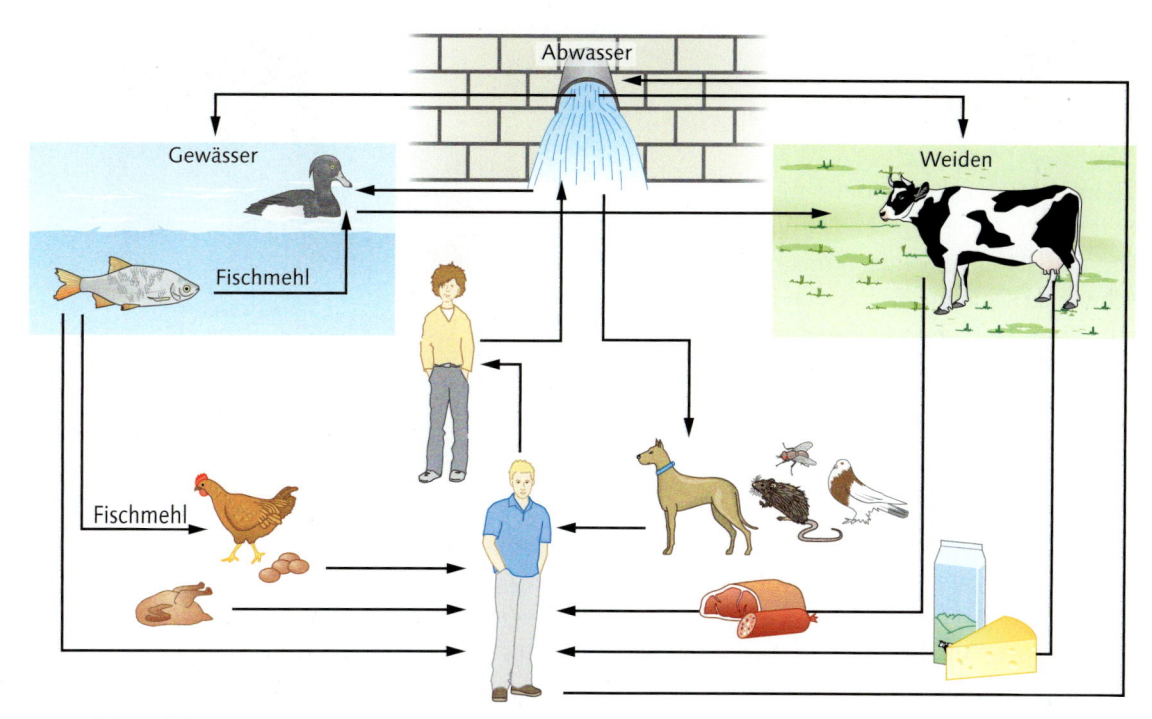

4 Mögliche Infektionswege der Salmonellose

Wie Bakterien krank machen

Neben der Salmonellose werden auch Keuchhusten, Scharlach oder Lungenentzündung von Bakterien verursacht, indem sie in die Körperzellen eindringen. Die Bakterien zerstören die Zellen oder sie geben Giftstoffe ab. Diese *Toxine* stören den Stoffwechsel der Körperzellen und bringen sie ebenfalls zum Absterben. Das Toxin der Salmonellen bewirkt, dass die Darmzellen kaum noch Wasser aus dem Darminhalt entnehmen können. Durchfall und Erbrechen sind die Folgen. Dadurch verliert der Körper in kurzer Zeit sehr viel Flüssigkeit.

Es gibt auch nützliche Bakterien

Viele Bakterien sind für uns so nützlich, dass wir ohne sie nicht leben könnten. So befinden sich auf unserer Haut zahllose ungefährliche Bakterien. Als »Platzhalter« verhindern sie, dass sich gefährliche Krankheitserreger ansiedeln können.

Die Wand von Pflanzenzellen können wir selbst nicht verdauen. In unserem Darm leben aber Bakterien, die die Zellwand zersetzen. Nur so gelangen wir an die wertvollen Nährstoffe und Vitamine, die in der pflanzlichen Nahrung enthalten sind.

Als Zersetzer von toten Tieren und abgestorbenen Pflanzen halten Bakterien den Kreislauf der Stoffe aufrecht. Sie sorgen dadurch für den Erhalt der Bodenfruchtbarkeit.

In Kürze

Bakterien bestehen nur aus einer einzigen kernlosen Zelle. Als Krankheitserreger schädigen sie den Körper durch Toxine oder sie zerstören die befallenen Zellen. Bakterien spielen im Haushalt der Natur als Zersetzer eine wichtige Rolle. Für die Verdauung pflanzlicher Nahrung sind sie in unserem Körper unverzichtbar.

Aufgaben

1 Bakterien vermehren sich durch Zellteilung. Begründe, weshalb sich vor der Teilung die Erbsubstanz verdoppelt.
2 In Bild 2 ist ein Bakterium dargestellt. Begründe, zu welcher Gruppe von Bakterien es gehört.
3 Erläutere mit Hilfe von Bild 4, wie man sich mit Salmonellen anstecken kann.

Viren als Krankheitserreger

Thomas muss schon seit mehreren Tagen das Bett hüten. Hohes Fieber, Schüttelfrost, Übelkeit und ständiges Husten machen ihm schwer zu schaffen. Er hat sich in den nasskalten Dezembertagen mit einer echten Grippe, einer *Influenza*, angesteckt. So erklärte es ihm der Arzt bei einem Hausbesuch. Er hat ihm zwei Wochen absolute Bettruhe verordnet.

Viren sind einfach gebaut
Viren bestehen nur aus zwei Bestandteilen: einer Eiweißhülle und der Erbsubstanz. Die Eiweißhülle umgibt die Erbsubstanz schützend. Manche Viren tragen an ihrer Oberfläche Ausstülpungen, die wie Noppen oder Stacheln aussehen. Alle anderen Bestandteile wie Zellkern, Zellwand oder Zellplasma fehlen.

Viren sind sehr klein
Viren sind unvorstellbar klein, etwa 1000-mal kleiner als die winzigen Bakterien. Ihre Größe beträgt etwa 15–400 Nanometer. Ein Nanometer ist der millionste Teil eines Millimeters. Auf einem Punkt mit einem Durchmesser von einem Millimeter haben etwa 50 000 Viren Platz. Man kann sie erst mit Hilfe eines Elektronenmikroskops sichtbar machen. Diese Mikroskope können etwa 100 000-fach vergrößern.

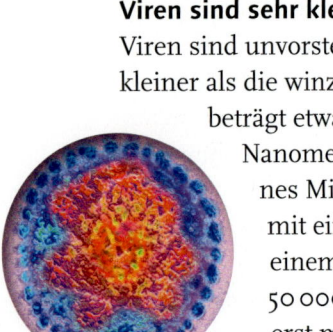

2 Grippevirus im Elektronenmikroskop

1 Thomas ist krank

Viren sind keine Lebewesen
Viren können sich nicht bewegen, haben keinen eigenen Stoffwechsel, sind nicht reizbar, wachsen nicht und können sich nicht selbstständig vermehren. Somit sind sie keine Lebewesen. Aber dennoch befasst sich die Biologie mit ihnen, weil sie auch Merkmale von Lebewesen haben: Sie besitzen eine Erbsubstanz und eine Hülle aus Eiweiß. Zudem sind sie Erreger von Krankheiten, die für Menschen, Pflanzen und Tiere gefährlich werden können.

Nach ihrem Aussehen unterscheidet man zwischen faden- oder kugelförmigen Viren, aber auch solchen, die an Satelliten oder an Raumfähren erinnern. Trotz ihrer unterschiedlichen äußeren Form haben alle Viren das gleiche einfache Bauprinzip.

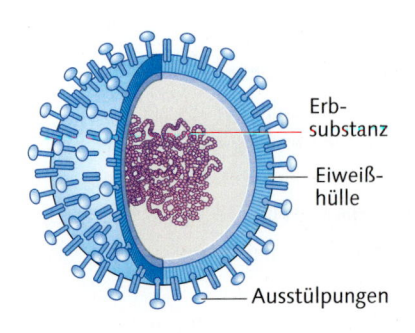

3 Bau eines Virus

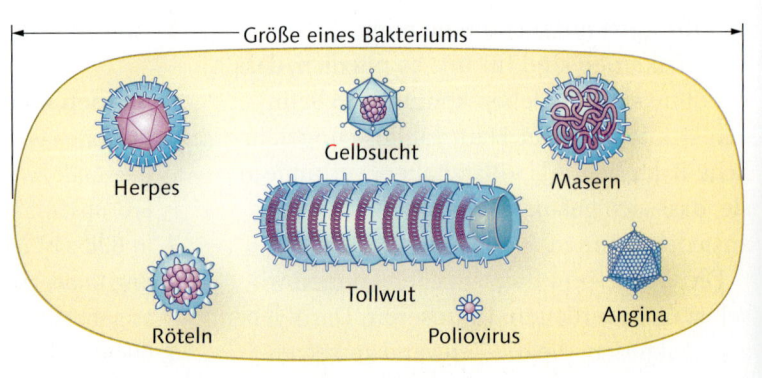

4 Viren und von ihnen verursachte Krankheiten

150 Gesundheit und Krankheit

Virus — Grippevirus befällt eine Zelle ...

und dringt in sie ein.

Die Erbsubstanz des Virus wird freigesetzt.

Die Virus-Erbsubstanz wird vermehrt und Viruseiweiße werden gebildet.

Virus

Wirtszelle
Zellkern
Zellmembran

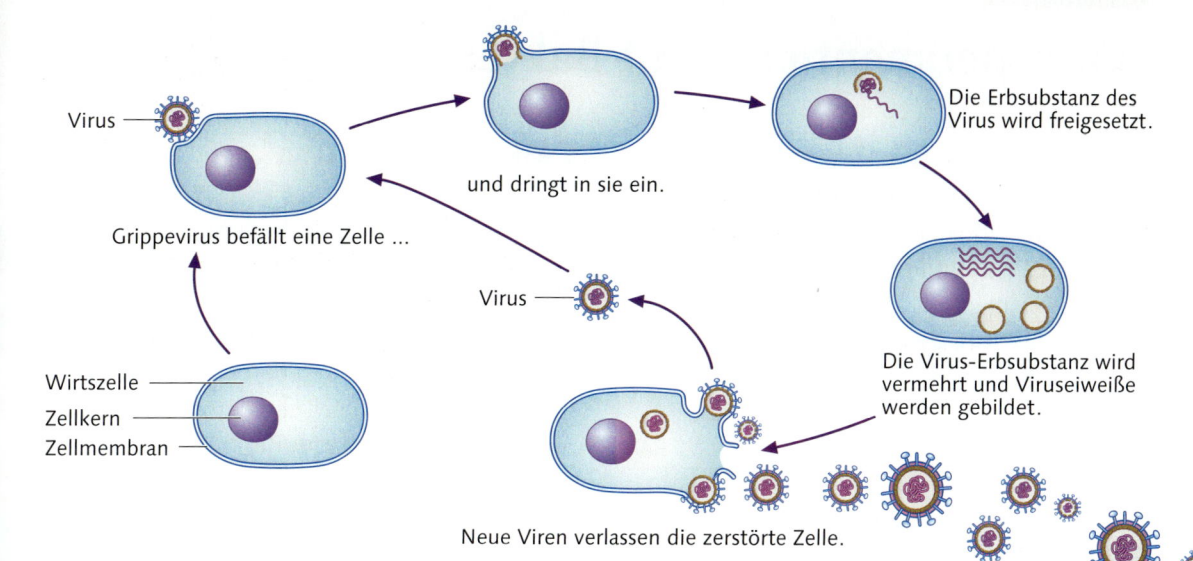

Neue Viren verlassen die zerstörte Zelle.

5 Vermehrungszyklus von Grippeviren

Viren brauchen Wirtszellen
Viren können sich nicht selbst vermehren. Für ihre Vermehrung benötigen sie lebende Zellen, die ihnen die notwendigen Baustoffe für die neuen Eiweißhüllen sowie die Erbsubstanz liefern. Solche Zellen bezeichnet man als *Wirtszellen*. Jeder Virustyp befällt jeweils nur ganz bestimmte Wirtszellen. Viren sind *wirtsspezifisch*. So befallen Grippeviren die Schleimhautzellen zum Beispiel in der Nase. Die Kinderlähmung auslösenden Polioviren befallen die Nervenzellen des Rückenmarks.

Exkurs Die spanische Grippe
Der Spanischen Grippe fielen zwischen 1918 und 1920 etwa 50 Millionen Menschen zum Opfer. Die ersten Berichte stammten aus Spanien, daher der Name. In Wirklichkeit wurde sie aber am Ende des Ersten Weltkriegs von Soldaten aus den USA nach Europa eingeschleppt. Innerhalb von zwei Jahren verbreitete sie sich über die ganze Welt. Auffallend war, dass besonders viele jüngere Menschen an ihr erkrankten. Erst vor wenigen Jahren gelang es herauszufinden, weshalb diese Grippeviren so aggressiv waren: Sie veränderten das menschliche Immunsystem so, dass es gegen den eigenen Körper arbeitete.

Viren lassen sich vermehren
Trifft das Virus auf die passende Zelle, so dringt es in die Wirtszelle ein. Die Virushülle gibt die Erbsubstanz frei. Diese programmiert die befallene Zelle so, dass sie ihren eigenen Stoffwechsel ganz in den Dienst des Virus stellt. Sie produziert nun Eiweiß und Erbsubstanz für das Virus. Diese Bausteine fügen sich zu neuen Viren zusammen. Ist die Wirtszelle prall mit Viren gefüllt, platzt sie. Die Viren werden frei und befallen weitere Wirtszellen. Durch ihre Vermehrung zerstören Viren die befallenen Zellen. Dadurch bewirken sie die für Virusinfektionen typischen Krankheitssymptome.

In Kürze
Viren haben keinen eigenen Stoffwechsel. Sie bestehen aus einer Eiweißhülle und der Erbsubstanz. Zur Vermehrung brauchen sie jeweils bestimmte Wirtszellen, die sie dabei zerstören. Viren sind keine Lebewesen.

Aufgaben
1 Begründe, weshalb Viren keine Lebewesen sind.
2 Beschreibe mit Hilfe von Bild 5, wie Viren »vermehrt werden«.
3 Eine Grippe kündigt sich meist durch ein Kribbeln in der Nase an. Suche nach einer Erklärung.

Gesundheit und Krankheit

Praktikum

Wir experimentieren mit Bakterien

Wegen ihrer Winzigkeit kann man einzelne Bakterien nicht erkennen. Auf Nährböden bilden sich sehr schnell Bakterienkolonien. Diese kann man mit bloßem Auge sehen.

> **Vorsicht beim Umgang mit Bakterien:**
> – Verschließe die Petrischalen nach dem Beimpfen fest mit Deckel und Klebeband.
> – Entsorge die Petrischalen fachgerecht.
> – Wasche deine Hände!

A Herstellen der Nährböden

Material drei sterile Petrischalen, Zellstoff, Alufolie, Nährgelatine, Erlenmeyerkolben, Glasstab, Heizplatte oder Gasbrenner, Dreifuß, destilliertes Wasser

Durchführung Rühre im Erlenmeyerkolben die Nährgelatine in destilliertem Wasser an. Koche die Lösung für etwa 30 Minuten. Verschließe dann den Kolben mit Zellstoff sowie einer Haube aus Alufolie. Lass die Lösung abkühlen. Flamme den Rand des Kolbens ab, bevor du die Petrischalen zu etwa einem Drittel befüllst. Verschließe sie mit den Deckeln. Drehe sie nach dem Festwerden der Nährböden um.

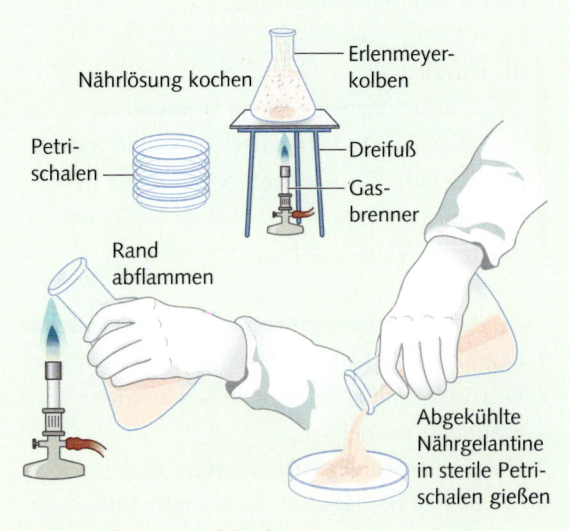

1 Herstellen von Nährböden

B Bakterien auf der Haut

Material zwei mit Nährböden gefüllte Petrischalen, Klebeband, Folienstift, Seife

Durchführung Berühre mit den Fingern der ungewaschenen Hand den Nährboden. Verschließe die Petrischale mit dem Deckel und einem Klebeband. Beschrifte den Deckel mit »ungewaschen«. Wasche nun deine Hände mit Seife und wiederhole den Versuch. Beschrifte jetzt die zweite Petrischale mit »gewaschen«. Lagere die beiden Petrischalen drei Tage an einem warmen Ort. Übernimm das unten abgebildete Auswertungsprotokoll in dein Heft. Kontrolliere täglich die beiden Petrischalen und trage deine Beobachtungsergebnisse in das Protokoll ein.

Auswertung

1 Fasse die Ergebnisse in einem kurzen Versuchsbericht zusammen.

Beobachtungsprotokoll		
Datum	Hände gewaschen	Hände ungewaschen

2 Beispiel für ein Auswertungsprotokoll

C Bakterien im Alltag

Material Material wie oben, Wattestäbchen

Durchführung Führe die gleichen Versuche durch, indem du mit Wattestäbchen kräftig über eine Türklinke oder die Tastatur deines Computers streichst. Berühre mit den Wattestäbchen je eine Petrischale. Beschrifte sie. Bringe sie an einen warmen Ort.

Auswertung Werte die Ergebnisse mit Hilfe des Beobachtungsprotokolls aus.

Aufgaben

Infektionskrankheiten

1 Vermehrung von Bakterien und Viren

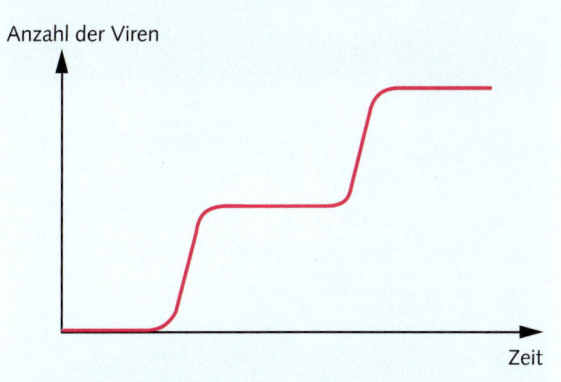

1 Vermehrung von Viren

Das Bild 1 zeigt die Vermehrungskurve von Viren.
- a Beschreibe den Verlauf der Vermehrungskurve.
- b Suche nach einer Begründung für diesen Kurvenverlauf.
- c Begründe, weshalb die Vermehrungskurve von Bakterien anders aussehen muss.

2 Phasen einer Infektionskrankheit

Im Bild 2 ist der typische Verlauf der Fieberkurve einer Infektionskrankheit zu sehen.
- a Erläutere, ob es sich hier um einen grippalen Infekt oder um eine Grippe handelt.
- b Kopiere die Kurve. Trage in die Kopie durch senkrechte Striche die einzelnen Phasen einer Infektionskrankheit ein und benenne sie.
- c Begründe deine Aufteilung.

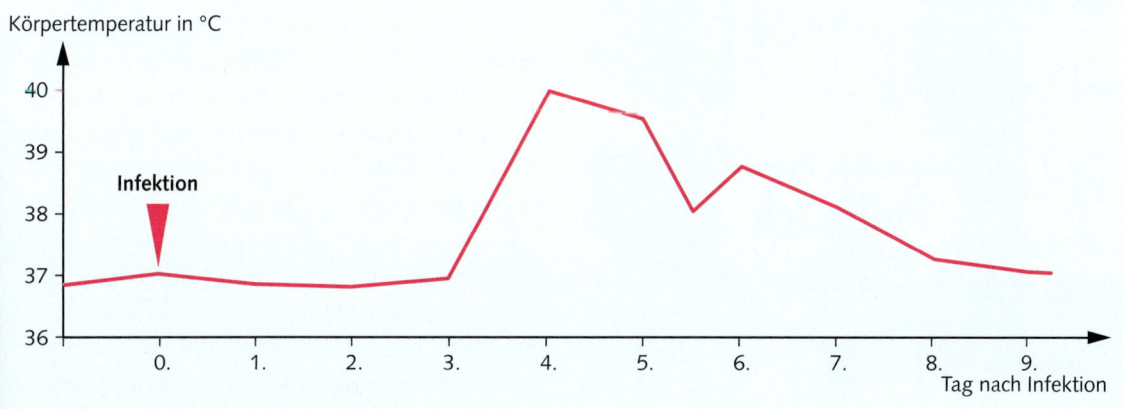

2 Mögliche Fieberkurve bei einer Infektionskrankheit

3 Die Malaria

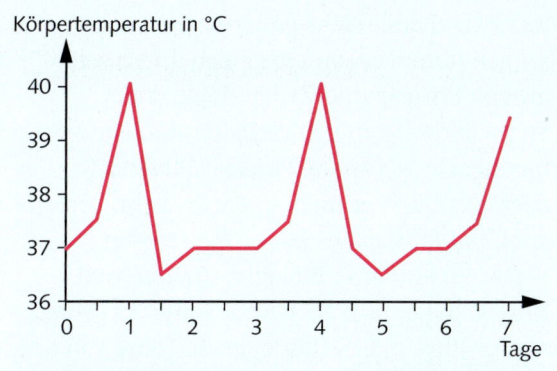

3 Fieberverlauf eines an Malaria erkrankten Menschen

Die Überträger der Malaria sind Stechmücken, die die Erreger beim Blutsaugen von Erkrankten auf Gesunde übertragen. Die einzelligen Erreger vermehren sich in den roten Blutkörperchen so stark, dass diese platzen. Die neuen Erreger befallen weitere Blutkörperchen. Nach ein bis zwei Tagen zerfallen auch diese wieder. Das äußert sich jeweils in Fieberanfällen. Nur, wo die Anophelesmücken vorkommen, gibt es auch die Malaria.

- a Wechsel- und Sumpffieber sind andere Bezeichnungen für Malaria. Suche für die Begriffe nach Erklärungen.
- b Die Vermehrungskurve des Malariaerregers verläuft ähnlich wie die der Viren. Suche nach einer Begründung.
- c Kann sich durch den Klimawandel die Malaria auch bei uns ausbreiten? Nimm dazu Stellung.

Gesundheit und Krankheit

Exkurs
Louis Pasteur

Leben und Werk

Louis Pasteur wurde 1822 in Dole, einer Stadt im Osten Frankreichs geboren. Schon in jungen Jahren zeichnete er sich durch sehr großen Ehrgeiz und Zielstrebigkeit aus. So wiederholte er die bereits bestandene Aufnahmeprüfung an die Pariser Universität deswegen, weil er nicht unter die zehn besten kam. Ein Jahr später war er Fünftbester.

Pasteur studierte Biologie, Chemie und Physik. Schon mit 26 Jahren wurde er Professor für Physik. Er widerlegte die Lehre von der Urzeugung. Man glaubte damals, dass Lebewesen aus verfaulenden Stoffen entstehen. Pasteur wies nach, dass Gärung und Fäulnis durch Hefepilze und Bakterien, also durch Mikroorganismen, verursacht werden. Durch intensives Forschen bewies er, dass man Bakterien durch Erhitzen abtöten kann. Das von ihm entwickelte Verfahren, flüssige Lebensmittel wie Milch durch kurzes Erhitzen auf 71–74 °C haltbar zu machen, wird als *Pasteurisieren* noch heute angewandt. Auch der Schnellkochtopf ist seine Erfindung.

Sein Hauptbetätigungsfeld war aber die Erforschung ansteckender Krankheiten. Als einer der Ersten kam er zu der Erkenntnis, dass Infektionskrankheiten durch Mikroorganismen wie Bakterien verursacht werden. Pasteur starb 1895 nahe Paris.

1 Louis Pasteur (1822–1895)

Pasteur und die Tollwut

Pasteur vermutete zunächst Bakterien als Erreger der Tollwut. Im Körper von Hunden, die an Tollwut verendet waren, konnte er aber keine Bakterien nachweisen. Daraus folgerte er, dass winzig kleine, ansteckende »Stoffe« die Krankheit auslösen. Er nannte diese Stoffe »Viren« (lat. *virus* = Gift).

Aus früheren Versuchen mit Hühnerpestbakterien, wusste er, dass man die Erreger durch langsames Erwärmen und Trocknen über mehrere Tage hinweg so abschwächen kann, dass sie nicht mehr ansteckend sind. Zudem hatte er beobachtet, dass Tiere, die er mit diesen abgeschwächten Erregern geimpft hatte, nicht mehr an der Hühnerpest erkrankten.

Mit diesem Verfahren versuchte Pasteur, die Tollwut zu bekämpfen. Er infizierte Kaninchen mit Tollwut. Die Viren vermutete er im Rückenmark der Tiere. Dieses trocknete er und infizierte damit gesunde Hunde. Ab einer Trocknungsdauer von 15 Tagen löste das übertragene Rückenmark keine Tollwut mehr aus. Diese Hunde erkrankten auch später nicht mehr. 1885 wandte Pasteur sein Verfahren erfolgreich beim Menschen an.

2 Pasteurisierte Milch

Exkurs

Sir Alexander Fleming

Leben und Werk

Alexander Fleming wurde am 6. August 1881 in Schottland geboren. Am St. Mary's Hospital in London machte er die Beobachtung, die Jahre später zu einer Revolution in der Geschichte der Medizin führen sollte.

Als Bakteriologe versuchte Fleming herauszufinden, wie man die Vermehrung von Bakterien hemmen und damit Infektionskrankheiten bekämpfen könnte. Während seiner Forschungsarbeiten entdeckte er 1928 einen Stoff, der Bakterien tötet. Diesen nannte er »Penicillin«. Leider blieb seine Beobachtung von der Fachwelt damals noch unbeachtet. Denn es gelang ihm nicht, genügend Penicillin herzustellen, um es an Patienten anzuwenden.

Erst während des Zweiten Weltkriegs erinnerte man sich an Flemings Beobachtung. Zahllose Soldaten starben an bakteriellen Infektionen, die vor allem durch Schussverletzungen hervorgerufen wurden. Die jetzt einsetzenden intensiven Forschungsarbeiten führten dazu, Penicillin in großen Mengen herzustellen, sodass man viele Verwundete retten konnte. Mit der Verleihung des Nobelpreises und der Erhebung in den Adelsstand fand Flemings Arbeit die ihr gebührende Anerkennung. Sir Alexander Fleming starb 1955. Er wurde in der St. Paul's Cathedral beigesetzt und so als große britische Persönlichkeit geehrt.

Fleming und das Penicillin

1928 fiel Alexander Fleming eine Bakterienkultur auf, die durch Schimmelpilze verunreinigt war. Eigentlich hätte man sie weggeworfen – nicht aber Fleming. Ihm war nämlich aufgefallen, dass in der Umgebung des Schimmels keine Bakterienkolonien zu sehen waren. Er wollte wissen warum und begann, den Schimmelpilz zu erforschen. Er fand heraus, dass nicht der Pilz selbst bakterientötend ist, sondern ein Stoff, den er absondert. Diese von dem Pilz *Penicillium notatum* gebildete *antibakterielle* Substanz nannte Fleming »Penicillin«. In seiner Veröffentlichung beschrieb er es als ein bakterientötendes Heilmittel. Man könne es zur Behandlung von eiternden Wunden sowie gegen Hirnhaut- und Lungenentzündung einsetzen. Ab 1941 konnte man Penicillin in größeren Mengen herstellen. Maßgeblich beteiligt waren daran der Deutsch-Brite Werner Boris Chain und der Australier Howard Walter Florey. Sie erhielten zusammen mit Fleming 1945 den Nobelpreis für Medizin.

Neben Penicillin kennt man heute noch weitere Antibiotika. Sie zerstören die Zellwand der Bakterien, schädigen deren Erbsubstanz oder hemmen die Beweglichkeit der Geißel.

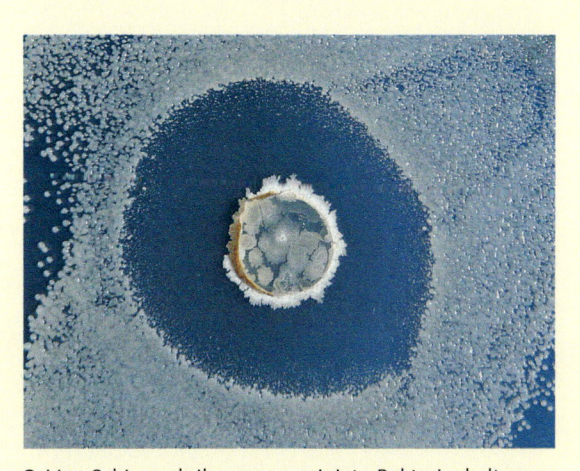

1 Alexander Fleming (1881–1955)

2 Von Schimmelpilzen verunreinigte Bakterienkultur

Gesundheit und Krankheit

Antibiotika gegen Bakterien

Das Antibiotikum Penicillin brachte Hoffnung in die hoffnungslose Zeit des Zweiten Weltkriegs. Endlich gab es ein Medikament, mit dem man die oft tödlich verlaufenden Infektionen nach Schussverletzungen verhindern konnte. Viele Verwundete starben nämlich nicht an den Verletzungen selbst, sondern an den Infektionen durch Bakterien, die über die Wunden in den Körper gelangten.

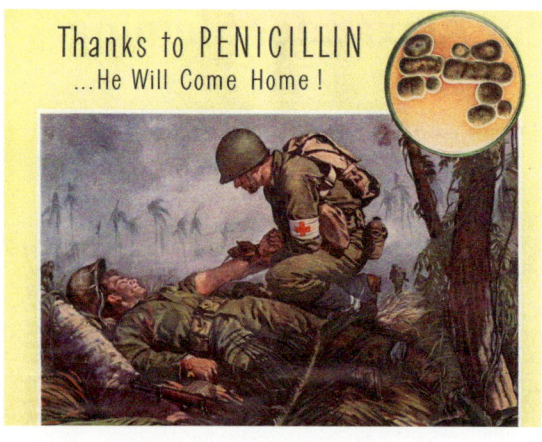

1 Werbeplakat für Penicillin, USA 1944

Was sind Antibiotika?

Das von Alexander Fleming entdeckte und von ihm so benannte *Penicillin* gehört zur Gruppe der *Antibiotika*. So nennt man Medikamente, die Bakterien bekämpfen. Manche wirken nur gegen bestimmte, andere, die *Breitbandantibiotika,* gegen verschiedene Bakterien.

Antibiotika wirken sehr unterschiedlich

Antibiotika schädigen Bakterienzellen, nicht aber die Zellen von Mensch und Tier. Manche zerstören die Zellwand, andere greifen in den Stoffwechsel ein oder verändern die Erbsubstanz, sodass sich die Bakterien weder vermehren noch wachsen oder sich bewegen können. Antibiotika greifen aber auch nützliche Bakterien in den Schleimhäuten an. Dies kann zu Durchfall oder Problemen bei der Abwehr anderer Krankheitserreger führen.

Es gibt viele verschiedene Antibiotika

Penicillin ist das älteste und bekannteste Antibiotikum. Heute kennt man mehr als 8000 antibakteriell wirkende Medikamente. Neben den aus Schimmelpilzen natürlich gewonnenen, gibt es künstlich hergestellte Antibiotika, zum Beispiel die »Sulfonamide«.

Antibiotika werden wirkungslos

Mit dem Antibiotikum Penicillin glaubte man, ein Medikament gegen alle krankheitserregenden Bakterien in der Hand zu haben. Das war ein Trugschluss. Durch zu häufige und unüberlegte Anwendung wurden immer mehr Bakterien unempfindlich, *resistent,* gegenüber dem Antibiotikum. Wirkte Penicillin usprünglich gegen 99 Prozent aller Bakterieninfektionen, so liegt dieser Wert heute unter fünf Prozent.

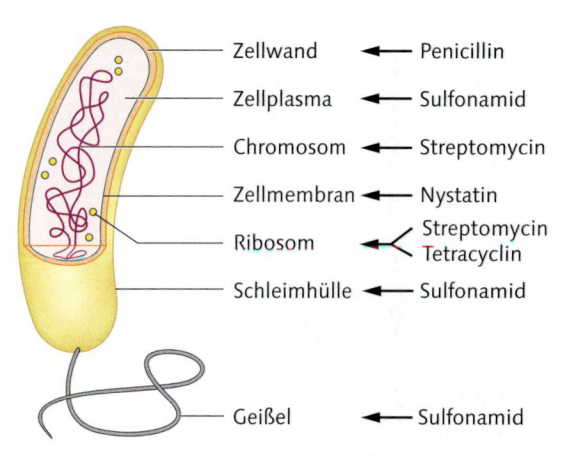

2 Wirkungen ausgewählter Antibiotika

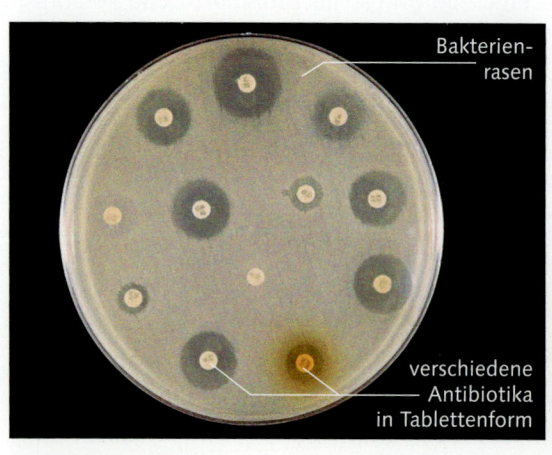

3 Antibiotikaresistenztest bei Escherichia coli

Gesundheit und Krankheit

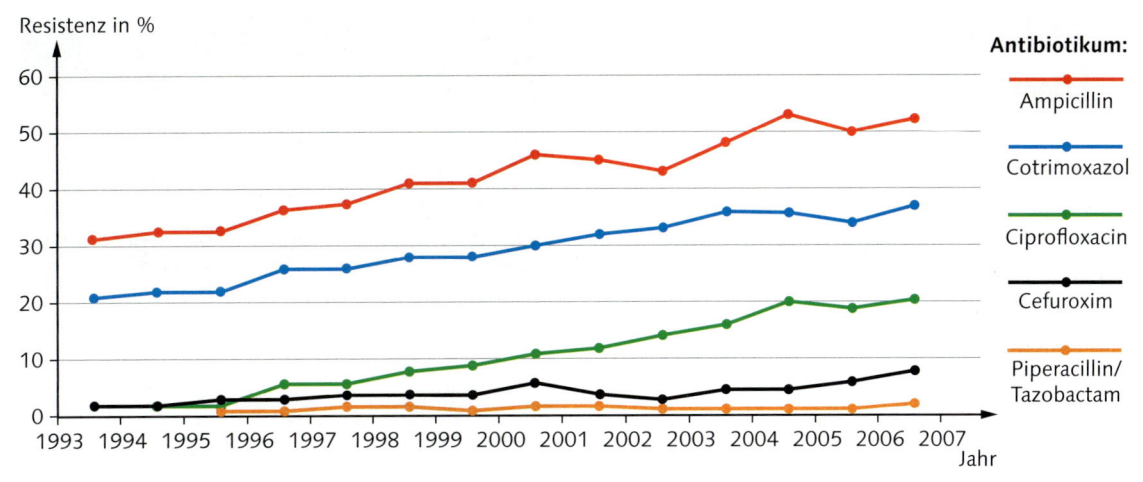

4 Resistenzbildung bei einem Bakterium, das Durchfall verursacht.

Entwicklung von Resistenzen

Bei jeder Zellteilung von Bakterien entstehen zufällige Veränderungen in der Erbsubstanz. Diese können bewirken, dass das neu entstandene Bakterium gegenüber einem Antibiotikum resistent ist. Viele Bakterien können einen Stoff herstellen, der sie gegenüber einem bestimmten Antibiotikum unempfindlich macht. Die Information über diese Fähigkeit können zwischen Bakterien ausgetauscht werden. Dadurch kann ein vorher empfindliches Bakterium einem Antibiotikum gegenüber unempfindlich werden. Aber auch menschliches Fehlverhalten begünstigt die Resistenzbildung: Antibiotika müssen genau nach Vorschrift eingenommen werden. Setzt man sie zu häufig ein oder zu früh ab, können durch die zufälligen Veränderungen oder durch den Informationsaustausch zwischen Bakterien resistente Formen entstehen.

Neueste Forschungsergebnisse

Wissenschaftler haben ein Antibiotikum gegen einen Cholera-Erreger entwickelt, das auch nach mehrfacher Anwendung bisher keine Resistenz mehr entstehen lässt. Es wirkt, indem es die Bildung einer schützenden Schleimhülle um die Bakterien verhindert.

In Kürze

Antibiotika sind Medikamente, die man zur Bekämpfung bakterieller Infektionskrankheiten einsetzen kann. Bakterien können unter bestimmten Bedingungen Resistenzen entwickeln, wodurch die Antibiotika unwirksam werden.

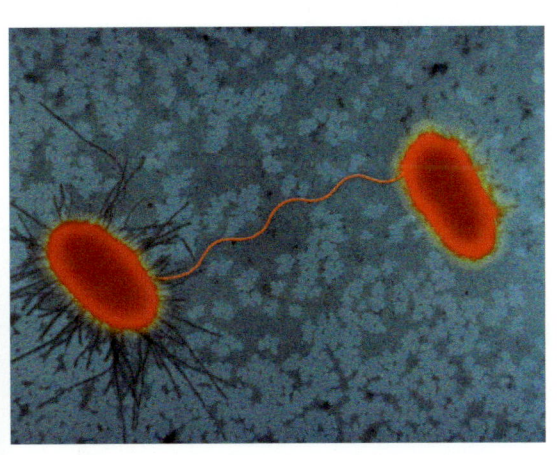

5 Austausch von Informationen zwischen Bakterien

Aufgaben

1 Zur Behandlung bakterieller Infektionskrankheiten sind Antibiotika gut geeignet. Begründe.
2 Das Antibiotikum »Tazobactam« wird nur in äußersten Notfällen eingesetzt. Suche nach einer Begründung. Nimm Bild 4 zu Hilfe.
3 Die meisten Darmbakterien des Menschen sind für die Verdauung wichtig. Erläutere, welche Folgen die Einnahme von Antibiotika für den Patienten haben kann.
4 Auf dem Beipackzettel eines Antibiotikums steht, dass man es noch drei Tage bis nach der Gesundung nehmen soll. Erläutere.

Die körpereigene Abwehr

Beim Niesen werden Krankheitserreger durch winzige Tröpfchen in der Luft verbreitet. Dennoch wirst du nicht jedes Mal krank, wenn die Erreger in deinen Körper eindringen. Das körpereigene Abwehrsystem erkennt die eingedrungenen Erreger und bekämpft sie. Normalerweise verhindert es so, dass sich Krankheitserreger im Körper vermehren und dich krank machen.

Schutzbarrieren des Körpers

Unser Körper verfügt über viele Schutzbarrieren, die verhindern, dass die Krankheitserreger eindringen können. Die Haut ist die größte Barriere. Außerdem ist ihre Oberfläche schwach sauer, sodass sich Erreger auf ihr nicht vermehren können. Man sagt, dass sie von einem Säureschutzmantel überzogen ist.

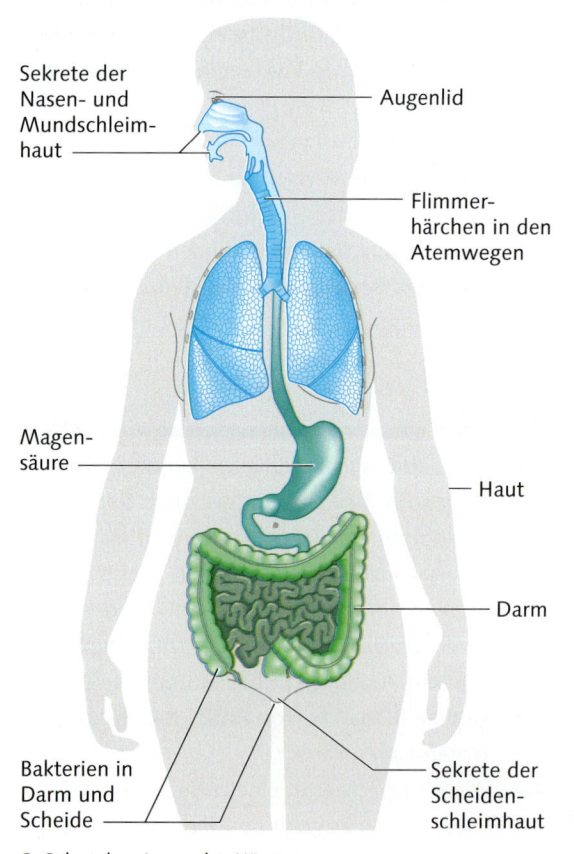

1 Verbreitung der Krankheitserreger

Nur über Verletzungen können Erreger die Haut durchdringen. Die Schleimhäute im Mund, in der Nase und im Genitalbereich bilden Sekrete gegen die Krankheitserreger. Zudem sind diese Schleimhäute bereits mit ungefährlichen Bakterien besiedelt, sodass sich normalerweise keine Krankheitserreger ansiedeln können. Im Magen befindet sich verdünnte Salzsäure, die die Erreger abtötet, die mit der Nahrung aufgenommen werden.

Bestandteile des Immunsystems

Falls Krankheitserreger beispielsweise über Hautwunden doch in den Körper gelangen, werden sie von weißen Blutzellen, den *Leukozyten,* bekämpft. Alle Leukozyten entstehen aus Stammzellen im roten Knochenmark. Damit sie später die unterschiedlichen Aufgaben der Abwehr übernehmen können, reifen die Leukozyten an verschiedenen Orten des *Lymphsystems* heran. Sie befinden sich in Blut, *Lymphe* und *Lymphknoten* sowie im Gewebe. Das Lymphsystem ist neben dem Blutkreislauf ein zweites Transportsystem im Körper. Es ist hauptsächlich an der Abwehr von Krankheitserregern beteiligt. Die *Lymphgefäße* beginnen zwischen Körperzellen und sammeln überschüssiges Wasser aus dem Gewebe. Über verzweigte Gefäße wird die Lymphe in der Nähe des Herzens ins Blut geleitet.

2 Schutzbarrieren des Körpers

- Sekrete der Nasen- und Mundschleimhaut
- Augenlid
- Flimmerhärchen in den Atemwegen
- Magensäure
- Haut
- Darm
- Bakterien in Darm und Scheide
- Sekrete der Scheidenschleimhaut

Gesundheit und Krankheit

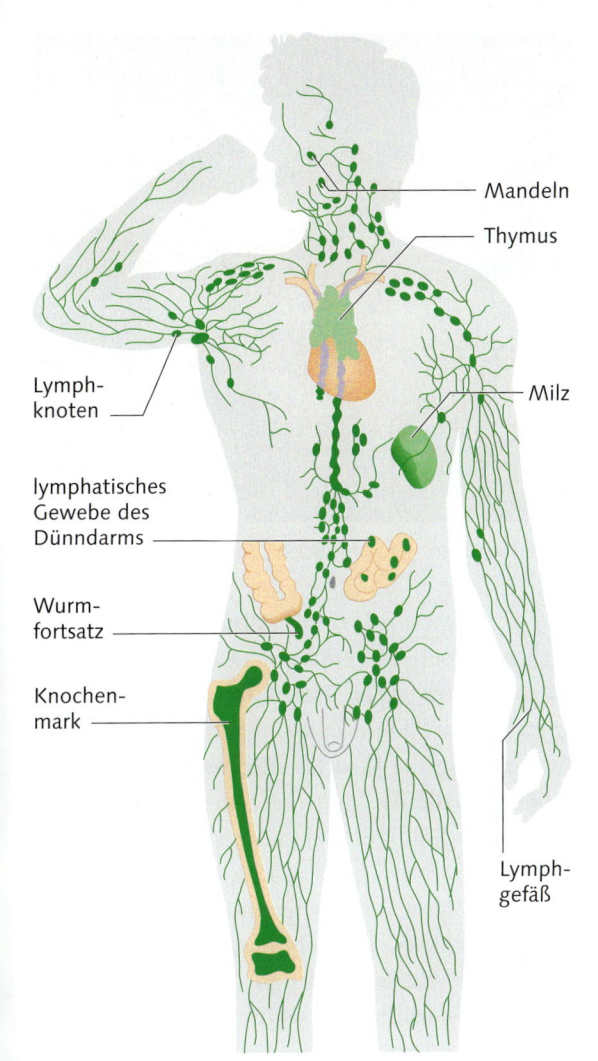

Bildbeschriftungen (Abb. 3):
- Mandeln
- Thymus
- Lymphknoten
- Milz
- lymphatisches Gewebe des Dünndarms
- Wurmfortsatz
- Knochenmark
- Lymphgefäß

3 Organe des Immunsystems

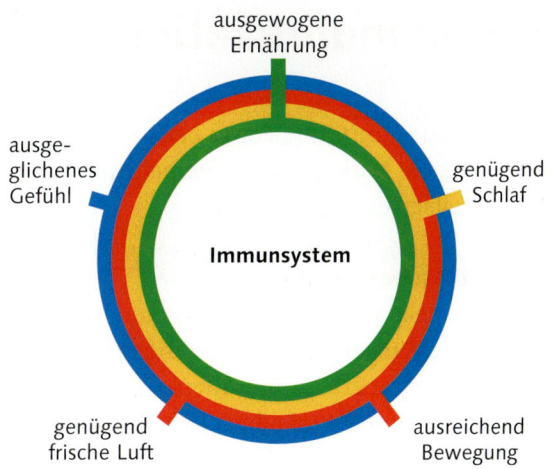

Bildbeschriftungen (Abb. 4):
- ausgewogene Ernährung
- ausgeglichenes Gefühl
- genügend Schlaf
- Immunsystem
- genügend frische Luft
- ausreichend Bewegung

4 Wie kann man das Immunsystem stärken?

Organe des Lymphsystems

Neben den Lymphgefäßen gehören auch die *lymphatischen Organe*, wie Lymphknoten, Knochenmark, Milz, Mandeln, Thymusdrüse und der Wurmfortsatz des Blinddarms, zum Lymphsystem. In diesen Organen reifen die verschiedenen Typen von Leukozyten heran. Nach einer Reifephase sind sie auf verschiedene Aufgaben der Abwehr spezialisiert. Bei Entzündungen und Infektionen sammeln sich in den Lymphknoten viele Leukozyten. Dabei schwellen die Lymphknoten an und werden druckempfindlich. Dann kann man sie gut ertasten. Außerdem reinigen sie die Lymphe an dem Zusammenfluss mehrerer Lymphgefäße.

Stärkung des Immunsystems

Jeder kann zur Stärkung seines Immunsystems beitragen. Die Grundlage eines starken Immunsystems ist eine ausgewogene Ernährung mit ausreichend Vitaminen und Mineralstoffen. Genügend Schlaf, Sonne und viel Bewegung an der frischen Luft stärken das Immunsystem ebenfalls. Sport, besonders Ausdauertraining, wirkt unterstützend. Zu viel Stress, einseitige Ernährung, die Aufnahme von Umweltgiften aus der Umgebung, Alkohol- und Tabakkonsum schwächen das Immunsystem dagegen.

In Kürze
Der Körper ist durch verschiedene Schutzbarrieren vor dem Eindringen von Krankheitserregern geschützt. Gelangen trotzdem Fremdstoffe in den Körper, werden diese von Leukozyten bekämpft. Sie befinden sich im Lymphsystem, das den Körper als zweites Transportsystem durchzieht. Das Immunsystem kann durch eine gesunde Lebensweise gestärkt werden.

Aufgaben
1 Beschreibe die Funktion der Schutzbarrieren des Körpers gegen Krankheitserreger.
2 Erkläre, weshalb du während einer Erkältung unter deinen Ohren die Lymphknoten ertasten kannst.
3 Formuliert Ratschläge zur Stärkung eures Immunsystems.

Die Immunreaktion

Während der Immunreaktion bekämpfen verschiedene Leukozyten die eingedrungenen Krankheitserreger.

Unspezifische Abwehr
Die Fresszellen unter den Leukozyten machen Krankheitserreger unschädlich, indem sie diese in ihr Zellinneres aufnehmen und auflösen. Da sie ihre Gestalt verändern können, können sie aus der Blutbahn ins Gewebe zwischen die Zellen wandern und so Fremdkörper aufnehmen und auch abgestorbene oder verletzte Körperzellen beseitigen. Spezielle Fresszellen, die *Makrophagen*, präsentieren die Bruchstücke der Erregeroberfläche, die *Antigene*, an ihrer Außenseite. Auf diese Weise zeigen sie anderen Leukozyten, den *T-Helferzellen*, an, welcher Erreger in den Körper eingedrungen ist. Damit beginnt die spezifische Abwehr.

Spezifische Abwehr
Die *T-Helferzellen* sind ein Teil der spezifischen Abwehr. Sie aktivieren die *T- und B-Lymphozyten*, die sich daraufhin durch Zellteilung vermehren. *T-Killerzellen* spüren Zellen auf, die von Viren befallen sind. Diese Zellen werden von ihnen abgetötet. Dadurch können sich die Viren nicht mehr vermehren. Makrophagen fressen die abgetöteten Zellen.

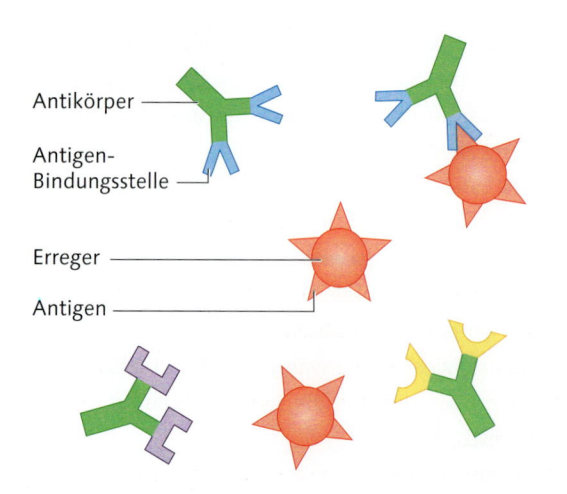

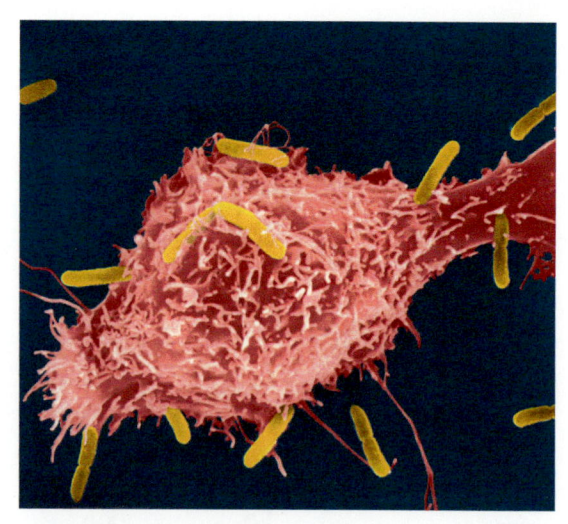

1 Makrophage – ein besonderer Leukozyt

Die aktivierten B-Lymphozyten bilden durch Teilungen sehr viele *Plasmazellen*, die *Antikörper* produzieren. Diese sind wie ein Ypsilon geformt. Ihre Enden passen genau auf die Antigene an der Oberfläche dieses einen Erregers. Da die Antigene bei jedem Erreger anders sind, gibt es viele unterschiedliche B-Lymphozyten. Ihre Antikörper passen auf das jeweilige Antigen wie ein Schlüssel zu seinem Schloss. Sie verbinden sich mit den Antigenen und verklumpen so die Erreger. Diese Erregerklumpen werden von den Makrophagen vernichtet.

Bildung von Gedächtniszellen
Einige der aktivierten T- und B-Lymphozyten bleiben als *Gedächtniszellen* oft jahrelang erhalten. Sie sind im gesamten Körper verteilt und werden bei erneutem Kontakt mit dem gleichen Erreger sehr schnell aktiv. In diesem Fall können die Gedächtniszellen sofort Antikörper produzieren. Dadurch ist der Körper gegen den Erreger *immun*.

Beenden der Immunreaktion
Neben den T-Helferzellen gibt es auch *T-Unterdrückerzellen*. Sie hemmen die B- und T-Lymphozyten, nachdem alle Erreger vernichtet wurden. Außerdem kontrollieren sie die Immunabwehr, sodass nicht zu viele Antikörper produziert werden.

2 Schlüssel-Schloss-Prinzip der Antikörper

Gesundheit und Krankheit

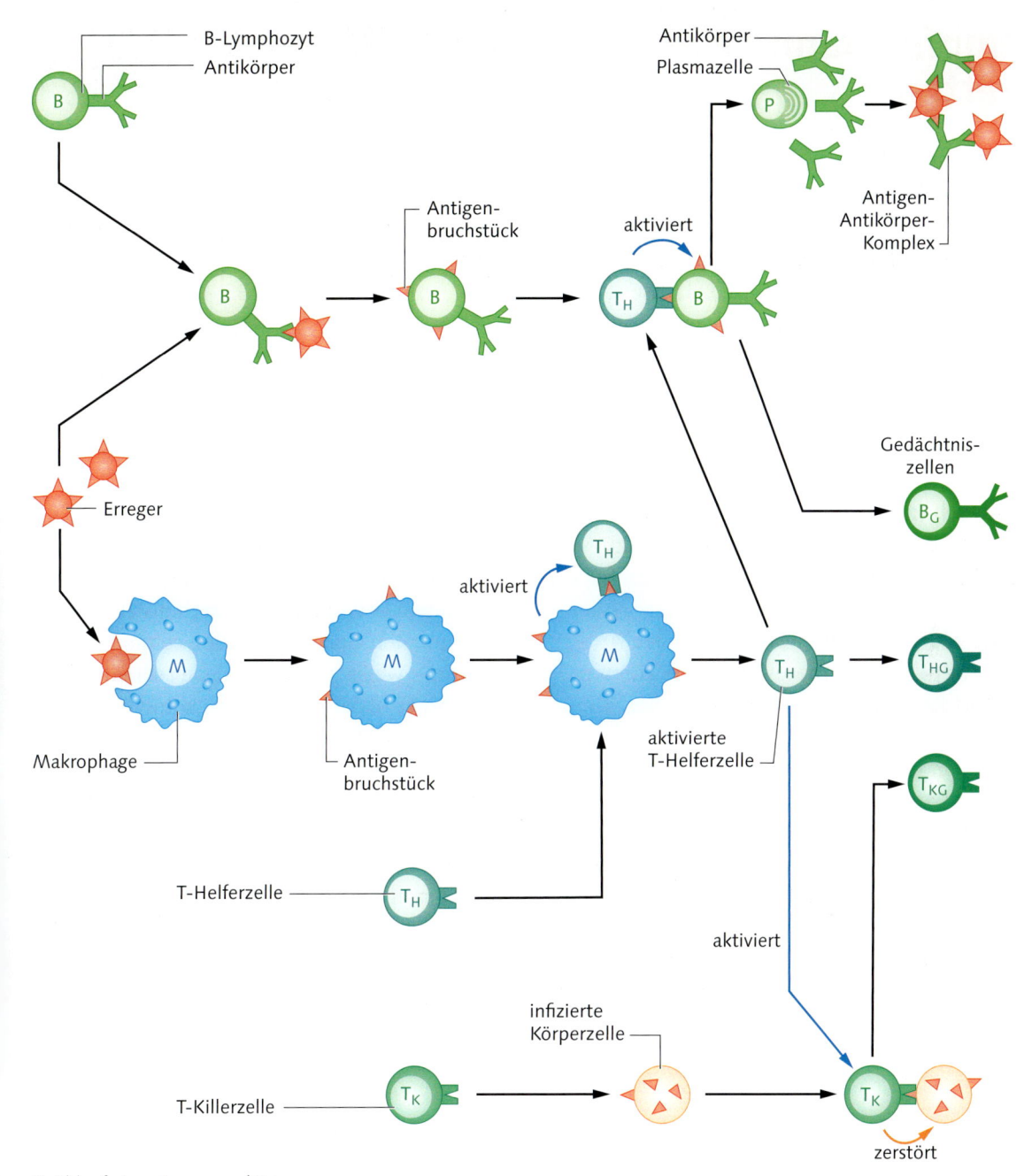

3 Ablauf einer Immunreaktion

In Kürze
Während der unspezifischen Abwehr vernichten Fresszellen sämtliche Formen von Krankheitserregern. Makrophagen geben die Information über die Antigene der Erreger an die spezifische Abwehr weiter. Dabei vernichten spezielle T- und B-Lymphozyten die Krankheitserreger. Durch die Bildung von Gedächtniszellen wird der Körper immun.

Aufgaben
1 Liste in einer Tabelle die Zelltypen des Immunsystems auf und ordne ihnen ihre entsprechenden Funktionen zu.
2 Beschreibe, welche Folgen sich bei der Immunreaktion ergeben, wenn die Makrophagen funktionsuntüchtig sind.
3 Begründe, weshalb Erwachsene selten an Kinderkrankheiten erkranken.

Gesundheit und Krankheit

Impfen kann Leben retten

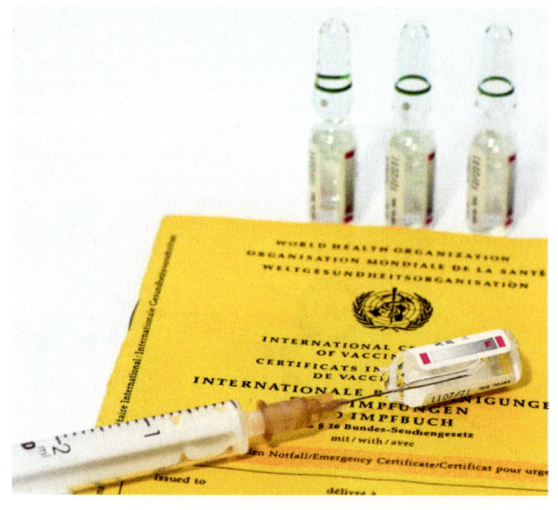

Justin wird mit seinen Eltern im nächsten Jahr Urlaub in Süddeutschland machen. Sie wollen viel wandern und die Natur genießen. Der Hausarzt rät der Familie, sich frühzeitig gegen Hirnhautentzündung impfen zu lassen. Süddeutschland ist ein Gebiet, in dem die Erreger der Hirnhautentzündung häufig durch Zecken übertragen werden. Die Symptome gleichen einer Sommergrippe und können zu Lähmungen oder sogar zum Tod führen.

1 Impfen schützt vor Krankheiten.

Die Schutzimpfung

Eine *Schutzimpfung* ist bei vielen Krankheiten äußerst wirkungsvoll. Die *Impfstoffe* enthalten abgeschwächte oder abgetötete Erreger oder Bruchstücke ihrer Oberfläche mit den Antigenen des Erregers. Diese Impfstoffe können in der Regel keine Krankheit mehr auslösen. Trotzdem beginnt im Körper die Immunreaktion und die Impfstoffe werden bekämpft. Dabei werden Gedächtniszellen gebildet, die meist mehrere Jahre, in einigen Fällen sogar ein Leben lang in den Lymphknoten gespeichert werden. Bei manchen Krankheiten werden die Gedächtniszellen nach einiger Zeit abgebaut. Einige Impfungen muss man deshalb nach einigen Jahren wieder auffrischen.

Wenn die Erreger, gegen die ein Mensch geimpft ist, bei einer Infektion in den Körper eindringen, teilen sich die durch die Impfung entstandenen Gedächtniszellen sehr schnell. Auf diese Weise produzieren sie schnell Antikörper, sodass die Erreger sofort bekämpft werden. Der Mensch erkrankt gar nicht oder nur sehr schwach. Er ist gegen die Krankheit immun. Da das Immunsystem bei dieser Art der Impfung selbst aktiv die Erreger bekämpft, nennt man diese Impfung auch *aktive Immunisierung*. Die gebildeten Gedächtniszellen sind aber gegen Erreger wirkungslos, die die Struktur ihrer Antigene verändert haben.

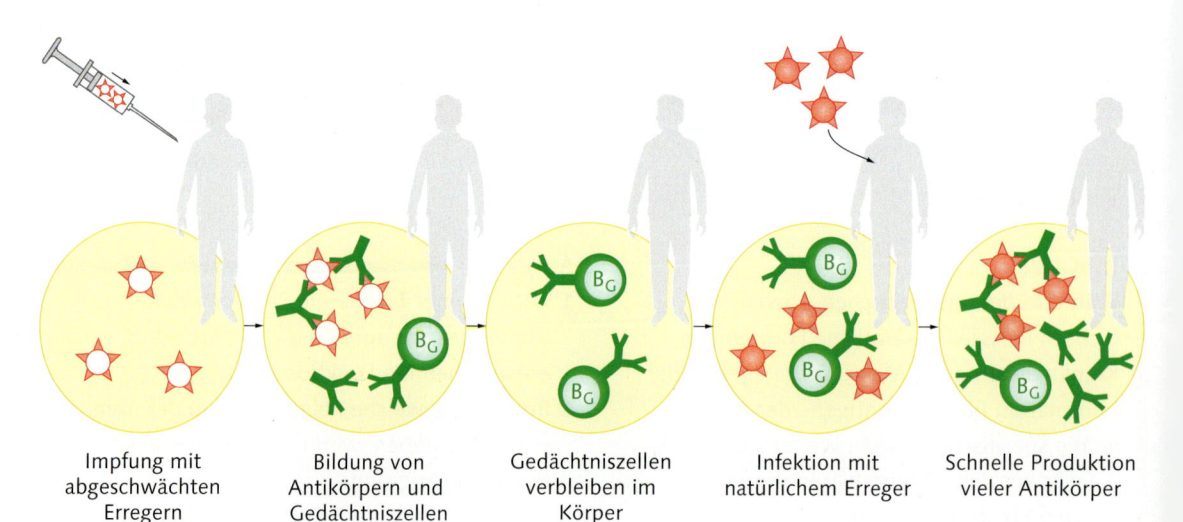

| Impfung mit abgeschwächten Erregern | Bildung von Antikörpern und Gedächtniszellen | Gedächtniszellen verbleiben im Körper | Infektion mit natürlichem Erreger | Schnelle Produktion vieler Antikörper |

2 Aktive Immunisierung (Schutzimpfung)

Gesundheit und Krankheit

Die Heilimpfung

Im Gegensatz zur aktiven Immunisierung soll die *Heilimpfung* bei einer bereits erfolgten Infektion zur Heilung beitragen. Dazu impft man passende Antikörper, die den jeweiligen Erreger direkt unschädlich machen. Da das eigene Immunsystem aber selbst eher passiv bleibt, nennt man diese Art der Impfung *passive Immunisierung*.

Gewinnung des Impfstoffs

Um für die passive Immunisierung Antikörper zu gewinnen, infiziert man Tiere mit abgeschwächten oder abgetöteten Erregern. Die Tierkörper bilden im Verlauf der Immunreaktion Antikörper gegen die Erreger. Nachdem die Tiere einmal immun sind, kann man die Impfung wiederholen. Dadurch steigert man die Anzahl der Antikörper im Blut der Tiere. Dann entnimmt man das Blut und entnimmt daraus die Antikörper, die zu dem Impfstoff weiterverarbeitet werden. Heute stellt man Antikörper zur passiven Immunisierung auch mit Hilfe der Gentechnik her.

Schnelle Hilfe bei Rötelninfektion

Für Schwangere ist eine Infektion mit Röteln sehr gefährlich. Die Entwicklung des Kindes kann gestört werden. Damit es nicht zu Fehlbildungen kommt, wird beim Verdacht einer Infektion sofort mit Antikörpern geimpft.

Nachteile der passiven Immunisierung

Nach einer Heilung durch die passive Immunisierung ist der Mensch nicht gegen eine Zweitinfektion geschützt. Sein Immunsystem ist passiv geblieben und hat somit keine Gedächtniszellen gebildet. Deshalb sollte nach einer überstandenen Infektion eine aktive Immunisierung erfolgen. Außerdem können Patienten Allergien gegen Tiereiweiße im Serum bilden, die schwere schockartige Reaktionen hervorrufen.

In Kürze

Bei der aktiven Immunisierung impft man einen Gesunden vorbeugend mit ungefährlichen Krankheitserregern. Der Körper bildet im Verlauf der Immunreaktion Gedächtniszellen, die bei einer neuen Infektion schnell Antikörper bilden.
Bei der passiven Immunisierung werden dem Patienten Antikörper geimpft. Sie bekämpfen die Erreger. Man gewinnt sie häufig aus Tieren, die man zuvor aktiv immunisiert hat.

Aufgaben

1 Beschreibe die Unterschiede zwischen aktiver und passiver Immunisierung.
2 Erläutere, weshalb die Schutzimpfung keinen Schutz gegen wandelbare Viren bildet.
3 Überprüfe deinen Impfausweis und benenne die Krankheiten, gegen die du geimpft bist.

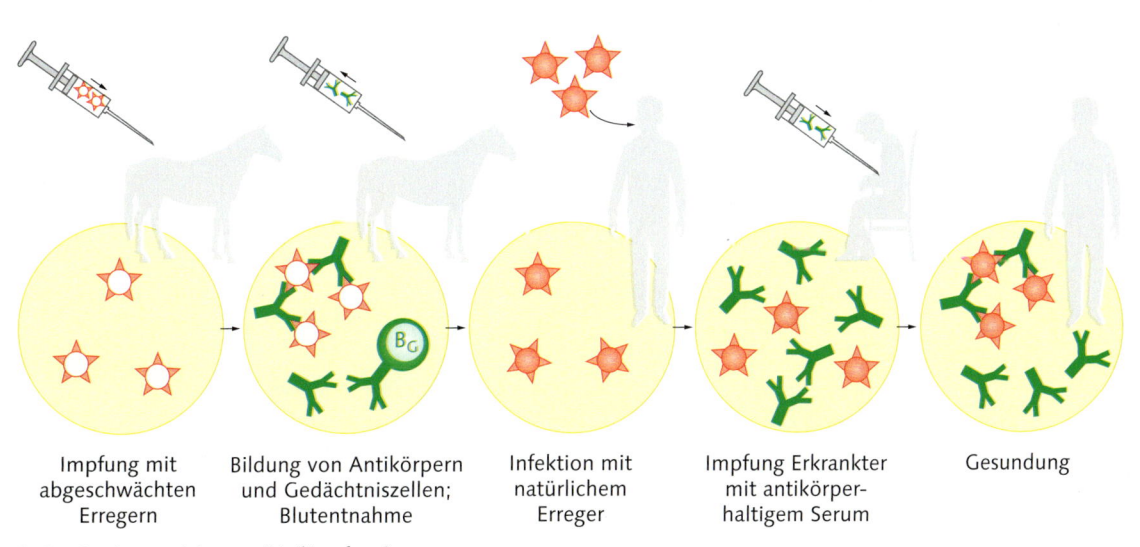

| Impfung mit abgeschwächten Erregern | Bildung von Antikörpern und Gedächtniszellen; Blutentnahme | Infektion mit natürlichem Erreger | Impfung Erkrankter mit antikörperhaltigem Serum | Gesundung |

3 Passive Immunisierung (Heilimpfung)

Aufgaben

Immunsystem und Impfung

1 Die Immunreaktion

Während eines Krankheitsverlaufs können Ärzte die Anzahl der Antikörper im Blut ermitteln. Dazu wird das Blut in einem Labor untersucht. Die Antikörperkonzentration gibt dem Arzt Auskunft über den Verlauf der Krankheit. Die Kurve in Bild 1 stellt im ersten Teil die Antikörperkonzentration bei einem Erstkontakt mit einem Grippeerreger dar. Der zweite Teil der Kurve zeigt die Konzentration der Antikörper bei einer erneuten Ansteckung mit dem gleichen Erreger.

a Beschreibe den in Bild 1 dargestellten Verlauf der Antikörperkonzentration beim ersten Kontakt mit dem Antigen.
b Erläutere den Verlauf der Antikörperkonzentration im zweiten Teil der Kurve.
c Zeichne eine entsprechende Kurve für eine passive Immunisierung beim Erstkontakt.
d Grippeviren verändern die Antigene auf ihrer Oberfläche häufig. Begründe, weshalb die durch eine überstandene Grippe erworbene Immunität nicht vor einer weiteren Grippeerkrankung im nächsten Jahr schützt.

1 Antikörperkonzentration während eines Krankheitsverlaufs

2 Die Aufgabe der Fresszellen

Makrophagen findet man nicht nur in der Blutbahn und dem Lymphsystem, sondern auch im Gewebe. Sie bekämpfen Krankheitserreger durch Phagozytose. Dieser Begriff stammt aus dem Altgriechischen. Hier steht »phagein« für fressen und »cytos« für Zelle. Der Vorgang ist in Bild 2 dargestellt.

a Beschreibe den Vorgang der Phagozytose mit Hilfe von Bild 2.
b Nenne eine besondere Eigenschaft, die Makrophagen besitzen, damit sie Krankheitserreger vernichten können.

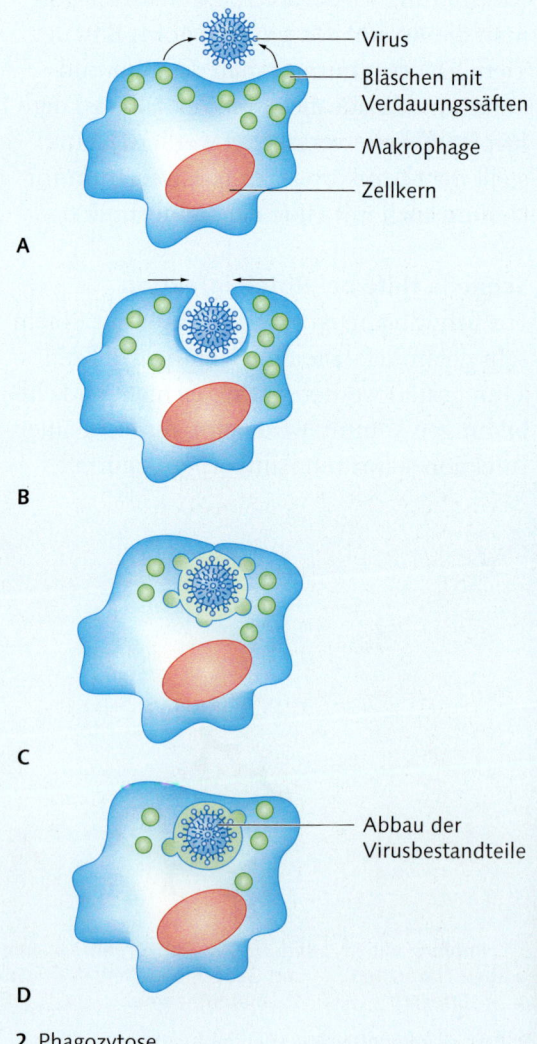

2 Phagozytose

3 Die Pest – der Schwarze Tod

Die Pest war im Mittelalter eine weitverbreitete Krankheit, die in Epidemien auftrat und dabei oft viele Zehntausend Menschen das Leben kostete. Erst 1894 wurden die Pesterreger entdeckt. Es sind Bakterien, die auf Ratten leben. Diese Nager fanden unter den damals katastrophalen hygienischen Verhältnissen ideale Lebensbedingungen. Die Ansteckung erfolgte über den Rattenfloh. Er übertrug die gefährlichen Bakterien beim Blutsaugen auf den Menschen. Hohes Fieber, Kreislaufversagen und Atemnot führten oft schon nach wenigen Tagen zum Tod. Wegen der schwarzen Flecken am Körper nannte man die Pest auch den Schwarzen Tod. Die meisten Opfer fand sie unter den armen, schlecht ernährten Menschen, die auf engem Raum miteinander lebten. Auch heute ist die Pest noch nicht ausgerottet. In Indien kam es noch 1994 zu einer großen Pestepidemie. Zwischen 2005 und 2010 trat sie immer wieder in Afrika auf.

a Nenne Krankheitssymptome der Pest.
b Suche mit Hilfe des Textes und von Bild 3 mögliche Übertragungswege der Pest.
c Begründe, weshalb früher besonders viele arme Menschen an der Pest starben.

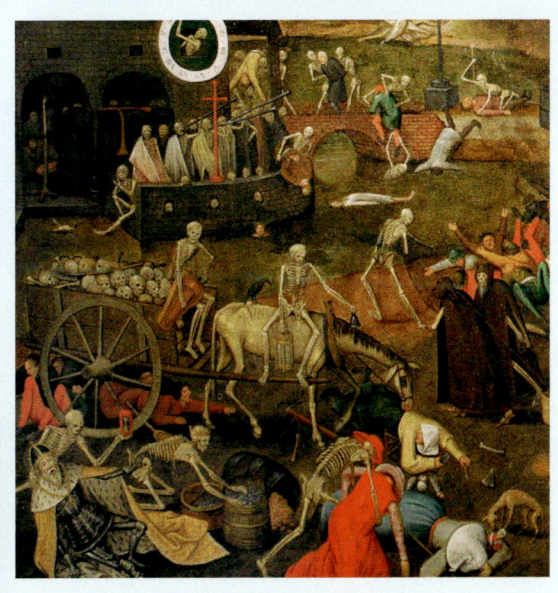

3 Die Pest im Mittelalter – der Schwarze Tod

4 Impfung gegen Kinderkrankheiten

Kinderlähmung ist eine hoch ansteckende Krankheit, die durch Viren ausgelöst wird. In den meisten Fällen verläuft sie recht harmlos, doch in einem Prozent der Fälle nimmt sie einen sehr schweren Verlauf mit bleibenden Lähmungen. Die Krankheit kann auch zum Tod führen. Kinderlähmung ist zwar mit Medikamenten behandelbar, Schutz vor dieser Krankheit bietet aber nur die Impfung. Obwohl es noch hin und wieder kleinere lokale Epidemien gab, ist in Deutschland die Anzahl der an Kinderlähmung Erkrankten in den letzten Jahrzehnten sehr stark zurückgegangen. Deshalb ließen viele Eltern ihre Kinder in den letzten Jahren nicht mehr impfen.

Jahr	Erkrankte
1960	4236
1961	4661
1962	234
1963	234
1964	44
1965	45
1966	15
1970	367
1980	8
1990	–
2000	1
2010	–

4 Krankheitsfälle der Kinderlähmung in Deutschland

a Stelle die Daten der Tabelle in einem geeigneten Diagramm dar.
b Werte das Diagramm aus.
c Begründe, weshalb Ärzte bei uns die vorherrschende Impfmüdigkeit gegen Kinderlähmung beklagen.

Gesundheit und Krankheit

Exkurs

Robert Koch

Leben und Werk

Robert Koch wurde als Sohn eines Bergarbeiters in Clausthal im Harz geboren. Nach dem Medizinstudium arbeitete er zunächst im Hamburger Stadtkrankenhaus. Er meldete sich freiwillig als Arzt im Deutsch-Französischen Krieg (1870/71). Nach seinen Kriegserfahrungen erforschte er als Mikrobiologe Bakterien als Erreger von Krankheiten. Nach vielfältigen und langwierigen Forschungen konnte er als Erster den Milzbranderreger und dessen Vermehrung vollständig beschreiben.

1905 erhielt er den Nobelpreis für Medizin für die Entdeckung des Tuberkuloseerregers. Ihm gelang der Nachweis, dass die Krankheit durch ein bestimmtes Bakterium verursacht wird. Trotz weiterer Forschungen gelang es Robert Koch nicht, ein Heilmittel für die Krankheit zu entwickeln: Sein Präparat Tuberkulin entpuppte sich als wirkungslos im Kampf gegen die Infektion – eine der wenigen Niederlagen Kochs.

Auf vielen Auslandreisen erforschte er weitere Krankheitserreger wie den der Cholera, der Schlafkrankheit oder der Malaria.

Als Direktor des Hygienischen Instituts Berlin und Leiter des Instituts für Infektionskrankheiten legte Robert Koch den Grundstein für die Bekämpfung und Eindämmung von verheerenden Infektionskrankheiten.

1 Robert Koch (1843–1910)

2 Robert Koch auf Expedition in Neuguinea

Untersuchungen des Milzbranderregers

Während seiner gesamten Forschung war Robert Koch immer auf dem neuesten Stand der Technik und entwickelte viele Forschungsmethoden. Aus Beobachtungen während seiner Tätigkeit im Feldlazarett stammte sein Interesse für den Erreger des Milzbrands.

Mit Hilfe von eigens entwickelten festen, durchsichtigen Nährböden für Bakterien konnte er den Milzbranderreger aus Gewebeproben erkrankter Tiere isolieren. Nach Hunderten Versuchen gelang es ihm, den Erreger mit dem Mikroskop sichtbar zu machen. Er stellte die Vermutungen auf, dass die Erreger zu jedem Zeitpunkt der Krankheit im Blut vorhanden seien und weitere Lebewesen durch Übertragung des Erregers erkranken müssten. Um seine Vermutungen zu beweisen, infizierte er Mäuse zum einen mit Spritzen und auch durch Tröpfcheninfektion. Da die Mäuse durch beide Übertragungen erkrankten, konnte er beweisen, dass die gefundenen stäbchenförmigen Bakterien die Erreger des Milzbrands sind.

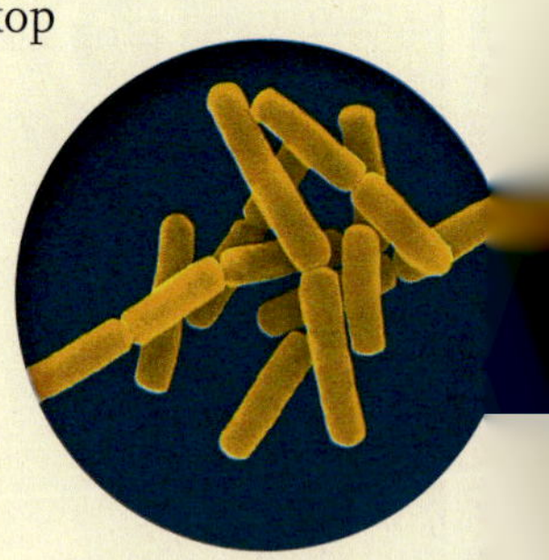

Gesundheit und Krankheit

Methode

Wie Forscher vorgehen

Robert Koch hat viele Krankheitserreger erforscht. Inspiriert wurde er dazu von Beobachtungen, die er während seiner Arbeit als Arzt machte. Aufgrund dieser Beobachtungen entwickelte er konkrete Fragestellungen und stellte zur Lösung Vermutungen auf. Die zur Überprüfung benötigten Methoden, zum Beispiel die Anfärbemethoden, musste er selbst planen und entwickeln. Mit Hilfe seiner Versuchsbeobachtungen konnte er viele der zuvor gestellten Problemfragen beantworten. Diese Vorgehensweise gab er an seine zahlreichen Schüler weiter.

Aufgabe

1 Stelle in einem Flussdiagramm wie in Bild 1 die Schritte zur Erforschung der Abtötung von Keimen durch Louis Pasteur dar.

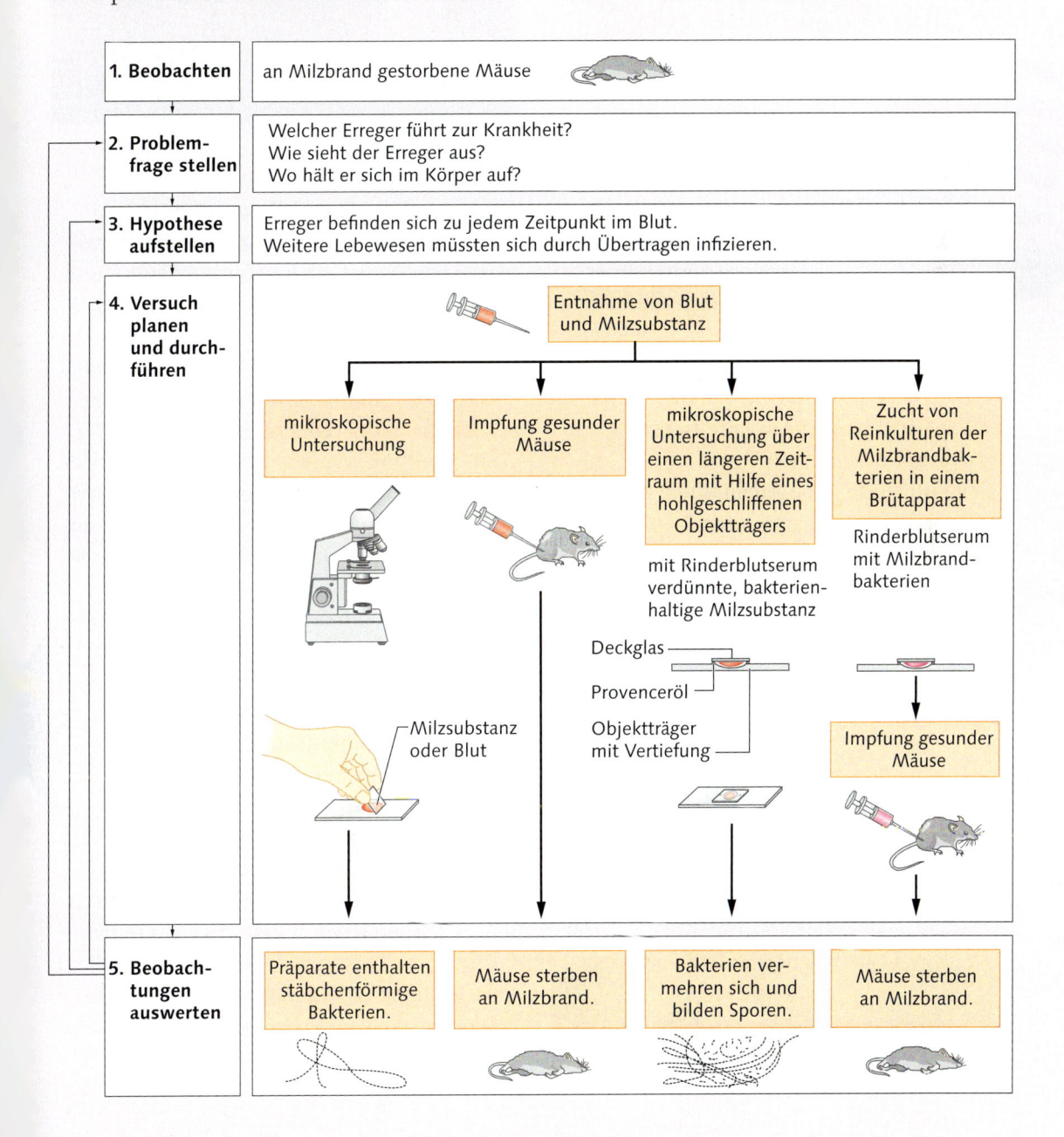

1. Beobachten	an Milzbrand gestorbene Mäuse
2. Problemfrage stellen	Welcher Erreger führt zur Krankheit? Wie sieht der Erreger aus? Wo hält er sich im Körper auf?
3. Hypothese aufstellen	Erreger befinden sich zu jedem Zeitpunkt im Blut. Weitere Lebewesen müssten sich durch Übertragen infizieren.
4. Versuch planen und durchführen	Entnahme von Blut und Milzsubstanz → mikroskopische Untersuchung / Impfung gesunder Mäuse / mikroskopische Untersuchung über einen längeren Zeitraum mit Hilfe eines hohlgeschliffenen Objektträgers (mit Rinderblutserum verdünnte, bakterienhaltige Milzsubstanz; Deckglas, Provenceröl, Objektträger mit Vertiefung) / Zucht von Reinkulturen der Milzbrandbakterien in einem Brütapparat (Rinderblutserum mit Milzbrandbakterien) → Impfung gesunder Mäuse
5. Beobachtungen auswerten	Präparate enthalten stäbchenförmige Bakterien. / Mäuse sterben an Milzbrand. / Bakterien vermehren sich und bilden Sporen. / Mäuse sterben an Milzbrand.

Gesundheit und Krankheit

Exkurs

Edward Jenner

Leben und Werk

Edward Jenner kam am 17. Mai 1749 in dem kleinen Dorf Berkeley in England zur Welt. In London ließ er sich zunächst zum Chirurgen ausbilden und erlangte später den Doktortitel. 1773 kehrte Jenner in seinen Geburtsort zurück und praktizierte dort als Landarzt.

Zu dieser Zeit waren die Pocken noch eine weitverbreitete Seuche, an der über 150 Millionen Europäer starben. Seit 1721 wurden in vielen europäischen Ländern die Menschen mit dem Pockenvirus geimpft, was aber zu einer noch stärkeren Verbreitung der Pocken führte. Als Landarzt machte er eine folgenreiche Beobachtung: Er erkannte den Zusammenhang zwischen den relativ harmlosen Kuhpocken und den Menschenpocken und konnte aufgrund von Untersuchungen und Experimenten eine sichere Impfmöglichkeit ableiten.

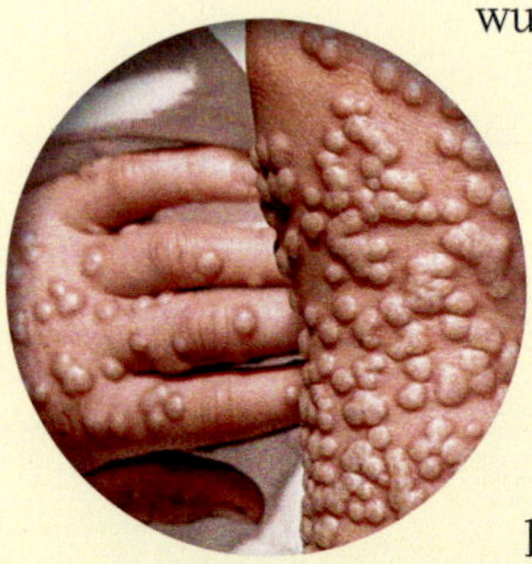

Belohnt wurde seine Arbeit durch die Eröffnung des Jenner-Instituts, einer Impfanstalt für Arme, im Jahr 1803.

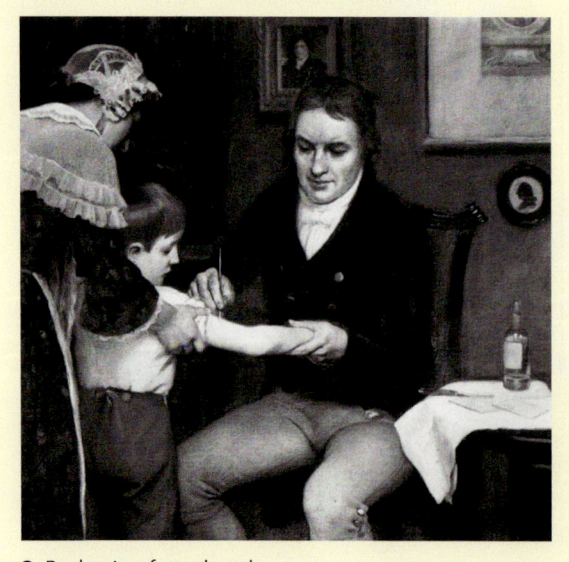

1 Edward Jenner (1749–1823)

Jenner und die Kuhpocken

Edward Jenner hatte in seiner Landarztpraxis häufig beobachtet, dass sich viele Bauern und Kuhmägde mit den Kuhpocken infizierten. Diese Krankheit verlief meistens harmlos. Diejenigen, die an den Kuhpocken bereits einmal erkrankt waren, infizierten sich nie mit den gefährlichen Menschenpocken.

Im Mai 1796 impfte Jenner einen gesunden Waisenjungen mit etwas Eiter aus der Pustel einer Milchmagd, die an den harmlosen Kuhpocken erkrankt war. Nachdem der Junge die normalen Symptome der Kuhpocken überstanden hatte, infizierte Jenner ihn mit den Menschenpocken. Der Junge blieb gesund. Er war durch die Infektion mit Kuhpocken gegen die Menschenpocken immun geworden.

Jenner verschickte daraufhin viele Eiterproben als Impfstoff nach ganz Europa. Allerdings erkrankten viele der Geimpften nach einigen Jahren doch an Pocken. Die einmalige Impfung machte nicht dauerhaft immun. Dies zeigte sich vor allem nach dem Deutsch-Französischen Krieg, als die heimkehrenden Soldaten die Pocken wieder nach Deutschland einschleppten. Von nun an wurden alle Kinder zweimal gegen Pocken geimpft. Seit 1980 sind die Pocken weltweit ausgerottet.

2 Pockenimpfung damals

Zur Diskussion

Impfung

Tetanus, Diphtherie, Keuchhusten, Hirnhautentzündung, Kinderlähmung	Kombiimpfung	1. Impfung	2 Monate
		2. Impfung	3 Monate
		3. Impfung	4 Monate
		4. Impfung	11–14 Monate
Masern, Mumps, Röteln, Windpocken	Kombiimpfung	1. Impfung	11–14 Monate
		2. Impfung	15–23 Monate
Gebärmutterhalskrebs	Einzelimpfung	1. Impfung	12–17 Jahre
		2. Impfung	12–17 Jahre
		3. Impfung	12–17 Jahre

1 Auszug aus dem Impfkalender der ständigen Impfkommision (STIKO)

Kombiimpfungen
Mit Kombiimpfungen werden Kinder mit nur einer Impfung gegen mehrere Krankheiten geimpft. Dadurch sinkt das Risiko von Nebenwirkungen wie Fieber, Abgeschlagenheit oder Entzündungen der Einstichstellen.

RHEIN UND RUHR
26.04.2007 | 16:46 Uhr
Zweites Kind nach Masern gestorben
Zwei weitere Kinder in lebensbedrohlichem Zustand.

Ruhrgebiet Ein 13 Monate alter Junge wurde Opfer des Masernausbruchs in NRW 2006, so der Berufsverband der Kinder- und Jugendärzte. Er habe sich bei seiner jungen Mutter angesteckt und später eine schwere Masern-gehirnentzündung (SSPE) bekommen.

Ulrich Lensing, Sprecher des Gesundheitsministeriums NRW: »Die Durchimpfungsrate liegt bei der Erstimpfung bei 95 Prozent, bei der Zweitimpfung nur noch bei 75 Prozent.« Deshalb bleibe die Impfpflicht ein Thema. Im letzten Frühjahr waren bei der Masernepidemie in NRW 1700 Menschen erkrankt. 17 Kinder starben seit 2003 an den Spätfolgen. Seit Jahresbeginn 2007 sind es 50 Erkrankte.

In Deutschland leben rund 60 000 Menschen, die vor Jahrzehnten an der Kinderlähmung erkrankt waren. Etwa die Hälfte von ihnen leidet unter Krankheitssymptomen wie abnormer Müdigkeit oder neuen Lähmungen, ohne zu wissen, dass das eine heimtückische Spätfolge der Kinderlähmung ist. Durch die Krankheit sind im Körper Nervenzellen, die für die Bewegung verantwortlich sind, abgestorben. Die verbliebenen Neuronen müssen nun ein Vielfaches der Arbeit im Körper leisten. Verschleißerscheinungen sind die Folge. Gesundheitsexperten rufen dazu auf, die Schutzimpfung nicht zu vernachlässigen.

2 Meldung aus dem Internet

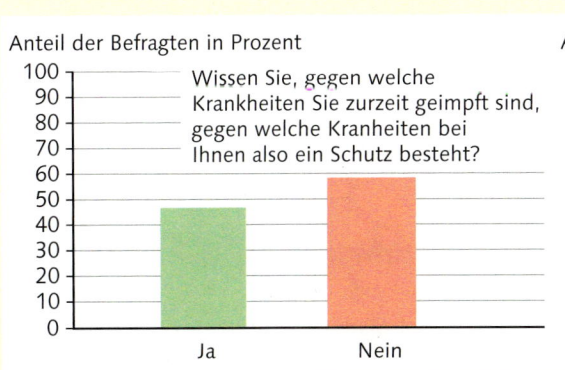

4 Zeitungsartikel

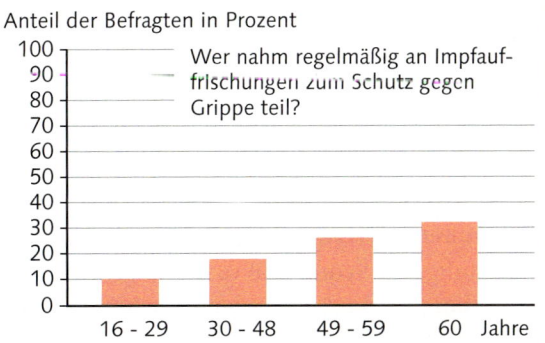

3 Umfrageergebnisse

Allergien

Nach einem langen Winter sehnen sich alle nach dem Frühling. Mit den ersten wärmenden Sonnenstrahlen im März beginnt die Blüte der Haselnuss. Aber nicht für jeden ist sie ein willkommener Frühlingsbote. Tränende Augen und eine triefende Nase machen manchen Menschen jetzt das Leben schwer.

Was ist eine Allergie?
Bei Allergikern reagiert der Körper mit sehr starken Abwehrreaktionen auf Stoffe aus der Umwelt, die für andere Menschen ungefährlich sind. Ihr Immunsystem stuft zum Beispiel Blütenstaub falsch als gefährlich ein. In Deutschland leidet fast jeder Dritte an einer oder mehreren *Allergien*, Tendenz steigend.

Welche Allergien gibt es?
Allergieauslösende Stoffe nennt man *Allergene*. Beim »Heuschnupfen«, einer *Pollenallergie*, reagiert das Immunsystem auf Blütenstaub. Allergene an Haaren von Katzen oder Hunden lösen *Tierallergien* aus. Nüsse sind oft Ursache von *Nahrungsmittelallergien*. Allergene werden eingeatmet oder mit der Nahrung aufgenommen. Bei einer *Kontaktallergie* genügt es, wenn der Allergiker den allergenen Stoff berührt. Das können bestimmte Früchte oder nickelhaltiger Schmuck sein. Die Ausscheidungen von mikroskopisch kleinen Milben, die im Bettüberzug oder in der Kleidung leben, können zur *Hausstauballergie* führen. Einige hundert Stoffe sind als Allergene bekannt.

2 Pollen

3 Milben

Wie äußern sich Allergien?
Die häufigsten Symptome von Allergien sind Schwellungen der Schleimhäute, schmerzhafte Hautausschläge, Verdauungsstörungen und in schweren Fällen auch Atemnot. Die Symptome können Sekunden nach Kontakt mit dem Allergen, aber auch erst nach Tagen auftreten.

1 Haselnussblüten sind nicht nur Frühlingsboten.

Was passiert bei einer Allergie im Körper?
In der Regel kann man bei einer allergischen Reaktion zwei Phasen unterscheiden: Während der sogenannten *Sensibilisierung* bilden die Plasmazellen Antikörper gegen das Allergen. Diese lagern sich an den *Mastzellen* an. Das sind besondere weiße Blutkörperchen. Die zweite Phase beginnt mit einem erneuten Kontakt mit dem Allergen. Es verbindet sich mit dem Antikörper auf der Mastzelle. Die so aktivierte Mastzelle setzt Histamin frei, das die Allergiesymptome auslöst.

Sensibilisierung beim 1. Pollenkontakt

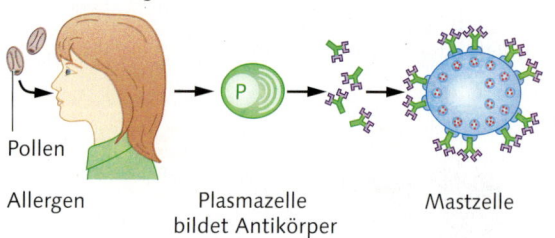

Pollen
Allergen — Plasmazelle bildet Antikörper — Mastzelle

Allergische Reaktion beim 2. Pollenkontakt

Allergen — Mastzelle setzt Histamin frei — Heuschnupfen

4 Allergische Reaktion auf Pollen bei Heuschnupfen

Gesundheit und Krankheit

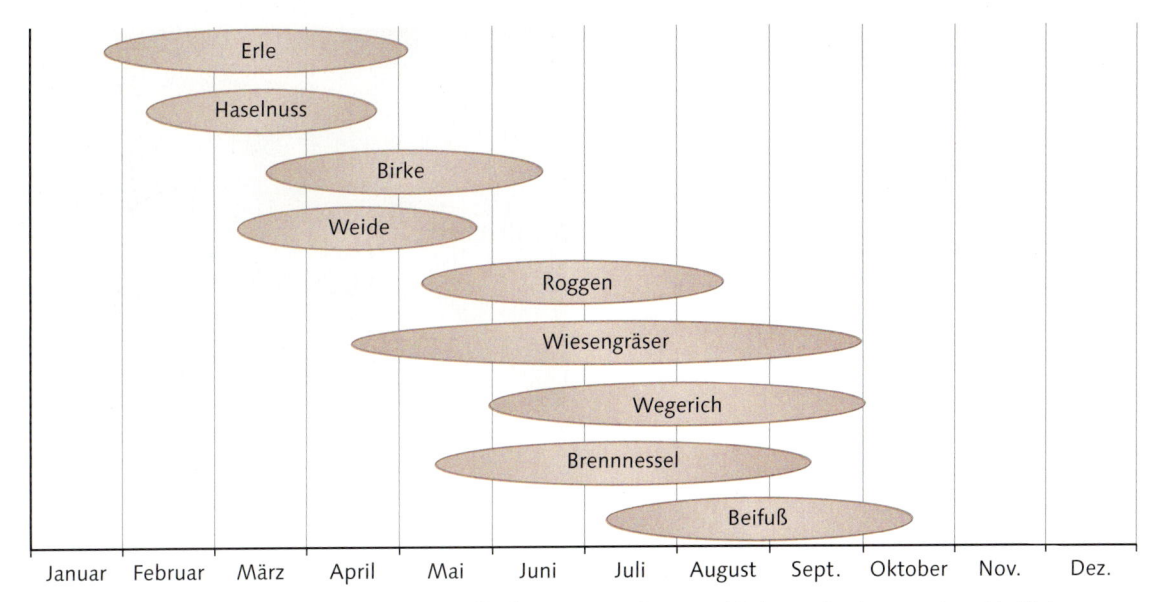

5 Beispiel für einen Pollenflugkalender. Die Pollenflugzeiten sind in verschiedenen Regionen unterschiedlich.

Wie stellt man die Allergieart fest?

Mit Hilfe von Allergietests kann man herausfinden, unter welcher Allergie ein Patient leidet. Die bekannteste Methode ist der *Pricktest*. Dabei werden die Allergene in Tropfenform meist am Unterarm des Patienten aufgetragen. Mit einer Nadel ritzt man an diesen Stellen die Haut an. Bildet sich nach etwa 30 Minuten an der geritzten Hautstelle ein roter Fleck oder eine juckende Schwellung, dann besteht gegen den aufgetragenen Stoff eine Allergie.

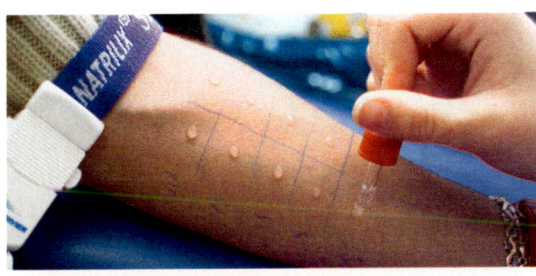

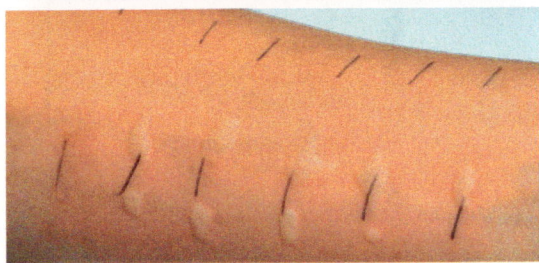

6 A Allergietest; B Auswertung

Wie kann man mit Allergien leben?

Jeder Allergiker sollte sein Allergen kennen und es möglichst meiden. Bei einer Lebensmittelallergie ist das relativ einfach, da auf der Verpackung meist alle Inhaltsstoffe angegeben sind. Pollenallergiker sollten den Aufenthalt im Freien meiden, wenn »ihr« Pollen fliegt. Eine neue Behandlungsmethode ist die *Hyposensibilisierung*. Mit zunächst kleinen Mengen versucht man den Körper langsam an das Allergen zu gewöhnen. Anschließend wird die Dosis allmählich erhöht. Die Behandlung dauert mehrere Jahre.

> **In Kürze**
> Allergien sind übermäßige Abwehrreaktionen des Immunsystems auf harmlose Stoffe aus der Umwelt. Diese Stoffe nennt man Allergene.

Aufgaben
1 Nenne verschiedene Allergene.
2 Begründe, weshalb bei Lebensmitteln auf der Verpackung alle Inhaltsstoffe angegeben sind.
3 Gib mit Hilfe von Bild 5 an, zu welcher Jahreszeit Pollenallergiker symptomfrei leben können. Begründe.
4 Pollenallergiker fühlen sich manchmal im Sommer bei regnerischem Wetter wohler als bei Sonnenschein. Suche nach einer Begründung.

HIV und Aids

Aids ist die bekannteste, aber auch bedrohlichste Infektionskrankheit, an der sich weltweit immer mehr Menschen anstecken. Waren es 1994 noch etwa 17 Millionen, so stieg die Zahl 2011 auf über 34 Millionen Infizierte an. Die rote Aidsschleife ist ein Zeichen für den weltweiten Kampf gegen Aids.

HIV-positiv und Aidskrank

Aids ist ein Kunstwort, das sich aus den Anfangsbuchstaben der englischen Wörter »*acqired immune deficiency syndrome*« zusammensetzt. Auf Deutsch heißt das »erworbene Immunschwächekrankheit«. Das Kunstwort besagt, dass die Krankheit das Immunsystem des Körpers zerstört. Auslöser ist das HI-Virus, kurz HIV (*h*uman (menschlich), *i*mmunodeficiency *v*irus). Man kann jahrelang mit HI-Viren infiziert, also HIV-positiv sein, ohne dass man es merkt. Von aidskrank spricht man erst, wenn die Krankheit mit ihren typischen Symptomen ausgebrochen ist.

Weltweite Bedrohung durch Aids

Trotz aller Maßnahmen breitet sich Aids immer noch sehr stark aus. Weltweit kommen in jeder Minute neun Neuinfizierte hinzu. Allein in Deutschland werden täglich etwa acht Menschen HIV-positiv.

1 Aids-Schleife am UNO-Hauptgebäude in New York

Das HI-Virus

Das kugelförmige HI-Virus besteht aus einer Hülle mit vielen Fortsätzen, den *Spikes*. Daran schließen sich zwei Eiweißhüllen an. Die innerste der beiden umgibt die Erbsubstanz.

Angriff auf die T-Helferzellen

Auf eine Infektion mit HI-Viren reagiert das Immunsystem, indem es spezifische Antikörper gegen die HI-Viren bildet. Die besondere Wirkung dieser Viren beruht aber darauf, dass sie T-Helferzellen befallen und deren Erbinformation so umprogrammieren, dass sie nun nur noch HI-Viren produzieren. Dadurch gehen die T-Helferzellen zugrunde. Bei einem gesunden Menschen befinden sich in einem Mikroliter Blut rund 1000 T-Helferzellen, bei einem Aidskranken sind es weniger als 200.

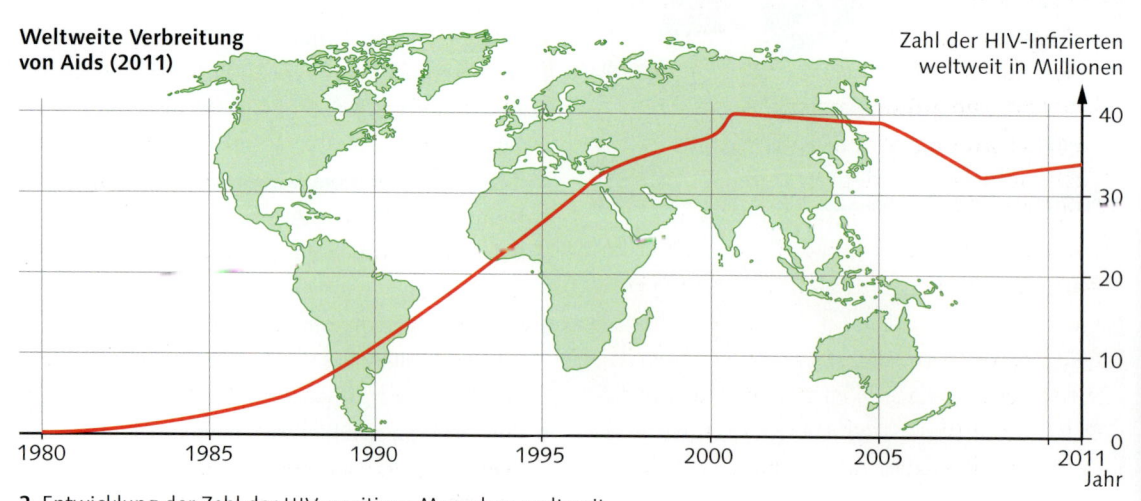

Weltweite Verbreitung von Aids (2011)

Zahl der HIV-Infizierten weltweit in Millionen

2 Entwicklung der Zahl der HIV-positiven Menschen weltweit

172 Gesundheit und Krankheit

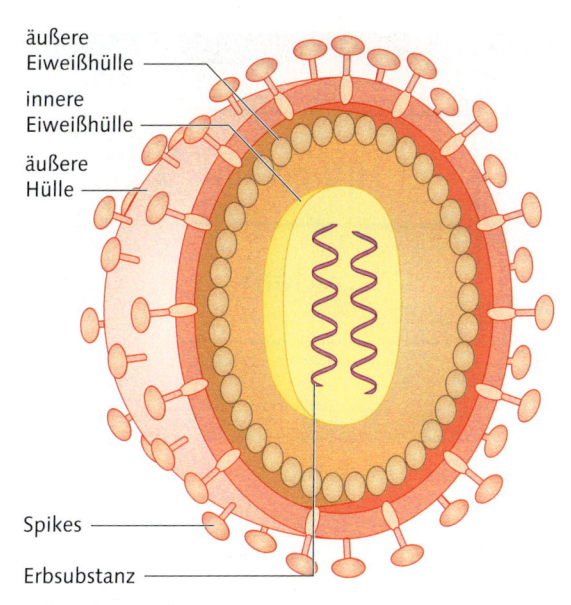

3 Bau des HI-Virus

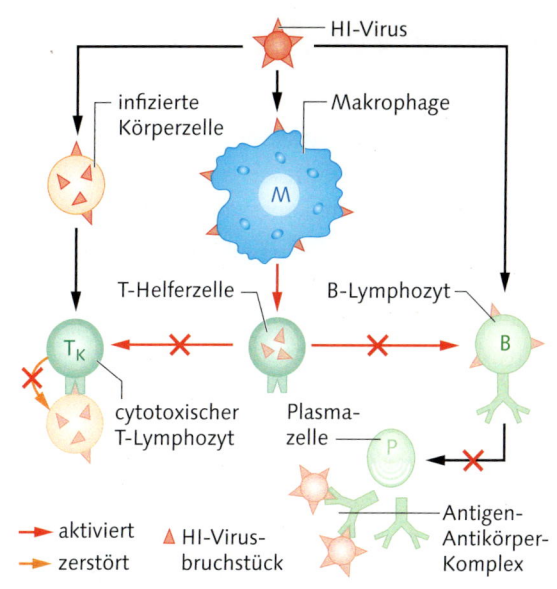

4 Folge der HIV-Infektion

Das Immunsystem bricht zusammen

Durch das allmähliche Ausschalten der T-Helferzellen werden weder die für die Immunreaktion wichtigen B- noch die T-Lymphozyten aktiviert. Allmählich nimmt die Zahl der T-Helferzellen so weit ab, dass die körpereigene Abwehr keine Krankheitserreger mehr bekämpfen kann. Aidskranke können deshalb bereits an meist harmlosen Infektionskrankheiten sterben.

Infektion mit HI-Viren

HI-Viren kommen nur in Körperflüssigkeiten vor. Außerhalb des menschlichen Körpers gehen sie schon nach kurzer Zeit zugrunde. Die Ansteckung erfolgt daher nur durch den Kontakt mit Blut, Sperma oder Vaginalflüssigkeit. Die größte Ansteckungsgefahr geht also vom ungeschützten Geschlechtsverkehr aus. Auch in der Muttermilch sowie in den Schleimhäuten kommen die Erreger vor. HIV-positive Mütter können die Viren bei der Geburt oder beim Stillen auf ihr Kind übertragen.

Seit Blutkonserven bei uns auf HI-Viren hin untersucht werden, ist eine Ansteckung durch eine Bluttransfusion höchst unwahrscheinlich. Eine Übertragung durch Insekten ist nicht bekannt.

Krankheitsverlauf bei Aids

Aids verläuft in mehreren Phasen. Einige Zeit nach der Infektion treten Fieber, Gliederschmerzen oder Schluckbeschwerden auf, die aber meist rasch wieder verschwinden. Die Infizierten fühlen sich wieder gesund. Das kann einige Monate oder viele Jahre andauern. Während dieser Zeit sind sie aber HIV-positiv und können andere Menschen anstecken.

Später treten immer wieder und immer häufiger Krankheitssymptome auf, bis schließlich das Immunsystem vollkommen zusammengebrochen ist. Aids ist bis heute nicht heilbar.

In Kürze

Aids wird durch HI-Viren verursacht. Sie befallen die T-Helferzellen, wodurch die körpereigene Abwehr zunächst geschwächt und schließlich zerstört wird. Die Ansteckung erfolgt hauptsächlich über Blut, Sperma oder Vaginalflüssigkeit. Aids ist bis heute tödlich.

Aufgaben

1 Erläutere, wofür das Kunstwort »Aids« steht.
2 Werte die in Bild 2 dargestellte Grafik aus. Berichte.
3 Begründe, weshalb man sich vor HIV besser schützen kann als vor Grippeviren.

Gesundheit und Krankheit

Schutz vor Aids

Das Gefährliche an Aids ist, dass man es keinem Menschen ansieht, ob er HIV-positiv ist. Durch Medikamente kann man den Ausbruch der Krankheit zwar relativ lange verzögern, aber nicht verhindern. Bis heute gibt es kein Medikament, das Aids heilt. Dennoch kann man sich vor den HI-Viren schützen. Denn Aids bekommt man nicht, man holt es sich.

Prävention ist der beste Schutz vor AIDS
Da die Infektion mit HI-Viren nahezu ausschließlich über Körperflüssigkeiten erfolgt, lässt sich eine Ansteckung relativ leicht vermeiden. Eigentlich gibt es nur zwei »Gefahrenquellen«: den ungeschützten Geschlechtsverkehr sowie den direkten Kontakt mit blutenden Wunden. Einweghandschuhe gehören deshalb zur Grundausstattung eines jeden Erste-Hilfe-Koffers. Die allermeisten Tätigkeiten des Alltags sind ungefährlich, wenn man die allgemeinen Hygieneregeln beachtet. Händeschütteln, Umarmen, Husten und Niesen stellen keine Ansteckungsgefahr dar. Auch beim Küssen braucht man keine Angst zu haben, da im Speichel, wenn überhaupt, zu wenige Viren enthalten sind.

1 Vor Aids kann man sich gut schützen.

Exkurs Safer Sex – Schutz durch Wissen
Hauptansteckungsquelle bei Aids ist ungeschützter Geschlechtsverkehr. Schon vor dem »ersten Mal« aber auch später sollten Menschen darüber reden, wie sie sich schützen wollen. Der Gebrauch von Kondomen bietet einen sehr hohen Schutz vor der Ansteckung mit HI-Viren, aber auch mit den Erregern von Geschlechtskrankheiten. »Safer Sex« heißt frei übersetzt *sicherer Geschlechtsverkehr* und meint die konsequente Verwendung von Kondomen. Doch Sexualität ist nicht immer zwingend mit Geschlechtsverkehr verbunden. Zungenküsse und Petting bergen nur geringe Ansteckungsrisiken.

2 Hier droht keine Gefahr vor einer AIDS-Ansteckung

Adressen, die einem weiterhelfen
- www.aidshilfe.de
- Bundeszentrale für gesundheitliche Aufklärung: www.bzga.de
- anonyme Telefonberatung: 030 690087-0

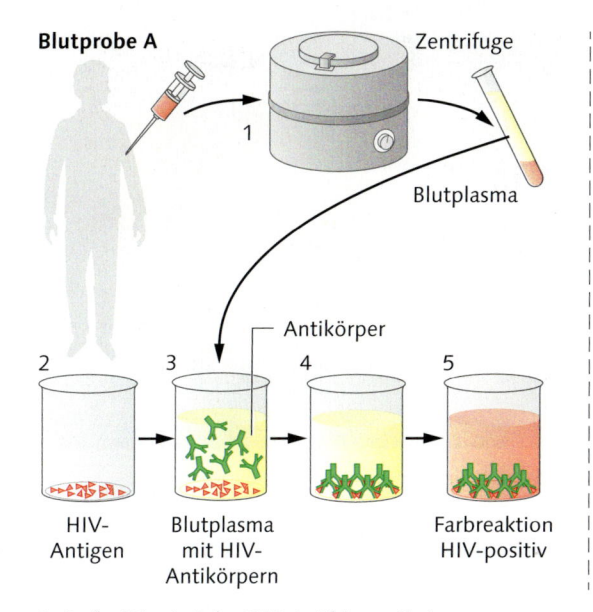

3 So funktioniert der HIV-Antikörper-Test

HIV-Antikörper-Test

Mit diesem Test kann man die Antikörper gegen HI-Viren nachweisen. Die häufig gebrauchte Bezeichnung Aidstest ist falsch. Richtig ist: *HIV-Antikörper-Test*. Den Test kann man erst etwa 12 Wochen nach einer Infektion durchführen.

Dabei entnimmt man dem möglichen Patienten Blut. Durch Zentrifugieren wird das Blutplasma abgetrennt, in das nun Antigene von HI-Viren gegeben werden. Hat sich die Testperson mit HI-Viren infiziert, dann enthält dessen Blutplasma HIV-Antikörper. Diese verbinden sich mit den vorher zugegebenen Antigenen. Mit einer Farbreaktion lassen sich die gebundenen Antikörper nachweisen. Ein zweiter Test muss das Ergebnis bestätigen, bevor man den Befund dem Patienten mitteilt.

In Kürze
Der beste Schutz vor Aids ist das Vermeiden von Infektionsrisiken. Eine Ansteckung weist man mit dem HIV-Antikörper-Test nach.

Aufgaben
1 Erläutere, weshalb in jedem Erste-Hilfe-Koffer Einweghandschuhe enthalten sein müssen.
2 Begründe, weshalb man sich bei den meisten Tätigkeiten des Alltags nicht mit HIV ansteckt.

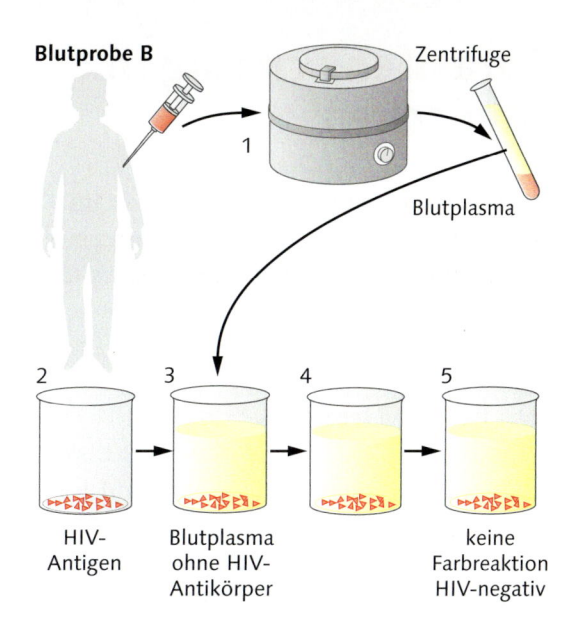

Aids aus der Sicht von Betroffenen

»Bei der Notoperation nach dem schweren Unfall wurde mir Blut übertragen. Leider waren die Blutkonserven mit HI-Viren belastet. Meine Verletzungen verheilten relativ schnell, nicht aber meine erworbene Immunschwächekrankheit. Bereits nach einem halben Jahr begannen die ›Beschwerden‹, die von Mal zu Mal heftiger wurden. Ich konnte meinen Beruf nicht mehr ausüben. Überall behandelte man mich wie einen Aussätzigen. Meine Ehe zerbrach. Ich war vollkommen allein.«

*Christine, 32 Jahre,
1989 an Lungenentzündung verstorben*

»Das Ergebnis des Tests war schockierend. Zu der Angst vor dem in mir schlummernden Krankheitsherd kam die Ungewissheit, wie meine Umgebung auf die Diagnose ›Aids‹ reagieren wird. Ich glaubte, dass mir jeder meine Krankheit ansieht, und zog mich wie in ein Schneckenhaus zurück. Inzwischen habe ich gelernt, mit meiner Krankheit zu leben. Die Medikamente lassen mich – von den Nebenwirkungen abgesehen – ein fast normales Leben führen. Erst jetzt kenne ich meine richtigen Freunde.«

Günter, 22 Jahre, 2008 im Urlaub infiziert

Parasiten schädigen Menschen

Michael ist mit seinem Hund draußen im kniehohen Gras unterwegs. Er entdeckt eine winzig kleine Zecke und betrachtet sie auf seinem Daumennagel. Zum Glück hat die Zecke nicht zugestochen.

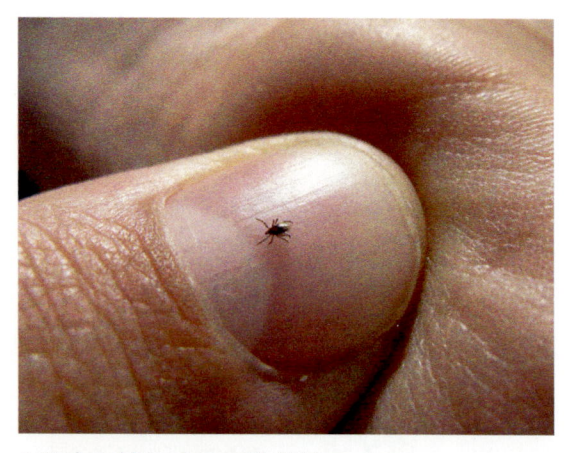

Wie Parasiten leben
Parasiten sind Lebewesen, die sich zu Lasten anderer Lebewesen ernähren und fortpflanzen. Dabei schädigen sie diese. Ein Lebewesen, das von Parasiten befallen wird, nennt man *Wirt*. Viele Parasiten wechseln während ihrer Entwicklung den Wirt. Der *Zwischenwirt* beherbergt dabei die Larven, der *Endwirt* die ausgewachsenen Parasiten. Je nachdem, ob Parasiten im oder auf einem Wirt leben, werden sie als *Innen-* oder *Außenparasiten* bezeichnet.

1 Zecke – klein aber gefährlich!

Parasiten können Krankheiten auslösen
Viele Parasiten sind Krankheitsüberträger oder schädigen ihren Wirt so stark, dass er sterben kann. Die Krätzmilbe ist für die Krätze, eine schmerzhaft juckende Hautkrankheit, verantwortlich. Wanzen und Flöhe verursachen durch ihre Bisse und Stiche entzündliche, juckende Stellen. Würmer ernähren sich im Darm oder im Gewebe ihres Wirtes von dessen Körpersubstanzen.

Zecken übertragen FSME und Borreliose
Weibliche Zecken ernähren sich als Außenparasiten vom Blut anderer Lebewesen. Dabei können sie Viren übertragen, welche die Frühsommerhirnhautentzündung FSME auslösen. Weitaus häufiger ist jedoch die Übertragung von Borrelien. Diese Bakterien verursachen zunächst schmerzhafte Haut- und Gelenkentzündungen. Erfolgt keine Behandlung, können sich die Bakterien ungehindert vermehren. Dies kann zur dauerhaften Schädigung des Nervensystems, der Herzmuskulatur und des Gehirns führen. Eine chronische Borreliose tritt schubweise auf. Da sich die Bakterien bevorzugt in den Gelenken festsetzen, ist die Krankheit schwer zu behandeln.

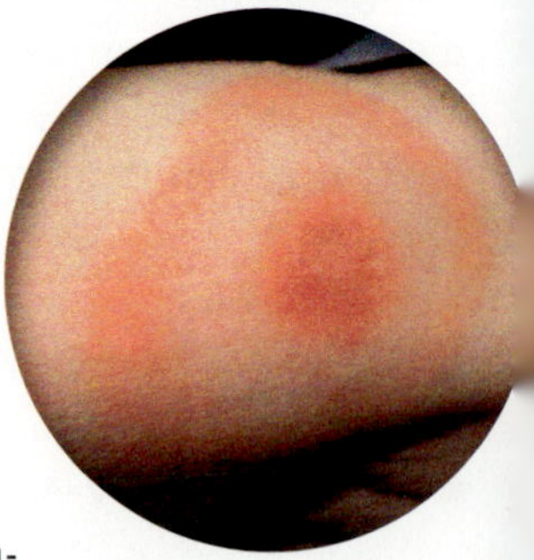

2 Parasiten des Menschen: A Bandwurm; B Stechmücke; C Bettwanze; D Krätzmilbe; E Kopflaus

Gesundheit und Krankheit

Endwirt: Fuchs
(auch Hund, Katze)

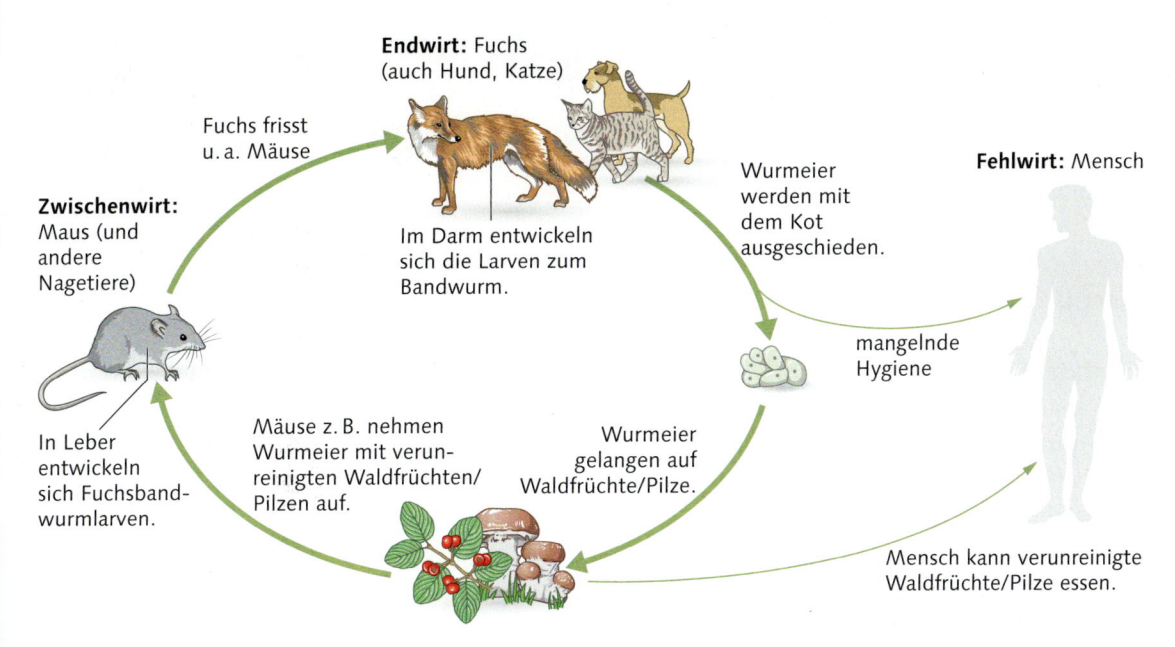

Fuchs frisst u. a. Mäuse

Im Darm entwickeln sich die Larven zum Bandwurm.

Wurmeier werden mit dem Kot ausgeschieden.

Fehlwirt: Mensch

Zwischenwirt: Maus (und andere Nagetiere)

In Leber entwickeln sich Fuchsbandwurmlarven.

Mäuse z. B. nehmen Wurmeier mit verunreinigten Waldfrüchten/Pilzen auf.

Wurmeier gelangen auf Waldfrüchte/Pilze.

mangelnde Hygiene

Mensch kann verunreinigte Waldfrüchte/Pilze essen.

3 Entwicklung des Fuchsbandwurms

Entwicklung des Fuchsbandwurms

Im Darm eines infizierten Fuchses können zahlreiche Fuchsbandwürmer leben. Dies ist für den Fuchs als Endwirt nicht schädlich. Die Larven des Fuchsbandwurms entwickeln sich in Nagetieren, zum Beispiel Mäusen, welche die Wurmeier mit der Nahrung aufnehmen. Die Larven nisten sich in der Leber der Mäuse ein. Dabei wird dieser Zwischenwirt maßgeblich geschädigt und krank. Erbeutet ein Fuchs eine solche kranke Maus, gelangen die Larven in den Darm und entwickeln sich dort zum ausgewachsenen Fuchsbandwurm. Damit ist der Entwicklungskreislauf geschlossen.

Ein Fuchsbandwurmbefall

Für den Menschen kann der Fuchsbandwurm lebensbedrohlich werden. Gelangen Wurmeier in den menschlichen Körper, entwickeln sich die Larven in dessen Leber. Der Mensch ist aber der »falsche« Zwischenwirt. Ohne Behandlung wird seine Leber zerstört und er stirbt. Infektionsquellen sind vor allem Hunde, aber auch Katzen, die infizierte Mäuse gefressen haben oder Wurmeier über ihr Fell einschleppen. Auch eine Übertragung von Wurmeiern durch Waldfrüchte, Fallobst oder Pilze ist möglich.

Läuse – lästig aber ungefährlich

Ein Befall mit Läusen kann jeden treffen. Dies hat nichts mit der persönlichen Hygiene zu tun, da ein einziger engerer Kontakt mit infizierten Personen genügt. Läuse ernähren sich vom Blut ihres Wirtes. Durch juckende Stiche sind sie lästig, jedoch ungefährlich. Sie übertragen keine Krankheiten. Ein Befall ist an den Eiern, den *Nissen,* zu erkennen. Die Larven und die erwachsenen Läuse sind schwerer zu entdecken, da sie sich gut im Haar verstecken. Die Behandlung erfolgt durch Waschen der Haare mit einem Mittel, das die Nissen und Läuse abtötet.

In Kürze

Innen- und Außenparasiten leben von anderen Lebewesen und schädigen diese. Die Ernährung und Fortpflanzung des Parasiten erfolgt dabei zu Lasten des Wirtes. Parasiten können Krankheiten übertragen.

Aufgaben

1 Beschreibe die Lebensweise von Parasiten.
2 Begründe, warum Haustiere regelmäßig entwurmt werden sollen.

Pilze als Krankheitserreger

Laufen im warmen Wasser am Rand des Schwimmbads ist angenehm. Aber nicht nur wir fühlen uns dort wohl. Auch Pilze finden in dieser Umgebung ideale Lebensbedingungen.

Pilzerkrankungen sind auf dem Vormarsch

Pilze spielen als Krankheitserreger bei uns eine immer größere Rolle. In dem feuchten und warmen Klima von Schwimmbädern, Duschen, Wellnessanlagen, Saunen und Fitnessstudios finden sie ideale Lebensbedingungen vor. Hier können sich viele Menschen mit *Mykosen* infizieren. Feuchtwarme Körperstellen sind vom Pilzbefall besonders bedroht: der Mundbereich, die Achselhöhlen, die Leistengegend und die Geschlechtsorgane.

Hautpilze sind hartnäckig

Der *Fußpilz* ist der häufigste Hautpilz des Menschen. In Schuhen und Strümpfen, die aus Materialien bestehen, die keinen Wasserdampf durchlassen, sind die feuchtwarmen Bedingungen günstig für die Entwicklung des Pilzes. Typische Krankheitssymptome sind Juckreiz, sich in kleinen Schuppen ablösende Haut sowie Einrisse in der Ober- und Lederhaut. In Schwimmbädern sind nasse Lattenroste und feuchte Matten die häufigsten Ansteckungsquellen. Sehr hartnäckig sind die *Nagelpilze*. Vom Pilz befallene Nägel verfärben sich gelblich, werden dicker und bröckelig und lösen sich dadurch ab. Die Behandlung ist oft langwierig und kann sich über Jahre hinziehen. Schon bei den ersten Anzeichen sollte man deshalb einen Hautarzt um Rat fragen.

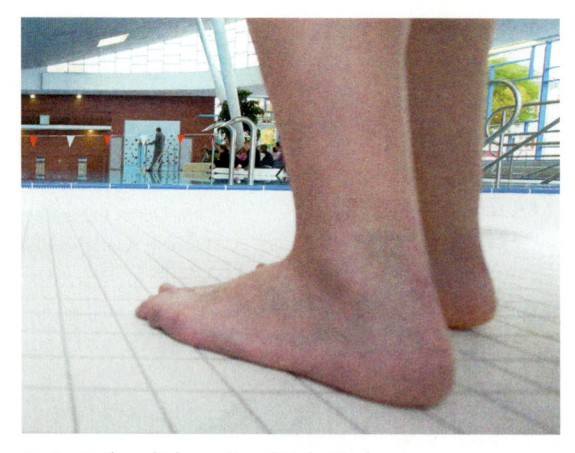

1 Hautpilze »lieben« Feuchtigkeit.

Schutz und Vorbeugung

Vor vielen Pilzerkrankungen kann man sich gut schützen. Nach einem Besuch im Schwimmbad sollte man die Füße, vor allem zwischen den Zehen, gut abtrocknen. Luftige Schuhe und Barfußlaufen sind ebenfalls ein wirksamer Schutz vor Fußpilz. Im Allgemeinen ist eine sorgfältige Körperhygiene, also gründliches Waschen mit Seife oder Duschlotion, eine gute Vorbeugung.

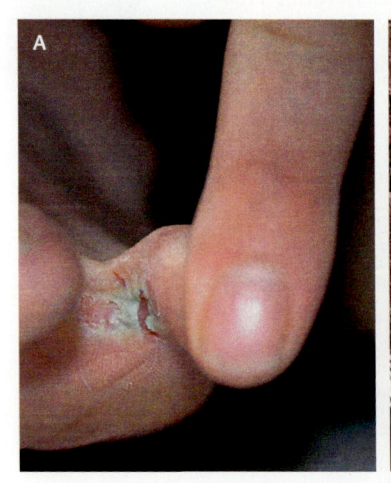

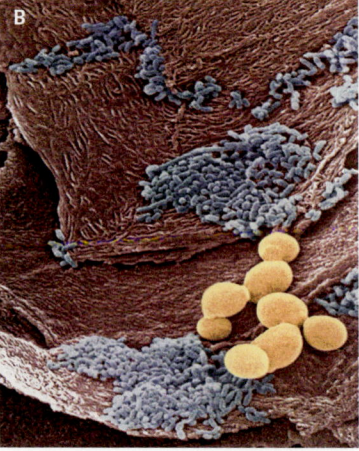

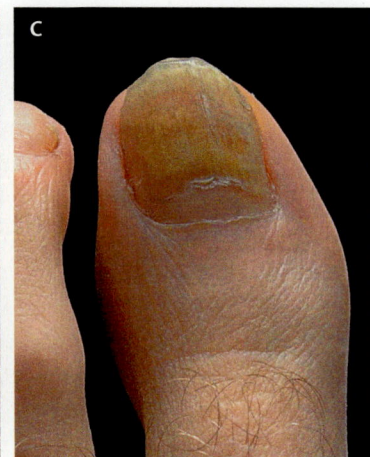

2 Pilzinfektionen: A Fußpilz; B Pilzinfektion der Scheide; C Nagelpilz

Gesundheit und Krankheit

Schimmelsporen sind überall

Schimmelpilze bestehen aus einem dünnen, verzweigten Fadengeflecht, dem Myzel. Die einzelnen Fäden des Geflechts bewirken das typische Schimmeln. Schimmelpilze pflanzen sich durch Sporen fort. Die Sporen sind unsichtbar und sehr leicht. Sie werden mit dem Wind in alle Richtungen getragen und sind somit überall. Gelangen sie auf Lebensmittel oder andere organische Materialien wie Leder und Papier, können die Sporen keimen und neuen Schimmel bilden.

Gefahr für die Gesundheit

Manche Schimmelpilze bilden während ihrer zersetzenden Tätigkeit Gifte. Einige davon sind krebserregend. Deshalb sollten verschimmelte Lebensmittel entsorgt werden. Das Entfernen des sichtbaren Schimmels reicht nicht aus, da das Myzel im Innern der befallenen Lebensmittel nach wie vor vorhanden ist. In Wohnungen mit Wasserschäden, in schlecht oder wenig belüfteten und daher feuchten Zimmern wachsen leicht Schimmelpilze. Ihre Sporen gelangen in die Atemluft und gefährden so die Bewohner.

4 Verdorbenes Brot

Vorbeugende Maßnahmen

Richtige Lagerung und baldiger Verbrauch von Lebensmitteln sowie kurzes und regelmäßiges Lüften sind einfache Maßnahmen, um einen Schimmelpilzbefall zu vermeiden.

> **In Kürze**
> Haut- und Schimmelpilze können den Menschen schädigen. Sie vermehren sich dort, wo es feucht und warm ist und wo sie organische Stoffe als Nahrung finden.

Aufgaben

1 Nenne Gründe für die Zunahme von Mykosen beim Menschen.
2 Früher glaubte man, leicht verschimmeltes Brot noch essen zu können, wenn man vorher den Schimmel entfernt. Nimm dazu Stellung.

Exkurs **Pilzerkrankungen bei Pflanzen**
Auch Pflanzen werden häufig von Pilzen befallen. Diese waren früher oft die Auslöser von Hungersnöten und Massenvergiftungen. Der Falsche Mehltaupilz befällt vor allem die Blätter der Nutzpflanzen, die trockene, braune Flecken bekommen und absterben. In Irland vernichtete er im 19. Jahrhundert fast die gesamte Kartoffelernte. Der Mutterkornpilz, der Getreideähren befällt, enthält Giftstoffe. Gelangen diese über verunreinigtes Mehl in das Brot, führen sie zu heftigen Krampfanfällen.

3 Schimmelpilzbefall in einer Wohnung

Andere Länder – andere Krankheiten

In vielen tropischen Ländern ist es ratsam, unter einem Moskitonetz zu schlafen. Hier verursachen Stechmücken nicht nur lästige Stiche, sie können auch viele bedrohliche Krankheiten übertragen.

Malaria – eine häufige Tropenkrankheit

Malaria wird von parasitischen Einzellern, den *Plasmodien,* verursacht. Diese krankheitserregenden Innenparasiten werden von Anophelesmücken übertragen. Jährlich sterben bis zu einer Million Menschen an Malaria. Der Malariaerreger entwickelt sich in der Leber und den roten Blutkörperchen des Wirtes. Die Symptome sind sehr hohes Fieber und Schüttelfrost, die über Wochen schubweise auftreten. Unbehandelt kann die Krankheit schließlich zu Krampfanfällen, Koma, Herz-Kreislauf-Kollaps und zum Tod führen.

1 Moskitonetze schützen

Entwicklung des Malariaerregers

Sticht eine infizierte Anophelesmücke einen Menschen, gelangen die Plasmodien in Form von einzelligen Sichelkeimen in dessen Blutbahn. Von dort wandern sie in die Leberzellen, wo sie sich ungeschlechtlich vermehren. Es entstehen Plasmodien, die rote Blutkörperchen befallen und sich darin vermehren. Die Blutkörperchen platzen und setzen die Erreger frei. Der Körper reagiert darauf mit heftigem Fieber. Die freigesetzten Plasmodien befallen weitere rote Blutkörperchen. In der Folge dieser Kettenreaktion können die Organe nicht mehr mit genügend Sauerstoff versorgt werden. Die Erkrankung wird lebensbedrohlich.

Entwicklung in der Mücke

Einige Plasmodien entwickeln sich im Blut des Menschen zu weiblichen und männlichen Formen. Diese nimmt eine Anophelesmücke

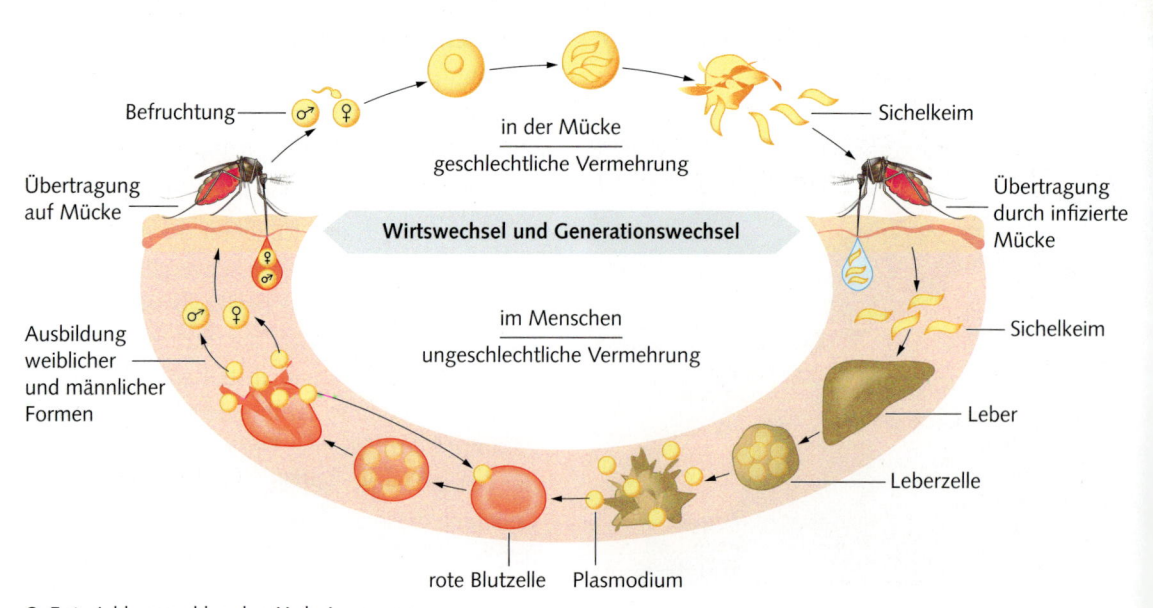

2 Entwicklungszyklus des Malariaerregers

Gesundheit und Krankheit

auf, wenn sie den infizierten Menschen sticht. Hier findet der zweite *Wirtswechsel* statt. In der Mücke pflanzen sich die Erreger geschlechtlich fort. Dabei entstehen wieder neue Sichelkeime. Bei der Entwicklung des Malariaerregers wechseln sich also ungeschlechtliche und geschlechtliche Fortpflanzung ab. Dies bezeichnet man als *Generationswechsel*.

Schutz und Vorbeugung

Vor Malaria schützt man sich am besten, indem man Mückenstiche vermeidet. Dazu kann man helle Kleidung, Strümpfe, lange Ärmel und Hosen tragen. Fenster sollten mit Einbruch der Dämmerung geschlossen werden. Beim Schlafen hilft ein Moskitonetz über dem Bett. Es gibt noch keinen Impfstoff gegen Malaria. Man kann aber Tabletten einnehmen, deren Wirkstoff die Vermehrung der Plasmodien verhindert. Ihre Wirkung ist jedoch nur ausreichend, wenn die Einnahme genau nach Vorschrift erfolgt.

3 Infektionsquellen

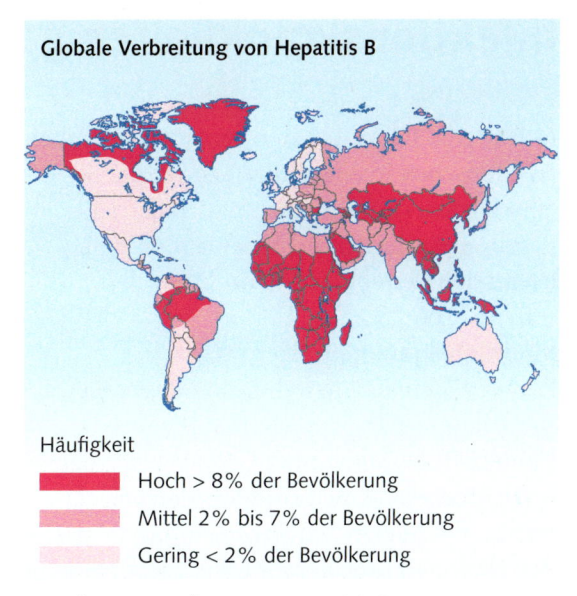

Globale Verbreitung von Hepatitis B

Häufigkeit
- Hoch > 8% der Bevölkerung
- Mittel 2% bis 7% der Bevölkerung
- Gering < 2% der Bevölkerung

4 Verbreitungsgebiete von Hepatitis B

Viren verursachen Hepatitis

Hepatitis ist eine durch Viren verursachte Leberentzündung. Nach den verschiedenen Erregertypen unterscheidet man drei Formen:

Hepatitis A wird durch infizierte Speisen, besonders durch Meeresfrüchte und verunreinigtes Wasser übertragen. Vorbeugend sollte man nur abgekochtes Wasser trinken. Eiswürfel, Salat und Rohkost sollte man meiden. Bei Hepatitis B oder C erfolgt die Infektion über Blut oder andere Körperflüssigkeiten. Ein Symptom bei Hepatitis A oder B kann die typische Gelbfärbung etwa des Augapfels oder der Haut sein. Oft kommt es durch die Entzündung der Leber zu Schmerzen im Oberbauch. Eine Behandlung und Vorbeugung erfolgt durch passive oder aktive Immunisierung. Gegen Hepatitis C gibt es keine Behandlung.

> **In Kürze**
> Malaria und Hepatitis sind gefährliche Infektionskrankheiten, die bei Reisen in tropische Länder eine Gefahr für die Gesundheit darstellen. Durch geeignete Vorsorgemaßnahmen und richtiges Verhalten kann man sich schützen.

Aufgabe

1 Beschreibe die Entwicklung des Malariaerregers. Verwende dazu die Fachbegriffe.

Exkurs

Infektionskrankheiten gestern – heute – morgen

In früheren Jahrhunderten versetzten Seuchen die Menschen in Angst und Schrecken. Sie entvölkerten ganze Städte und Landstriche. Pestkreuze erinnern noch heute an die verheerenden Pestepidemien im Mittelalter.

Infektionskrankheiten – gestern

Früher waren die Menschen vor allem durch Infektionskrankheiten wie Pest, Pocken, Cholera, Tuberkulose und Grippe gefährdet.

Die Pest wird durch Bakterien verursacht. Im 14. Jahrhundert starb etwa ein Drittel der Bevölkerung Europas daran. Pocken ist eine Viruserkrankung. Rund 30 Prozent der Erkrankten starben in wenigen Wochen an Fieber und Erschöpfung. In Europa fielen im 18. Jahrhundert jährlich etwa 400 000 Menschen dieser Krankheit zum Opfer.

Bekämpfung und Behandlung

Im Mittelalter konnten die Erkrankten nicht behandelt werden, da die Erreger und die Infektionswege noch unbekannt waren. Die Menschen versuchten den Seuchen durch Isolation der Kranken zu entkommen. Heute können die Krankheiten je nach Erregertyp durch Antibiotika oder Impfung behandelt werden. So gelten die Pocken seit 1979 in Folge weltweiter Impfungen als ausgerottet.

1 Pestkreuze an einem Dorfeingang

Infektionskrankheiten – heute

Viele der früher so gefürchteten Infektionskrankheiten kommen heute in Europa nur noch vereinzelt vor. Dies hängt mit den guten Hygienestandards und den leistungsfähigen Gesundheitssystemen zusammen. In Schwellen- oder Entwicklungsländern treten die »alten« Infektionskrankheiten aber auch heute noch auf. Der Einfluss mangelnder hygienischer Verhältnisse zeigt sich vor allem bei der Cholera. Das ist eine schwere bakterielle Infektionskrankheit. Durchfall und Erbrechen führen zu starkem Flüssigkeitsverlust, der lebensbedrohlich ist und in wenigen Tagen zum Tod führen kann.

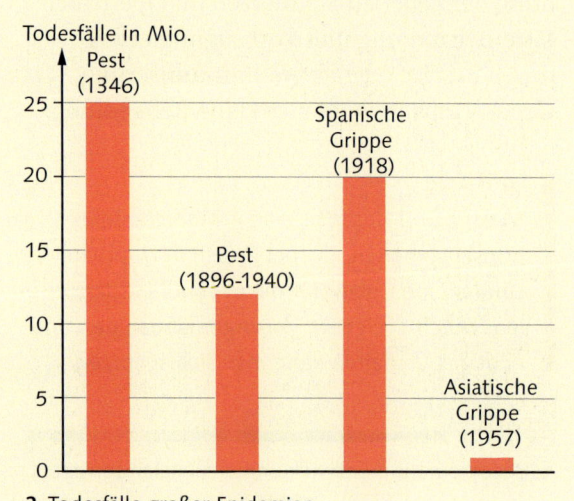

2 Todesfälle großer Epidemien

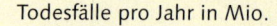

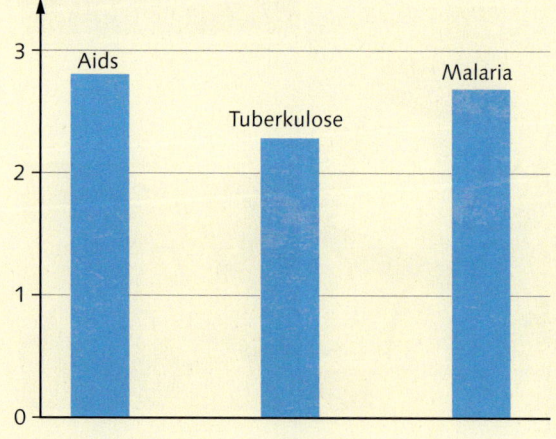

3 Todesfälle gefährlicher Infektionskrankheiten

Gesundheit und Krankheit

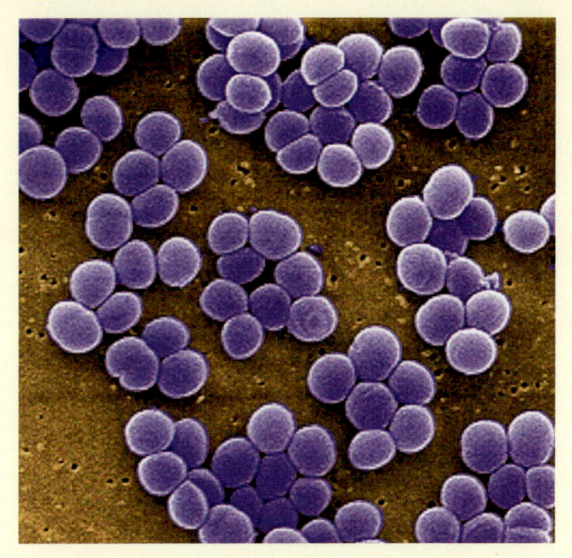

4 Ein besonders gefährlicher Krankenhauskeim

Infektionsquelle ist der Mensch, der die Cholerabakterien mit dem Kot ausscheidet. Durch verunreinigte Abwässer können sie in das Trinkwasser gelangen. Obwohl viele Krankheiten heute in Europa gut beherrschbar sind, gibt es Gefahren durch »neue« Erreger und Krankheiten.

Besonders widerstandsfähige Bakterien

Bis zu 15 000 Menschen sterben jährlich an sogenannten Krankenhauskeimen. Sie infizieren sich im Krankenhaus. Dort können die Keime beispielsweise über Wunden leicht in den Körper gelangen. Das Problem: Die Erreger sind resistent gegen Antibiotika. Ausgehend von oft kleinen Operationswunden, die nicht mehr heilen, können sie sich im ganzen Körper ausbreiten und festsetzen. Da es keine wirksamen Antibiotika gegen sie gibt, kann dies zum Tode führen. Nur durch besonders sorgfältige Hygienemaßnahmen im Krankenhaus kann eine weitere Ausbreitung verhindert werden.

Viren – wandelbare Erreger

Einige Viren sind wandelbar: Sie verändern ihre Oberflächenstrukturen ständig. Dadurch sind sie durch eine Impfung nicht zu bekämpfen. Viren, die normalerweise nur Tiere infizieren, können durch die Veränderungen auch den Menschen befallen. Die Vogel- oder die Schweinegrippe sind Beispiele dafür.

Infektionskrankheiten – morgen

Auch in Zukunft werden Infektionskrankheiten den Menschen bedrohen. Viele bekannte Krankheiten werden aufgrund der Armut, des Bevölkerungswachstums und unzureichender Hygienebedingungen in vielen Teilen der Welt weiterhin ein Problem bleiben. Durch die zunehmende Mobilität können gefährliche Erreger schnell über alle Kontinente verbreitet werden. Dies könnte zu einer weltweiten Ausbreitung, einer *Pandemie*, führen. Veränderte Erreger und neu entdeckte Krankheiten sind künftige Herausforderungen für die Medizin.

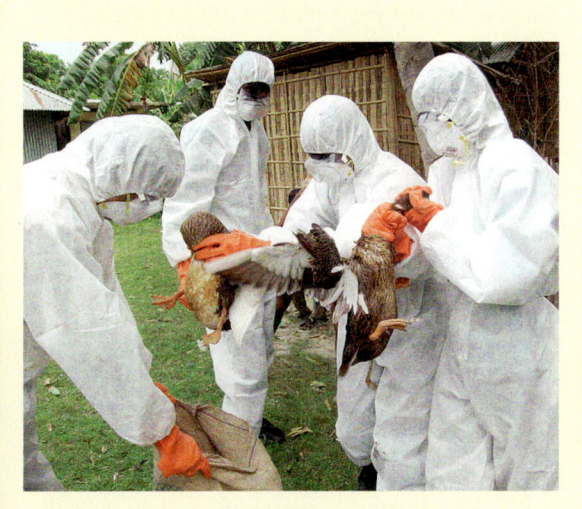

5 An Vogelgrippe erkrankte Tiere werden entsorgt.

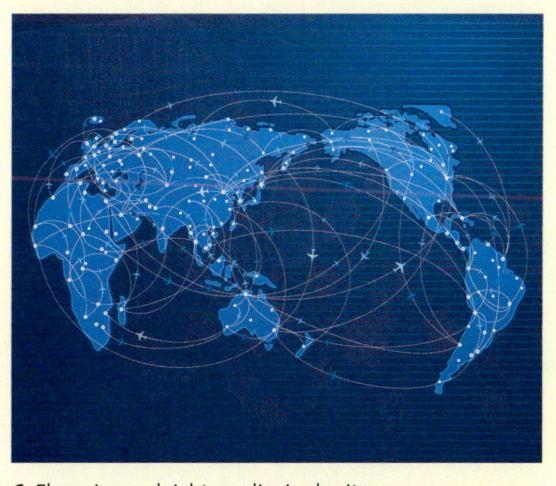

6 Flugreisen erleichtern die Ausbreitung

Gesundheit und Krankheit

Hormonelle Steuerung

Kennst du dieses Gefühl? Du wartest auf die große Pause, weil du Hunger hast. Dauert es dann noch einige Zeit, bis du etwas isst, fängt dein Magen an zu rumoren. Denn dein Blutzuckerspiegel ist zu niedrig.

Hormone sind Botenstoffe
Viele Vorgänge im menschlichen Körper, zum Beispiel die Blutzuckerregulierung, der Stoffwechsel oder die Entwicklung der Geschlechtsmerkmale, werden durch Hormone gesteuert. Hormone sind Botenstoffe, die mit dem Blut transportiert werden und spezielle Funktionen erfüllen. Geregelt werden die Vorgänge meist vom *Hypothalamus*, einem Bereich im Gehirn. Von dort wird ein Signal an die Hirnanhangsdrüse, die *Hypophyse*, gesendet. Sie steuert die Tätigkeit anderer Hormondrüsen mit ihren Hormonen.

Hormone wirken nur an bestimmten Orten
Mit dem Blut gelangen Hormone zu den Zellen, bei denen sie wirken sollen. Diese Zielzellen besitzen *Rezeptoren*, die die Hormone nach dem Schlüssel-Schloss-Prinzip erkennen.

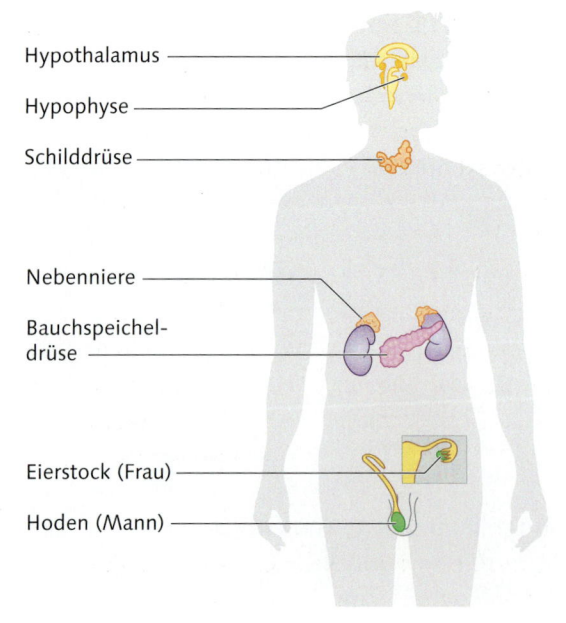

1 Hungergefühl in der großen Pause

Hormondrüsen des Menschen
Der menschliche Körper verfügt über mehrere Hormondrüsen, die jeweils unterschiedliche Hormone ausschütten. Die Bauchspeicheldrüse reguliert den Blutzuckerspiegel. Die Stoffwechselregulierung wird von der Schilddrüse gesteuert und die Ausschüttung der Sexualhormone von Hoden oder Eierstöcken. In den Nebennieren wird das Hormon Adrenalin produziert.

Hormoneller Regelkreis
Die Produktion der Hormone in den Hormondrüsen wird über *Regelkreise* gesteuert. Bei dem Regelkreis zur Steuerung der Körpertemperatur zum Beispiel gibt der Hypothalamus als oberste Steuerzentrale vor, wie hoch die Körpertemperatur beim Menschen sein sollte. Dieser *Sollwert* wird ständig mit dem tatsächlichen Wert im Körper, dem *Istwert*, verglichen. Ist die Körpertemperatur zu niedrig, regt der Hypothalamus die Hypophyse an, ein Hormon auszuschütten, das mit dem Blut zur Schilddrüse transportiert wird. Dort bewirkt es die Produktion der Schilddrüsenhormone. Sie regen den Stoffwechsel an, sodass dem Körper mehr Energie bereitgestellt wird und die Körpertemperatur steigt. Die ausgeschütteten Schilddrüsenhormone wirken auf die Hypophyse und den Hypothalamus zurück, die die Hormonproduktion daraufhin wieder einstellen. Auch der Blutzuckerspiegel wird über einen Regelkreis gesteuert.

- Hypothalamus
- Hypophyse
- Schilddrüse
- Nebenniere
- Bauchspeicheldrüse
- Eierstock (Frau)
- Hoden (Mann)

2 Hormondrüsen des Menschen

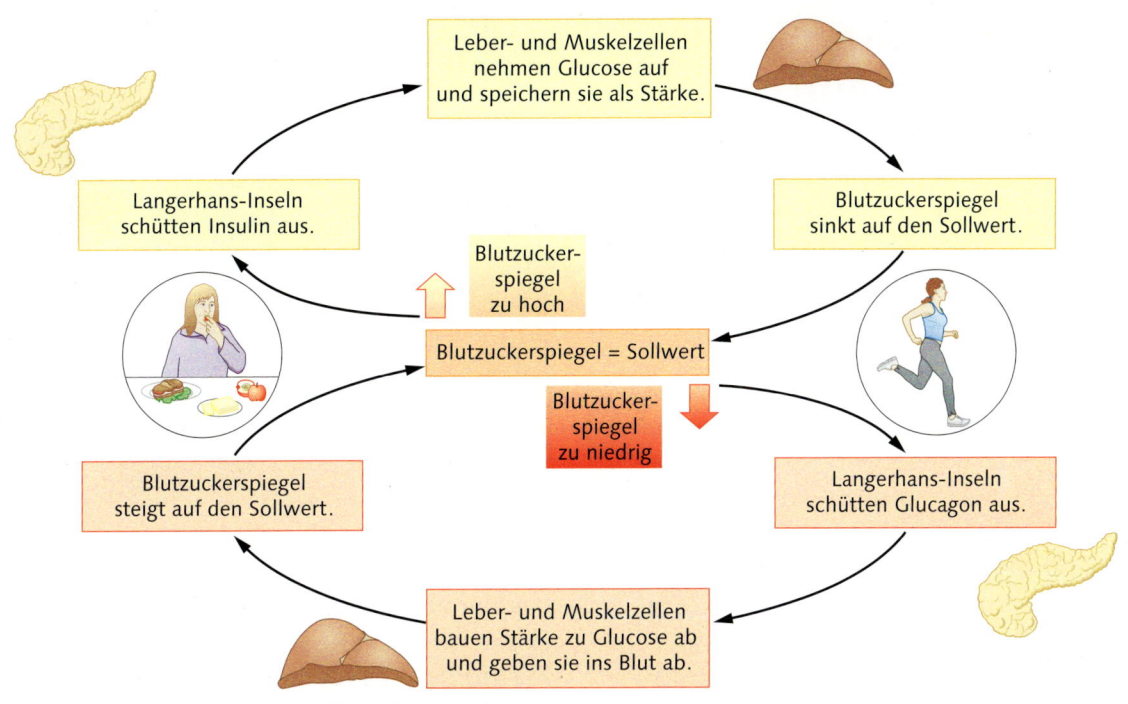

3 Regelkreis zur Regulation des Blutzuckerspiegels

Hormone regulieren den Blutzuckerspiegel

In einem Liter Blut eines gesunden Menschen ist etwa ein Gramm Glucose gelöst. Es ist wichtig, diesen Wert konstant zu halten. Eine Veränderung wird sofort erkannt und der Körper reagiert durch entsprechende Hormonproduktion in den Langerhans-Inseln, einem speziellen Bereich der Bauchspeicheldrüse. Sie schütten je nach Blutzuckerwert entweder *Insulin* oder *Glucagon* aus.

Insulin senkt den Blutzuckerspiegel

Nach kohlenhydratreicher Nahrungsaufnahme befindet sich mehr gelöste Glucose im Blut als benötigt wird. Dieses Überangebot wird über das Hormon Insulin reguliert. Aufgabe des Insulins ist es, die überschüssige Glucose als Stärke in der Leber und in Muskelzellen zu speichern. Der Blutzuckerspiegel wird auf den Normalwert gesenkt.

Glucagon erhöht den Blutzuckerspiegel

Die Zellen im menschlichen Körper sind ständig im Einsatz und setzen Energie um. Diese Energie beziehen sie aus der im Blut gelösten Glucose. Nimmt man keine Nahrung auf, um die umgesetzte Glucose aus dem Blut zu ersetzen, wird vom Körper eine Unterzuckerung festgestellt. Demzufolge wird das Hormon Glucagon ausgeschüttet, um gespeicherte Stärke in Muskel- und Leberzellen in Glucose abzubauen und diese in das Blut abzugeben. Der Blutzuckerspiegel steigt. Bei geistiger oder körperlicher Anstrengung wird dieser Prozess beschleunigt. Die Hormone Insulin und Glucagon arbeiten nach dem *Gegenspielerprinzip*. Während Insulin die Glucosekonzentration im Blut senkt, kann Glucagon diese nicht gleichzeitig erhöhen.

In Kürze

Hormone sind Botenstoffe, die unterschiedliche Vorgänge steuern. Bei der Blutzuckerregulierung arbeiten die Hormone nach dem Gegenspielerprinzip: Insulin senkt einen erhöhten Blutzuckerspiegel, Glucagon dagegen erhöht einen zu niedrigen Blutzuckerspiegel.

Aufgaben

1 Beschreibe die Funktionsweise der Hormone.
2 Erläutere das Gegenspielerprinzip am Beispiel von Insulin und Glucagon.

Die Zuckerkrankheit – Diabetes mellitus

Es klingelt zur großen Pause. Die meisten Schüler nehmen ihr Pausenbrot und gehen auf den Schulhof. Marie muss sich, bevor sie isst, erst eine Spritze setzen. Für sie ist das nichts Besonderes, weil sie zuckerkrank ist.

Honigsüßer Durchfluss
Zuckerkrank bedeutet, dass der Körper den Blutzuckerspiegel nicht mehr eigenständig regulieren kann. Dann befindet sich meist zu viel Glucose im Blut. Ein Teil davon wird über den Urin ausgeschieden. Daher leitet sich auch der Name *Diabetes mellitus* ab, was nichts anderes heißt als »honigsüßer Durchfluss«.

Die Symptome der Zuckerkrankheit
Typische Symptome für die Zuckerkrankheit sind übermäßiger Hunger und Durst, Müdigkeit oder Schwäche und häufiger Harndrang. Ein dauerhaft zu hoher Blutzuckergehalt kann die Organe und Gefäße im menschlichen Körper schädigen. Im Auge können sich Teile der Netzhaut ablösen, sodass der Mensch erblindet. Wegen schlechter Durchblutung kann es zu Nierenschäden kommen. Wunden verheilen meist nur schwer. Grundsätzlich unterscheidet man nach dem Mechanismus der Krankheitsentstehung zwei Formen des Diabetes: Typ 1 und Typ 2.

1 Ein an Diabetes Typ I erkranktes Mädchen

Bestimmung des Blutzuckerspiegels
Es gibt verschiedene Möglichkeiten, um eine Zuckerkrankheit festzustellen. Mit einem Glucose-Teststäbchen wird der Zuckergehalt im Urin nachgewiesen. Mit einem Blutzuckermessgerät lässt sich der aktuelle Blutzuckerwert feststellen. Diabetiker verwenden das Blutzuckermessgerät, um ihren Blutzuckerspiegel täglich zu überprüfen.

Diabetes mellitus Typ 1
Bei Menschen, die an Diabetes mellitus Typ 1 erkrankt sind, werden Zellen der Langerhans-Inseln von Zellen des Immunsystems zerstört. In der Folge wird die Insulinproduktion eingeschränkt oder findet gar nicht mehr statt. Diese Erkrankung kann zwar behandelt, aber noch nicht geheilt werden. Betroffene müssen daher lebenslang Insulin spritzen.

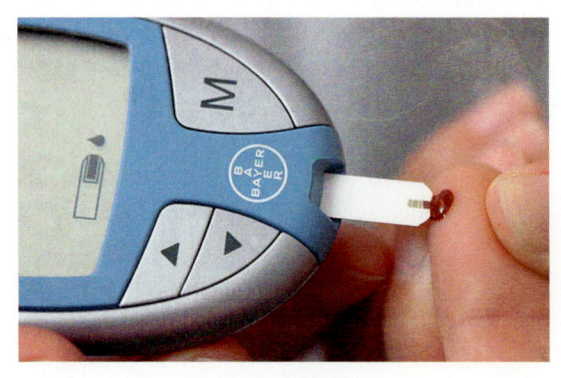

2 Messung des Blutzuckergehalts

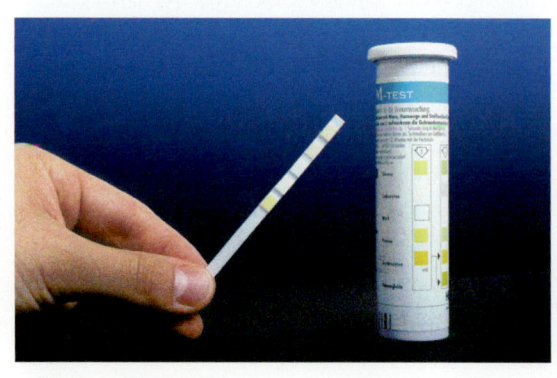

3 Glucose-Teststäbchen

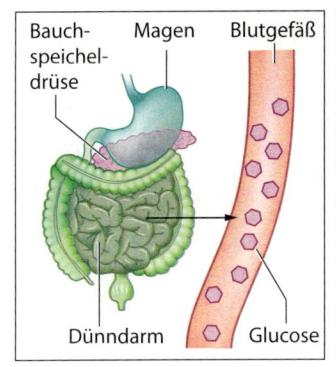

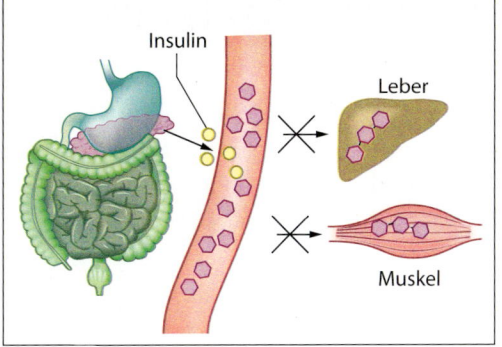

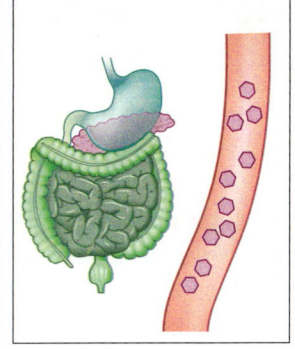

1. Nach der Nahrungsaufnahme wird Glucose aus dem Dünndarm ins Blut aufgenommen. Der Blutzuckerspiegel steigt.

2. Die Bauchspeicheldrüse produziert zu wenig oder kein Insulin. Glucose kann deshalb in Leber - und Muskelzellen nicht ausreichend in einen Speicherstoff umgebaut werden.

3. Der Blutzuckerspiegel ist dauerhaft erhöht.

4 Gestörter Glucosestoffwechsel bei Diabetes mellitus Typ 1

Diabetes mellitus Typ 2

Beim Typ-2-Diabetiker entwickelt und verändert sich die Krankheit mit der Zeit. Zunächst produzieren die Zellen der Bauchspeicheldrüse noch genügend Insulin. Nach einiger Zeit reagieren die Muskel- und Leberzellen jedoch nicht, da einige Insulinrezeptoren verändert sind. Demzufolge wird überschüssige Glucose nur zum Teil in Speicherstoffe umgebaut. Der Blutzuckerspiegel bleibt ständig erhöht. Um dies auszugleichen produzieren die Langerhans-Zellen ständig Insulin. Ihre andauernde Aktivität kann jedoch zur Erschöpfung führen, sodass sie schließlich kein Insulin mehr herstellen können. Als Folge davon muss letztlich auch hier Insulin gespritzt werden.

Bewegung hilft bei Diabetes mellitus Typ 2

Die Veranlagung zu Diabetes wird vererbt. Beim Typ-2-Diabetiker kann die Entwicklung der Krankheit jedoch verzögert werden. Sind zu Beginn der Krankheit nur wenige Insulinrezeptoren der Leberzellen verändert, hilft Bewegung, die überschüssige Glucose aus dem Blut in den Muskelzellen abzubauen. Vermehrte und regelmäßige Bewegung führt außerdem zur Gewichtsabnahme. Da Übergewicht einer der Gründe ist, der die Insulinunempfindlichkeit fördert, ist Abnehmen ein wesentlicher Teil der Therapie. Unterstützend ist der dauerhafte Verzicht auf zuckerreiche Nahrungs- und Genussmittel, die sogenannten »Dickmacher«. Hierbei gilt es den Verzicht in kleinen Schritten so lange zu üben, bis eine ausgewogene Ernährung selbstverständlich geworden ist.

Altersdiabetes im Jugendalter

Früher trat Diabetes mellitus Typ 2 vor allem bei älteren Menschen auf. Deshalb sprach man auch von *Altersdiabetes*. Heute sind aufgrund einseitiger kohlenhydratreicher Ernährung und Bewegungsmangel auch viele Kinder und Jugendliche betroffen.

In Kürze

Diabetes ist eine Störung der körpereigenen Blutzuckerregulierung. Man unterscheidet zwischen Typ 1 und Typ 2. Gesunde Ernährung und regelmäßige Bewegung helfen Diabetes mellitus Typ 2 vorzubeugen und zu therapieren.

Aufgaben

1 Beschreibe Symptome und Folgen von Diabetes.
2 Unterscheide zwischen Diabetes mellitus Typ 1 und Typ 2.
3 Begründe, warum ein Übermaß an kohlenhydratreichen Lebensmitteln und Getränken sowie Bewegungsmangel schon bei Kindern zur Entstehung von Typ-2-Diabetes führen können.

Aufgaben

Hormone und Stoffwechselkrankheiten

1 Hormoneller Regelkreis der Schilddrüsenhormone

Zur Hormonproduktion benötigt die Schilddrüse Jodid. Jodid ist ein Mineralstoff, der sich unter anderem in der Erde befindet und den die Menschen nur über die Nahrung aufnehmen können. Ein dauerhafter Jodidmangel führt zu einer Unterfunktion der Schilddrüse. Das bedeutet, dass nicht mehr ausreichend Hormone produziert werden können. Dann kann es zu einer Kropfbildung kommen. Ein Kropf ist eine Vergrößerung der Schilddrüse. Diese reagiert auf den Jodidmangel, indem sie wächst. So entstehen mehr Drüsenzellen, die vermehrt Hormone produzieren. Äußerlich kann man einen Kropf als eine Verdickung des Halses erkennen.

Heute gibt es bestimmte mit Jodid angereicherte Nahrungsmittel, wie jodiertes Speisesalz oder auch jodiertes Trinkwasser, mit denen sich die körpereigene Jodidversorgung verbessern lässt. Da im Meerwasser viel Jodid enthalten ist, ist auch Meeresfisch sehr jodidreich.

a Beschreibe den in Bild 1 gezeigten Regelkreis.
b Stelle den hormonellen Regelkreis bei einer Unterfunktion der Schilddrüse dar.
c Stelle Vermutungen auf, warum ein Kropf früher häufiger auftrat als heute.
d Früher konnte man feststellen, dass die Menschen im Norden Deutschlands weniger häufig an Kropfbildung erkrankten als die im Süden. Finde eine mögliche Ursache.

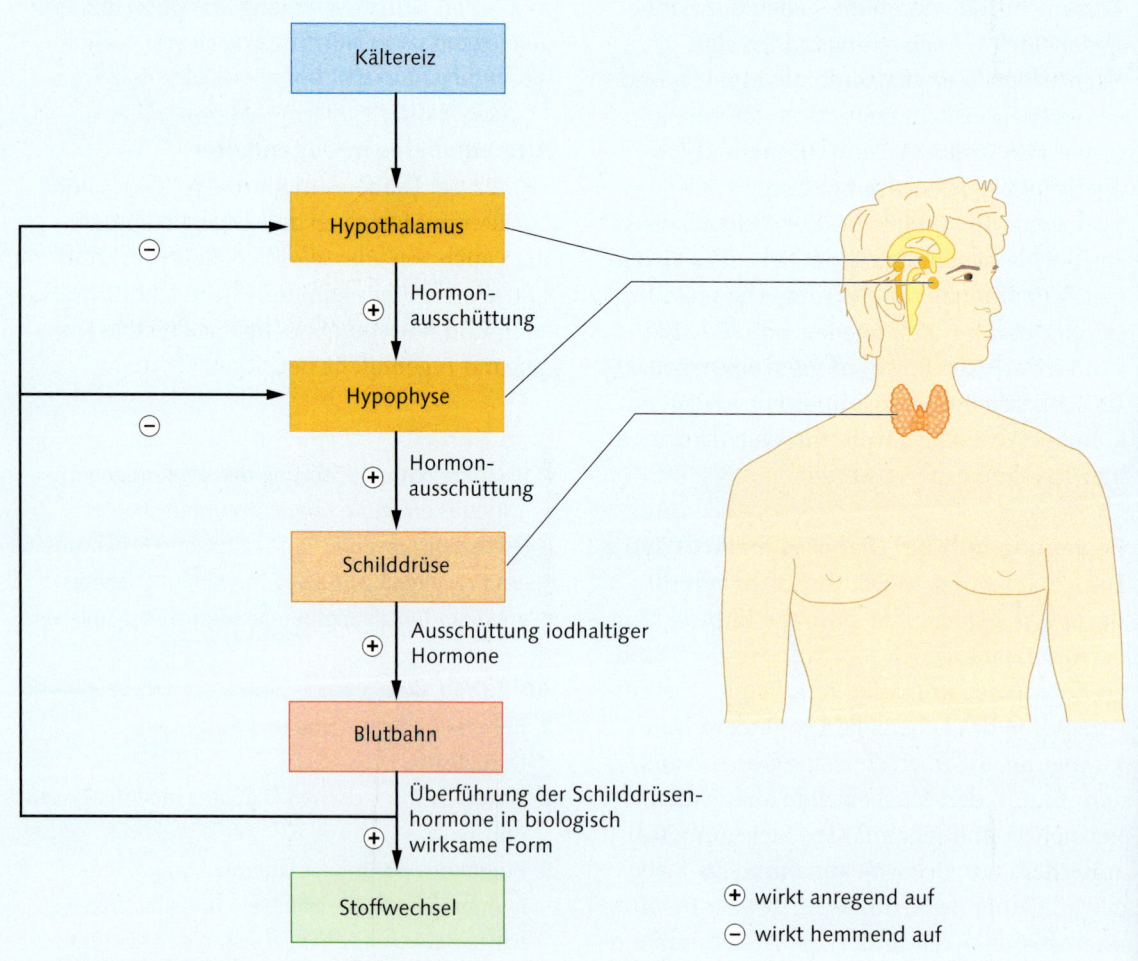

1 Reaktion der Schilddrüse auf Kälteeinfluss

⊕ wirkt anregend auf
⊖ wirkt hemmend auf

Gesundheit und Krankheit

2 Stress

Das Leben ist heute häufig von Stress geprägt. Dann wirken bestimmte Reize auf uns ein. Sie bewirken unter anderem eine vermehrte Ausschüttung des Hormons Adrenalin. Es wird von den Nebennieren gebildet und versetzt den Körper sehr schnell in hohe Leistungsbereitschaft.

a Werte die Tabelle in Bild 2 aus.

Früher waren Lebensweise und Lebensstandard der Menschen anders als heute. Sie jagten mit primitiven Waffen wilde Tiere, um für sich und die Familie Nahrung zu beschaffen. Dadurch waren die Menschen vielen Gefahren ausgesetzt. Sie mussten in der Lage sein, die Gefahren schnell zu erkennen und entsprechend zu reagieren.

b Beschreibe, welche Rolle Adrenalin spielte, wenn sich die Menschen beispielsweise vor einem wilden Tier schützen mussten. Nutze dazu auch die Informationen in der Tabelle unten. Stelle Vermutungen an, welche Funktion das Hormon Adrenalin für den Menschen hat.

c Nenne Situationen, die heute als Bedrohung empfunden werden und somit zu einer vermehrten Adrenalinausschüttung führen.

3 Glucose-Toleranztest bei Diabetes mellitus

Eine Methode zur Diagnose von Diabetes mellitus ist der Glucose-Toleranztest. Dieser Test wird auch Zuckerbelastungstest genannt und dient dem Nachweis einer gestörten Glucoseverwertung. Dabei wird der Blutzuckergehalt zu verschiedenen Zeitpunkten gemessen. Die erste Messung erfolgt vor dem Frühstück. Anschließend werden dem Körper 100 Gramm Glucose zugeführt. Der Blutzuckerspiegel wird dann wiederholt im Abstand von je 30 Minuten gemessen. Bild 3 zeigt ein Diagramm, in dem die Werte von Diabetikern und von gesunden Menschen dargestellt sind.

a Übertrage das Diagramm aus Bild 3 in dein Heft.
b Vergleiche die dargestellten Kurvenverläufe.
c Überlege, welche Kurve einer gesunden Testperson und welche einem Diabetiker zuzuordnen ist. Beschrifte die Kurven.
d Beschreibe die Blutzuckerkurve von Diabetikern, die sich nach der Einnahme von Glucose viel bewegen, im Vergleich zu der Kurve im Diagramm. Zeichne eine mögliche Kurve in einer weiteren Farbe in das Diagramm ein.

	Normalzustand	Zustand nach erhöhtem Adrenalinausstoß
Herzfrequenz in Schlägen pro Minute	60 bis 70	über 100
Atemfrequenz in Atemzügen pro Minute		
Jugendlicher	12 bis 15	18 bis 22
Erwachsener	16 bis 19	24 bis 28
Blutdruck	120 zu 80	über 160 zu 90
Glucosespiegel in Gramm pro Liter Blut	100	140 bis 160

2 Körperfunktionen vor und nach Adrenalinausstoß

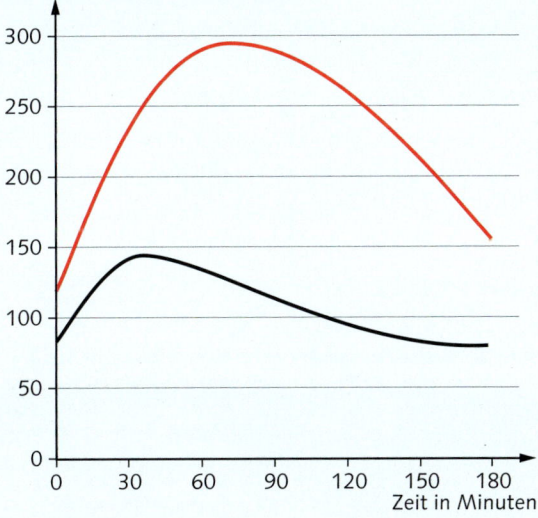

3 Ergebnisse von zwei Glucose-Toleranztests

Bau und Funktion der Nieren

Hast du dir die Kleidung eines Motorradfahrers mal genauer angesehen? Die Fahrer tragen über der eigentlichen »Motorradkluft« einen stabilen Gurt um ihre Taille. Dieser Gurt heißt Nierengurt und schützt die Nieren.

Zwei Nieren sind normal
Normalerweise besitzt jeder Mensch zwei Nieren. Diese befinden sich links und rechts neben der Wirbelsäule an der Körperrückseite ungefähr auf Höhe der Ellenbogen. Die Größe der Nieren richtet sich nach dem Körperbau eines Menschen, sie sind aber etwa faustgroß und bohnenförmig.

Nieren reinigen das Blut
Bei der Verdauung von Nahrung entstehen auch Abfallprodukte, die wieder aus dem Körper ausgeschieden werden müssen. Diese Aufgabe übernehmen die Nieren. Sie filtrieren Stoffwechselabfälle aus dem Blut, die zusammen mit dem überschüssigen Wasser später als Harn ausgeschieden werden. Darüber hinaus sind die Nieren dafür zuständig, die Flüssigkeitsmenge im Körper konstant zu halten.

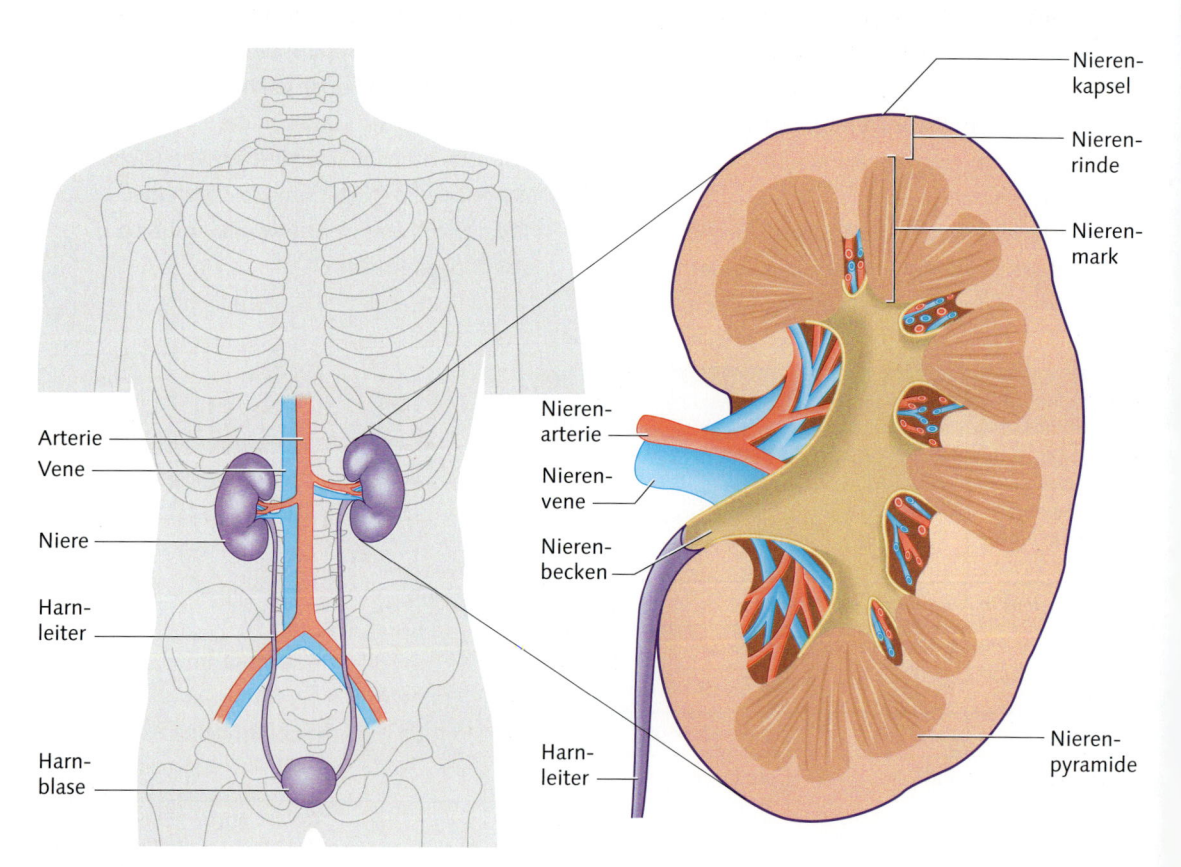

1 Motorradfahrerin mit Nierengurt

2 Lage der Nieren

3 Bau einer Niere

Gesundheit und Krankheit

Bau einer Niere

Die Nieren bestehen aus der äußeren *Nierenrinde* und dem inneren *Nierenmark*, das sich aus den zehn bis zwölf *Nierenpyramiden* zusammensetzt. Innerhalb dieser Nierenpyramiden befindet sich ein kilometerlanges Röhren- und Filtersystem, in dem die Trennung der Stoffwechselabfälle von den anderen Stoffen stattfindet.

Die Nierenkörperchen filtern das Blut

Mit dem Blut werden die Stoffwechselabfälle zu den Nieren transportiert und hier von den lebenswichtigen Bausteinen wie Glucose, bestimmten Salzen und Eiweißen getrennt. Die *Nierenkörperchen* sind von vielen feinen Blutkapillaren durchzogen. Hier staut sich das ankommende Blut, sodass ein Druck entsteht. Dadurch werden Wasser und alle im Blut gelösten Stoffe in die *Nierenkanälchen* gepresst. Größere Bestandteile wie die Blutzellen oder Eiweiße bleiben im Blut zurück. In den Nierenkanälchen wird so der *Primärharn* gebildet. Täglich entstehen 180 Liter Primärharn. Er besteht aus Wasser, Harnstoff, Glucose und Salzen.

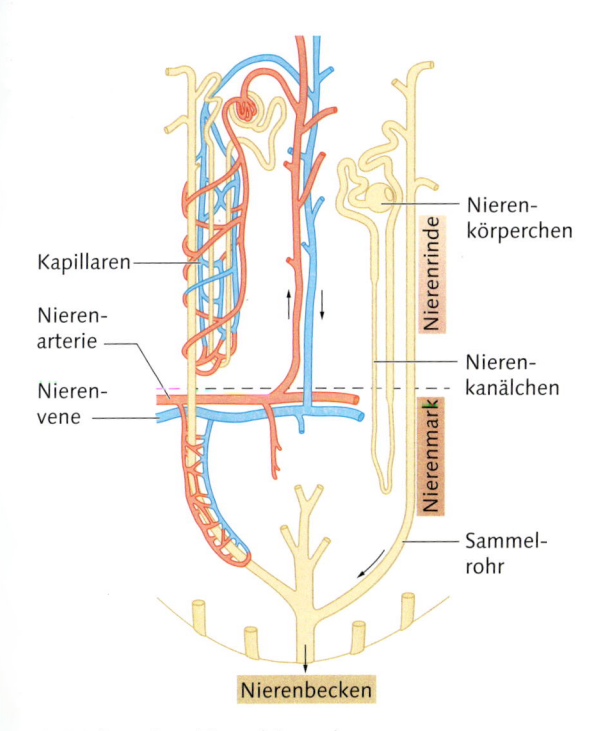

4 Feinbau eines Nierenkörperchens

Aus Primärharn wird Endharn

99 Prozent des Primärharns werden noch in den Nierenkanälchen an das Blut zurückgegeben. Dieser Vorgang wird *Rückresorption* genannt. Übrig bleibt der *Endharn*. Er enthält Stoffe, die der Körper nicht verwerten kann, sowie Giftstoffe und Harnstoff. Der Endharn wird von den Nierenkanälchen durch das *Sammelrohr* zum *Nierenbecken* weitergeleitet. Von dort gelangt er über den Harnleiter zur Harnblase. Hier wird der Endharn gesammelt und später über die Harnröhre ausgeschieden.

Nieren gesund halten

Aufgrund ihrer Funktion ist es wichtig, die Nieren gut durchzuspülen. Deshalb sollte man täglich ausreichend trinken. So kann man die Bildung von Nierensteinen vermeiden. Diese entstehen durch unzureichende Flüssigkeitszufuhr, unausgewogenes Essen oder auch durch Bewegungsmangel. Die Konzentration der Stoffe im Harn ist dann so groß, dass sie sich nicht lösen und als Kristalle ausfallen. Die Kristalle können zu Steinen heranwachsen und den Harnabfluss behindern. Die Nieren sollten außerdem mit entsprechender Kleidung vor Unterkühlung geschützt werden.

> ### In Kürze
> Nieren reinigen das Blut von Stoffwechselabfällen und regulieren den Wasser- und Mineralstoffhaushalt des Körpers. Die Stoffwechselabfälle werden zusammen mit überschüssigem Wasser zur Harnblase transportiert und als Harn ausgeschieden.

Aufgaben

1. Stelle den Weg des Stoffwechselabfalls von der Zelle bis zur Ausscheidung über die Harnblase in einem Flussdiagramm dar.
2. Beschreibe die Entstehung von Nierensteinen und gib an, wie sie verhindert werden können.
3. Erläutere die Folgen für den Körper, wenn der Vorgang der Rückresorption fehlen würde.

Methode

Arbeiten mit Modellen

Biologische Objekte und Vorgänge werden oft durch Modelle veranschaulicht. Daran lassen sich der Bau und die Funktion lebender Systeme gut erfassen und begreifen. Modelle können zum Beispiel die Struktur einer Niere oder die Funktion einer Lunge oder eines Auges darstellen. Beim Umgang mit solchen Struktur- und Funktionsmodellen sollte dir aber stets bewusst sein: Modelle sind Vereinfachungen, die das Original nie ganz ersetzen können. Sie enthalten Abweichungen vom Original, die du kennen solltest, um das Modell zu verstehen. Oftmals werden zur besseren Übersicht auch Teile des Originals weggelassen.

A Mit Strukturmodellen arbeiten
Ein Strukturmodell ist die künstliche Nachbildung eines natürlichen Objektes, zum Beispiel einer Niere. Das Betrachten solcher Modelle führt zu einer besseren Vorstellung über den Bau der biologischen Objekte.

1 **Das Strukturmodell gut sichtbar aufstellen** Stellt das Modell so auf, dass es jeder gut betrachten und eventuell mit Abbildungen im Buch oder auf dem Arbeitsblatt vergleichen kann.

2 **Das Strukturmodell betrachten** Schaut euch das Modell zuerst einmal genau an. Stellt fest, welche Bauteile unterscheidbar sind.

3 **Fachbegriffe zuordnen** Ordnet nun den einzelnen Bauteilen mit Hilfe des Biologiebuches, einer Anleitung oder einer Begriffsliste die entsprechenden Fachbegriffe zu. So könnt ihr die unterscheidbaren Bauteile eindeutig benennen.

4 **Funktionen zuordnen** Ordnet den einzelnen Bauteilen des Modells entsprechende Funktionen zu. Nutzt dazu die Texte in eurem Lehrbuch.

5 **Modell und Original vergleichen** Vergleicht das Modell mit dem Original, das es nachbilden soll. Das kann eine Zeichnung im Schulbuch oder – falls möglich – auch das natürliche Objekt sein. Stellt fest, welche Details übereinstimmen und welche abweichen. Versucht, Abweichungen zu erklären.

6 **Das Gelernte überprüfen** Um die Fachbegriffe zu festigen, zeigt einander abwechselnd auf einzelne Bauteile des Modells und benennt diese und ihre Funktion ohne abzulesen.

1 Strukturmodell der Niere

2 Strukturmodell des Auges

3 Funktionsmodell der Lunge

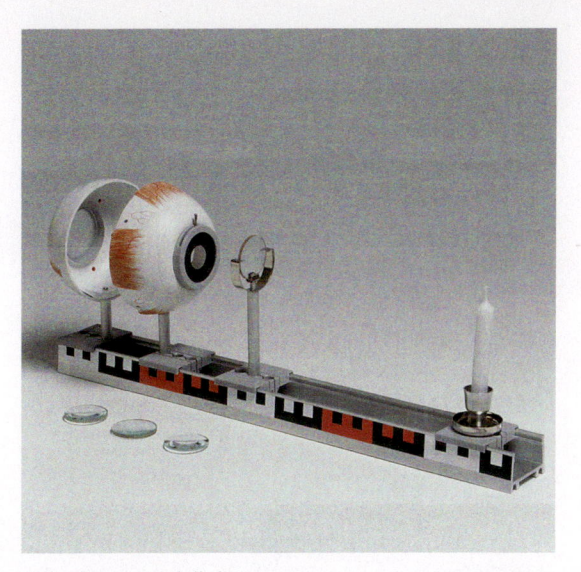

4 Funktionsmodell des Auges

B Mit Funktionsmodellen arbeiten

Mit einem Funktionsmodell lassen sich biologische Vorgänge darstellen und somit besser verstehen. Wie das Sehen funktioniert, kann man zum Beispiel an einem Funktionsmodell für das Auge lernen.

1 **Anleitung lesen** Die Elemente innerhalb eines Funktionsmodells sind sehr stark vereinfacht. Um diese eindeutig zuordnen zu können, lest die Anleitung. Mit der Anleitung verschafft ihr euch einen ersten Überblick über den Aufbau des Modells. Darüber hinaus bringt ihr in Erfahrung, was man an diesem Modell erkennen kann und wie man es bedienen muss.

2 **Teile des Modells zuordnen** Vergleicht das Modell mit dem Original, das es abbilden soll. Ordnet die einzelnen Teile des Modells den entsprechenden Teilen des Originals zu.

3 **Funktionalität ausprobieren** Versucht nun, das Funktionsmodell nach Anleitung auszuprobieren. Beobachtet, was passiert. Diesen Vorgang könnt ihr mehrmals wiederholen.

4 **Beobachtungen beschreiben** Beschreibt genau, was ihr beobachtet. Oft ist jede Einzelheit wichtig, um den Vorgang verstehen zu können.

5 **Beobachtungen erläutern** Versucht die beobachteten Vorgänge zu beschreiben und zu erläutern. Wenn ihr nicht weiterkommt, lest im Biologiebuch nach oder lest die Anleitung nochmals Schritt für Schritt durch.

6 **Funktionsweise des Modells diskutieren** Vergleicht die Funktionsweise des Modells mit der des natürlichen Objekts. Nehmt die Texte aus dem Biologiebuch zu Hilfe. Diskutiert miteinander, ob das Funktionsmodell dabei helfen kann, die Funktionsweise des Originals besser zu verstehen.

Ein eigenes Modell bauen
Wenn man sich bereits mit verschiedenen Modellen beschäftigt hat, bietet es sich an, selbst ein Modell auf der Grundlage der gewonnenen Vorstellung von einem Objekt oder Vorgang zu bauen. Dazu muss man zunächst überlegen, was genau das Modell nachbilden soll und wie es dazu aufgebaut sein muss. Auch die Wahl der richtigen Materialien ist wichtig. Mit Skizzen kann man sich eine erste Vorstellung von dem Modell machen, bevor man daran geht, es zu bauen. Meist sind einige Anläufe notwendig, bevor man ein funktionstüchtiges Modell hat.

Nierenversagen und Dialyse

Schon seit mehreren Jahren fährt Herr Kampmann in ein Dialysezentrum und lässt sich dort von den Krankenschwestern an das Dialysegerät anschließen. Es übernimmt die Funktion der Niere.

Nierenversagen hat verschiedene Gründe

Die Ursachen für ein *Nierenversagen* können ganz unterschiedlich sein. Dazu gehören zum Beispiel Diabetes, eine Nierenbeckenentzündung, Nierensteine oder ein Kreislaufkollaps. Wenn beide Nieren nur noch eingeschränkt oder gar nicht mehr funktionieren, können Abfallprodukte aus dem Stoffwechsel, überschüssige Flüssigkeit, Giftstoffe und Medikamente nicht mehr ausreichend aus dem Blut gefiltert werden. Sie verbleiben im Körper und würden ihn ohne Behandlung vergiften.

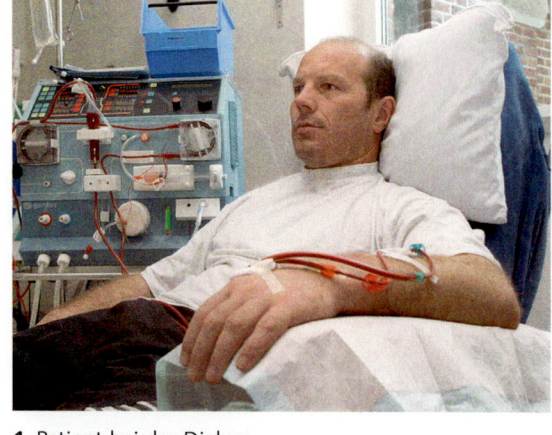

1 Patient bei der Dialyse

Dialyse – künstliche Blutreinigung

Die künstliche Blutreinigung oder *Dialyse* ist ein Verfahren, bei dem das Blut außerhalb des Körpers gereinigt wird. Dabei übernimmt ein Dialysegerät die Funktion der Nieren. Das Blut wird aus dem Körper an künstlichen Membranen entlanggeleitet. Die Membranen sind für feinste Teilchen durchlässig, sodass die auszuscheidenden Stoffe und überschüssige Flüssigkeit aus dem Blut durch die Membran in eine Lösung übertreten können. Anschließend wird das gereinigte Blut zurück in den Körper geleitet.

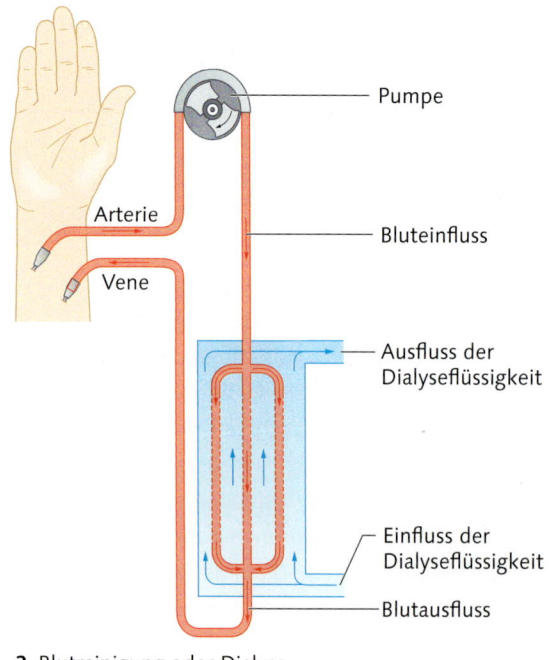

2 Blutreinigung oder Dialyse

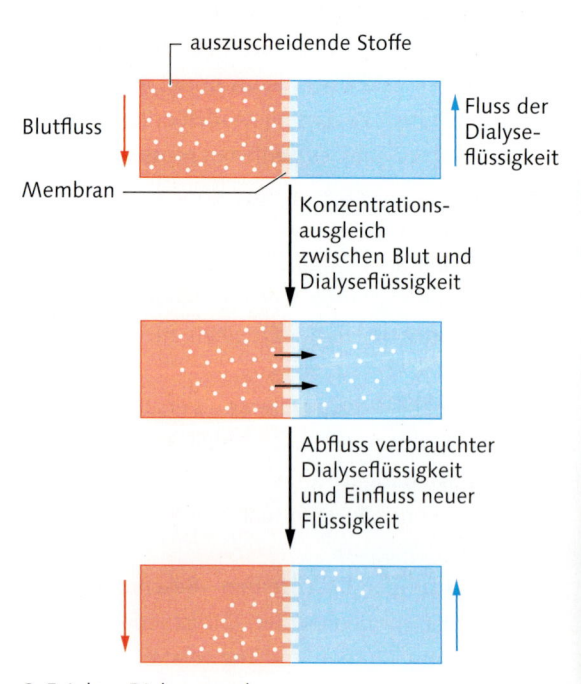

3 Feinbau Dialysemembran

194 Gesundheit und Krankheit

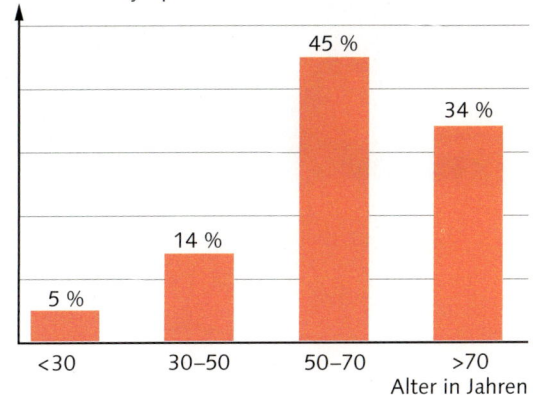

4 Durchschnittsalter von Dialysepatienten

(Diagramm: Anteil der Dialysepatienten in %; <30: 5 %, 30–50: 14 %, 50–70: 45 %, >70: 34 %)

Leben als Dialysepatient
Für Dialysepatienten verändert sich das Leben enorm. Sie müssen bis zu dreimal pro Woche mehrere Stunden in einem Dialysezentrum verbringen. Zwischen den Terminen sammeln sich überschüssige Stoffe und Wasser im Körper an. Die Betroffenen sollten deshalb salzarm essen und nicht zu viel trinken.

Anzeichen einer Nierenerkrankung
Eine Nierenerkrankung ist an vielen unterschiedlichen Symptomen erkennbar. Stechende Rücken- und Blasenschmerzen deuten meist auf eine Nierenbeckenentzündung hin. Flüssigkeitsansammlungen an Armen und Beinen sind eindeutige Warnzeichen. Zudem stellen sich als Folgen der zunehmenden Vergiftung oft Appetitlosigkeit, Übelkeit und Erbrechen ein.

Einer Nierenerkrankung vorbeugen
Eine ausgewogene Ernährung, ausreichend Bewegung und der Verzicht auf Rauchen und Alkohol reduzieren das Risiko einer Nierenerkrankung. Ebenso wichtig ist es, dem Körper ausreichend Flüssigkeit zuzuführen. Dabei sollte man hauptsächlich auf ungezuckerte Getränke zurückgreifen.

Dialyse ersetzt Nierenfunktion nur teilweise
Die Dialyse kann die Nierenfunktion nicht ersetzen. Meist treten bei den Patienten Spätschäden wie Gefäßverkalkungen, Herzerkrankungen, Knochen- und Gelenkschäden auf. Langfristig braucht jeder Dialysepatient deshalb eine neue Niere. Die Dialyse überbrückt die Zeit, bis eine geeignete Spenderniere gefunden wird.

> **In Kürze**
> Dialyse ist ein Verfahren zur künstlichen Blutreinigung. Es wird bei Menschen eingesetzt, bei denen beide Nieren nicht mehr funktionstüchtig sind. Bei der Dialyse wird das Blut außerhalb des Körpers gereinigt. Sie überbrückt die Zeit bis zur Nierentransplantation.

Aufgaben
1 Beschreibe den Ablauf der Dialyse stichpunktartig.
2 Begründe, warum jeder Dialysepatient eine Spenderniere erhalten muss.

Mögliche Nierenerkrankungen	Maßnahmen zur Vorbeugung
Blasenentzündung, die zu einer Nierenbeckenerkrankung führen kann	• bei Kälte keine zu kurzen Oberteile tragen • nach dem Schwimmen trockene Sachen anziehen • nicht barfuß auf kaltem Untergrund laufen • nicht ohne Sitzschutz auf kaltem Untergrund sitzen
Nierensteine, die den Harnabfluss behindern und dadurch eine Entzündung des Nierengewebes verursachen	• ausreichend trinken • sich ausgewogen ernähren
Verengung der Blutgefäße der Niere, die zu Durchblutungsstörung führen können	• nicht rauchen
Schädigung der Blutgefäße durch Diabetes	• keine einseitige, zu kohlenhydratreiche Nahrung zu sich nehmen • sich ausreichend bewegen

5 Schutzmaßnahmen für die Nieren

Organspende und Transplantation

»Ich bin Organpate.« Solche und ähnliche Plakate sieht man häufig an Werbewänden. Aber was verbirgt sich hinter einer Organspende überhaupt?

Organtransplantation
Das Wort Transplantation leitet sich von dem lateinischen Begriff *transplantare* ab und bedeutet verpflanzen. Kranke Organe können mit diesem Verfahren durch gesunde ersetzt werden. Die gesunden Organe stammen von einem Organspender. Da in der Regel mehr Organe benötigt als gespendet werden, müssen Betroffene teilweise sehr lange auf ein Spenderorgan warten. Das am häufigsten verpflanzte Organ ist die Niere.

Vom Spender zum Empfänger
Stirbt ein Organspender, müssen zunächst zwei Ärzte unabhängig voneinander seinen Hirntod feststellen. Erst dann werden weitere Schritte eingeleitet. Im Labor bestimmt man die Blutgruppe des Spenders. Das Blut wird

1 Organspende rettet Leben

außerdem auf Infektionen und Gewebemerkmale untersucht. Diese Daten werden an Eurotransplant weitergeleitet. Eurotransplant ist in einigen europäischen Ländern eine Vermittlungsstelle für Organspenden. Sie ermittelt einen möglichen Empfänger. Wurde dieser gefunden, werden die Operationen von Spender und Empfänger vorbereitet. Das entsprechende Organ wird entnommen, auf schnellstem Weg zum Empfänger transportiert und diesem eingesetzt. Der Zeitraum zwischen Organspende und Transplantation darf nur wenige Stunden betragen.

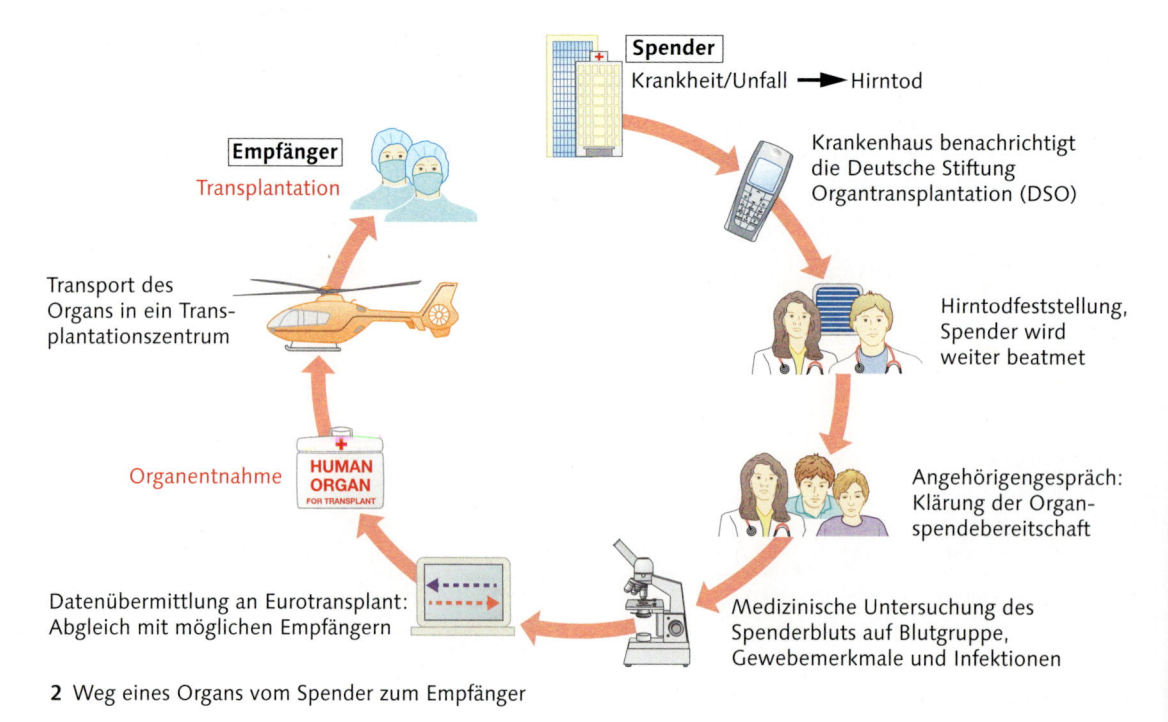

2 Weg eines Organs vom Spender zum Empfänger

Gesundheit und Krankheit

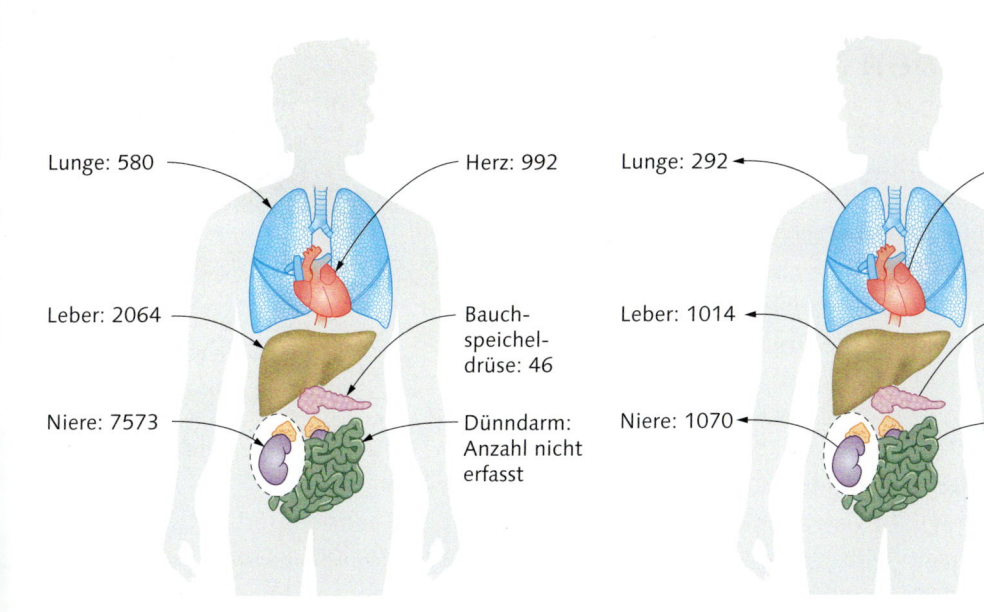

3 Anzahl benötigter Organe in Deutschland (2011)

Lunge: 580
Herz: 992
Leber: 2064
Bauchspeicheldrüse: 46
Niere: 7573
Dünndarm: Anzahl nicht erfasst

4 Anzahl gespendeter Organe in Deutschland (2011)

Lunge: 292
Herz: 362
Leber: 1014
Bauchspeicheldrüse: 163
Niere: 1070
Dünndarm: 6

Lebendspende

Manche Organe können lebend gespendet werden. Dies ist zum Beispiel bei der Niere der Fall, da eine funktionsfähige Niere im Körper ausreicht. Am besten funktioniert die Lebendspende bei Verwandten. Da sie sehr ähnliche Blutwerte haben, gibt es hier weniger Komplikationen. Der Empfänger erhält das Organ meist ohne Wartezeit.

Nach der Operation

Trotz Übereinstimmung der Gewebemerkmale kann es nach einer Transplantation zu einer Abstoßungsreaktion beim Empfänger kommen. Dann sieht das Immunsystem das eingesetzte Organ als Fremdkörper an und versucht es abzustoßen. Die Patienten müssen deshalb lebenslang Medikamente zur Schwächung des Immunsystems einnehmen.

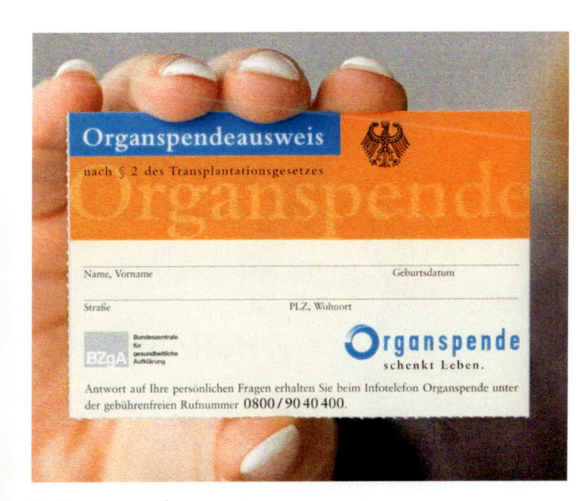

Entscheidung zur Organspende

Nach dem deutschen Transplantationsgesetz dürfen Jugendliche mit 16 Jahren ihre Bereitschaft zur Organspende erklären. Jeder wird regelmäßig über sein Einverständnis zur Organspende befragt. Im *Organspendeausweis* kann man seine Zustimmung oder Ablehnung erteilen. Manchmal müssen auch Angehörige nach einem tödlichen Unfall eine schnelle Entscheidung hierzu treffen.

5 Organspendeausweis

> **In Kürze**
> Bei einer Organtransplantation wird ein krankes durch ein gesundes Organ ersetzt. Dafür muss die Zustimmung vom Organspender oder von seinen Angehörigen vorliegen.

Aufgaben
1 Beschreibe den Ablauf der Organspende.
2 Nach der Transplantation muss der Patient ein Leben lang Medikamente zur Schwächung des Immunsystems einnehmen. Zeige die Gefahren für den Patienten auf.

Gesundheit und Krankheit

Methode

Einen eigenen Standpunkt finden

Die Organspende ist ein wichtiges aber auch umstrittenes Thema. Für viele Menschen gibt es gute Argumente für eine Organspende, manche dagegen lehnen sie aus bestimmten Gründen entschieden ab. Um einen umstrittenen Sachverhalt wie die Organspende zu bewerten und dazu einen eigenen Standpunkt zu finden, kannst du wie folgt vorgehen:

1 Sich über den Sachverhalt informieren
Sammle zuerst möglichst viele Informationen über den Sachverhalt. Nutze dazu verschiedene Quellen. Da im Internet nicht alle Informationen sachlich korrekt sind, suchst du am besten nach solchen, die von zuverlässigen und allgemein anerkannten Einrichtungen, zum Beispiel der Bundeszentrale für gesundheitliche Aufklärung (BzgA), veröffentlicht wurden. Neben dem Internet bieten auch Fachbücher und Fachzeitschriften aus der Bücherei umfassende Informationen. Du kannst auch einen Experten befragen. Bitte deine Lehrkräfte, dir zu helfen, einen geeigneten Experten zu finden.

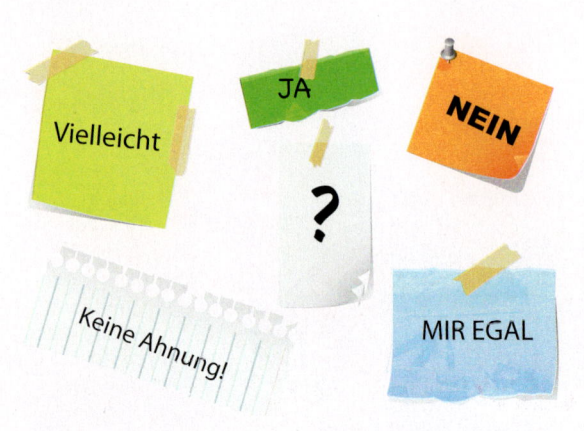

1 Den eigenen Standpunkt zu finden, ist oft nicht leicht

2 Argumente gegenüberstellen
Überlege anhand deiner Informationen nun, welche Gründe für und welche gegen eine bestimmte Entscheidung sprechen. Ordne die Argumente in einer Tabelle nach Pro und Kontra.

3 Wertvorstellungen einbeziehen
Werte sind Vorstellungen, die als wünschenswert erachtet werden und dem Menschen eine Orientierung für sein Leben geben. Nicht alle Werte bedeuten jedem Menschen gleich viel. So wird beispielsweise der Wert »Schutz des Lebens« von einigen Menschen höher bewertet als der Wert »Ehrlichkeit«. Andere Werte wie etwa »Freiheit« und »Gerechtigkeit« werden von

2 Argumente gegenüberstellen

3 Wertvorstellungen einbeziehen

198 Gesundheit und Krankheit

4 Mögliche Folgen bedenken

den meisten Menschen für unverzichtbar gehalten. Damit du eine eigene Bewertung vornehmen kannst, überlegst du dir, welche Wertvorstellungen für dich im Hinblick auf den Sachverhalt wichtig sind und wie sie mit den jeweiligen Argumenten vereinbar sind.

4 Mögliche Folgen bedenken
Sprich mit deiner Familie oder Freunden über deine Entscheidung. Werden dadurch eventuell wichtige Werte anderer oder sogar deine eigenen verletzt? Wenn du unsicher bist, solltest du dich noch nicht festlegen. Hast du aber ein gutes Gewissen, kannst du zunächst bei deiner Entscheidung bleiben.

5 Eigenen Standpunkt formulieren
Nun kannst du auf Basis deiner Vorüberlegungen eine Entscheidung treffen und deinen Standpunkt formulieren und begründen.

6 Den eigenen Standpunkt stets überdenken
Auch wenn du zu einer Entscheidung gekommen bist, solltest du offen bleiben und deinen Standpunkt stets überdenken. Vielleicht sind durch die Diskussion mit anderen Personen neue Aspekte hinzugekommen, die du vorher noch nicht bedacht hast. Denn mit dem Alter, mit einem Beruf oder durch einen neuen Freundeskreis können sich die Wertvorstellungen ändern. Du hast jederzeit die Möglichkeit, deine eigene Entscheidung zu überdenken und zu verändern.

Aufgaben
1 Diskutiert eure Standpunkte zur Organspende und zum Organspendeausweis in einer Gruppe.
2 Künftig sollen alle Bundesbürger über 16 Jahre regelmäßig befragt werden, ob sie Organe spenden wollen. Nehmt dazu Stellung.

5 Einen eigenen Standpunkt formulieren

6 Den eigenen Standpunkt stets überdenken

Gesundheit und Krankheit

Zur Diskussion

Verantwortlicher Umgang mit Medikamenten

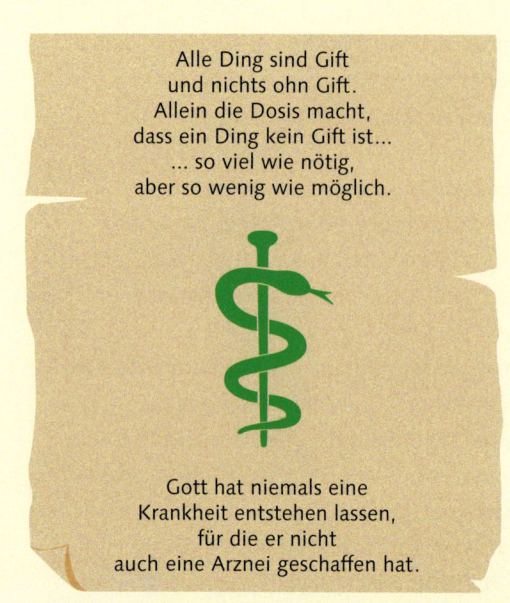

> Alle Ding sind Gift
> und nichts ohn Gift.
> Allein die Dosis macht,
> dass ein Ding kein Gift ist...
> ... so viel wie nötig,
> aber so wenig wie möglich.
>
> Gott hat niemals eine
> Krankheit entstehen lassen,
> für die er nicht
> auch eine Arznei geschaffen hat.

1 Zitiert nach Paracelsus, Arzt (1493–1541)

Arzneimittel sind Stoffe und Zubereitungen aus Stoffen, die dazu bestimmt sind, durch Anwendung am oder im menschlichen oder tierischen Körper a) Krankheiten zu heilen; b) die Beschaffenheit, den Zustand oder die Funktionen des Körpers oder seelische Zustände erkennen zu lassen; c) vom menschlichen oder tierischen Körper erzeugte Wirkstoffe oder Körperflüssigkeiten zu ersetzen; d) Krankheitserreger abzuwehren oder e) die Beschaffenheit, den Zustand oder die Funktion des Körpers oder seelische Zustände zu beeinflussen.

Lexikon der Biologie © Elsevier, München, 2005 (gekürzt)

Herzlich willkommen
bei med ... ck.de – Ihrer persönlichen Versandapotheke!
Die ... Apotheke versendet ab einem Warenbestellwert von € 10,– VERSANDKOSTENFREI Produkte aus den Bereichen Arzneimittel, Medikamente, Kosmetik, Nahrungsergänzungsmittel, Homöopathie und Naturheilkunde an eine Adresse Ihrer Wahl.

2 Werbung einer Online-Apotheke

Gefahr durch rezeptfreie Schmerzmittel
Schon bei geringen Beschwerden greifen viele Menschen zu frei verkäuflichen Schmerzmitteln. Im Jahr 2010 wurden 117 Millionen Packungen verkauft, 80 Prozent davon rezeptfrei. Viele Konsumenten unterschätzen aber die Gefahren bei zu häufiger Anwendung, und gehen davon aus, dass ein rezeptfreies Präparat unschädlich ist.

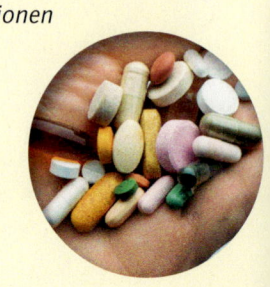

Aus: Servicezeit des WDR, Januar 2012

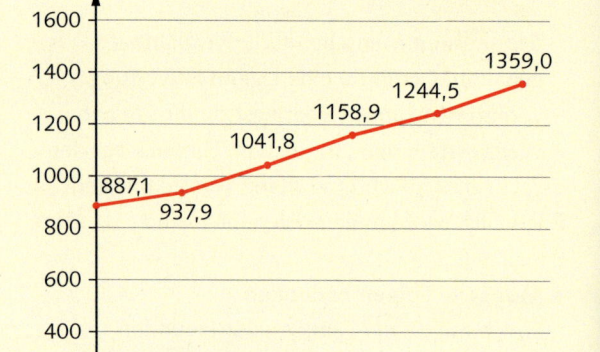

Verbrauch von Aufputschmitteln in täglichen Dosen

Jahr	Dosen
2005	887,1
2006	937,9
2007	1041,8
2008	1158,9
2009	1244,5
2010	1359,0

3 Verbrauch von Aufputschmitteln in Deutschland

Die gedopte Elite
Große Teile der Bevölkerung helfen schon heute ihrer Hirnleistung chemisch auf die Sprünge. Leistungssteigerung ist das Stichwort: Während der aktuelle Suchtbericht Medikamentenmissbrauch noch hauptsächlich als Problem alter Menschen darstellt, berichten Ärzte von einer zunehmenden Zahl von organisch weitgehend gesunden Spitzenkräften, die nach Mitteln verlangen, mit denen sie noch besser werden oder das hohe Niveau dauerhaft halten können.

V. Szentpétery: Die gedopte Elite. Spiegel ONLINE, 28.06.2008

200 Gesundheit und Krankheit

Exkurs

Heilmittel und Heilmethoden

Heilmittel als Behandlungsmethode

»Seit 2002 gilt die Kinderlähmung in ganz Europa als ausgerottet. Trotzdem sind Impfungen gegen Kinderlähmung auch heute noch notwendig. Wenn diese Krankheit, die in Asien und Afrika weiterhin vorkommt, auf eine ungeimpfte Bevölkerung treffen würde, wäre eine sofortige Ausbreitung möglich. Zum Glück ist dies nicht der Fall, denn die Durchimpfungsrate für Polio beträgt in Deutschland annähernd 95 Prozent.«

Bundeszentrale für gesundheitliche Aufklärung, 2011

1 Die Impfung ist einfach, Kinderlähmung grausam!

Antibiotika und bakterielle Resistenzen

Schon kurze Zeit nachdem man Antibiotika einsetzte (ca. 1945), entdeckte man resistente Stämme, also solche, die gegen Penicillin unempfindlich waren. Die Resistenz wuchs mit der steigenden Verabreichung von Antibiotika. Als man 1980 in den USA Flouroquinolone* einführte, wurden 95 % der bisher resistenten Stämme vernichtet. Nach einem Jahr berichteten die Gesundheitsämter, dass 80 % dieser Stämme resistent geworden seien.

(* künstlich hergestelltes Antibiotikum)

Meldung aus dem Internet (gekürzt)

Auf die Frage »Gegen welche Krankheiten haben Sie Antibiotika eingenommen?« kamen folgende Antworten: Grippe, Erkältung, Hals- oder Kopfschmerzen, Husten, Fieber.

Quelle: © Statista 2012 Meldungen aus dem Internet

Akupuktur – eine uralte Heilmethode

Vor über 2000 Jahren entstand in China die Lehre der Akupunktur. Sie geht davon aus, dass die Lebensenergien auf 14 Hauptbahnen durch den Körper fließen. Ist dieser Energiefluss gestört oder verändert, dann äußert sich das in unterschiedlichen Krankheitssymptomen. Akupunkturnadeln, die an jeweils ganz bestimmten Stellen des Körpers gesetzt werden, sollen den Energiefluss wieder normalisieren.

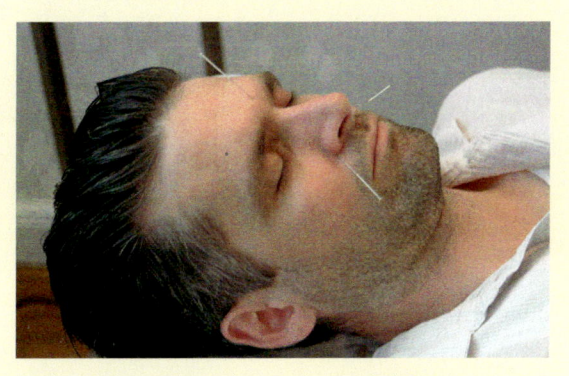

2 Akupunktur gegen chronische Kopfschmerzen

Homöopathie: Ähnliches durch Ähnliches heilen

Die Ähnlichkeitsregel der Homöopathie besagt, dass für die Behandlung eines Kranken ein Mittel verwendet wird, das bei einem Gesunden ähnliche Krankheitssymptome hervorruft. Die Krankheit wird somit von einer ähnlichen Krankheit überlagert. So werden die Selbstheilungskräfte des Körpers aktiviert.

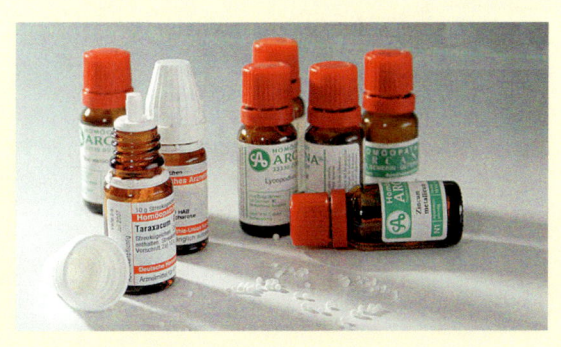

3 Globuli der klassischen Homöopathie

Psychische Belastungen können krank machen

Schon wieder streiten die Eltern von Tim. Das kommt in letzter Zeit ziemlich oft vor. Ob sich seine Eltern trennen wollen? Diese Gedanken machen Tim ganz nervös. Deshalb hat er oft Bauchschmerzen. In der Schule kann er sich nicht mehr richtig auf den Unterricht konzentrieren. Die Situation zu Hause ist für Tim eine starke psychische Belastung.

1 Streit kann belastend sein.

Auch die Psyche kann krank werden

»Das bricht mir das Herz«, »das schlägt mir auf den Magen«, »das bereitet mir Kopfzerbrechen« – mit solchen Redewendungen drückt man Gefühle wie Wut, Ärger, Trauer, Sorge oder Verzweiflung aus. Körper und Geist sind eine Einheit. Erkrankt der Geist, so hat dies Auswirkungen auf den Körper und umgekehrt. Der Fachbegriff *psychosomatische Erkrankung* verdeutlicht dies, da er aus dem griechischen Wort »Psyche« für Geist und »Soma« für Körper zusammengesetzt ist.

Ursachen psychischer Erkrankungen

Unser körperliches Befinden wird stark davon geprägt, worüber wir nachdenken, was um uns herum geschieht und wie wir uns fühlen. Psychische Belastungen wie Streit, Kummer, Angst, Wut und Überforderung können eine Erkrankung auslösen. Häufig sind allgemeines Unwohlsein, Kopf- und Bauchschmerzen, Nervosität, Antriebslosigkeit und dauernde Erschöpfung erste Anzeichen einer psychosomatischen Erkrankung.

Stress – die zwei Seiten einer Medaille

Vor Prüfungen sind viele Menschen nervös, das Herz schlägt schneller und die Atemfrequenz ist erhöht. Der Körper bereitet sich auf eine höhere Leistungsanforderung vor. Diese Reaktionen fasst man unter dem Begriff Stress

2 Ursachen einer psychosomatischen Erkrankung

Gesundheit und Krankheit

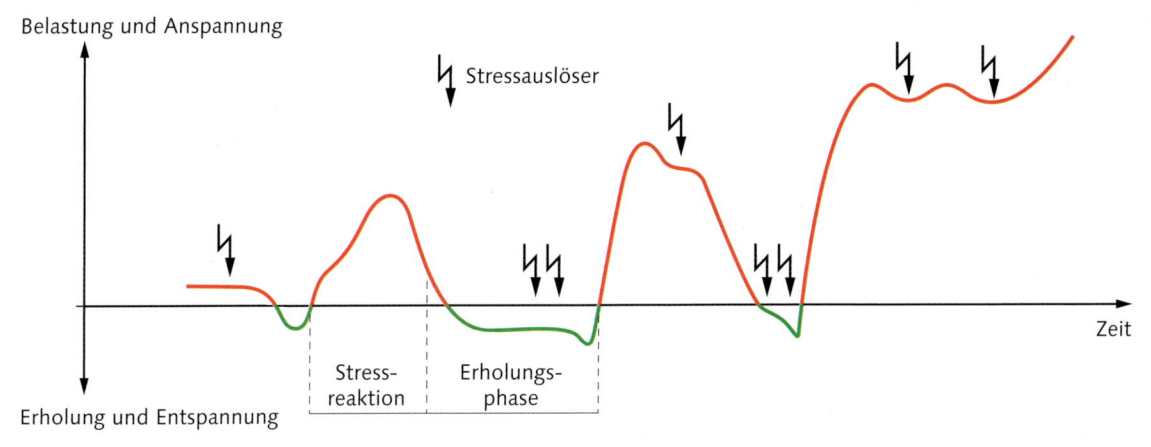

3 Ohne Erholung ist man dauergestresst.

zusammen. Sind dadurch schwierige Situationen besser zu bewältigen, spricht man von positivem Stress. Da Stress anstrengend ist, muss sich der Körper nach der Anspannung wieder erholen. Auch dauernde psychische Belastungen können Stress auslösen. Ohne Entspannungsphasen kommt es zu ungesunder, ständig erhöhter Leistungsbereitschaft, zu Dauerstress.

Symptome bei Dauerstress
Dauerstress kann zur Schwächung des Immunsystems, zur Schädigung des Herz-Kreislauf-Systems und zur totalen Erschöpfung des Körpers beitragen. Leider werden die Symptome wie Antriebslosigkeit, Magenschmerzen und generelles Unwohlsein oft nicht ernst genommen. Man glaubt, alles sei halb so schlimm. Nicht selten wird mit Alkohol, Nikotin oder Tabletten versucht, die Belastung und Erschöpfung zu verdrängen.

Trauma – ein einschneidendes Erlebnis
Viele psychische Erkrankungen entstehen aufgrund einschneidender Ereignisse. Erleben Menschen Situationen, in denen sie absolut hilflos sind, wie zum Beispiel Naturkatastrophen oder Angstsituationen, so kann dies ein traumatisches Erlebnis für sie sein. Diese überwältigende Hilflosigkeit hinterlässt eine »Wunde«, griechisch *Trauma,* in der Psyche und beeinflusst das Leben der Betroffenen.

Die Diagnose ist schwer
Psychische Erkrankungen werden oft erst spät erkannt und behandelt, da die Symptome sehr vielfältig sind und häufig zu vielen Erkrankungen passen. Zudem erkennen viele Patienten nicht, dass sie psychisch belastet sind. Die meisten nehmen erst sehr spät die Hilfe eines Therapeuten in Anspruch.

Eine Therapie kann helfen
Um die Ursachen einer psychischen Erkrankung herauszufinden, hilft eine Therapie. In Gesprächen wird versucht Klarheit über die persönliche Situation und die Belastungen des Patienten zu gewinnen. Dies kann dann der Ausgangspunkt sein, belastendes Verhalten zu verändern. So können Menschen von Ängsten befreit werden, wenn sie an die Angst machenden Situationen schrittweise gewöhnt werden.

> **In Kürze**
> Körper und Psyche sind eine Einheit. Belastungen der Psyche erzeugen Stress. Ist dieser andauernd und fehlen Erholungsphasen, kann dies zu einer psychosomatischen Erkrankung führen.

Aufgaben
1 Nenne anhand von Bild 2 mögliche Ursachen einer psychosomatischen Erkrankung.
2 »Stress – sinnvoll aber auch gefährlich!« Erläutere unter Einbezug von Bild 3.

Teste dein Grundwissen

Gesundheit und Krankheit

1 Infektionskrankheiten

Infektionskrankheiten sind ansteckende Krankheiten, die durch unterschiedliche Gruppen von Erregern verursacht werden.

a Benenne die wichtigsten Erregergruppen mit je einem Beispiel für eine Infektionskrankheit.
b Ordne den in Bild 1 dargestellten Erreger der richtigen Gruppe zu. Begründe deine Zuordnung.
c Beschreibe den Aufbau des Erregers mit Hilfe der Buchstaben in Bild 1.
d Erläutere, wofür die Buchstaben Aids und HIV jeweils stehen.
e Nenne mögliche Risiken für eine Infektion mit HIV. Begründe dabei, wie man sich jeweils schützen kann.
d Impfungen bieten einen guten Schutz vor vielen Infektionskrankheiten. Dabei unterscheidet man zwischen aktiver Immunisierung und passiver Immunisierung. Erläutere kurz, was man darunter jeweils versteht.
e Begründe, weshalb nach einer passiven auch eine aktive Immunisierung erfolgen muss.
f Bild 2 zeigt, welche Organe in Deutschland transplantiert wurden. Werte die Grafik aus.
g Begründe, weshalb man bei Organtransplantationen das Immunsystem des Patienten mit Hilfe von Medikamenten nahezu »abschalten« muss.

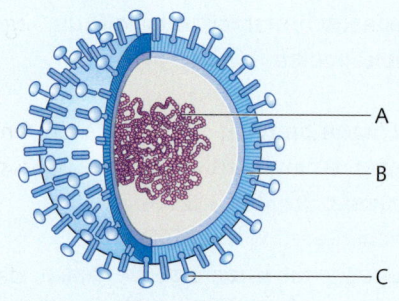

1 Bau des Erregers ...

2 Das Immunsystem

Die Wirkungen der einzelnen Teile des körpereigenen Abwehrsystems sind genau aufeinander abgestimmt.

a Nenne die Organe, die zum Immunsystem gehören.
b Erläutere die Bedeutung der »Gedächtniszellen«.
c »Übertriebene Hygiene schwächt das Immunsystem und fördert die Entstehung von Allergien.« Nimm zu dieser Aussage kritisch Stellung.

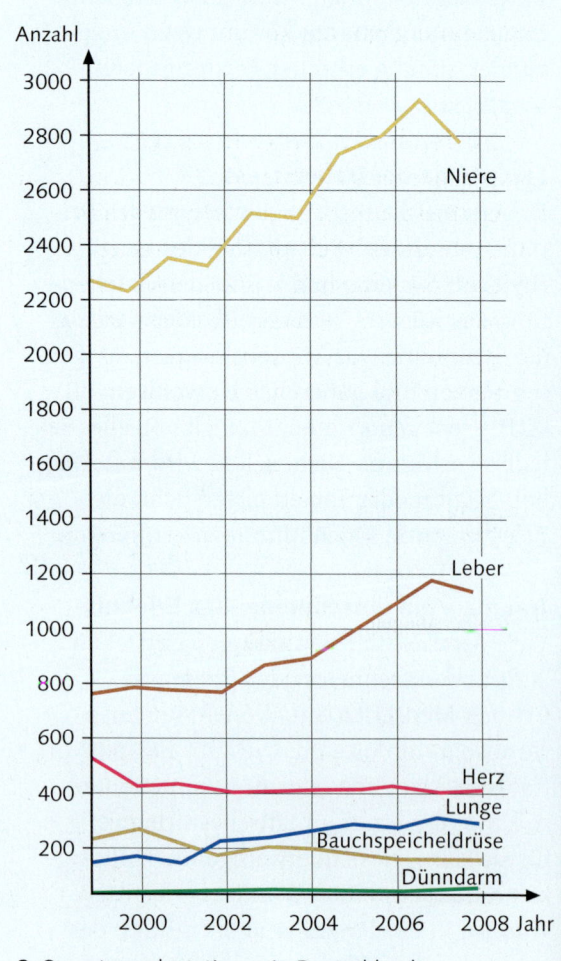

2 Organtransplantationen in Deutschland

3 Die Nieren

a Die meisten Motorradfahrer tragen einen Nierenschutz. Begründe.
b Bild 4 zeigt, was bei einer Dialyse geschieht. Erläutere.
c Nenne Gründe, weshalb Menschen zur Dialyse gehen müssen.

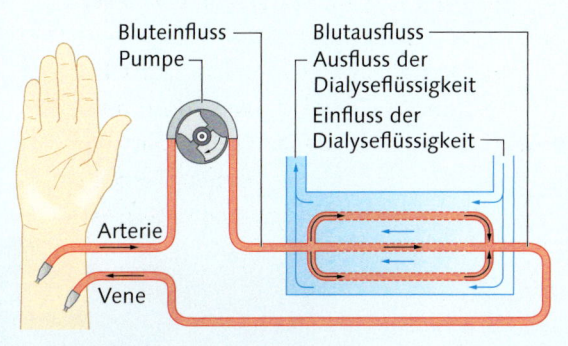

3 Blutreinigung oder Dialyse

4 Diabetes oder Zuckerkrankheit

a Benenne die Hormone, die für die Regulation des Blutzuckerspiegels verantwortlich sind.
b Bei Diabetes regelt ein bestimmtes Hormon den Zuckerhaushalt in unserem Körper nicht mehr oder nur unzureichend. Benenne das Hormon und dessen genauen Bildungsort.
c Vervollständige Bild 3 in deinem Heft.

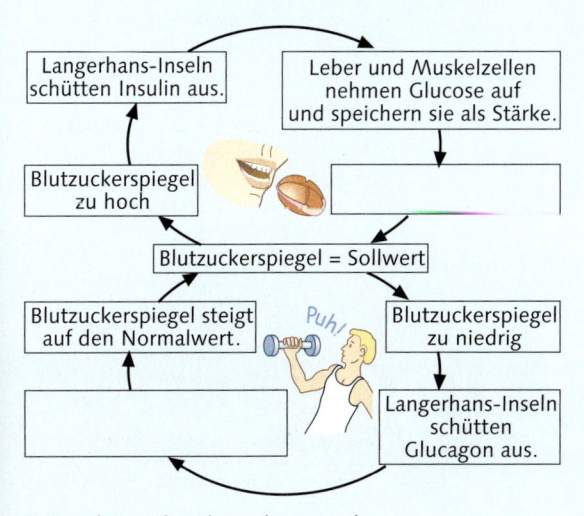

4 Regulation des Blutzuckerspiegels

Auf den Punkt gebracht

Gesundheit und Krankheit

- Krankheiten, die durch Bakterien, Viren, Pilze oder andere Erreger übertragen werden, bezeichnet man als ansteckende Krankheiten oder Infektionskrankheiten. Sie verlaufen in den typische Phasen.

- Durch die Aktivierung des Immunsystems werden Krankheitserreger bekämpft. Impfungen bieten Schutz vor Infektionskrankheiten. Bei der aktiven Immunisierung werden vorbeugend abgeschwächte Erreger übertragen. Bereits Infizierten werden mit der passiven Immunisierung spezifische Antikörper geimpft.

- Die Regulation des Blutzuckerspiegels erfolgt durch die Hormone Insulin und Glucagon. Sie arbeiten nach dem Gegenspielerprinzip.

- Bei Diabetes produziert der Körper entweder zu wenig Insulin oder es kann seine Wirkung nicht entfalten.

- Die Nieren reinigen als Filterorgane das Blut von Gift- oder Abfallstoffen, die während des Stoffwechsels entstanden sind. Bluthochdruck oder Diabetes können die Nieren schädigen. Ein Überleben ist dann meist nur durch die Dialyse, die künstliche Blutreinigung, oder durch eine Nierentransplantation möglich.

Partnerschaft und Verantwortung

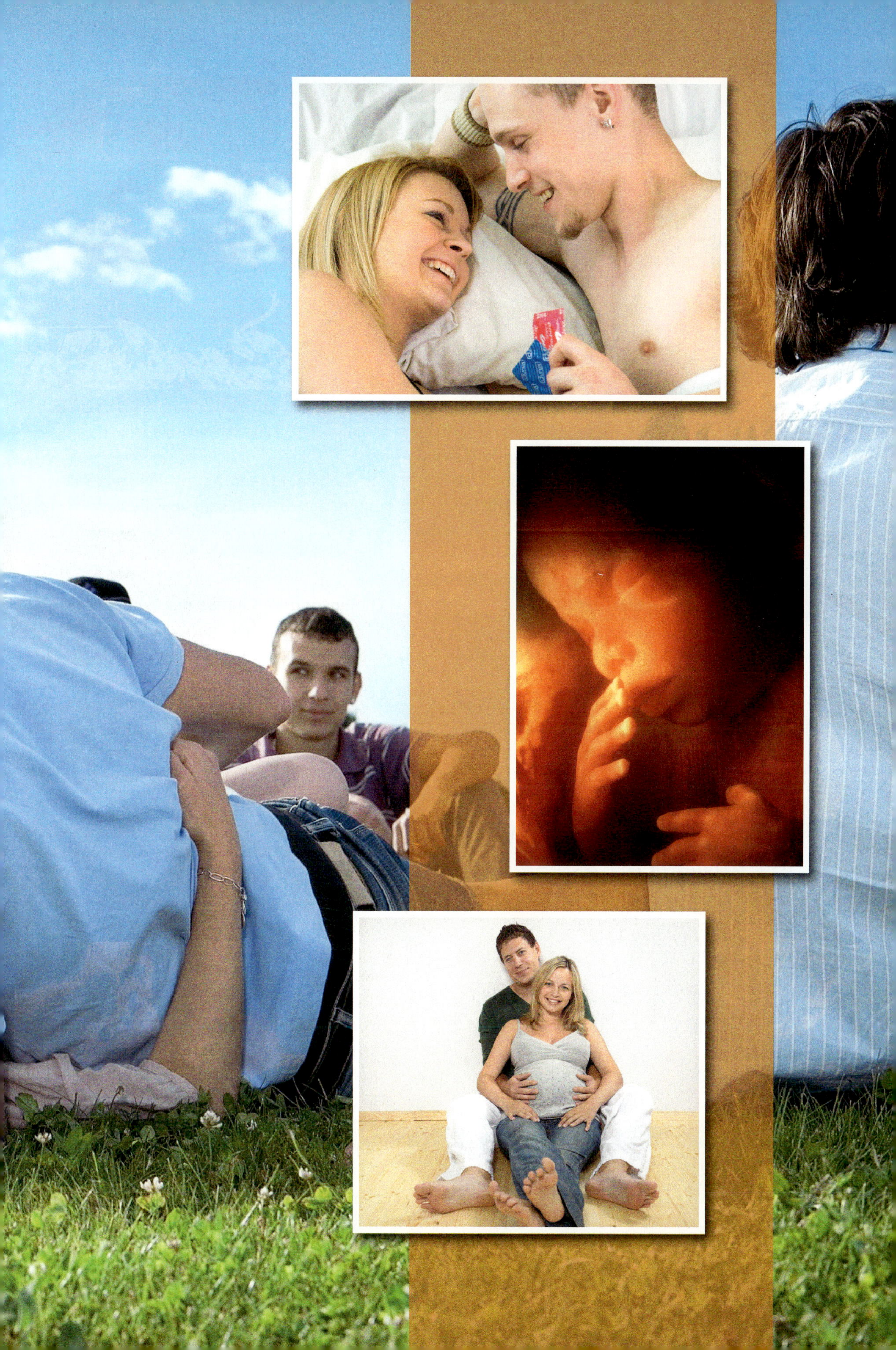

Liebe und Partnerschaft

Für Helena und Tobias war es Liebe auf den ersten Blick. Sie trafen sich so gut wie jeden Tag. Helena war fest davon überzeugt, den »Mann fürs Leben« gefunden zu haben. Für Tobias stand fest: »Helena und ich, wir bleiben zusammen.«

Verliebt sein

Oft ist es nur ein Blick, eine Geste, ein Lächeln oder die Art wie ein Mensch sich bewegt, die das Gefühl des Verliebtseins auslösen. Es kommt meist ganz plötzlich. Du fühlst dich wie verzaubert, im siebten Himmel, auf rosaroten Wolken. Du denkst nur noch an diese eine Person, deinen Schwarm. In jedem, der so »verknallt« ist, werden vom Gehirn Hormone freigesetzt, die sowohl Glücksgefühle hervorrufen als auch anfälliger für Enttäuschung und Verletztsein machen.

Verliebtsein ist der Anfang jeder Liebe

Das Verliebtsein ist noch keine Liebe; es ist eine Vorstufe zur Liebe, die zunächst vor allem durch Gefühle bestimmt ist. Die Erwartungen sind sehr hoch, sowohl bei Mädchen als auch bei Jungen. Es tut sehr weh, in jemanden verliebt zu sein, der die Liebe nicht oder später nicht mehr erwidert. Liebeskummer ist meist schwer zu verkraften.

1 Verliebt – und die Welt erscheint rosarot.

Die besondere Chance des Verliebtseins

Wer verliebt ist, hat den Wunsch, den anderen Menschen näher kennenzulernen. Nicht nur seine Ansichten, sondern auch das, was zunächst verborgen ist: den Körper sowie das Verhalten und die Gefühlsäußerungen in bestimmten Situationen. Kennen sich zwei Menschen besser, erkennen sie auch, ob sie zueinander passen: Entweder das Gefühl des Verliebtseins erweitert sich zur Liebe und die beiden entschließen sich, eine echte Beziehung aufzubauen. Oder man trennt sich wieder, weil man erkennt, dass es zu wenig Gemeinsamkeiten gibt.

Liebe – was ist das?

Liebe ist mehr als nur ein starkes Gefühl. Wenn sie echt ist, ist immer der Verstand beteiligt. Sie setzt höchstes Vertrauen voraus und die Bereitschaft, den anderen so anzunehmen und zu lieben, wie er ist: mit allen seinen Stärken, aber auch mit seinen Schwächen.

Liebe ist Geben und Nehmen. Wenn sich zwei lieben, lernen sie miteinander Freude und Leid zu teilen. Sie nehmen in vielen

2 Ist das wahre Liebe?

Situationen aufeinander Rücksicht und respektieren sich gegenseitig. Sie erwarten voneinander Ehrlichkeit und Treue.

Sich körperlich nahe sein

Um ihre Liebe zu spüren, sehnen sich die Partner nach zärtlichen Gesten und Berührungen. Die Haut wird dabei zu einer empfindsamen »Liebesantenne«. Zärtlichkeit gelingt, wenn die Liebenden sie spielerisch gestalten und dabei auf die Wünsche des Partners Rücksicht nehmen. Der Geschlechtsverkehr kann zu einem beglückenden und lustvollen Erlebnis werden, wenn beide Partner dies wirklich wollen.

Echte Liebe strebt nach Partnerschaft

Die meisten Paare wollen ihre Liebesbeziehung partnerschaftlich gestalten. Damit ist gemeint, dass sie sich als gleichwertige und gleichberechtigte Partner anerkennen. Sie entscheiden und handeln gemeinsam. Beide sehen ihre Rechte und Pflichten und sie wissen um ihre gegenseitige Verantwortung. Damit eine partnerschaftliche Beziehung auf Dauer funktionieren kann, müssen beide Partner miteinander im Gespräch und auch für Veränderungen offenbleiben.

3 In ihrer Beziehung wollen sie Partner sein.

In Kürze
Verliebtsein ist eine Vorstufe der Liebe. Bei näherem Kennenlernen kann daraus Liebe wachsen. Die meisten Paare möchten ihr Zusammenleben heute partnerschaftlich gestalten.

Aufgaben
1 Vergleiche zwischen Verliebtsein und Liebe.
2 Beschreibe Situationen, in denen ein Partner Verantwortung für den anderen übernimmt.
3 Erläutere und begründe die unten aufgeführten Regeln für eine partnerschaftliche Beziehung. Suche nach weiteren Regeln.

4 Regeln für eine partnerschaftliche Beziehung

wichtig für eine Beziehung
- Über alles offen und ehrlich reden
- Gleichberechtigte Partner sein
- Entscheidungen gemeinsam treffen
- Konflikte lösen, ohne den anderen zu verletzen
- Freiräume gewähren

Menschliche Sexualität

»Sexualität ist ein Ausdruck der Liebe!« Auf diese Behauptung seines Lehrers meldet sich Leon und meint: »Liebe und Sexualität sind doch zwei verschiedene Dinge. Ich kann doch einen Menschen lieben, ohne mit ihm ins Bett zu gehen. Und ich kann mit jemanden Sex haben, ohne ihn zu lieben.« Hat Leon recht?

»Sexualität« – was ist das?

Unter dem Begriff »Sexualität« versteht man im weiteren Sinn alle Gefühle, Bedürfnisse und Verhaltensweisen, die mit dem Geschlechtstrieb und seiner Befriedigung in Zusammenhang stehen.

Im engeren Sinn versteht man unter Sexualität das Vorhandensein geschlechtlich verschiedener Keimzellen. Männer produzieren männliche Keimzellen, die Spermazellen, Frauen produzieren weibliche Keimzellen, die Eizellen. Wenn eine männliche und eine weibliche Keimzelle miteinander verschmelzen, werden väterliche und mütterliche Erbanlagen miteinander kombiniert. So entstehen Nachkommen, die sich von anderen Menschen durch neue Merkmalskombinationen unterscheiden.

1 Körperliche Nähe spüren

Sexualität hat mehrere Funktionen.

Zum einen dient Sexualität aus biologischer Sicht in erster Linie der Fortpflanzung und Arterhaltung.

Zum anderen trägt sie beim Menschen aber auch dazu bei, die Bindung in einer Partnerschaft zu festigen: In ihrer Sexualität möchten Menschen glücklich werden, Geborgenheit und Anerkennung finden, gemeinsam Freude und Lust erleben und Liebe zum Ausdruck bringen. Die verschiedenen Funktionen der Sexualität kann der Mensch willentlich voneinander trennen.

2 Sexualität …

3 … ist …

Wo die Liebe hinfällt

Als *heterosexuell* orientiert bezeichnet man Menschen, deren sexuelles Verhalten auf das jeweils andere Geschlecht ausgerichtet ist. Sie fühlen sich emotional und sexuell zu Menschen des anderen Geschlechts hingezogen.

Homosexuell orientierte Menschen fühlen sich sexuell zu Menschen des eigenen Geschlechts hingezogen.

Homosexuelle Lebensgemeinschaften

Homosexuelle Männer werden auch als Schwule bezeichnet. Homosexuelle Frauen nennt man auch Lesben. Genau wie »Heteros« führen Lesben und Schwule ganz normale Beziehungen. Sie verlieben und streiten sich, machen sexuelle Erfahrungen und sind glücklich miteinander. In ihrer Partnerschaft erleben sie die gleichen Freuden, Ängste und Probleme wie heterosexuelle Paare. Sie können Familien gründen, seit bei uns Lebenspartnerschaften und Stiefkindadoptionen zugelassen sind.

Bin ich homo- oder heterosexuell?

Wenn man sich in der Pubertät als Junge von anderen Jungen sexuell berühren lässt, ist man noch nicht gleich schwul. Ebenso wenig ist ein Mädchen lesbisch, weil es mit anderen Mädchen Zärtlichkeiten austauscht. Viele junge Menschen sammeln ihre ersten sexuellen Erfahrungen mit dem jeweils gleichen Geschlecht. Die meisten werden sich ihrer »sexuellen Orientierung« erst bewusst, wenn sie sich zum ersten oder zweiten Mal in ihresgleichen verlieben. Manche sind sich erst mit 40 oder mehr Jahren über ihre Homosexualität im Klaren. Noch immer fällt es vielen Homosexuellen dann nicht leicht, sich zu ihrer Sexualität zu bekennen. Sie haben Angst, als »nicht normal« angesehen zu werden. Gerade im Freundes- und Familienkreis glauben viele, nicht über ihre homosexuelle Neigung reden zu können. So haben sie meist erst sehr spät ihr »Coming-out«.

Worauf es ankommt

In jeder sexuellen Beziehung können wir menschenwürdig und verantwortlich miteinander umgehen. Dazu brauchen wir Werte und Maßstäbe, an denen wir uns orientieren können: Respekt vor dem anderen, Mitgefühl, Rücksichtnahme, Liebe, freie Entscheidung und Hilfsbereitschaft sind Beispiele dafür. Entscheidend ist, was beide Partner wollen und beiden guttut.

> **In Kürze**
>
> Sexualität dient beim Menschen sowohl der Fortpflanzung als auch der Partnerbindung. Hinsichtlich der sexuellen Orientierung unterscheidet man Hetero- und Homosexualität. Jede Art menschlicher Sexualität muss verantwortlich und einvernehmlich gestaltet werden.

Aufgaben

1 Nenne die wesentlichen Funktionen der Sexualität beim Menschen.
2 Nimm Stellung zur Meinung von Leon im Einstiegstext.
3 Suche nach Gründen, weshalb Begriffe wie »normal« und »nicht normal« im Zusammenhang mit der sexuellen Orientierung nicht verwendet werden sollten.

4 ... vielseitig!

Partner gesucht

Simon ist total aufgeregt. Endlich hat er sie angesprochen. Julia aus der Nachbarklasse. Sie hat ihn nicht abblitzen lassen. Jetzt sitzt sie neben ihm und er weiß nicht, was er sagen soll. Verdammt sexy sieht sie aus! Ihre roten Haare, ihre grünen Augen und dieses Lächeln. So ein Mädchen gibt es nur einmal auf der Welt. Simon ist sich absolut sicher: Julia ist seine Traumfrau.

Werbung in eigener Sache
Jede Partnersuche beginnt mit einer *Selbstdarstellung*. Dabei machen wir durch unser Aussehen und Verhalten auf uns aufmerksam und geben den Beobachtern die Möglichkeit einer ersten Einschätzung unserer Person. Um attraktiv zu wirken, betonen wir Elemente des *Frau-* bzw. *Mannschemas*. Männer achten besonders auf die Figur und die Bewegungen einer Frau. Frauen hingegen ziehen vor allem aus dem Gesicht eines Mannes Informationen. Für eine erste Beurteilung der Attraktivität des anderen brauchen wir meist nur etwa fünf bis acht Sekunden. Der so entstehende Eindruck kann Empfindungen wie Zuneigung, Ablehnung oder Unsicherheit hervorrufen.

1 Sie ist seine absolute Traumfrau.

Erste Flirtversuche
Wer Interesse an einer anderen Person hat und dies auch zeigen möchte, muss Kontakt zu der Person aufnehmen. Zunächst wird überprüft, ob der erste Eindruck dem eigenen Wunschbild von einem Partner entspricht. Dabei spielt man sich durch den Austausch von Worten und Gesten gegenseitig Informationen übereinander zu. Man sagt dazu auch: Man *flirtet* miteinander.

Ein Flirt ist wie ein Spiel. Meist wechseln sich dabei Zuwendung und Abkehr ab. Das kann sich zum Beispiel im Wechsel von Blickkontakt und Blickabwendung, Anlächeln und Rotwerden äußern.

2 Typisch Frau?

3 Typisch Mann?

Partnerschaft und Verantwortung

Weibliche Flirtsignale

Untersuchungen haben ergeben, dass ein Flirt meist von Frauen gesteuert wird. Sie verstärken durch ihre Reaktionen die Aktivitäten der um sie werbenden Männer oder blocken sie ab. Wenn sie den Mann bei seinem Werbeverhalten bestärken möchten, zeigen sie das mit verschiedenen Signalen an. Das Heben der Augenbrauen, wiederholte Blickkontakte, Lächeln, »head-toss«, »hair-flip« oder das Suchen von Nähe sind häufige Aufforderungssignale. Sie zeigen hohes Interesse an. Je eindeutiger sie sind, umso höher ist die Wirkung.

Wenn es ernst wird

Suchen Frauen einen langfristigen Partner, begutachten sie in der Regel mögliche Kandidaten sehr genau. Sie entscheiden meist nicht so schnell wie Männer. Sie warten ab und schätzen ihr Gegenüber kritisch ein. Falls es die »Liebe auf den ersten Blick« gibt, wird sie eher bei Männern anzutreffen sein.

Ein aufregendes Experiment

1989 haben Wissenschaftler in einem Experiment attraktive Frauen und Männer losgeschickt, um Studentinnen und Studenten an amerikanischen Hochschulen »anzumachen«. Sie sollten die Versuchspersonen zu einem Kaffee einladen, dann mit in die Wohnung nehmen, und schließlich ein sexuelles Angebot machen. 50 Prozent aller angesprochenen Studenten ließen sich zum Kaffee einladen. Davon folgten 69 Prozent dem Angebot, mit in die Wohnung der Frau zu kommen. 75 Prozent dieser Studenten wären auch zum Sex bereit gewesen. Von den Studentinnen nahm ebenfalls die Hälfte den Kaffee an. Jedoch ließen sich nur 6 Prozent zu einem Wohnungsbesuch überreden, keine aber zum Sex.

Die größte Hürde: die erste Berührung

Wie andere Experimente zeigen, wird die Wahrscheinlichkeit der gegenseitigen Berührung höher, je intensiver eine Beziehung wird. Dabei gibt es auch geschlechtsspezifische Unterschiede. Männer suchen meist möglichst schnell Körperkontakt. Viele Frauen dagegen meiden ihn so lange wie möglich. Sie legen in der Regel Wert auf eine liebevolle Beziehung und setzen für intime Berührungen eine hohe Vertrautheit voraus.

Aufgaben

1 Zähle Merkmale auf, die deiner Meinung nach zur Attraktivität eines Menschen beitragen.
2 Beschreibe das Verhalten der Versuchspersonen in dem beschriebenen Experiment. Äußere Vermutungen, ob sich die Versuchspersonen auch heute so verhalten würden.

4 Beim »hair-flip« hebt das Mädchen eine Hand und fährt mit den Fingern durch das Haar.

5 Beim »head-toss« wirft das Mädchen den Kopf nach hinten und entblößt dabei den Hals.

Der weibliche Zyklus

»Endlich ist es so weit!« Isabel freut sich. Sie hat »ihre Tage« bekommen und muss es gleich ihren Freundinnen berichten. Ihre Mutter hat ihr erzählt, dass ihr Zyklus und auch ihr späteres Aussehen und sogar ihre Gefühle und Denkweisen von ihren Geschlechtshormonen gesteuert werden.

Das Gehirn gibt das Startsignal
Zu Beginn der Pubertät schüttet die Hypophyse, angeregt durch ein Hormon des Hypothalamus, zwei Hormone aus: das *follikelstimulierende Hormon FSH* und das *luteinisierende Hormon LH*. Sie werden mit dem Blut zu den Eierstöcken transportiert. Diese beginnen daraufhin *Östrogene* und *Testosteron*, die Sexualhormone, zu produzieren. Bei den Frauen überwiegen Östrogene, Männer dagegen produzieren in ihren Hoden mehr Testosteron. Die Konzentration der Hormone im Blut wird ständig an den Hypothalamus »gemeldet«. Dieser reguliert die Hormonproduktion bei Bedarf nach. Man spricht von einem Regelkreis zwischen Gehirn, Hormondrüsen und Sexualhormonen.

1 Viele Mädchen freuen sich auf »ihre ersten Tage«.

Die erste Zyklusphase
Mit der Blutung beginnt die erste Phase des weiblichen Zyklus: die *Eireifung*. Unter dem Einfluss von FSH wachsen in den Eierstöcken mehrere Eizellen. Um sie herum bilden sich mit Flüssigkeit gefüllte Hüllen, die *Follikel*. Sie produzieren Östrogene, die unter anderem das Wachstum der Gebärmutterschleimhaut fördern. Von den 20 bis 25 heranreifenden Eizellen kommt aber meist nur eine zum Eisprung. Die übrigen Follikel bilden sich zurück. Erreichen die Östrogene eine sehr hohe Konzentration im Blut, schüttet die Hypophyse verstärkt LH aus. Dieses bewirkt den *Eisprung*.

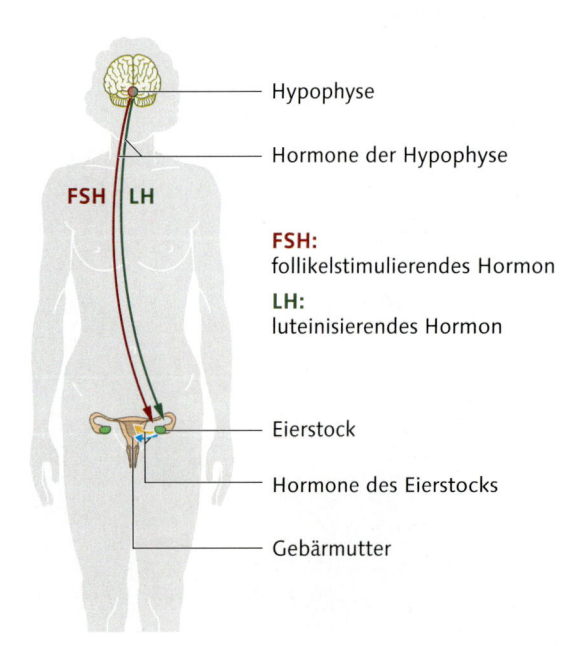

2 Steuerung des weiblichen Zyklus

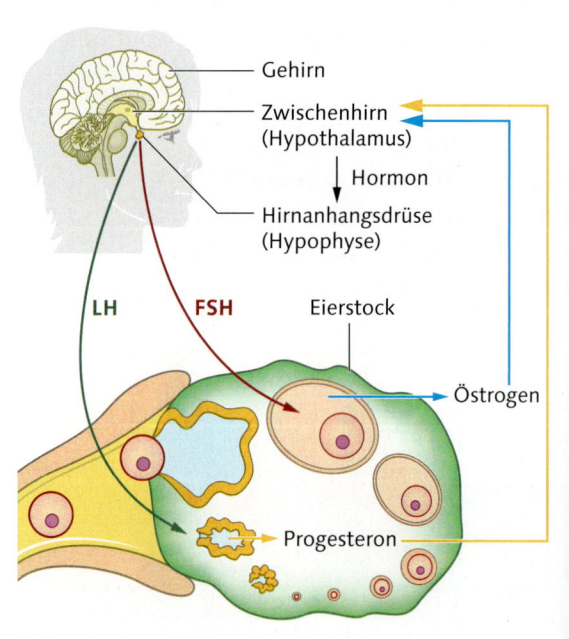

3 Regelkreis weiblicher Geschlechtshormone

Partnerschaft und Verantwortung

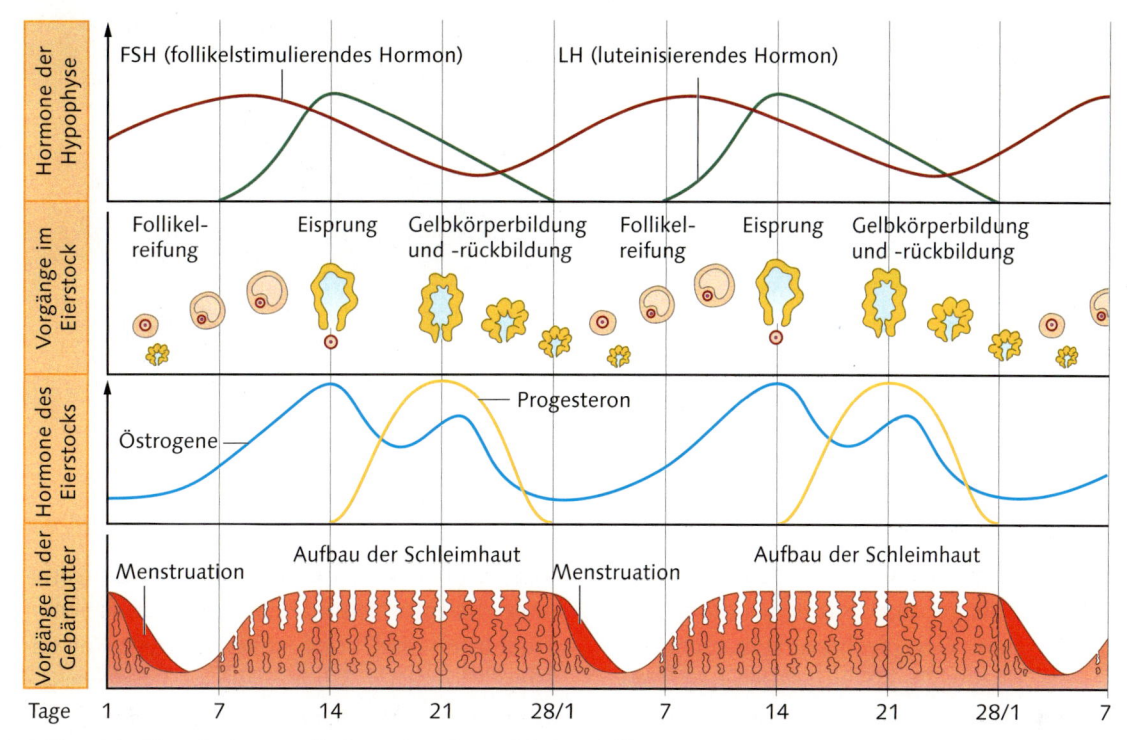

4 Übersicht über die hormonelle Steuerung des weiblichen Zyklus

Der nach dem Eisprung im Eierstock verbliebene leere Follikel wandelt sich zum *Gelbkörper* um. In ihm wird nun das Hormon *Progesteron* gebildet.

Die zweite Zyklusphase
Unter dem Einfluss von Progesteron wird die Gebärmutterschleimhaut auf die Einnistung der befruchteten Eizelle vorbereitet. Erfolgt keine Befruchtung, bildet sich der Gelbkörper zurück. Dadurch sinkt die Menge des Progesterons im Blut. In der Folge wird die Gebärmutterschleimhaut unter Blutungen ausgeschieden. Ein neuer Eireifezyklus beginnt.

In Kürze
In der Pubertät entwickelt sich ein Mädchen unter dem Einfluss der Sexualhormone zu einer jungen Frau. Der weibliche Zyklus vollzieht sich in zwei Phasen und wird durch das Zusammenspiel von Gehirn, Hormondrüsen und Sexualhormonen gesteuert.

Aufgaben
1 Nenne die vier Hormone, die den weiblichen Zyklus regeln. Beschreibe ihre Wirkung.
2 Erläutere, wie die hormonelle Regelung der Eireifung abläuft.
3 Begründe, warum das Gehirn auch als »oberstes Sexualorgan« bezeichnet wird.

Basiskonzept System
Der weibliche Zyklus ist ein Vorgang, bei dem mehrere Hormone und Hormondrüsen zusammenwirken. Sie beeinflussen sich gegenseitig. So bilden sie eine funktionelle Einheit oder ein System, ein Hormonsystem. Daneben gibt es weitere Hormonsysteme im menschlichen Körper. Auch eine einzelne Zelle, ein Organ, ein Mensch mit all seinen Organen, eine Pflanze, ein Tier oder ein Lebensraum stellen Systeme dar. Sie bestehen aus mehreren Teilen, die miteinander in Wechselwirkung stehen. Würden ein Teil oder mehrere Teile fehlen, funktionierte das jeweilige System nicht mehr oder nur eingeschränkt.

Möglichkeiten der Empfängnisverhütung

Valerie und Lukas sind schon länger ein Paar. Sie unternehmen oft etwas miteinander, gehen schwimmen, Eis essen und am Wochenende mit Freunden tanzen. Dabei kamen sie sich beim letzten Mal sehr nah und der Wunsch, miteinander zu schlafen, entstand. Sie informieren sich über mögliche Verhütungsmittel.

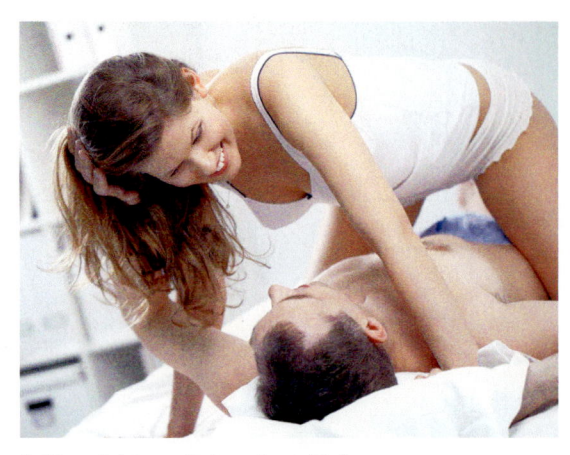

1 Sie möchten miteinander schlafen.

Kondome schützen

Kondome zählen zu den mechanischen Verhütungsmitteln. Sie verhindern, dass Sperma in die Scheide gelangen kann. Kondome schützen beim Geschlechtsverkehr nicht nur vor einer ungewollten Schwangerschaft, sondern auch vor der Übertragung von Krankheitserregern wie dem HI-Virus oder den Hepatitisviren. Richtig angewendet sind Kondome relativ sichere Verhütungsmittel.

Anwendung eines Kondoms

Achtet beim Kauf von Kondomen auf das Prüfsiegel. Öffnet die Verpackung vorsichtig, damit das Kondom nicht beschädigt wird. Das Kondom wird vor dem Geschlechtsverkehr über den steifen Penis abgerollt. Dabei hält man den oberen Teil, das Reservoir, zusammengedrückt. In diesem sammelt sich die Samenflüssigkeit. Beim Herausziehen des Penis aus der Scheide sollte der Junge das Kondom festhalten, damit es nicht abrutscht.

Die Pille – ein Hormonpräparat

Die ›Antibabypille‹, kurz ›Pille‹, ist ein hormonelles Verhütungsmittel. Sie wird von vielen Frauen verwendet und ist bei richtiger Anwendung sehr sicher. Mittlerweile sind viele verschiedene Präparate auf dem Markt. Sie unterscheiden sich in der Zusammensetzung der Hormone. Bei der Wahl der passenden Pille berät die Frauenärztin oder der Frauenarzt. Sie geben auch Tipps zur richtigen Einnahme.

Wirkungsweise der Pille

Die in der Pille enthaltenen Hormone schützen vor einer Schwangerschaft. Zum einen verhindern sie, dass ein Eisprung stattfindet. Zum anderen wirken sie der Verflüssigung des Gebärmutterschleims entgegen, sodass Spermien nicht in die Gebärmutter gelangen. Da die Gebärmutterschleimhaut auch nicht richtig aufgebaut wird, kann sich kein befruchtetes Ei einnisten. Die Hormone in der

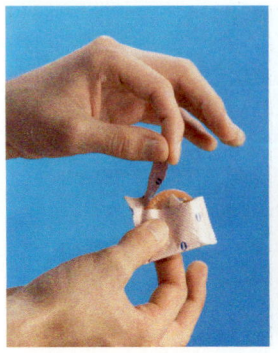

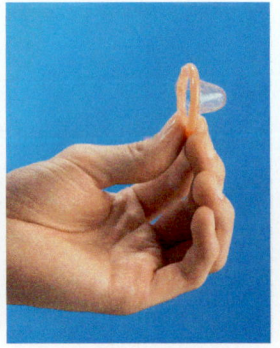

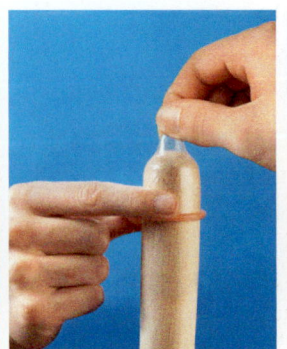

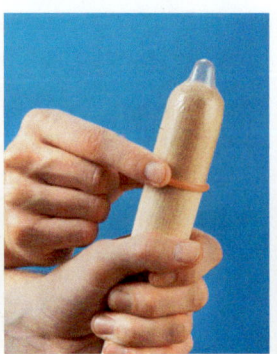

2 Die Anwendung eines Kondoms kannst du vorher üben.

Partnerschaft und Verantwortung

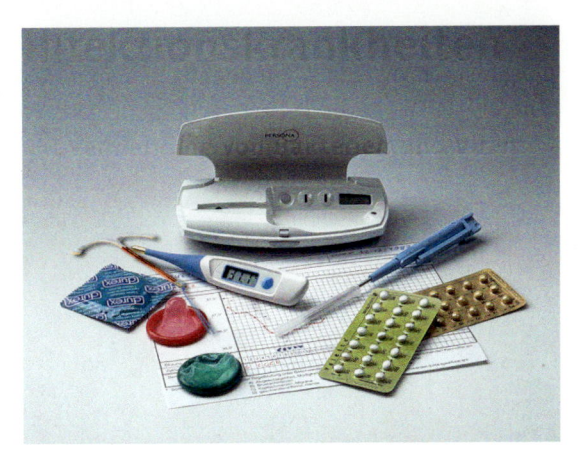

3 Verschiedene Mittel zur Empfängnisverhütung

4 Beratungsgespräch beim Frauenarzt

Pille greifen in den natürlichen Hormonhaushalt der Frau ein und können so unterschiedliche Nebenwirkungen hervorrufen. Vor allem in Verbindung mit Rauchen kann es zu problematischen Nebenwirkungen kommen.

Andere Wege der Empfängnisverhütung

Es gibt eine Vielzahl von Verhütungsmitteln, die auf verschiedene Weisen wirken und unterschiedlich sicher vor einer Schwangerschaft schützen. Neben der Pille gibt es noch weitere Präparate, die in den Hormonhaushalt eingreifen. Dazu gehört zum Beispiel das Hormonpflaster. Daneben gibt es chemische Verhütungsmittel wie Schaumzäpfchen, Gels und Cremes. Sie werden in die Scheide eingeführt und machen die Spermien bewegungsunfähig. Diese Mittel verhüten nur dann sicher, wenn ihr sie zum Beispiel in Kombination mit einem Kondom benutzt. Natürliche Methoden werden eingesetzt, um den Zeitpunkt des Eisprungs zu ermitteln. So können Paare, die einen Kinderwunsch haben, die fruchtbaren Tage der Frau feststellen. Zur Verhütung einer Schwangerschaft ist dies nicht geeignet.

Frauenärztliche Beratung

Für ein Beratungsgespräch in einer gynäkologischen Praxis vereinbart man zunächst einen Termin.

Manche bieten »Teenagersprechstunden« an, zu denen du allein, mit deinem Freund oder mit einer Freundin gehen kannst. Bei deiner Untersuchung stellt die Ärztin oder der Arzt zunächst fest, ob du gesund bist. Dafür werden besonders feine Geräte verwendet. Vor »dem ersten Mal« kann diese Untersuchung von außen mit Hilfe eines Ultraschallgeräts vorgenommen werden. Im Beratungsgespräch kannst du natürlich auch alle Fragen rund um Liebe, Partnerschaft und Sexualität stellen.

Coitus interruptus – Vorsicht!

Eine gänzlich ungeeignete Methode, eine Schwangerschaft zu verhindern, ist der Coitus interruptus, der unterbrochene Geschlechtsverkehr. Dabei zieht der Mann den Penis kurz vor dem Samenerguss aus der Scheide. Da es meist aber schon vor dem Erguss zum Austritt von Samenflüssigkeit kommt, ist das sogenannte »Aufpassen« nicht sicher.

> **In Kürze**
> Eine Schwangerschaft kann durch unterschiedliche Methoden verhütet werden. Darüber berät die Frauenärztin oder der Frauenarzt. Kondome bieten als einzige Verhütungsmittel Schutz vor sexuell übertragbaren Krankheiten. Auch die Pille gilt als sehr sicher.

Aufgaben

1 Begründe, warum die Pille verschreibungspflichtig ist.
2 Sammelt Fragen, die in einem Beratungsgespräch in einer gynäkologischen Praxis gestellt werden könnten.

Partnerschaft und Verantwortung

Methode

Präsentieren

Du interessierst dich für ein Thema und möchtest deine Mitschüler darüber informieren. Die dazu recherchierten Informationen kannst du in einer Präsentation vortragen. Um eine Präsentation zu erstellen und zu halten, kannst du folgendermaßen vorgehen:

1 Fragen zum Thema überlegen Überlege, was dich und deine Zuhörer am Thema interessieren könnte. Formuliere Fragen, die in deiner Präsentation beantwortet werden sollen.

2 Informationen sammeln und bearbeiten Suche nach Informationen, die dir helfen, Antworten auf deine Fragen zu finden. Begriffe und Fachwörter solltest du erklären können.

3 Informationen ordnen Sortiere deine Informationen. Gliedere deine Präsentation, indem du Zwischenüberschriften formulierst.

4 Präsentation erstellen Wähle ein geeignetes Medium aus, zum Beispiel ein Plakat, Folien für den Overheadprojektor oder digitale Folien. Formuliere eine Einleitung und einen Schluss. Erstelle alle Präsentationsmaterialien. Dazu

1 Gut vorbereitet präsentieren

gehören auch eine Gliederung zum Inhalt und Angaben zu den verwendeten Quellen. Die Folien sollten möglichst anschaulich sein. Sie können durch Anschauungsmaterial wie Fotos oder Zeichnungen ergänzt werden. Als Gedankenstützen für dich kannst du dir Stichpunkte auf Karteikarten schreiben.

5 Präsentation vorbereiten Übe deine Präsentation allein, vor Freunden oder vor deiner Familie. Bitte die Zuhörer um Rückmeldung. Überarbeite deine Präsentation gegebenenfalls

---

Tipps für eine Präsentation mit Overhead-Folien:
- Richte die Folien im Hochformat ein.
- Erstelle pro Inhaltspunkt eine Folie.
- Der Inhaltspunkt bildet die Überschrift.
- Schreibe wenig auf eine Folie.
- Wähle eine gut lesbare Schriftgröße.
- Verwende Abbildungen.
- Gib an, woher Informationen und Abbildungen stammen (Quellen).
- Lege dir die Folien in der richtigen Reihenfolge zurecht.
- Gib deinen Zuhörern Zeit, die Folie zu erfassen, ehe du zu dem Inhaltspunkt frei, aber nicht auswendig gelernt, sprichst.
- Halte das für die Präsentation benötigte Material bereit, damit du auf Fragen eingehen kannst.

Tipps für eine Präsentation mit digitalen Folien:
- Wähle ein Layout für alle Folien.
- Entscheide dich für eine Animation.
- Die Schrift sollte gut lesbar sein (mindestens Schriftgröße 16).
- Die Farbe der Schrift muss sich vom gewählten Hintergrund deutlich abheben.
- Reduziere den Text auf das Wesentliche. Bilder und Zeichnungen unterstützen die Vorstellung der Zuhörer.
- Gib an, woher Informationen und Abbildungen stammen (Quellen). Veröffentlichst du deine Präsentation (beispielsweise auf der Schulwebsite), müssen weitere Regeln beachtet werden.
- Kontrolliere am Schluss noch einmal die Rechtschreibung.

anhand der Rückmeldung. Überlege dir, wie du die Aufmerksamkeit deiner Zuhörer aufrecht erhalten kannst. Vielleicht möchtest du deinen Mitschülern ein Handout mit einer Übersicht über die Präsentation ausgeben, auf dem sie sich Notizen machen können. Bevor du die Präsentation hältst, musst du den Raum herrichten. Können die Zuhörer von ihrem Platz aus der Präsentation ungehindert folgen? Sind die technischen Voraussetzungen, wie Stromversorgung und Funktionsbereitschaft der Geräte gegeben?

6 Präsentation vortragen Trage deine Präsentation vor. Lies möglichst wenig ab. Bitte deine Mitschüler, ihre Fragen an dich zu sammeln und am Schluss zu stellen.

7 Fragen beantworten und Rückmeldung entgegen nehmen Nach deiner Präsentation sollten die Zuhörer die Gelegenheit haben, Fragen zu stellen. Notiere die Verbesserungsvorschläge und berücksichtige die Punkte bei der nächsten Präsentation.

Verhütungsmittel
Ein Überblick

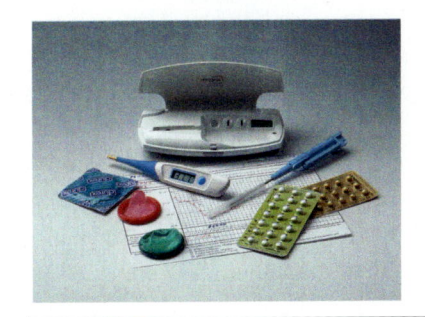

A

B Gliederung

1. Verhütungsmittel im Überblick
2. Anwendung
3. Sicherheit
4. Vor- und Nachteile

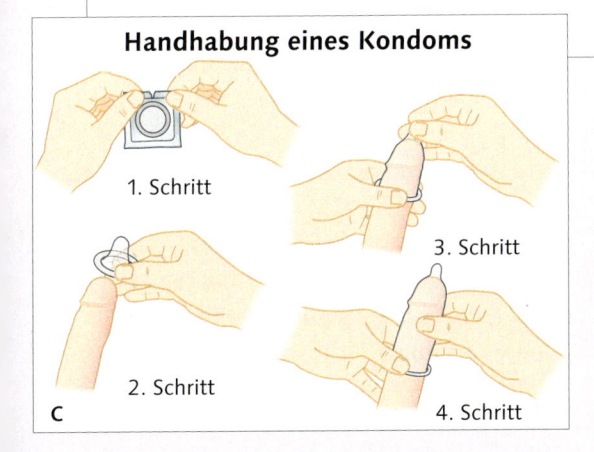

D Sicherheit

Der **Pearl-Index** gibt an, wie sicher ein Verhütungsmittel ist. Er berechnet sich aus der Anzahl der ungewollten Schwangerschaften von 100 Frauen innerhalb eines Jahres unter Anwendung einer bestimmten Verhütungsmethode. Dabei gilt: Je kleiner der Pearl-Index, desto sicherer die Methode.
Pearl-Index von: Pille: 0,1–0,9;
Kondom: 2–12,
ungeschützter Verkehr: >80

E Vor- und Nachteile des Kondoms

Vorteile	Nachteile
• einfache Handhabung, leicht erhältlich	• Benutzung des Kondoms oft als störende Unterbrechung empfunden
• bei richtiger Anwendung relativ sicherer Schutz vor Schwangerschaft	• selten: Reizungen an der Eichel oder in der Scheide
• zusätzlicher Schutz vor sexuell übertragbaren Krankheiten	• Sicherheit gilt nur bei richtiger Anwendung, Lagerung und passender Kondomgröße
• kein Eingriff in den Hormonhaushalt → keine Nebenwirkungen	

Handhabung eines Kondoms

1. Schritt
2. Schritt
3. Schritt
4. Schritt

C

2 Beispielfolien
A Einleitungsfolie
B Gliederung der Präsentation
C Folie mit Zeichnung
D Folie mit Text und Fotos
E Folie mit Tabelle

Sexuell übertragbare Krankheiten

Im Urlaub lernt Alex eine junge Frau kennen, mit der er auch Sex hat. Nach seiner Rückkehr sucht er wegen Übelkeit, Muskelschmerzen und Fieber einen Arzt auf. Dieser stellt fest, dass sich Alex mit Hepatitisviren der Gruppe B infiziert hat. Er ist an Hepatitis B erkrankt, einer sexuell übertragbaren Krankheit.

Sexuell übertragbare Krankheiten
Sexuell übertragbare Krankheiten werden vor allem durch sexuelle Kontakte übertragen. Erreger dieser Krankheiten können Viren, Bakterien, Pilze oder Einzeller sein. Neben den »klassischen« sexuell übertragbaren Krankheiten wie Syphilis und Tripper sind heute vor allem Aids, Hepatitis B, HPV, Herpes genitalis und Pilzinfektionen von Bedeutung. Das Risiko, sich anzustecken, lässt sich durch Benutzung von Kondomen verringern.

Infektion durch HPV
Humane Papillomviren (HPV) bilden eine Gruppe von Viren, die in mehr als hundert Typen eingeteilt werden. Einige dieser Typen können bei ungeschützten Sexualkontakten Schleimhäute im Genital- und Analbereich infizieren. Es kommt zur Bildung von sogenannten Feigwarzen. Daneben gibt es andere HPV-Typen, die bösartige Veränderungen, insbesondere den Gebärmutterhalskrebs bei Frauen, hervorrufen können. Um sich vor einer Ansteckung zu schützen, kann man sich gegen die gefährlichsten HPV-Typen impfen lassen.

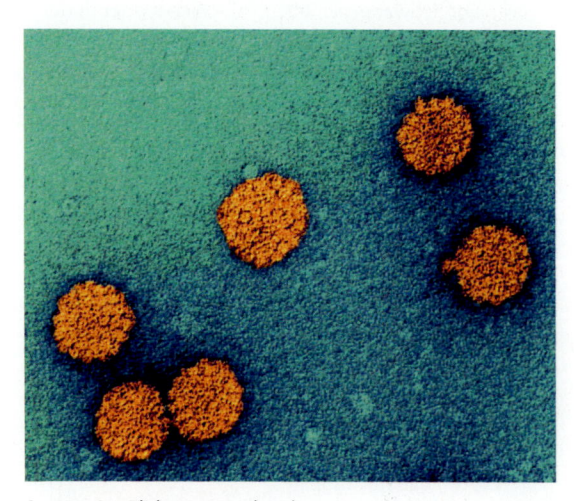

1 Beim Sex kann sich jeder anstecken – überall.

Krank durch Pilze
Die häufigsten Erreger für Pilzerkrankungen der Geschlechtsorgane sind bestimmte Hefepilze. Sie können beim Geschlechtsverkehr übertragen oder auch in öffentlichen Toiletten eingefangen werden. Bei einer Pilzinfektion entzünden sich bei Frauen die Scheide, bei Männern Eichel und Vorhaut. Es kommt meist zu brennenden Schmerzen oder Juckreiz.

2 HPV im Elektronenmikroskop

In Kürze
Sexuell übertragbare Krankheiten sind ansteckend und müssen ärztlich behandelt werden, auch um eine Ansteckung anderer zu vermeiden. Kondome schützen relativ sicher vor einer Infektion.

Aufgaben
1 Fasse zusammen, was man unter »sexuell übertragbaren Krankheiten« versteht.
2 Informiere dich im Internet über sexuell übertragbare Krankheiten wie Herpes genitalis oder Hepatitis B. Schreibe einen kurzen Text, in dem du die wichtigsten Informationen zusammenfasst.

Zur Diskussion

Pille oder Kondom?

Pro Kondom

Pepe: »Es ist kostengünstig, schützt vor Infektionen und erfordert keinen Eingriff in den Körper des Mädchens.«

Kondome sind relativ sicher, wenn man sie richtig anwendet. Außerdem schützen sie auch noch vor sexuell übertragbaren Krankheiten.

Kontra Kondom

Amelin: »Ich spüre nichts mit Kondom. Es fühlt sich eher eklig an und riecht nach Gummi. Und was ist, wenn Kondome reißen? Ich traue ihnen nicht.«

Das Kondom ist für viele Frauen und Männer ein »Lustkiller«. Sie empfinden das Kondom beim Liebesspiel als lästig.

Pro Pille

Pia: »Die Pille ist nicht so nervig wie das Kondom. Man kann sie auch wechseln, wenn man sie nicht vertragen sollte. Es gibt ja verschiedene Präparate.«

Die Pille gilt bei richtiger Anwendung als sehr sicher. Bei vielen Mädchen ist die Blutung meist kürzer, leichter und weniger schmerzhaft.

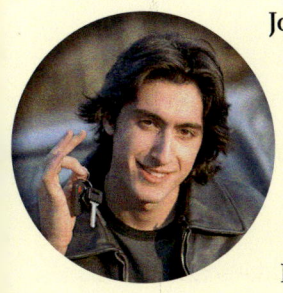

Joules: »Wenn man sie verträgt, ist die Pille eine geniale Sache. Bei heißer Liebe riskiert man damit keinen Blackout und fühlt sich auch als Mann sicherer.«

Kontra Pille

Zoe: »Ich habe noch nie die Pille genommen und werde es auch nie. Ich beeinflusse doch nicht meinen Körper durch Chemiekeulen. Es ist ein künstlicher Eingriff in den Körper.«

Manche Frauen vertragen die Pille nicht. Sie kann unangenehme oder sogar gefährliche Nebenwirkungen haben.

Julia: »Wenn die Pille nicht regelmäßig eingenommen wird oder Durchfall oder Erbrechen auftreten, dann gilt sie schon nicht mehr als sicher. Mir ist das mit der Pille zu kompliziert.«

Partnerschaft und Verantwortung

Ungewollt schwanger

Eine Schwangerschaft ist bei Jugendlichen meist nicht geplant oder gewollt. Passieren kann es dennoch: entweder durch eine Verhütungspanne oder weil vor dem Geschlechtsverkehr nicht über Verhütungsmethoden nachgedacht wurde.

Positiver Schwangerschaftstest
Bei einem Schwangerschaftstest wird ein Schwangerschaftshormon im Urin nachgewiesen. Ein positiver Test kann zunächst ganz unterschiedliche Gefühle hervorrufen: Freude und Spannung, aber auch Ängste, Unsicherheit oder Ablehnung. Ein Kind zu bekommen stellt ein junges Paar vor eine verantwortungsvolle Aufgabe. In dieser neuen Situation sollten die Interessen und Wünsche beider Partner berücksichtigt werden.

Schwanger – was nun?
Eine ungewollte Schwangerschaft löst meist erst einmal Konflikte aus. Die Entscheidung, eine Schwangerschaft fortzusetzen oder abzubrechen, liegt bei beiden Partnern selbst. Oft fühlen sich beide Partner zunächst hilflos. Den werdenden Eltern stellen sich viele Fragen: Können wir uns ein Leben mit Kind vorstellen? Wie sehen unsere finanziellen Rahmenbedingungen aus, wenn wir noch in der Ausbildung sind? Beratungsstellen bieten in dieser Situation Unterstützung an.

1 Mit dem Ergebnis hat sie nicht gerechnet.

Schwangerenkonfliktberatung
Es gibt verschiedene Beratungsstellen, die eine Schwangerenkonfliktberatung nach § 219 anbieten. Dazu gehören zum Beispiel die Arbeiterwohlfahrt (AWO), pro familia und kirchliche Einrichtungen. Ihr Angebot reicht von persönlichen bis zu telefonischen Beratungsgesprächen.

Das Beratungsgespräch
Im persönlichen Beratungsgespräch kann zunächst geklärt werden, welche Rolle die

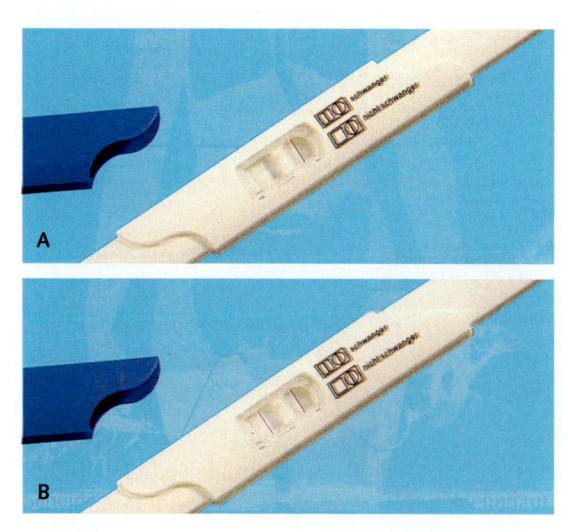

2 Schwangerschaftstest: A negativ; B positiv

3 Für viele Paare eine schwierige Situation

Partnerschaft und Verantwortung

4 Bei der Schwangerenkonfliktberatung

Die Beratung dient dem Schutz des ungeborenen Lebens. Sie hat sich von dem Bemühen leiten zu lassen, die Frau zur Fortsetzung der Schwangerschaft zu ermutigen und ihr Perspektiven für ein Leben mit dem Kind zu eröffnen; sie soll ihr helfen, eine verantwortliche und gewissenhafte Entscheidung zu treffen. [...]
Die Beratung soll durch Rat und Hilfe dazu beitragen, die in Zusammenhang mit der Schwangerschaft bestehende Konfliktlage zu bewältigen und einer Notlage abzuhelfen. Das Nähere regelt das Schwangerschaftskonfliktgesetz.

6 § 219

eigenen Gefühle, die Partnerschaft und die Lebensplanung spielen. Sollte die finanzielle Situation schwierig sein, kann man sich über Unterstützung informieren. Man erfährt Hilfe beim Beantragen von Fördermitteln und bei der Vermittlung von finanziellen und sozialen Leistungen. Auch medizinische Fragen können geklärt werden. Im Gespräch werden Möglichkeiten aufgezeigt, wie Schul- und Berufsausbildung mit einer Elternschaft vereinbart werden können. Können die Konflikte nicht bewältigt oder eine drohende Notlage nicht abgewendet werden, gibt es die Möglichkeit eines Schwangerschaftsabbruchs. Entscheidet sich ein junges Paar, dass die Schwangerschaft ausgetragen wird, beginnt die Zeit, in der die Eltern Verantwortung übernehmen müssen. Gleichzeitig können sie die Freude, ein Kind aufwachsen zu sehen, erleben.

Die Pille danach – eine Notfallmaßnahme

Die »Pille danach« wird vom Arzt verschrieben, wenn unmittelbar nach einem ungeschützten Geschlechtsverkehr eine mögliche Schwangerschaft verhindert werden soll. Das Hormonpräparat ist kein Verhütungsmittel und sollte nicht als Regelfall eingesetzt werden. Wer eine Schwangerschaft verhindern möchte, sollte sich rechtzeitig über mögliche Verhütungsmittel informieren.

In Kürze
Bei einer ungewollten Schwangerschaft bieten Beratungsstellen Unterstützung zu allen Fragen an. Sie helfen, eine verantwortungsvolle und gewissenhafte Entscheidung zu treffen, und ermutigen zu einem Leben mit Kind.

Aufgaben
1 Informiere dich, welche Beratungsstellen es in deiner Umgebung gibt. Liste die Adressen, Telefonnummern und Sprechzeiten auf.
2 Formuliere die Aussage des § 219 Absatz 1 mit eigenen Worten.
3 Beschreibe, inwiefern eine Schwangerschaft das Leben von Jugendlichen beeinflussen kann.

5 Ein Kind schenkt auch viel Freude.

Partnerschaft und Verantwortung

Von der befruchteten Eizelle bis zur Geburt

Es ist ein kleines Wunder: Im Körper der Frau entwickelt sich in etwa 40 Wochen ein neuer Mensch. Von der Befruchtung bis zur Geburt lässt sich diese Entwicklung in verschiedene Abschnitte gliedern.

Am Anfang steht die Befruchtung

Mit jedem Eisprung gelangt normalerweise eine reife Eizelle in den Eileiter. Auf dem Weg zur Gebärmutter kann die Eizelle bis zu 24 Stunden lang befruchtet werden. Dazu muss ein Spermium in die Eizelle eindringen. Ist dies geschehen, verschmelzen die Kerne der Eizelle und des Spermiums. So entsteht die *Zygote*, die befruchtete Eizelle.

Die Keimphase

Kurz nach der Befruchtung beginnen die ersten Zellteilungen. Aus der Zygote werden zunächst zwei, dann vier, acht Zellen u. s. w..

Nach mehreren Zellteilungen ist ein vielzelliger Keim, der *Maulbeerkeim*, entstanden. Er wird zur Gebärmutter transportiert. Aus dem Maulbeerkeim entwickelt sich eine hohle Zellkugel, der *Blasenkeim*. Er nistet sich schließlich in der Gebärmutterschleimhaut ein.

Die Embryonalphase

Mit der Einnistung beginnt die Embryonalphase. Der Keim wird jetzt *Embryo* genannt. Er ist am Ende des ersten Monats erst einige Millimeter groß. Er hat einen Herzschlauch, der das Blut bewegt. Arme und Beine kann man als Knospen erkennen. Alle lebenswichtigen Organe sind bereits angelegt.

Im zweiten Monat beginnt die Entwicklung des Vorderhirns. Augenlider, Nase, Lippen und Kinn sind zu erkennen.

Die Fetalphase

Ab dem dritten Schwangerschaftsmonat spricht man vom *Fetus*. Er wächst jetzt besonders schnell. Der Fetus beginnt sich zu bewegen und zeigt verschiedenste Reaktionen

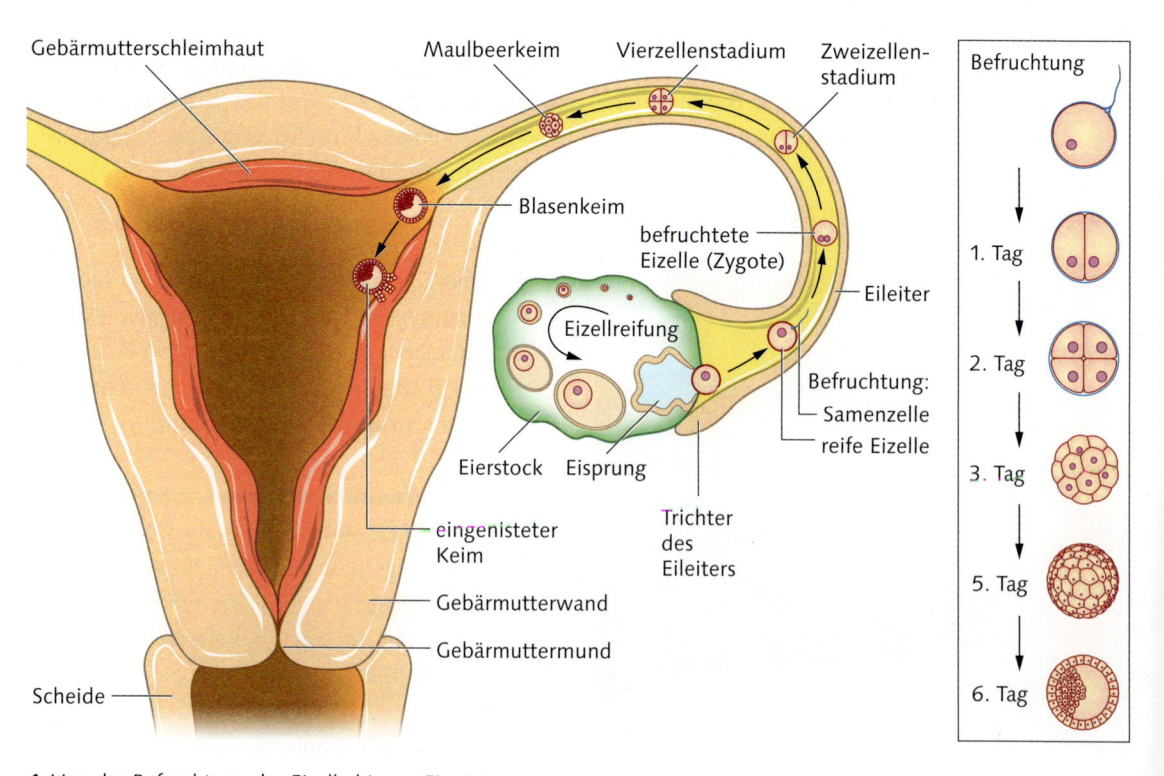

1 Von der Befruchtung der Eizelle bis zur Einnistung

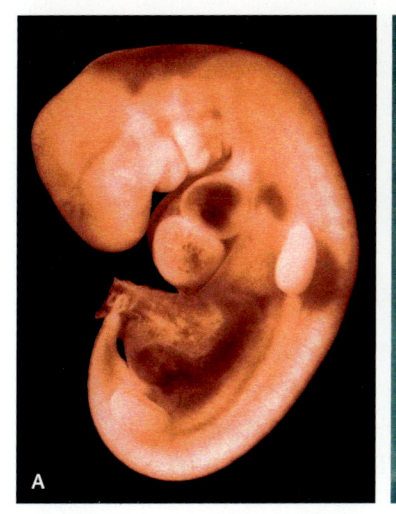

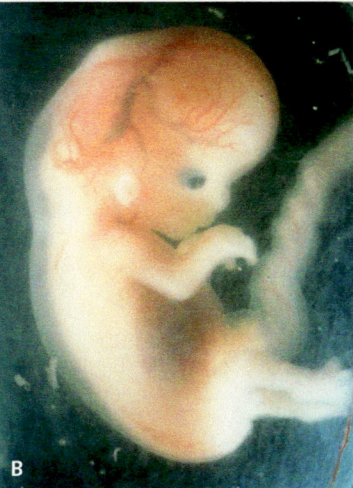

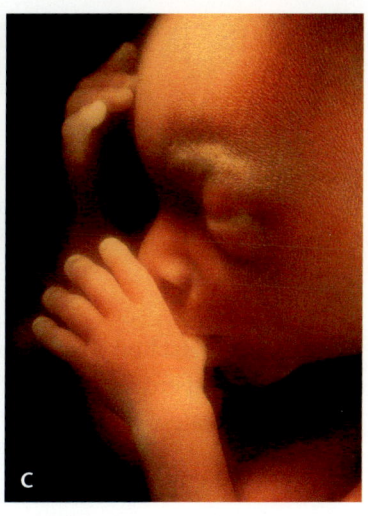

2 Entwicklung zum Fetus: A Embryo, 4 Wochen alt; B Embryo, 6 Wochen alt; C Fetus

und Reflexe. Zum Beispiel schluckt er Fruchtwasser und lutscht am Daumen. Im vierten Monat beginnt der Knochenaufbau. Arme und Beine sind nun voll ausgebildet. Jetzt kann die Mutter die Bewegungen des Kindes spüren. Das Gesicht hat bereits individuelle Züge. Im fünften Monat sind bis auf den Tastsinn alle Sinne funktionsfähig. Der Fetus kann hören. Ein Rhythmus von Schlaf- und Wachphasen stellt sich ein. Im Laufe des siebten Monats kann man die Kopfhaare erkennen. Der Fetus ist nun so weit entwickelt, dass er im Fall einer verfrühten Geburt lebensfähig ist.

In Kürze
Die Entwicklung von der befruchteten Eizelle bis zur Geburt gliedert sich in Keim-, Embryonal- und Fetalphase. Bereits in den ersten zwei Schwangerschaftsmonaten beginnt die Entwicklung von Herz und Gehirn. Nach etwa 40 Wochen ist die Entwicklung im mütterlichen Körper abgeschlossen. Das Kind wird geboren.

Aufgabe
1 Erstelle anhand des Textes und mithilfe der Tabelle in Bild 3 eine Übersicht über die Entwicklungsschritte von Embryo und Fetus.

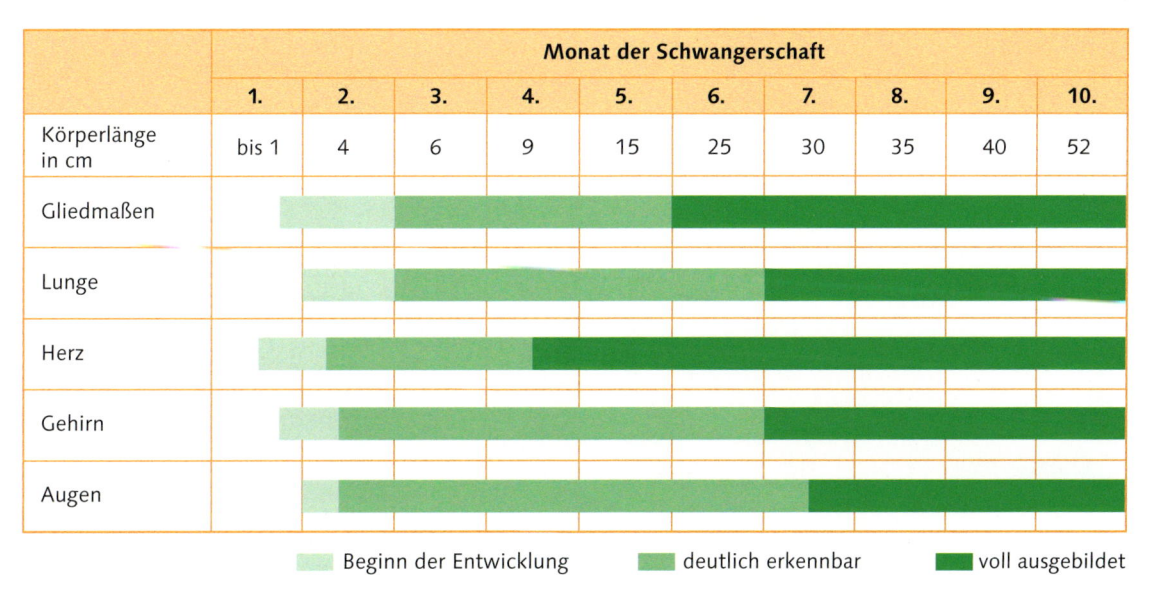

	Monat der Schwangerschaft									
	1.	2.	3.	4.	5.	6.	7.	8.	9.	10.
Körperlänge in cm	bis 1	4	6	9	15	25	30	35	40	52
Gliedmaßen										
Lunge										
Herz										
Gehirn										
Augen										

Beginn der Entwicklung — deutlich erkennbar — voll ausgebildet

3 Entwicklung der Organe

Einflüsse auf das Kind im Mutterleib

Ein Kind ist im Mutterleib bestens geschützt. Dennoch macht sich eine werdende Mutter Gedanken über die gesunde Entwicklung ihres Kindes.

Die Brücke zwischen Mutter und Kind
Die *Plazenta* ist ein Organ zur Versorgung des Kindes. Sie besteht vorwiegend aus Blutgefäßen, die sowohl von der Mutter als auch vom Kind stammen. Hier liegen sie so nah beieinander, dass ein Stoffaustausch möglich wird. Dennoch bleiben die beiden Blutgefäßsysteme voneinander getrennt. Aus dem mütterlichen Blut gelangen Sauerstoff, Wasser, Nährstoffe, Vitamine, Hormone und Antikörper in das kindliche Blut. Umgekehrt werden Stoffwechselendprodukte wie zum Beispiel Harnstoff und Kohlenstoffdioxid in das mütterliche Blut abgegeben. Da nicht alle Stoffe die Plazenta passieren können, spricht man von der *Plazentaschranke*. Sie kann jedoch nicht verhindern, dass einige schädliche Stoffe und Viren die Schranke überwinden. Diese können beim Fetus schwere Schäden hervorrufen.

1 Schwangerschaft – eine besondere Zeit

Lebensführung der Mutter
Eine gesunde Lebensführung tut Mutter und Kind gleichermaßen gut. Dazu zählen sowohl Bewegung an der frischen Luft als auch ausreichend Schlaf, wenig Stress und eine ausgewogene Ernährung. Auch die Vorfreude auf das Kind kann hilfreich sein. Da es in der Schwangerschaft leicht zu Verstopfung kommen kann, sollten sich werdende Mütter ballaststoffreich ernähren. Für Frauen, die vegetarisch oder vegan leben, gelten besondere Regeln. Sie müssen Vitamin B_{12} über Nahrungsergänzungsmittel einnehmen. Es ist normalerweise in tierischen Lebensmitteln enthalten und für das Wachstum des Fetus unentbehrlich.

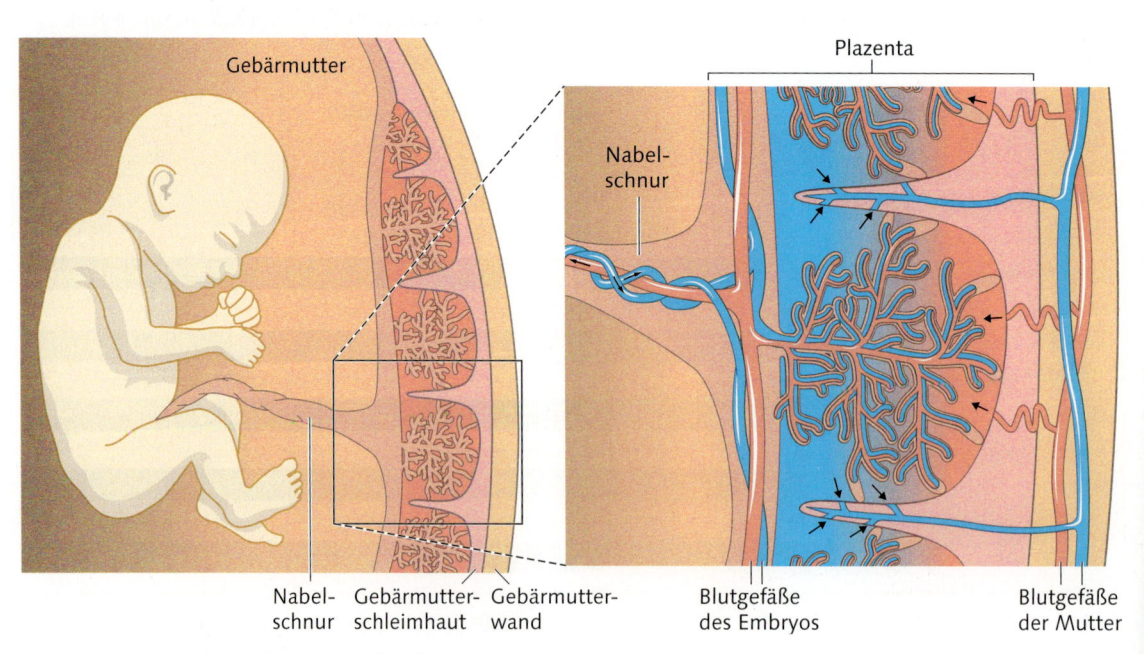

2 Die Versorgung des Embryos über die Plazenta

Gifte passieren die Plazentaschranke

Gifte wie Alkohol und Nikotin passieren die Plazentaschranke problemlos. Alkohol hat im ersten Schwangerschaftsdrittel eine besonders starke Auswirkung, da in dieser Zeit die Organe gebildet werden. Da Alkohol ein Zellgift ist, kann Alkoholmissbrauch zu schweren Schädigungen und Missbildungen führen. Rauchen erhöht die Wahrscheinlichkeit einer Frühgeburt. Nikotin kann zur Verengung der Blutgefäße und somit zu Durchblutungsstörungen führen. Dadurch wird der Fetus nicht mehr ausreichend mit Sauerstoff versorgt.

Vorsicht mit Medikamenten

Medikamente, wie Kopfschmerztabletten, Beruhigungsmittel oder auch Nasensprays, enthalten Wirkstoffe, die die Plazentaschranke durchdringen. Auf diesem Weg können sie die Entwicklung des Kindes beeinflussen. Die Folgen wiegen besonders schwer, wenn Medikamente in der Phase der Organbildung eingenommen werden. Dann kann es zum Beispiel zur unvollständigen Ausbildung der Gliedmaßen kommen.

4 Die werdende Mutter lässt es sich gut gehen.

Röteln – eine besondere Gefahr

Eine Frau, die schwanger werden möchte, sollte rechtzeitig sicherstellen, dass sie gegen Röteln geimpft ist. Denn bei einer Infektion des Kindes während der Organbildungsphase kann es zu Herzfehlern, Augenfehlbildungen oder Taubheit kommen.

Auch die Umwelt hat Einfluss

Mit dem Einatmen von Schadstoffen wie beim Passivrauchen gelangen giftige Stoffe in den Körper der Mutter und können den Fetus gefährden. Durch die Bauchdecke und das Fruchtwasser kann der Nachwuchs Geräusche von außen gedämpft wahrnehmen. Der regelmäßige Herzschlag der Mutter und die Stimmen der Eltern wirken beruhigend. Andauernder Lärm erzeugt dagegen sowohl für die Mutter als auch für das Kind Stress.

3 Einflüsse auf das Kind im Mutterleib

> **In Kürze**
> Über die Plazenta wird das Kind im Mutterleib versorgt. Eine gesunde Lebensführung der Mutter ist wichtig für eine gesunde Entwicklung des Kindes.

Aufgaben

1 Nenne die Stoffe, die über die Plazenta zwischen Mutter und Kind ausgetauscht werden.
2 Beschreibe, wie eine werdende Mutter die gesunde Entwicklung des Kindes fördern kann.

Die Geburt

Endlich ist es so weit: Die Geburt des Kindes kündigt sich an. Die Schwangere ist zuvor darauf vorbereitet worden. Sie weiß, dass der Geburtsvorgang in drei Phasen verläuft.

Die Geburt kündigt sich an
Auf den Beginn der Geburt können sowohl eine Blutung als auch das Einsetzen der *Wehen* hinweisen. Von Wehen spricht man, wenn sich die Muskeln der Gebärmutter zusammenziehen. Die Blutung, die etwa so stark ist wie eine normale Monatsblutung, weist auf einen sich öffnenden Muttermund hin. Auch das Platzen der Fruchtblase, der *Blasensprung*, kann den Geburtsbeginn ankündigen. Mit Hilfe des Herztonwehenschreibers zeichnet die Hebamme während der Geburt die Länge und Stärke der Wehen und die Herztöne des Kindes auf.

Eröffnungsphase
In der *Eröffnungsphase* sind die Wehen zunächst noch schwächer und von längeren Ruhephasen unterbrochen. Wenn die Wehen intensiver werden, verkürzt sich der Gebärmutterhals. Nach und nach weitet sich der Muttermund. Es kann mehrere Stunden dauern, ehe sich der Muttermund vollständig geöffnet hat und sich der Kopf in den Geburtskanal schiebt. Atem- und Entspannungsübungen können nun sehr hilfreich sein.

1 Auf dem Weg in den Kreißsaal

Austreibungsphase
Mit der *Austreibungsphase* beginnt die eigentliche Geburt. Die Wehen werden nun stärker. Mit jeder Wehe wird das Kind weiter durch den geöffneten Geburtskanal geschoben. Die Mutter drückt aktiv, bis der Kopf des Kindes erscheint. Die Geburt des Kopfes ist der schwierigste Teil. Danach folgt der Rest des Körpers oft durch eine einzige Wehe: das Kind ist auf die Welt gekommen. Sofort macht es seinen ersten Atemzug. Kurz nach der Geburt wird die Nabelschnur durchtrennt. Nach dem »Abnabeln« gilt das Kind als geboren. Mit den letzten Wehen wird auch das übrige Fruchtwasser nach außen gepresst.

Die Austreibungsphase kann von Frau zu Frau und von Geburt zu Geburt ganz unterschiedlich lang sein.

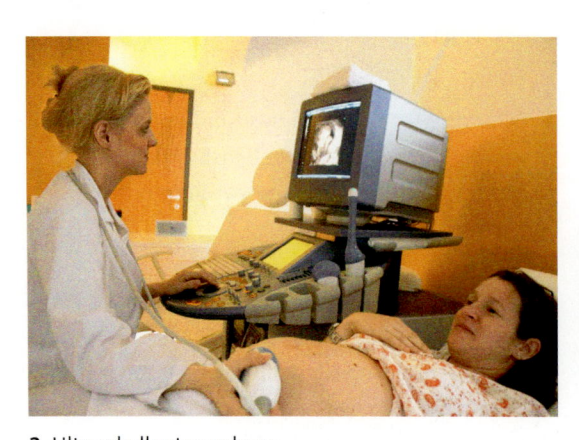

2 Ultraschalluntersuchung

3 Geburt in der Badewanne

Eröffnungsphase

Mutterkuchen
Nabelschnur
Gebärmutter
Fruchtblase
Scheide

Austreibungsphase

Geburt

Nachgeburt

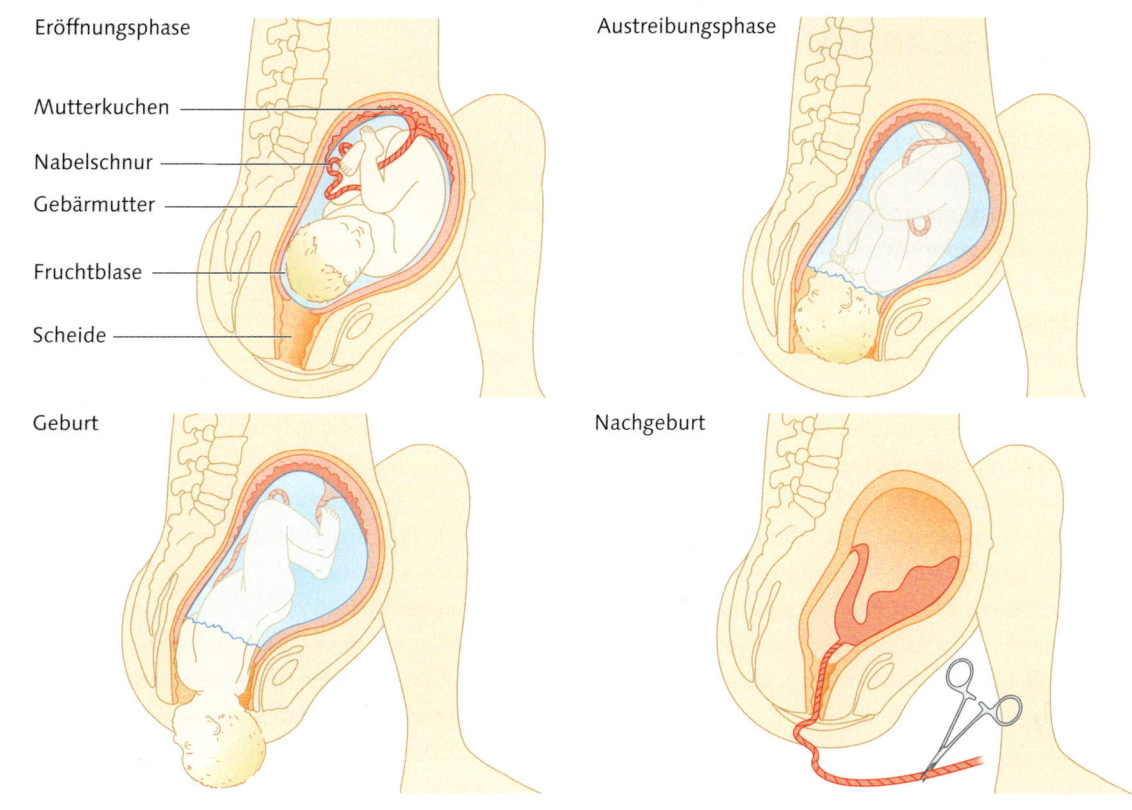

4 Phasen einer Geburt

Nachgeburtsphase

Nach der Geburt des Kindes zieht sich die Gebärmutter noch einmal zusammen. Dabei löst sich die Plazenta und wird zusammen mit dem Rest der Nabelschnur ausgestoßen. Dies wird als *Nachgeburt* bezeichnet. Die Plazenta wird auf Vollständigkeit untersucht. In der Gebärmutter darf kein Rest zurückbleiben. Sie könnte sich sonst nicht richtig zurückbilden. Entzündungen wären die Folge.

5 Die Freude über das Neugeborene ist groß.

In Kürze
Die Geburt vollzieht sich in drei Phasen: Eröffnungs-, Austreibungsphase und Nachgeburt.

Aufgaben
1 Beschreibe die drei Phasen der Geburt.
2 Stelle Vermutungen an, was sich für das Neugeborene in Bezug auf Atmung, Ernährung und Wahrnehmung ändert, wenn es den Körper der Mutter verlassen hat.

Exkurs Kaiserschnitt
Kann das Kind nicht auf natürliche Weise auf die Welt kommen, wird ein Kaiserschnitt durchgeführt. Dabei werden unter Narkose der Bauch und die Gebärmutter geöffnet. Das Kind wird zusammen mit Fruchthülle und Plazenta herausgenommen. Anstelle der Vollnarkose gibt es die Möglichkeit, eine Narkoseform zu wählen, bei der die Frau vom Becken abwärts schmerzunempfindlich ist. So kann sie die Geburt bewusst miterleben.

Partnerschaft und Verantwortung

Teste dein Grundwissen

Partnerschaft und Verantwortung

1 Menschliche Sexualität
a Die Sexualität hat beim Menschen verschiedene Funktionen. Nenne sie.
b Hinsichtlich der sexuellen Orientierung kann man zwei Hauptformen der Sexualität unterscheiden. Benenne sie mit den Fachbegriffen.
c Frau und Mann haben weibliche und männliche Sexualhormone, aber in unterschiedlichen Mengenverhältnissen. Nenne die Sexualhormone, die bei der Frau und die, die beim Mann überwiegen.
d Benenne die Organe und Hormone, die in Bild 1 mit Buchstaben angezeigt sind.
e Beschreibe, was in Bild 1 dargestellt ist.
f Beschreibe den hormonellen Regelkreis, der die Follikelreifung im Eierstock steuert.

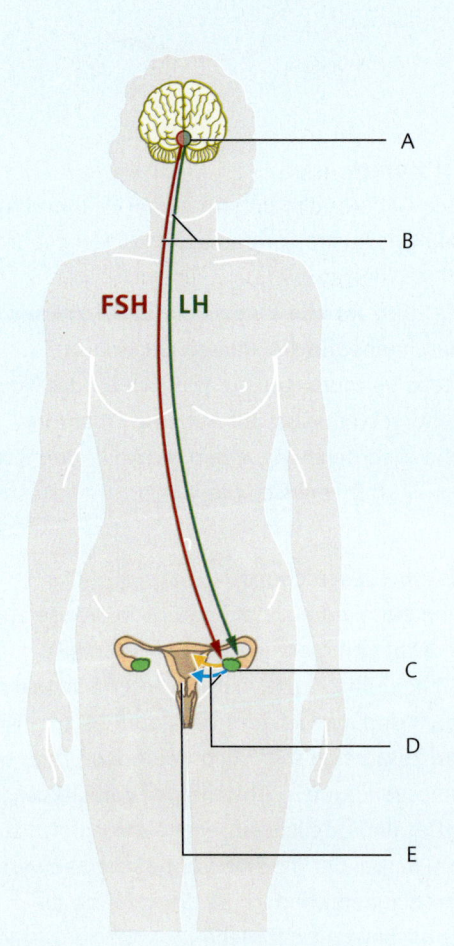

2 Auf dem Weg zu Liebe und Partnerschaft
a Die meisten Beziehungen beginnen mit einem Flirt. Stelle dar, was man darunter versteht. Nenne die möglichen Ergebnisse eines Flirts.
b Stelle die Unterschiede zwischen Verliebtsein und Liebe heraus.
c Ob jemand wirklich liebt, zeigt sich meist in einem partnerschaftlichen Verhalten. Gib Beispiele dafür an.
d Jede Partnerschaft braucht Regeln. Nenne drei, die du und dein Partner unbedingt beachten sollten.
e Vergleiche zwei unterschiedliche Formen des partnerschaftlichen Zusammenlebens.
f Manche Menschen trennen Liebe und Sexualität voneinander. Erläutere mögliche Folgen.

3 Sexuell übertragbare Krankheiten
a Bei sexuellen Kontakten können Krankheitserreger übertragen werden. Nenne einige sexuell übertragbare Krankheiten und die Erreger.
b Gib Maßnahmen an, die geeignet sind, sich vor der Infektion mit sexuell übertragbaren Krankheiten zu schützen.
c Wer sich mit einer sexuell übertragbaren Krankheit infiziert hat, hat eine besondere Verantwortung. Nimm dazu Stellung.

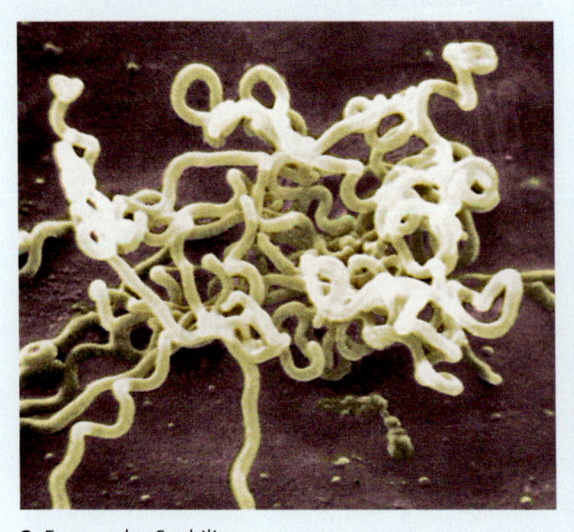

1 Hormone steuern den weiblichen Zyklus.

2 Erreger der Syphilis

3 Ein Kind im Mutterleib ist schutzbedürftig.

4 Schwangerschaft und Geburt
a Erläutere, welche Voraussetzungen gegeben sein müssen, damit es zu einer Schwangerschaft kommen kann.
b Beschreibe, wie sich die Lebensweise einer werdenden Mutter im Alltag verändert.
c Beschreibe in groben Zügen das Heranwachsen des Fetus im Mutterleib. Gib an, wodurch es beeinflusst werden kann.
d Begründe, weshalb Alkohol und Nikotin den Fetus nachhaltig schädigen können.
e An bestimmten Signalen erkennt eine werdende Mutter, dass die Geburt unmittelbar bevorsteht. Zähle solche Signale auf.

5 Schwangerschaftsverhütung
a Nenne Einflüsse auf die Wirksamkeit der Pille.
b Das Kondom zählt zu den sicheren Verhütungsmitteln. Nimm dazu Stellung.
c Erläutere, was verantwortungsbewusste Partner tun können, wenn es zu einer ungewollten Schwangerschaft gekommen ist.
d Begründe, weshalb die »Pille danach« kein Verhütungsmittel ist.

Auf den Punkt gebracht

Partnerschaft und Verantwortung im Überblick

- Verantwortung ist die Grundlage für jede partnerschaftliche Beziehung.

- Die Sexualität dient beim Menschen neben der Arterhaltung durch Fortpflanzung auch dem Lustgewinn. Sie kann dazu beitragen, die Bindung in einer Partnerschaft zu festigen.

- Je nach sexueller Orientierung unterscheidet man hauptsächlich zwischen Hetero- und Homosexualität. Jede Art menschlicher Sexualität sollte verantwortlich und einvernehmlich gestaltet werden.

- Nervensystem und Sexualhormone steuern den weiblichen Zyklus und viele andere Vorgänge bei Frau und Mann.

- Bei sexuellen Kontakten können Infektionskrankheiten übertragen werden. Kondome schützen vor einer Ansteckung.

- Schwangerschaftsverhütung gehört zum verantwortlichen Handeln beider Partner, wenn noch kein Kinderwunsch besteht.

- Das heranwachsende Kind im Mutterleib ist von Anfang an schutzbedürftig. Stoffe wie Alkohol, Nikotin, Drogen und manche Medikamente, aber auch Lärm und Stress können das Kind nachhaltig schädigen.

Grundlegende Prinzipien in der Biologie erkennen – Arbeiten mit Basiskonzepten

Die Vielzahl biologischer Phänomene lässt sich mit Hilfe der Basiskonzepte ordnen. Diese grundlegenden Prinzipien sind auf alle Formen des Lebens anwendbar. Sie helfen dir nicht nur einen Überblick über die Vielzahl der Phänomene zu gewinnen, sondern auch ihre Gesetzmäßigkeiten zu erkennen, sie also zu verstehen und ihre Bedeutung zu erfassen.

System

Biologische Systeme bilden eine Einheit, die sich aus mehreren Teilen zusammensetzt. Diese beeinflussen sich gegenseitig und stehen auch mit der Umwelt in Beziehung. Biologische Systeme funktionieren nur dann richtig, wenn die einzelnen Teile genau aufeinander abgestimmt zusammenarbeiten. Würden ein Teil oder mehrere Teile fehlen, funktioniert das System nicht mehr oder nur eingeschränkt. Man unterscheidet verschiedene Systemebenen: Zelle, Gewebe, Organ, Organismus und Ökosystem.

Seite 215

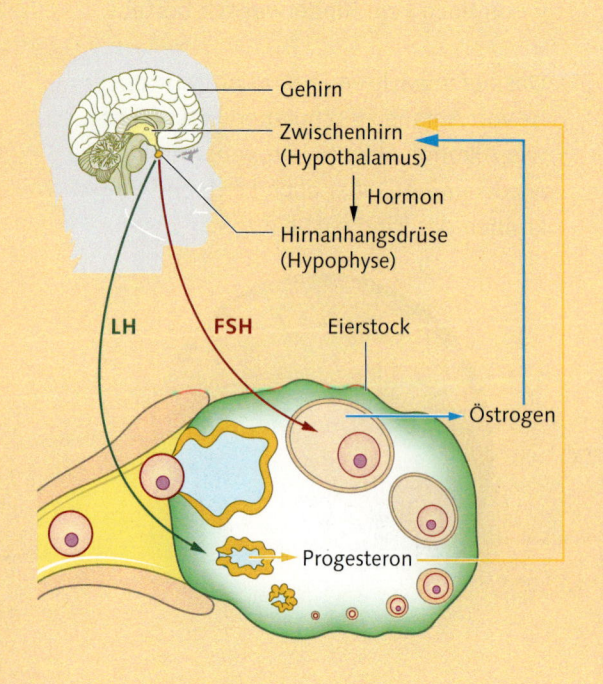

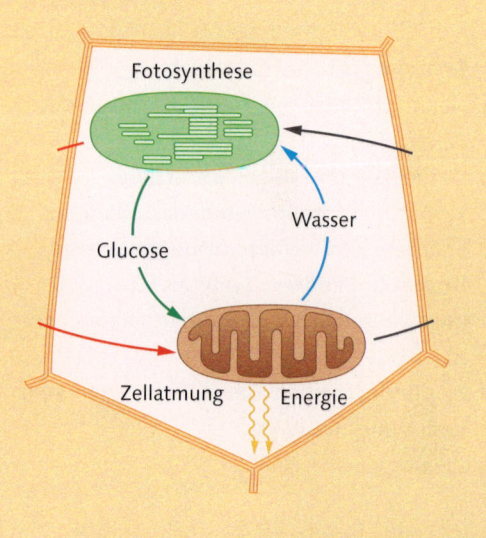

Struktur und Funktion

Alle Formen des Lebens sind an einen bestimmten Aufbau und eine bestimmte Form, also eine bestimmte Struktur, gebunden. Voraussetzung für das Verständnis biologischer Funktionen ist die Kenntnis der Strukturen. Beide hängen sehr eng zusammen. Dieses Basiskonzept hilft dir zum Beispiel, die Zusammenhänge in einem Ökosystem, die Steuerungs- und Regulationsvorgänge in deinem Körper oder die Leistungen von Organen und Organismen zu verstehen.

Seite 101

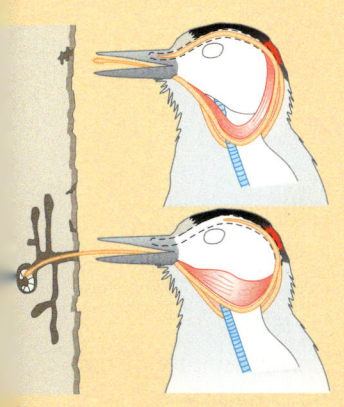

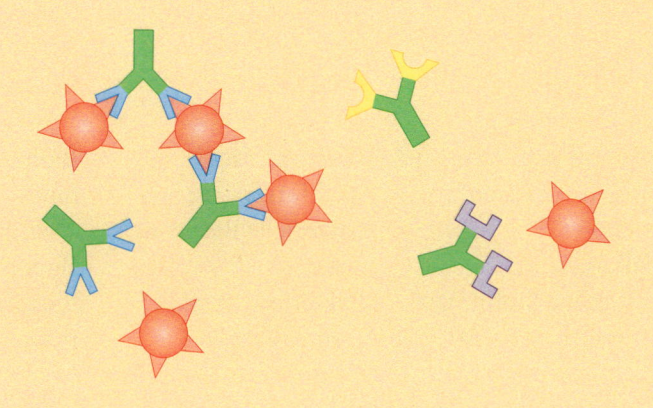

Entwicklung

Alle lebenden Systeme sind durch eine individuelle Entwicklung und die damit verbundenen Veränderungen gekennzeichnet. Ihre Lebenszeit ist begrenzt. Auch Ökosysteme verändern sich im Jahresverlauf, mit dem Alter und durch bewusste oder unbewusste Eingriffe des Menschen.

Seite 27

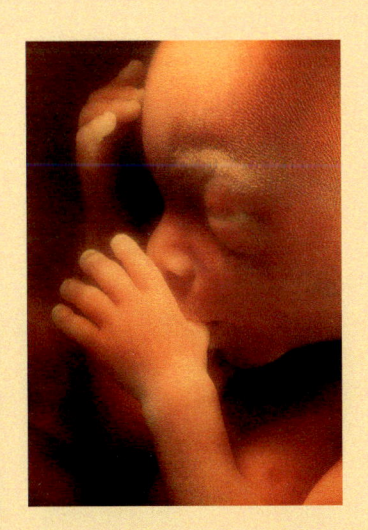

Übersicht Basiskonzepte

Register

A

abiotische Faktoren 9 ff., 45, 84 ff., 120 f.
Abstoßungsreaktion 197
Abwehr 158 ff., 170 f.
–, spezifische/unspezifische 160 f.
Abwehrsystem 158
Adrenalin 184
Aids 172 ff., 220
Aidsberatung 174
aktive Immunisierung 162 f.
Akupunktur 201
Algen 84 f., 100 f., 116
Allergen 171
allergene Stoffe 170
Allergie 163, 170 f.
Allesfresser 46 f.
Altersdiabetes 187
Ameise 48 f.
Ameisenkönigin 48
Ameisensäure 49
Ameisenstaat 48 f.
Anemometer 13
Angepasstheit 47, 106 f., 111, 122
Anophelesmücke 180 f.
Ansteckung 146 f., 154, 173 f., 220
anthropogener Treibhauseffekt 68 f.
Antibabypille 216
Antibiotika 155 ff., 182, 201
Antibiotikaresistenz 156
Antigen 160 ff.
Antikörper 160 ff.
Antikörperkonzentration 164

Arbeiterin 48 f.
Argument 198 f.
Äschenregion 122
Atemrohr 108 f.
Atmosphäre 83
Atmungswurzel 19
Auenlandschaft 121
Auenwald 9
Aufsitzerpflanze 60
Außenparasit 176 f.
äußere Verdauung 111

B

Bach 82, 120 ff.
Bachforelle 124, 132
bakterielle Resistenz 201
Bakterien 147 ff., 152, 154 ff., 166, 220
Bakterienformen 148
Bannwald 65
Barbenregion 122
Basiskonzepte
–, Entwicklung 27
–, Struktur und Funktion 101
–, System 215
Bast 34
Bauchspeicheldrüse 184
Baumschäden 66
Baumschicht 24
Baumwachstum 34
Baustoffe 63
Bazillen 148
Bedecktsamer 30
Befruchtung 224
Bestäubung 10
Bestimmungsschlüssel Plankton 104 f.

Bestimmungsschlüssel Zeigerorganismen 127
Bewegungsprotokoll 144
Bildungsgewebe 14, 35
Biogasanlage 77
biologische Vielfalt 63
biologische Zeichnung 42
biologischer Zusammenhang 55
Biomasse 9, 69, 113
biotische Faktoren 10, 28 f., 45, 85, 120
Biotop 10, 84 f.
Biozönose 10, 85
Bisam 106
Blasenkeim 224
Blätter 16 f., 30, 94
Blätterpilz 38 f.
Blattfarbstoff 16
Blut 158
Blüte 95
Blutreinigung 194 f.
Bluttest 186
Blutzellen 158
Blutzuckerregulierung 185, 187
Blutzuckerspiegel 184 ff.
B-Lymphozyten 160 f.
Boden 28 f.
Bodenversauerung 9
Borke 34
Borreliose 147, 176
Botenstoffe 184 f., 208
Brachsenregion 122
Brackwasser 122
Brandrodung 64

Breitbandantibiotika 156
Brennstoffe 63
Brettwurzeln 60
Bruchwald 117
Bruchwaldzone 92
Buche 30, 34, 62
Bucheckern 30 f.
Buchenwald 8, 30 f.
Buntspecht 44 f.

C

Carlowitz, Carl von 75
chemische Energie 16, 56
Chlamydomonas 100
Chlorophyll 16
Chloroplast 16
Cholera 147, 157, 182
Cholerabakterien 183
Coitus interruptus 217
Concept Map (Methode) 54
Cuticula 17

D

Destruent 39, 56 f., 114, 149
Diabetes mellitus 186 f., 205
Dialyse 194 f.
Dickenwachstum 35
Diffusion 15
Durchlüftungsgewebe 92, 94, 96 f.
Durchmischung 114, 120

E

Eiablage 108
Eichenprozessionsspinner 66

Eichenwald 8
einhäusig 30, 33
Einen eigenen Standpunkt finden (Methode) 198 f.
Einzeller 100 f., 147, 180, 220
Eis 82 f., 114 f.
Eischiffchen 108
Eiweißhülle 150 f., 172
Eizelle 225
elektrische Energie 76
Embryonalphase 224 f.
Empfängnisverhütung 216 f.
Endharn 191
Endkonsument 52, 57
Endwirt 176 f.
Energie 16, 19, 57
–, chemische 16, 56
–, elektrische 76
–, erneuerbare 76
–, regenerative 76 f.
Energiefluss 56
Energiefreisetzung 18
Energiegewinnung 19
energiereiche Stoffe 16, 19
Energieträger 63
Energieversorgung 77
Entscheidung 199
Epidemie 182
Epiphyt 60
Erbsubstanz 148, 150 f., 172
Erdatmosphäre 62, 68
Erderwärmung 69, 72
Erdspross 94, 96

Erdwärme 77
Ernährungsregeln 145
erneuerbare Energien 76
Erreger
–, wandelbar 183
Erregertyp 182
Eutrophierung 116

F
Fähe 47
Farn 36 f.
Fäulnisbewohner 39
Fetalphase 224 f.
Fetus 224 f.
Feuchtpflanzen 92
Fichte 32 f., 65, 121
Fichtenwald 9, 32
Fische 120, 122
Fischregion 122
Fischsterben 91
Flachmoor 117
Flachwurzler 32 f.
Fleischfresser 53
Fleming, Sir A. 155 f.
Fließgeschwindigkeit 120, 122, 136
Fließgewässer 82 f., 120 f., 135 f.
Flirtsignale 212 f.
Flügeldecken 110
Flugfrucht 33
Fluss 82, 120 ff., 136
Forellenregion 122
Forschungsarbeit (Methode) 167
Forst 9, 65
Fortpflanzung 37, 47, 108
Fotosynthese 16 ff., 22 f.
Frauschema 212
Fresszellen 160 f.
Frucht 16
Frühholz 35

Frühjahrszirkulation 114
Frühsommerhirnhautentzündung (FSME) 176
Fuchs 46 f., 177
Fuchsbandwurm 177
Funktionsmodell 193
Fußpilz 178

G
Gasaustausch 17, 93 f.
Geburt 225
Gedächtniszellen 160 ff.
Gefäßröhre 15 f.
Gegenspielerprinzip 185
Geißel 148
Gelbrandkäfer 110 f.
Generationswechsel 37, 181
Genesung 147
Geschlechtsverkehr 174, 215 ff., 220, 223
Gesundheit und Krankheit 142 ff.
Gesundheitsfaktoren 142 f., 145
Gesundheitsvorsorge 143
Gesundung 147
getrenntgeschlechtlich 30, 33
Gewächshaus 68
Gewässer, stehendes 83, 92, 106, 116
Gewässergüte 125
Gewässergütekarte 125
Gewässergüteklassen 125
Gewässervielfalt 82
Gewässerzonen 93
Glucagon 185

Glucose 16 ff., 57, 185 ff.
grippaler Infekt 147
Grippe 150 f., 182
Grünalge 100
Grundwasser 82 f.
Grünspecht 45

H
Hackschnabel 44
Hallimasch 39
Harn 190 f.
Hausstauballergie 170
Hautflügler 48
Hautpilz 178
Hefepilz 154, 220
Heidelandschaft 65
Heilimpfung 163
Hepatitis 181, 220
Herbstzirkulation 115
Herkulesstaude 133
Heterosexualität 211
Heuschnupfen 170
HIV-Infektion 173
Hirnhautentzündung 162
Hirschkäfer 8
HIV 172 ff.
HIV-Antikörper-Test 174 f.
HI-Viren 172 ff.
HIV-positiv 172 ff.
Hochmoor 117
Hochwasser 136 f.
Hochzeitsflug 48
Holz 31, 34, 62 ff., 77
Holzstruktur 35
Homöopathie 201
Homosexualität 211
Hormone 184 f., 208
hormoneller Regelkreis 184
Hormonpräparat 216
humane Papillomviren (HPV) 220

Register 235

Humus 25, 31
Hutewald 41
Hyphen 38 f., 179
Hypophyse 184
Hyposensibilisierung 171
Hypothalamus 184
Hypothese 167

I

Imago 109
immun 160 f.
Immunisierung 162 f., 205
Immunreaktion 160 ff.
Immunsystem 151, 158 f., 162, 170 ff., 197
Impfkalender 169
Impfstoff 162 f.
Impfung 162, 168 f., 182
Infektion 147, 155, 159, 162 f., 166, 172, 220
Infektionskrankheit 146 f., 153 ff., 166, 172 f., 181, 182 f., 205
Infektionsquelle 183
Infektionswege 149, 182
Influenza 150
Inkubationszeit 147
Innenparasit 176 f., 180
Insekten 48 f., 108 f., 146
Insulin 185 ff., 205

J

Jahresringe 35
Jenner, E. 168

K

Kalkgehalt 29
Kamberkrebs 132
Kambium 34 f.
Kanal 82, 120 f.
Kaulbarsch-Flunder-Region 122
Keimphase 224 f.
Kernholz 34 f.
Kiefer 35, 64
Kiefernwald 9
Kiemenatmung 107
Kinderlähmung 165, 169
Kletterfuß 44
Klima 69, 72 f.
Klimaschutz 74
Klimawandel 62, 72 f.
Koch, R. 166 f.
Köcherfliegenlarve 107
Kohlenhydrate 19
Kohlenstoff 56
Kohlenstoffdioxid 16 ff., 62, 68 f.
Kohlenstoffspeicher 62, 69
Kokken 148
Kombiimpfung 169
Kondom 174, 216 f., 220 f.
Konkurrenz 45
Konsument 52, 57
Kontaktallergie 170
Konzentrationsausgleich 14 f.
Kork 34
körpereigene Abwehr 173
Krankenhauskeime 183
Krankheitserreger 146 ff., 158, 178 ff.
Krankheitsüberträger 147, 176
Krautschicht 25
Krebstiere 101
Kuhpocken 168

L

Lamellen 39
Längenwachstum, Baum 35
Larvenentwicklung 111
Laubbaum 24, 30
Laubblatt 16
Laubstreu 50 f.
Laubwald 8, 64 f.
Laus 177
Lebendspende 196 f.
Lebensmittelallergie 171
Lebensmittelvergiftung 148
Lebensraum See 84, 106
Lebensraum Wald 10 f.
Legestachel 111
Leghalm 96
Lehm 28
Leitart 122
Leitbündel 15 ff.
Leukozyten 158 ff.
Libelle 107
Lichtblätter 30
Lichtenergie 16, 23
Lichtintensität 118
Liebe 208, 210 f.
Luftschadstoffe 67
Luftwärme 77
Luxmeter 13
Lymphsystem 158 f.

M

Makrophagen 160 f.
Malaria 147, 180 f.
Malariaschutz 181
Mannschema 212
Markstrahlen 34
Mastzelle 170
Maulbeerkeim 224
Medikamente 156 f., 200
Meer 82 f.

Meeresplankton 100
Meristem 35
Metamorphose 109
Mikroorganismen 154
Mikroskopierregeln 103
Milben 170
Milzbrand 166 f.
Mindmap (Methode) 134 f.
Mindmap-Regeln 135
Mineralstoffe 85, 118
Mini-Ökosystem 23
Mischwald 8, 24 f., 64 f.
Mitochondrien 18 f.
Mittellauf 122
Modell 192 f.
–, Arbeiten mit Modellen (Methode) 192 f.
Modellerstellung (Methode) 193
Monokultur 33
Moor 83, 117
Moos 8, 36 f.
Moosschicht 25
Mücke 108 f.
Mykorrhiza 39
Mykose 147, 178
Myzel 38, 179

N

Nachhaltigkeit 74
nachwachsende Rohstoffe 77
Nacktsamer 33
Nadelbaum 32 f.
Nadelwald 9, 64
Nagelpilz 178
Nährboden 152
Nährschicht 114
Nahrungsbeziehungen 52
Nahrungskette 52 f., 100

Nahrungskonkurrenz 45
Nahrungsmittelallergie 170
Nahrungsnetz 52 f.
Nahrungspyramide 57
Nahrungsspektrum 45
Nektar 18
Neobiota 132 f.
Neophyt 132 f.
Neozoe 132 f.
Nestanlage 48
Neubürger 132 f.
Nieren 190 f., 196, 205
Nierenerkrankung 194 f.
Nische, ökologische 45, 95
Nissen 177

O
Oberflächenschicht 114 f.
Oberflächenspannung 107
Oberflächenwasser 82, 118
Oberlauf 122
Offshore-Windpark 76
ökologische Bedeutung 31, 37, 39, 49
ökologische Nische 45, 95
Ökosysteme
–, Fließgewässer 120
–, geschlossenes 23
–, Gewässer 82 ff.
–, Klimawandel 72
–, Regenwald 60 f.
–, See 84 f.
–, Überblicksbogen 86
–, Wald 8 ff., 37

Ökosystemuntersuchung (Methode) 86 f.
oligotroph 116
Organentwicklung, menschliche 225
Organspende 196 f.
Organtransplantation 196 f., 204
Orientierung, sexuelle 211
Osmose 15
Ozean 82

P
Palisadengewebe 16
Pandemie 183
Pantoffeltierchen 101
Parasit 39, 176 f.
Partnerbindung 211 f.
Partnerschaft und Verantwortung 208 ff.
Pasteur, L. 154
Pasteurisieren 154
Pellets 63, 77
Penicillin 155 f.
Pest 165, 182
Pestepidemie 182
Pestkreuz 182
Pflanzenbestimmung 87
Pflanzenfresser 53
Phagozytose 164
pH-Wert 28, 85
Phytoplankton 100 f., 105, 114
Pille 216 f., 221, 223
Pilze 8, 25, 38 f., 147, 178, 220
Pilzerkrankungen bei Pflanzen 179
Pilzinfektion 178 f., 220
Pilzwurzelgeflecht 39
Pionierpflanzen 37, 64

Plankton 100 f.
Plasmazellen 160
Plasmodien 180 f.
Pocken 168, 182
Pollenallergie 170 f.
Pollenflugkalender 171
Präsentieren (Methode) 218
Pricktest 171
Priestley, J. 20, 22
Primärharn 191
Prinzip der Nachhaltigkeit 75
Produzent 52, 57
psychische Erkrankung 203
psychosomatische Erkrankung 202
Pulsmessung 144
Puppe 109
Puppenwiege 111

Q
Quelle 82, 122

R
Rädertierchen 101
Ranzzeit 47
Räuber-Beute-Beziehung 53
Raubtiergebiss 46 f.
Regenbogenforelle 132
regenerative Energiequellen 76 f.
Renaturierung 136 f.
Resistenz 155 ff., 201
Reviermarkierung 47
Rezeptor 184
Rhizoid 36
Rhizom 36
Riesenbärenklau 133
Rinde 34
Risikofaktoren 143
Rodung 61

Röhrenpilz 39
Röhrichtzone 92, 96
Rohrkolben 96
Rohstoffe, nachwachsende 63, 77
Rotbuche 30 f.
Rote Waldameise 48 f.
Röteln 163
Rückresorption 191
Rüde 47
Ruhestadium 109

S
Sachverhaltsbewertung (Methode) 198
Safer Sex 174
Salmonellose 148 f.
Salzwasser 82 f.
Sand 28
Sauerstoff 16 ff., 31, 56, 62, 114, 120
Sauerstoffgehalt 84, 91, 121 f.
Säuregehalt 85
saurer Regen 67
Säureschutzmantel 158
Schädlingsbekämpfer 49
Schalenanemometer 13
Schattenblätter 30
Scheinwurzel 36
Schilddrüse 184
Schilfrohr 96 f.
Schilftorf 116
Schimmelpilz 39, 155, 179
Schlauchpilz 39
Schließzellen 17
Schlüssel-Schloss-Prinzip 160, 184
Schnüren 46
Schutzbarrieren 158 f.

Schutzfunktion 62
Schutzimpfung 162, 169
Schwammgewebe 17
Schwangerenkonfliktberatung 222 f.
Schwangerschaft 163, 217, 222 ff.
Schwangerschaftsabbruch 223
Schwärmer 37
Schwefeldioxid 67
Schwimmbeine 110
Schwimmblattzone 93
Schwimmkäfer 110
Schwimmpflanzen 93
Sedimentbildung 116
See 82 ff., 116 ff.
Seejahresverlauf 114
Seepflanzen 92
Seerose 93 ff., 98
Seerosenblüte 95
Seetiere 106
Seeufer 106
Seggentorf 117
Selbstdarstellung 212
Sensibilisierung 170
Seuchen 182
Sexualität 210 f.
sexuell übertragbare Krankheiten 217, 220
Sichttiefe 84
Siebröhre 15, 17
Siebzellen 15
Siegel 74
Solartechnik 76
Sommerstagnation 114
Sonneneinstrahlung 68
Sonnenenergie 16, 56 f., 76
Spaltöffnungen 17 f., 94

spanische Grippe 151
Spätholz 35
spezifische Abwehr 160 f.
Spikes 172
Spirillen 148
Splintholz 34 f.
Sporen 37 f., 179
Sporenkapsel 37
Sporenpflanzen 37
Spingkraut (Indisches-, Drüsiges-) 133
Sprungschicht 114
Standpunkt 198 f.
Standpunkt finden (Methode) 198 f.
Stamm 34
Stärke 17 f., 57, 185
Staudenknöterich 133
Stechmücke 108 f., 180 f.
stehendes Gewässer 83, 92, 106, 116
Stickstoffoxid 67
Stockente 106
Stockwerkbau 60 f.
Stoffaufnahme 14
Stoffkreislauf 19, 37, 56 f.
Stoffleitung 14
Stoffverteilung 15
Stoffwechsel 19
Strauchschicht 24
Stress 202 f.
Strom 82
Strukturmodell 192
Stützschwanz 44
Sumpf 83, 117
Sumpfpflanzen 19
Süßwasser 82 f.
Süßwasserplankton 100
Symbiose 39
Symptome 147

T
Tauchblattpflanzen 93
Teich 83
Teichrose 93, 95
Temperaturschichtung 91
T-Helferzellen 160, 172 f.
Tiefenschicht 114 f.
Tierallergie 170
T-Killerzellen 160
T-Lymphozyten 160 f.
Tollwut 154
Ton 28
Toxine 149
Tracheenatmung 110
Transpirationssog 15
Transplantationsgesetz 197
Traubenzucker 16 ff., 57, 185 ff.
Trauma 203
Treibhauseffekt 68 f.
Treibhausgas 68
Tropenkrankheit 180
Tröpfcheninfektion 146
tropischer Regenwald 60 f.
Tuberkulose 147, 182
Tümpel 83
T-Unterdrückerzellen 160

U
Uferzone 92 f., 96, 106 f.
Umgebungstemperatur 84
Umweltfaktoren 9 ff., 28 f., 45, 84 ff., 120 f.
Ungeschlechtliche Vermehrung 38
unspezifische Abwehr 160 f.

Unterlauf 122
Urin 186
Urwald 64

V
Vakuole 38
Variabilität 47
Verbraucher 52, 57
Verdauung, äußere 111
Verhütungsmittel 216 f.
Verlandung 97, 116 f.
Verliebtsein 208
Vermehrung, ungeschlechtliche 38
Vermehrungszyklus 151
Vibrionen 148
Viren 147, 150 f., 153 f., 172, 181, 183, 220
Virusgrippe 147
Virusinfektion 151
Vorkeim 37

W
Waldameise 49
Waldbedeutung 62
Waldbewirtschaftung 65
Waldboden 28, 36
Waldgefahren 66
Waldlebensraum 63
Waldnahrungsraum 52
Waldnutzung 64
Waldpilze 38 f.
Waldschäden 66
Waldschadstufen 66
Waldstockwerke 24 f.
Waldtypen 8 f.
Wärmestrahlung 68
Wasser der Erde 82
Wasseraufnahme, Pflanzen 14 f.
Wasserdichte 114

Wasserfloh 101
Wassergefälle 82, 120, 122
Wasserhaltefähigkeit 29
Wasserkreislauf 37
Wasserläufer 106
Wasserleitung 14
Wasserpflanzen 92 ff.
Wasserqualität 124
Wasserschichtung 84, 114
Wasserspeicher 25, 62
Wasserspinne 107
Wassertemperatur 84, 114, 120 f.
Wassertiefe 83 f.
Wasserverdunstung 15, 17, 31
Wasservorkommen 83
Wechselbeziehungen 10 f.
weibliche Flirtsignale 212 f.
Weidenversuch 22
weiße Blutzellen 160 f., 170
Werte 198 f.
Wertvorstellungen 198 f.
Wildverbiss 66
Windkraft 76
Windverbreitung 37 f., 96 f.
Winterstagnation 115
Wirt 176 f.
wirtsspezifisch 151
Wirtswechsel 181
Wirtszellen 151
Wollhandkrabben 132
Würmer 176
Wurzel 14 ff., 19
Wurzelschicht 25
Wurzelsystem 14

Z

Zapfen 33
Zecke 146, 162, 176
Zehrschicht 114
Zeichenregeln 43
Zeichnen (Methode) 42 f., 102
Zeigerorganismus 124
Zellatmung 18 f.
Zellen 148 ff., 160 f., 184
Zellkern 151
Zellmembran 148, 151
Zellplasma 148
Zellteilung 14, 148, 224
Zellwand 38, 148
Zentralzylinder 14 f.
Zersetzer 25, 39, 56 f., 114, 149
Zooplankton 100 f., 104, 114, 116
Zuckerkrankheit 186 f.
Zwischenwirt 176 f.
Zygote 224